Lutz von Rosenstiel/Dirk Pieler/Peter Glas (Hrsg.)

Strategisches Kompetenzmanagement

D1725552

Lutz von Rosenstiel/Dirk Pieler/Peter Glas
(Hrsg.)

Strategisches Kompetenzmanagement

Von der Strategie zur
Kompetenzentwicklung in der Praxis

GABLER

Bibliografische Information Der Deutschen Bibliothek
Die Deutsche Bibliothek verzeichnet diese Publikation in der Deutschen Nationalbibliografie;
detaillierte bibliografische Daten sind im Internet über <http://dnb.ddb.de> abrufbar.

1. Auflage 2004

Alle Rechte vorbehalten
© Betriebswirtschaftlicher Verlag Dr. Th. Gabler/GWV Fachverlage GmbH, Wiesbaden 2004

Lektorat: Ulrike M. Vetter

Der Gabler Verlag ist ein Unternehmen von Springer Science+Business Media.
www.gabler.de

Umschlaggestaltung: Nina Faber de.sign, Wiesbaden
Satz: Buchwerkstatt, Bad Aibling
Druck und buchbinderische Verarbeitung: Wilhelm & Adam, Heusenstamm
Gedruckt auf säurefreiem und chlorfrei gebleichtem Papier
Printed in Germany

ISBN 3-409-12597-3

Vorwort

Es gibt Worte und Sätze, die aufgrund ständiger Wiederholung ärgerlich machen. Man ist übersättigt, schottet sich ab, mag das weder hören noch lesen. Dazu gehört die Floskel, dass nichts so stabil sei wie der Wandel. Hunderte von Malen wurde man – insbesondere mit Blick auf die Unternehmen – damit konfrontiert. Die Botschaft ist angekommen, und sie ist keineswegs so banal, wie sie manchem erscheinen mag. Es ist ja keineswegs eine Selbstverständlichkeit, dass heute vieles grundsätzlich anders ist, als es gestern war, und dass sich morgen so vieles anders darstellen wird, als wir es heute vorfinden. Denken wir in der Menschheitsgeschichte zurück oder führen wir uns vor Augen, wie Menschen in einer von der westlichen Zivilisation kaum berührten Welt leben: Die Männer gehen auf Jagd oder hüten die Herde, Frauen betreiben Ackerbau, sammeln Früchte, Pilze und nahrhafte Pflanzen und achten fürsorglich auf das Wohlergehen des Nachwuchses. So war es seit Generationen, und entsprechend leben heute die Enkel, wie sie es von Mutter und Vater, Großmutter und Großvater gelernt und wie es diese von den Vorfahren übernommen haben. Auch der Mensch ist in einem ständigen Wechselspiel von Mutation und Selektion innerhalb der Evolution geworden und trägt eine Vielzahl von Verhaltenstendenzen und Dispositionen als Erbgut in sich. Dazu zählt die Sehnsucht nach Stabilität als Wunsch, in einer vorhersehbaren und vertrauten Welt zu leben. Aber die Natur hat uns auch mit der Fähigkeit ausgestattet, aufgrund der Möglichkeiten des Lernens und Denkens die Welt aktiv umzugestalten, wovon in zunehmenden Maße Gebrauch gemacht wurde: Von Menschen gemachter Wandel der Welt ist in ständiger Beschleunigung begriffen. Trotz des Wunsches, im Vertrauten zu leben, müssen wir uns an das, was wir angerichtet haben, anpassen. In diesem Prozess sind die Menschen Täter und Opfer zugleich, wobei freilich kaum bestritten werden kann, dass diese Rollen nicht sonderlich gerecht verteilt sind.

Besonders dramatisch zeigt sich die Veränderungsdynamik in der Wirtschaft und hier speziell in den Unternehmen. Diese aber müssen planen, sie müssen ein Bild von der Zukunft haben, um – günstigenfalls – darauf Einfluss zu nehmen oder aber doch – im ungünstigen Fall – sich darauf einzustellen. Angesichts der komplexen Bedingtheit der Veränderungen reichen Trendfortschreibungen nicht aus, falls man den Blick in die Zukunft wagen will. Komplexe Verfahren der Strategieentwicklung, der Szenariotechnik, des Umgangs mit Expertise sind erforderlich, um begründete Annahmen über das, was kommen wird, zu machen. Dennoch bleibt Unsicherheit – und im Nachhinein wird man nicht selten den Kopf schütteln und irritiert auf das zurückblicken, was man gestern glaubte, für heute prognostizieren zu können.

Unternehmen müssen sich also für eine unsichere Zukunft rüsten, wahrscheinliche Anforderungen ins Kalkül ziehen, auf Alternativen vorbereitet sein. Dies gilt auf vielen

Feldern, aber – und das ist hier das Thema – auch für die Personalarbeit, für die Mitarbeiter. Auf diesem Feld reicht es nicht aus, Mitarbeiter zielorientiert für die aktuellen Anforderungen zu qualifizieren, sondern die Aufgabe besteht darin, sie für das fit zu machen, was morgen gefordert sein wird. Da nun aber bei allem Bemühen der Unternehmen, Sicherheit zu schaffen, die Zukunft stets unsicher ist, erscheint es kaum möglich, jeden Einzelnen „punktgenau" auf das vorzubereiten, was künftig getan werden muss. Dies gilt umso mehr, als ja niemand das, was heute noch nicht gegeben ist, in der Lernziel- und der Lernprozessgestaltung vorwegnehmen kann. Entsprechend gewinnt nun auch ein altes Wort, das allerdings begrifflich neu geerdet wurde, zunehmend an Bedeutung. Es geht um Kompetenzen, die ja wesentlich darin bestehen, dass es sich um Selbstorganisationsdispositionen handelt, also um Möglichkeiten der Person, mit einer komplexen und bisher noch nicht bekannten Situation angemessen umgehen zu können. Derartige Kompetenzen kann man z. T. im Rahmen systematischer Fort- bzw. Weiterbildungsmaßnahmen erwerben, vor allem aber gelingt dies durch informelles Lernen, das speziell im Prozess der Arbeit und im sozialen Umfeld – z. B. in der Freizeit, im Umgang mit möglichst unterschiedlichen Menschen – erfolgt. Derartige kompetenzförderliche Rahmenbedingungen gilt es im Unternehmen bereitzustellen. Dies ist mindestens so wichtig wie der Aufbau elektronischer Lernformen oder die Konzipierung transferorientierter Fort- bzw. Weiterbildungsmaßnahmen. Die Entwicklung kompetenter Mitarbeiter muss also ein wesentlicher Bestandteil der Strategie eines jeden Unternehmens sein. Dies ist ein weiterer Schwerpunkt in diesem Buch.

Zentrale Themen, um die es hier geht, deren Vernetzung von den unterschiedlichsten Autoren gesucht wird, sind Strategie, Kompetenz sowie elektronisch gestützte Prozesse. Dargestellt wird dies alles von Experten, die z. T. aus der Wissenschaft kommen, aber eng mit der Praxis kooperieren oder von wissenschaftlich reflektierenden erfahrenen Praktikern. Bei diesen Autoren wollen wir uns für ihre Kooperationsbereitschaft bedanken. Sie ermöglichen dem Leser auch den Blick auf das, was auf den Gedankenfeldern derzeit in großen deutschen Unternehmen geschieht, etwa bei Siemens, der Deutschen Bahn, der Deutschen Post oder bei BMW. Danken möchten wir als Herausgeber aber auch dem Gabler Verlag, der sich spontan bereit erklärt, das Manuskript zu betreuen. Um das Manuskript selbst hat sich dann engagiert und kreativ Frau Dipl.-Psych. Rosmarie Gasteiger bemüht, etwas verschachtelte Formulierungen leserfreundlich gestaltet, auf Einheitlichkeit der Darstellungen geachtet und so den Gesamttext druckfertig gemacht. Ihr danken wir für außergewöhnliches Engagement.

Wir hoffen selbstverständlich auf den Erfolg dieses Buches. Wir tun dies nicht nur deshalb, weil es „unser Kind" ist, sondern weil es Teil eines Wissensmanagements sein kann, eines Teilens von Wissen mit jenen, die für die Strategie ihrer Organisationen und damit auch für die Personalentwicklung von Mitarbeitern verantwortlich sind.

München, im April 2004   Lutz von Rosenstiel, Dirk Pieler, Peter Glas

Inhalt

1 Strategie

Der erste Teil dieses Buches ist der Thematik „Strategie" gewidmet. Es geht darum, fundiert eine realistische und gewünschte Zukunft des Unternehmens zu entwerfen sowie denkbare Wege zu skizzieren, die eine solche Zukunft auch realisierbar erscheinen lassen. Dabei werden als zentrale Inhalte die Wertsteigerung des Unternehmens und dazu insbesondere das E-Business vorgestellt sowie als Weg zur Strategieentwicklung die Szenario-Analyse. Um das strategische Ziel zu erreichen, ist vielerlei erforderlich, vor allem aber Kompetenz. Derartige Kompetenz kann selbstverständlich der Mitarbeiter entwickeln und zwar auf allen hierarchischen Ebenen des Unternehmens. Dabei liegt im Begriff der Kompetenz das Potenzial, mit neuen komplexen Situationen umgehen zu können. Und dies wird heute von jedem und jeder gefordert. Die Zeit des bloß ausführenden Mitarbeiters ist zu Ende; er wurde längst durch eine intelligente Technik substituiert. Kompetenzentwicklung wird somit Teil der übergeordneten Unternehmensstrategie. Diese aber beschränkt sich nicht nur auf den einzelnen Mitarbeiter, sondern auch auf Arbeitseinheiten oder gar das gesamte Unternehmen. Zwar ist es schwer vorstellbar, dass ein Unternehmen – auf welchen Feldern auch immer – hohe Kompetenzen zeigt, jedoch nicht über kompetente Mitarbeiter verfügt. Sehr wohl aber lässt sich vielfach beobachten, dass Organisationen mit einer Vielzahl kluger, wissender und kompetenter Mitarbeiter selbst in erschreckendem Maße inkompetent sind. Einige Beispiele hierfür lassen sich unter den Universitäten und Hochschulen finden.

1.1 Strategien zur Wertsteigerung

Michael Mirow

1.1.1 Wertschaffung als Imperativ unternehmerischen Handelns

Langfristig erfolgreiche Unternehmen haben letzten Endes das Ziel, ihre Gesundheit und Überlebensfähigkeit zu sichern. Dieses ist dann möglich, wenn die Schaffung und Erhaltung von Wettbewerbsvorteilen das tägliche unternehmerische Handeln prägt. Marktstellung im Vergleich zum Wettbewerb, Kundennutzen und Innovationskraft sind die wichtigsten Säulen der Wettbewerbstärke aus strategischer Sicht. Hinzu kommt operative Effizienz. Sie ist Grundvoraussetzung allen unternehmerischen Handelns.

Eine viel diskutierte Frage in diesem Zusammenhang ist die Bedeutung des Gewinns oder auch der Wertschaffung für die unternehmerische Zielsetzung. Ohne hier auf alle Argumente im Einzelnen einzugehen, möchte ich die Rolle dieser Parameter auf einen klaren Nenner bringen: Gewinn und Wertschaffung sind kein autonomes Ziel unternehmerischen Handelns. Dieses ist eher in Bereichen zu suchen wie die Verwirklichung einer Idee oder die Erfüllung eines Kundenbedürfnisses. Gewinn und Wertschaffung sind aber Bedingung für das Überleben im Wettbewerb, Maßstab für den Erfolg und nachvollziehbare und im Hinblick auf Ziele, auf Maßnahmen und Konsequenzen auch überprüfbare und handlungsrelevante Größen.

Wertschaffung als operative Zielgröße für ein Unternehmen hat vor allem in den letzten Jahren eine sehr kontroverse öffentliche Diskussion ausgelöst, die leider oft stärker von Emotionen als von Sachargumenten geprägt war. Im Mittelpunkt stand immer die Frage, ob nicht durch die Betonung des Shareholder Value eine einseitige Betrachtung nur der Interessen der Aktionäre erfolge. Das ist nicht der Fall, denn ein Unternehmen kann langfristig nur Wert schaffen, wenn es die Interessen aller am Prozess der Wertschöpfung beteiligten Parteien ausgewogen berücksichtigt.

Kein Unternehmen kann tätig werden ohne Mitarbeiter, ohne Kunden und Lieferanten, ohne Aktionäre und Kreditgeber. Auch wird ein Unternehmen, das sich gewissermaßen als „Paria" außerhalb der Gesellschaft stellt und seiner sozialen Verantwortung oder auch seinen Verpflichtungen gegenüber dem Gesetzgeber und staatlichen Institutionen nicht gerecht wird, langfristig nicht erfolgreich tätig sein können. Aufgabe eines Unternehmers ist, dieses System von auseinander strebenden Interessen und auch wechselnden Koalitionen in einem dynamischen Gleichgewicht zu halten. Dabei gibt es zu verschiedenen Zeiten auch unterschiedlich starke Kräfte, mit denen der Unternehmer sich auseinander zu setzen hat. Waren in den achtziger Jahren eher die Arbeitnehmer mit starken Lohnerhöhungen an einem langen Hebel, so sind in den späteren neunziger Jahren die Interessen der Aktionäre in den Vordergrund gerückt. Das hat dann auch zu den bekannten Exzessen der letzten Jahre geführt. Die Konsequenz ist, dass in jüngster Zeit eher die Kreditgeber – zumindest bei schwach finanzierten Unternehmen – an einem längeren Hebel sitzen, wie die große Zahl der teils spektakulären Umfinanzierungen und Insolvenzverfahren in der ganzen Welt uns deutlich vor Augen führt.

Nicht die Profitmaximierung um jeden Preis sondern ein ausgewogener Interessenpluralismus bestimmt das Handeln erfolgreicher Unternehmen. Wert kann langfristig nur geschaffen werden durch Mobilisierung der Kräfte aller am Wertschöpfungsprozess Beteiligen unter Beachtung gesellschaftlicher und ethischer Normen. Das hat auch die Geschichte erfolgreicher, über lange Zeiträume tätiger Unternehmen immer wieder gezeigt.

1.1.2 Strategien zur Wertsteigerung

Strategien zur Wertsteigerung können – grob vereinfachend – an zwei Hebeln ansetzen: erstens den Portfolio-Strategien und zweitens der Verbesserung der operativen Effizienz.

1.1.2.1 Portfolio-Strategien

Bereits in den Sechzigerjahren wurde von Bruce Henderson, dem Gründer des vor allem auf strategische Fragestellungen spezialisierten Beratungsunternehmens „The Boston Consulting Group", aufgrund empirischer Untersuchungen die so genannte Erfahrungs- kurve nachgewiesen. Sie besagt, dass mit jeder Verdoppelung der kumulierten Produkti- onsmenge eines bestimmten Produktes die Stückkosten um ca. 20 bis 30 Prozent sinken. Dieser Erfahrungseffekt konnte über alle Branchen, von der Kraftwerkstechnik über die Automobilindustrie bis zur Mikroelektronik, empirisch nachgewiesen werden. Beson- ders anschaulich und in seiner Auswirkung nicht nur auf die Industriestrukturen, sondern auf nahezu alle Bereiche des täglichen Lebens dramatisch ist dieser Zusammenhang zwischen kumulierter Menge und Kosten-/Preisentwicklung bei DRAM-Speicherbau- steinen der Mikroelektronik. Während 1973 eine Speicherkapazität von 1 Mbit noch ca. 75 000 Euro kostete, war die gleiche Kapazität 1990 bereits für fünf Euro zu haben und 1999 für den Preis einer Telefoneinheit, nämlich 13 Cent. Bis zum Jahre 2017 rechnet man mit einem Preis von 0,15 Cent. Das entspricht etwa dem Gegenwert einer Büro- klammer. Trägt man diese Preisentwicklung über die kumulierte Menge der produzierten Speicherchips in Bits auf, ergibt sich das bekannte Ergebnis: Mit jeder Verdopplung der kumulierten Menge sinken die Kosten um ca. 25 Prozent. Die beeindruckende absolute Preisentwicklung hängt demnach zusammen mit dem exorbitanten Wachstum der Produktion von Speicherchips von über 50 Prozent pro Jahr in den verschiedenen Gene- rationen – und damit eine schnelle Folge von Verdoppelungen, verbunden mit einem rasanten technischen Fortschritt. Ausgehend von wenigen Kilobit bis zu 64 Megabit, oder, in nicht zu ferner Zukunft, ein Gigabit können auf einem Siliziumchip in immer feineren Strukturen zusammengepackt werden. Ein derartiger Chip könnte beispielswei- se ca. 62 500 Seiten Text auf einigen Quadratzentimetern Silizium speichern.

Die Erfahrungskurve gilt in dieser quantitativen Ausprägung natürlich nur jeweils für das Unternehmen, in dem das jeweilige Produkt hergestellt wird. Über den Erfahrungs- transfer, z. B. durch den Einkauf und die Entwicklung von Maschinen und Anlagen, durch Kongresse, Schrifttum und Mitarbeitertransfer, verringert sich dieser Erfahrungs- effekt. Bei einem Größenvergleich zwischen verschiedenen Unternehmen der gleichen Branche führt dies zu einem so genannten Scale- oder auch Größendegressionseffekt von ca. 10 Prozent. Grob gerechnet hat damit ein Unternehmen, das im Vergleich zu einem Wettbewerber doppelt so groß ist, Kosten der Wertschöpfung, die etwa 10 Prozent unter den Kosten des kleineren Konkurrenten liegen.

Diese empirisch ermittelte quantitative Relation, die auch als das „Gesetz der Schwer-
kraft der strategischen Planung" bezeichnet werden kann, ist im Laufe der Jahre natürlich erheblich differenziert und weiterentwickelt worden. Zum Größenwettbewerb
gesellte sich bald der Differenzierungswettbewerb. Aus einer Kombination von Größen-
und Differenzierungswettbewerb wurden so genannte Plattform- oder Outpacing-
Strategien entwickelt, die wiederum zu neuen Dimensionen des Wettbewerbs geführt
haben. Dies alles hat zu der fast trivial anmutenden Aussage geführt, dass auf Dauer nur
in führenden Wettbewerbsstellungen deutlich über den Kapitalkosten liegende Renditen
erwirtschaftet werden können. Die empirische Evidenz hierfür ist vielfältig.

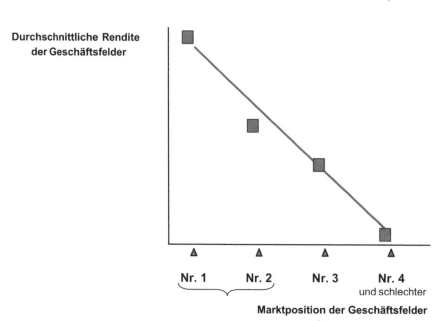

Abbildung 1:   Marktposition und Erträge

Aus einer im Hause Siemens über viele Jahre fortgeschriebenen Statistik über mehr als
200 Geschäftsfelder des Unternehmens geht beispielsweise eindeutig Folgendes hervor:
Mit Geschäftsfeldern, die sich in Nr. 1- oder Nr. 2-Position in ihren jeweiligen Märkten
befinden, wird gut Geld verdient, bei Nr. 3-Positionen wird die Luft schon dünn, und es

ist fraglich, ob auf Dauer die Kapitalkosten verdient werden können. In Nr. 4-Positionen und schlechter kommt im Allgemeinen keine Freude mehr auf (vgl. Abbildung 1). Selbstverständlich gibt es auch immer wieder Geschäfte, bei denen auch in führenden Marktpositionen kein Geld verdient wird. Die Ursachen hierfür können vielfältig sein, so kann z. B. – wie in den letzten Jahren auf dem Gebiet der elektronischen Speicherbausteine – eine ganze Branche in einem zyklischen Tief so weit abrutschen, dass auch der Marktführer massiv Geld verliert. Auch Ineffizienzen in der eigenen Organisation können aus einem rechnerischen potenziellen Wettbewerbsvorteil einen Kostennachteil machen und damit zu Verlusten führen. Umgekehrt gibt es natürlich auch Geschäfte in schwachen Marktpositionen, mit denen Geld verdient werden kann. Das zyklische Hoch einer Branche – auch hier wiederum sei die Halbleiterindustrie zitiert – kann ebenso dazu beitragen wie eine Innovation, sei es im Produkt, in der Produktionstechnik oder auch im Marketing, sofern sie ein Alleinstellungsmerkmal und damit eine Preisprämie oder auch geringere Kosten für den Kunden ermöglicht. Eine weitere Quelle von Abweichungen von dieser These ist oft auch ein in Bezug auf das jeweilige Wettbewerbs- und Marktumfeld nicht hinreichend sauber definiertes Geschäftsfeld. Ist es z. B. zu fein definiert, wird eine gute Marktposition errechnet, die in Wirklichkeit nicht gegeben ist, da Wettbewerb und Kunden eine viel gröbere Segmentierung des Marktes erfordern, in der das eigene Unternehmen dann nur eine marginale Rolle spielt. Umgekehrt kann eine zu grobe Segmentierung eine eher schwache Marktposition vortäuschen, die sich bei korrekter Abgrenzung im Markt- Wettbewerbsumfeld als eine führende Position mit entsprechend guten Ergebnissen herausstellt.

Die Strategie von Siemens ist darauf ausgerichtet, mindestens 80 Prozent aller Geschäftsfelder in einer führenden Nr. 1- oder Nr. 2-Position auf den globalen Märkten zu haben. Natürlich könnte man sich auch wünschen, dass 100 Prozent aller Geschäftsfelder in einer solchen Position sind, doch muss man in einem breit angelegten Unternehmen davon ausgehen, dass nicht immer alles gelingt und dass auch die Wettbewerber die gleichen Ziele verfolgen.

Für Geschäftsfelder, die aus eigener Kraft keine führende Marktposition erreichen können und die mittelfristig nicht ihre Kapitalkosten verdienen, gibt es grundsätzlich drei Möglichkeiten:

1. Sie können durch eine oder mehrere Akquisition gestärkt werden.
2. Sie können in eine Verbindung eingebracht werden, die ihnen langfristig eine bessere Entwicklung ermöglicht, d. h. im Allgemeinen, dass sie an einen stärkeren Wettbewerber verkauft werden.
3. Sie müssen geschlossen werden – und das ist der unangenehmste Fall.

Mit dem Kauf des Kraftwerksgeschäftes der Firma Westinghouse, der Siemens Gebäudetechnik im Zusammenhang mit dem Erwerb der Schweizer Elektrowatt AG, dem Kauf von VDO sowie dem Einbringen des Informationstechnik-Geschäftes in ein europäisches Joint Venture mit Fujitsu hat die Siemens AG einige wichtige Bewegungen zur

Stärkung des Portfolios gemacht. Andere Geschäfte, wie z. B. das Geschäft mit Herz-
schrittmachern, mit Dentalgeräten, die Starkstromkabel, die Großhandelsorganisation I-
Center, die Verteidigungselektronik sowie die elektromechanischen Komponenten und
auch das Geschäft mit Nachrichtenkabeln, um nur einige zu nennen, wurden desin-
vestiert. Mit dem Börsengang der Bauelementebereiche Halbleiter (jetzt Infineon) und
Passive Bauelemente (jetzt Epcos) wurden etwa 17 Milliarden Umsatz und ca. 60 000
Mitarbeiter aus dem Portfolio der Siemens AG herausgelöst. Diese Portfolio-Bewe-
gungen, die nur ein kleiner Ausschnitt aus den vielfältigen Bewegungen eines Großunternehmens im Sinne eines lebenden Organismus sind, dienen alle dazu, eine größere
Anzahl von Geschäftsfeldern in eine führende Wettbewerbsposition zu bringen bzw. wie
im Fall der Bauelemente, das Portfolio um Aktivitäten, die nicht mehr im Hauptfokus
liegen, zu bereinigen. Damit erhöht sich auch das Potenzial zur Erwirtschaftung höherer
Erträge und zur Wertsteigerung des Unternehmens.

Die Stärkung der Wettbewerbsposition ist jedoch nur eine Dimension einer Wertsteigerungsstrategie. Sie sichert das Potenzial für eine langfristig – relativ zur Branche – gute
Ertragskraft und damit eine stabile Rendite für die Investoren. Wertsteigernde Portfolio-
Strategien müssen jedoch noch einen anderen Hebel nutzen, nämlich die Bewertung von
Unternehmen in Abhängigkeit von der Attraktivität der Branche, in der sie tätig sind: Je
attraktiver die Branche, desto höher auch die Bewertung am Markt. Dabei ist „Marktatt-
raktivität" als ein komplexer Vektor definiert, der verschiedene Kriterien, wie z. B.
Marktpotenzial, Innovationsgeschwindigkeit, Veränderungspotenzial oder auch das
Wettbewerbsumfeld, zusammenfasst. Die beiden Dimensionen, nämlich Attraktivität der
Branche und Position im Wettbewerb sowie die daraus abgeleiteten marktüblichen
Bewertungen, sind in Abbildung 2 dargestellt.

In der Senkrechten ist die Attraktivität der jeweiligen Branche aufgetragen. Sie bemisst
sich im Allgemeinen am Wachstum sowie an Faktoren wie Innovationsstärke, Eintrittsbarrieren, Zyklizität oder auch Wettbewerbsintensität. Wiedergegeben wird hier die
Einschätzung der Investoren, da diese letzten Endes über die Bewertung eines Unternehmens am Markt entscheiden. In der Waagerechten ist die Stärke des jeweiligen
Unternehmens im Vergleich zum Wettbewerb aufgetragen. Wichtigster Bestimmungs-
faktor für die Einordnung auf dieser Skala ist die Größe im Vergleich zum Wettbewerb.
Abgeleitet aus der Erfahrungskurve ermöglicht dies eine Aussage über die jeweilige
Kostenposition. Hinzu kommen z. B. noch Schutzrechte, Marke, Standortvorteile oder
auch besondere Kompetenzen als verstärkende Faktoren, die allerdings häufig wiederum
positiv mit der relativen Größe korreliert sind. Die Zahlen hinter den jeweiligen Unternehmen geben den Faktor Marktwert/Umsatz an.

Es zeigt sich, dass starke Unternehmen in hochattraktiven (innovativen) Märkten im
Hinblick auf den Umsatzmultiplikator etwa drei- bis fünfmal höher bewertet werden als
schwache Unternehmen. In weniger attraktiven Märkten, die auch weniger durch Innovation und Wachstum geprägt sind, liegt der Unterschied zwischen starken und schwachen Unternehmen eher in einer Größenordnung eines Faktors von zwei bis drei. Die

rechte obere Seite der Matrix zeigt aber auch das Risiko, dem diese Geschäfte ausgesetzt sind. Im Falle eines Misserfolgs, d. h. des Erreichens einer nur schwachen Wettbewerbsstellung, sinkt die Bewertung dramatisch bis auf etwa das Ein- bis Zweifache des jeweiligen Umsatzes. Viele Unternehmen, die sich hier befinden, wurden vielleicht vor wenigen Jahren oder gar Monaten mit dem Fünf- bis Zehnfachen ihres Umsatzes oder noch darüber bewertet. In diesem Fall ist das Chancen-/Risikopendel zur Risikoseite hin ausgeschlagen, und die Investoren haben den größten Teil ihres Geldes verloren.

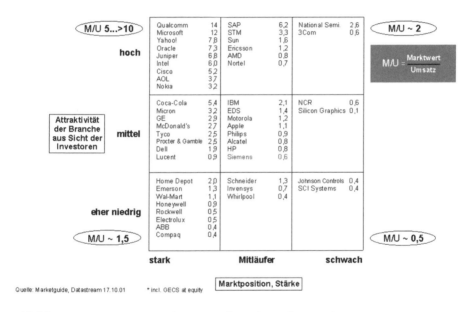

Abbildung 2:   Branchenattraktivität und Wettbewerbsvorteile

Insbesondere in den letzten Jahren des Börsenbooms waren diese absoluten Bewertungen, und damit auch die Unterschiede zwischen „stark" und „schwach", zwischen „attraktiv" und „weniger attraktiv", extremen Schwankungen unterworfen. Zu dem für diese Darstellung gewählten Zeitpunkt (11/2001) hatte sich der größte Teil der Überbewertungen wieder abgebaut. Sie ist nach Meinung vieler Experten derzeit sogar eher in eine Unterbewertung umgeschlagen. Die alte Weisheit, dass die Kapitalmärkte immer übertreiben, sowohl in die eine als auch in die andere Richtung, gilt auch hier. Es geht aber in diesem Fall weniger um die absoluten Zahlen als vielmehr um die Relationen in den Bewertungen zwischen hochattraktiv und weniger attraktiv sowie stark und schwach. Wenn auch die Spreizungen in der Boomphase höher waren und sich jetzt eher am unteren Ende bewegen, so hat sich doch an der grundsätzlichen Aussage auch über einen Zeitraum von vielen Jahren nichts geändert.

Einen Vorsprung im Wettbewerb in hochattraktiven und innovativen Märkten aufzubauen und zu halten, ist eine der größten unternehmerischen Herausforderungen. Hier sind Schnelligkeit und Kundenorientierung Trumpf. Bereits während der Produktentstehung müssen Leitkunden gewonnen und einbezogen werden, damit aus ersten Ideen möglichst schnell ein profitables Geschäft entwickelt werden kann. Nur durch Schnelligkeit in der Entwicklung und Markteinführung können First-Mover-Vorteile realisiert, Marktanteile gewonnen und eine günstige Kostenposition durch schnellen Volumenaufbau erreicht werden. Gleichzeitig wird es zunehmend wichtiger, die Innovation durch den Aufbau von Schutzrechten oder auch durch frühzeitiges Setzen eines Standards im Markt abzusichern. Der systematische Aufbau und strategische Einsatz von Schutzrechten oder – insbesondere in der Softwareindustrie – von Standards gehören inzwischen zu den wichtigsten strategischen Waffen im globalen Wettbewerb der Innovationen. Erfolgreiche, d. h. wettbewerbsstarke Unternehmen in einer attraktiven Branche, werden von den Investoren nach wie vor mit hohen Umsatzmultiplikatoren bewertet.

Die Schlussfolgerungen aus dieser Darstellung sind für diversifizierte Unternehmen klar, in ihrer Umsetzung jedoch komplex: Ziel muss es sein, einen möglichst hohen Anteil an Geschäften in führenden Marktpositionen und attraktiven Märkten zu haben. Das kann geschehen über Innovationen aus eigener Kraft oder durch Zukauf.

Der sicherste aber auch schwierigste Weg ist, diese Wettbewerbsstärke durch Innovation aus eigener Kraft aufzubauen. Dann gebiert der Erfolg den Erfolg: Unternehmer mit einer Produktidee, die das zukünftige Gesicht der Branche nachhaltig verändern, wie seinerzeit Werner von Siemens oder heute Bill Gates (Microsoft), haben enorme Werte geschaffen. Andere wie z. B. die AEG oder auch zahlreiche Software- und Internet-Unternehmen sind – manchmal nach einer nur kurzen Blüte – untergegangen und haben für ihre Investoren große Werte vernichtet.

Ein einziger Fehlgriff oder eine Fehleinschätzung des Erfolges einer Innovation am Markt, oder auch nur ein falscher Zeitpunkt für das Einführen einer Innovation werden von den Kapitalmärkten unerbittlich geahndet. Die Erwartungen in zukünftige Erträge, und damit auch der Wert des Unternehmens, sinken dramatisch auf einen Bruchteil und das Unternehmen riskiert, vom Markt zu verschwinden oder übernommen zu werden. Gute Beispiele hierfür sind die Wertentwicklungen der beiden größten Anbieter von Telekommunikationseinrichtungen am US-amerikanischen Markt, Lucent und Nortel. Beide Unternehmen hatten frühzeitig auf die Einführung der optischen Nachrichtentechnik gesetzt und große Summen in den Erwerb innovativer kleiner Unternehmen auf diesem Gebiet investiert. Inzwischen hat sich herausgestellt, dass diese Technologien zwar wichtig und auch zukunftsträchtig sind, dass jedoch die Erwartungen hinsichtlich der Geschwindigkeit und vor allem auch des Umfangs der Markteinführung weit überzogen waren. Heute gibt es dramatische Überkapazitäten bei den Betreibern auf diesem Gebiet, die Märkte sind auf ein Bruchteil der vergangenen Jahre geschrumpft und – was noch schwerwiegender für die Bewertung ist – damit auch die Erwartungen in das zukünftige Wachstum. Beide Unternehmen werden jetzt nur noch mit etwa einem Prozent (!) ihres Börsenwertes von vor drei Jahren bewertet.

Der zweite Weg eines diversifizierten Unternehmens, seinen Wert durch eine Verschiebung des Branchenfokus in Richtung auf höhere Attraktivität zu steigern, ist die Akquisition eines führenden Unternehmens in einer attraktiven Branche. Durch die hohen Bewertungen dieser Unternehmen liegen jedoch die Hürden sehr hoch, und das Risiko ist enorm. Nur durch eine teuer bezahlte Akquisition wird nämlich überhaupt noch kein Wert geschaffen. Es wurde nur Geld gewechselt. Wert wird erst dann geschaffen, wenn es gelingt, über diese Akquisition eine zusätzliche Wertsteigerung über den bezahlten (hohen) Kaufpreis hinaus zu erwirtschaften. Das ist riskant und in vielen Fällen auch unrealistisch.

Eine andere Möglichkeit ist daher, über eine Reihe von kleineren Akquisitionen das gewünschte Know-how zu erwerben, das in Kombination mit der eigenen Vertriebsstärke zu einer führenden Wettbewerbsposition führen kann. Es liegt auf der Hand, dass selbst bei großer Finanzkraft die Anzahl dieser Optionen begrenzt ist. Sie erfordert in der Portfolio-Strategie eine sehr sorgfältige Festlegung von Schwerpunkten, eine detaillierte strategische Analyse sowie vor allem eine sorgfältige Planung und Durchführung der Integration bzw. des Führungskonzeptes für die erworbenen Unternehmen. Das schließt vor allem ein Konzept ein, die wichtigsten und oft nur auf eine Handvoll von Mitarbeitern konzentrierten Know-how-Träger an das Unternehmen zu binden.

1.1.2.2 Verbesserung der operativen Effizienz

Parallel zur Optimierung des Geschäfts-Portfolios müssen alle Hebel angesetzt werden, um die operative Effizienz des Unternehmens auf das Niveau der besten Wettbewerber zu bringen. Zur Steigerung von Produktivität, Innovation und Wachstum wurde dazu bei der Siemens AG ein Programm unter dem Namen „top+" aufgelegt. Dieses Programm setzt unter anderem klare und am Wettbewerb orientierte Ziele für Kosten und Ergebnisse. Über Benchmarking-Projekte werden für alle Geschäfte die Kostenpositionen im Wettbewerb und evtl. bestehende Kostenlücken ermittelt. Daraus werden Ziele für das Ergebnis in Form des Beitrags zur Wertschaffung (Geschäftswertbeitrag) festgelegt und über Scorecards quantitativ nach den wichtigsten Werttreibern bis auf die Arbeitsebene herunter gebrochen. Konkrete Maßnahmen zur Verbesserung werden daraus abgeleitet und dokumentiert. Das Einhalten dieser Ziele wird regelmäßig kontrolliert. Bei nachhaltigen Abweichungen werden Konsequenzen gezogen. Erst dieser Dreiklang aus Zielen, Maßnahmen und Konsequenzen kann sicherstellen, dass auch im operativen Bereich nicht nur die Kostenlücken zum Wettbewerb abgebaut werden, sondern auch nachhaltige Kostenvorteile im Wettbewerb erreicht werden können. Mit Hilfe dieses Programms ist

es der Siemens AG gelungen, in den letzten Jahren die Produktivitätssteigerung sprung-
haft um einen Faktor 3 auf durchschnittlich ca. 10 Prozent pro Jahr zu erhöhen. Mit Hilfe
eines parallel dazu aufgesetzten Programms zur Stärkung der Innovationskraft hat sich
die Zahl der Erfindungsmeldungen mehr als verdoppelt. Auch das führt mittelfristig zu
einer deutlichen Verstärkung der Position in den attraktiven Wachstumsmärkten der
Zukunft.

Zusätzlich zu der kontinuierlichen Messung an den Besten im Wettbewerb wird über ein
System des „Best Practice Sharing" ein intensiver und systematischer Erfahrungsaus-
tausch und vor allem auch Erfahrungsübertrag gepflegt. Über einen organisierten Such-
prozess im Rahmen eines etablierten Wissensnetzwerks werden die jeweils besten
Verfahren, Abläufe oder sonstige Ideen geortet und in so genannten Best-Practice-Foren
weitervermittelt. Das schließt auch einen zeitweiligen oder mittelfristigen Transfer von
Know-how-Trägern ein.

1.1.3   Der Einfluss des E-Business

Die in den letzten Jahren entwickelten Möglichkeiten der Breitbandkommunikations-
technik, in der Anwendung umschrieben mit dem Schlagwort E-Business, hat auf die
Entwicklung der Strategien multinationaler Konzerne einen in seinen Dimensionen erst
in Umrissen erkennbaren Einfluss. Er ist vor allem dadurch charakterisiert, dass Information über Wertschöpfungsprozesse, Kunden, Märkte und zum Teil auch Wettbewerber überall an jedem Ort und zu jeder Zeit nahezu kostenlos verfügbar sind. Informationen innerhalb einer Wertschöpfungskette waren bisher ein proprietäres Gut, das gewissermaßen als „Kitt" diente, der die Organisation zusammenhielt und gleichzeitig auch
ihre Grenzen definierte. Nun werden die bisher als zusammengehörig empfundenen
Wertschöpfungsketten infrage gestellt. Sie werden gegebenenfalls dekonstruiert und in
anderen Konfigurationen wieder neu zusammengesetzt. Beispiele hierfür gibt es genug:
Tankstellen werden zu Supermärkten, die Medienlandschaften sind im Umbruch, Unternehmen gliedern ihre Fertigungen aus und bringen sie in Konfigurationen ein, die ihnen
Kostenvorteile aus Größendegression versprechen. Buchhaltungen – bisher eher eine
notwendige verwaltende Tätigkeit ohne unternehmerische Komponente – werden ausge-
gliedert und Unternehmen überlassen, welche sich auf eine möglichst kostengünstige
und zuverlässige Abwicklung dieser Verwaltungsvorgänge spezialisiert haben. Das
Gleiche gilt für die Instandhaltung von Gebäuden, Fuhrparks, Firmencasinos, Reisestel-
len und viele andere, nicht im Kern der Kompetenzen und der notwendigen Wertschöpfung für das eigentliche Produkt liegenden Aktivitäten. Ermöglicht wurde dies vor allem
dadurch, dass derartige Aktivitäten über ein zuverlässiges, schnelles und kostengünstiges
Informationsnetz – das Internet – so behandelt werden können, als seien sie noch voll in
die unternehmensinterne Wertschöpfungskette integriert. Informationen werden über
grenzüberschreitende Netze für die definierten Aktivitäten so behandelt, als seien es
interne Informationen. So werden z. B. in der Automobilindustrie detaillierte Produkti-

onspläne nach Typen und Ausrüstungen online an die Zulieferer gemeldet, damit die entsprechenden Teile termingerecht angeliefert werden. Gleiches gilt auch für Handelsunternehmen, die ihre Ware über die Unternehmensgrenzen überschreitende Warenwirtschaftssysteme direkt beim jeweiligen Lieferanten abrufen. Große Auswirkungen hat das E-Business aber auch auf die Vertriebsstrukturen. Produktinformationen stehen den Kunden online jederzeit zur Verfügung. Der Kunde kann über das Netz Produkte auswählen, bestellen und bezahlen – mit allen Konsequenzen für bestehende und über viele Jahrzehnte entwickelte Vertriebsstrukturen.

Gerade diese Möglichkeiten des E-Business bergen aber auch die Gefahr von Übertreibungen. Dies gilt nicht nur für die Bewertung der Unternehmen, die derartige Chancen wahrzunehmen versuchen – das haben viele in den letzten Jahren schmerzlich erfahren müssen. Es gilt auch für die strategischen Konsequenzen. Erst die Geschichte wird zeigen, ob z. B. die derzeitige Tendenz, nahezu alle Elektronikfertigungen auszugliedern und an spezialisierte Unternehmen mit hohen Fertigungsvolumina und entsprechenden Kostendegressionseffekten als Auftragsfertigungen zu geben, strategisch wirklich die Vorteile bringen, die man sich erhofft hat. Skepsis ist vor allem dort angesagt, wo die Fertigung eine Kernkompetenz für die Gestaltung und Weiterentwicklung von Produkten ist und die äußerst enge Zusammenarbeit zwischen Entwicklung, Fertigung und Kunde erfolgsentscheidend ist. Trotz aller Möglichkeiten der Informationstechnologie: Es ist ein Unterschied, ob Kernkompetenzen innerhalb eines Unternehmens mit einer Identität und klaren Prioritäten zusammengehalten werden, oder ob sie sozusagen als Dienstleitung von Fremden eingekauft werden. In den letzten Monaten hat sich gezeigt, dass einige Unternehmen, die mit großer Publizität fast ihre gesamten Fertigungen verkauft haben, inzwischen genau an dieser Stelle große Schwierigkeiten bekommen haben; manch groß gefeiertes Geschäft auf diesem Gebiet ist inzwischen notleidend geworden.

Auch auf der Vertriebsseite sind bis jetzt nicht alle Blütenträume so gereift, wie sie gesät wurden. Vielfach wurden die Bedeutung des Einkaufserlebnisse oder auch die Probleme der zeitnahen physischen Auslieferung der Produkte unterschätzt.

Dennoch: Die Potenziale des E-Business in ihrer Auswirkung auf alle unternehmensinternen Prozesse, auf die Optimierung der gesamten Wertschöpfungskette eines Unternehmens – von der Kundenbestellung über den Einkauf bis hin zur Auslieferung – und damit auch auf die strategische Positionierung, sind noch lange nicht ausgeschöpft. Nur: Vieles dauert länger und ist in der Umsetzung vielleicht komplexer und auch teurer, als die meisten es sich noch vor vielleicht zwei Jahren vorgestellt haben.

1.1.4 Siemens AG 1998 – die Kritik der Finanzmärkte

Breit diversifizierte Unternehmen sahen sich vor allem gegen Ende der Neunzigerjahre der Kritik der Finanzmärkte ausgesetzt. Unter dem Slogan „Investoren mögen keine Konglomerate" wurden solche Unternehmen mit Abschlägen in der Größenordnung von

20 bis 30 Prozent von der Summe der geschätzten Werte ihrer einzelnen Geschäftsbereiche bewertet. Den Investoren fiel es schwer, in ein Aggregat heterogener Geschäfte in unterschiedlich attraktiven Märkten und mit weit auseinander klaffenden Ergebnissen zu investieren. Sie argumentierten, dass die Positionierung der einzelnen Geschäftsbereiche in ihrem jeweiligen Wettbewerbsumfeld nicht hinreichend klar sei, dass die Ergebnisse nicht transparent seien und dass auch die Gefahr bestünde, Verlustgebiete über Quersubventionen zu Lasten gut verdienender Bereiche zu verschleiern und damit Erfolg versprechenden Wachstumsgebieten die notwendigen Mittel zu entziehen. Investoren haben es vorgezogen, das Portfolio von Unternehmen, an denen sie sich beteiligen, selbst zusammenzustellen. Es blieb der Risikopräferenz des Investors überlassen, ob er sein Geld eher in zwar attraktive, aber auch hoch riskante neue Wachstumsgebiete investierte, ob er es vorzog, eher in stabile und renditestarke Geschäfte zu investieren, ob er auf Turn-around-Situationen setzte oder ob er sich ein hinsichtlich des Risikos ausgewogenes Portfolio von Aktien zusammenstellte. Auf jeden Fall meinten die Investoren in den meisten Fällen, die Chancen und Risiken der „Pure Player" besser abschätzen zu können und damit langfristig auch höhere Renditen zu erwirtschaften, als wenn sie diese Aufgabe dem Management eines breit diversifizierten Konglomerates überlassen. Diese Ansichten, die hier bewusst in der Vergangenheitsform beschrieben werden, haben sich inzwischen geändert, worauf später nochmals eingegangen wird.

Naturgemäß ist es schwierig, sich mit diesen Überlegungen in abstrakter und allgemeiner Form auseinander zu setzen. Das beginnt schon mit dem Begriff des Konglomerates. Hier gibt es viele Spielarten, von einer Ansammlung völlig unabhängiger Geschäfte im Rahmen einer Finanzholding, wie beispielsweise die Quandt-Gruppe oder auch AGIV AG, über die von einer Management-Holding geführten und breit angelegten Unternehmen, wie z. B. General Electric, bis hin zu breit angelegten, aber auf einer gemeinsamen Wurzel beruhenden Unternehmen, wie z. B. die Nestlé AG oder auch die Siemens AG. Für alle diese Unternehmen gelten unterschiedliche Bedingungen, teils aus der Historie, teils aus der Entwicklung ihrer Branche und des Wettbewerbsumfelds bis hin zur persönlichen Prägung durch herausragende Führungspersönlichkeiten.

Diese Argumente sollen im Folgenden vor allem am Beispiel der Siemens AG diskutiert werden und nur dort, wo als zulässig erachtet, sollen verallgemeinernde Schlussfolgerungen gezogen werden.

Auch die Siemens AG sah sich Ende der Neunzigerjahre der oben beschriebenen Kritik der Investoren ausgesetzt. Nach Ansicht maßgeblicher Analysten wurde die Siemens AG damals mit einem „Conglomerate-Discount" in der Größenordnung von ca. 25 Prozent bewertet. Die hieraus abgeleitete Forderung dieser Analysten war eindeutig und konsequent: „Zerschlagt Siemens!". Wäre man diesem allerdings oft undifferenziert vorgetragenem Vorschlag gefolgt, hätte die Siemens AG in mindestens sieben oder acht voneinander unabhängige Einheiten aufgelöst werden müssen. Es war jedoch vorhersehbar, dass auch dieses den Finanzanalysten nicht ausgereicht hätte, da jedes dieser dann immer noch sehr großen Teilunternehmen wiederum ein Konglomerat in sich gewesen wäre.

Beispielsweise das Arbeitsgebiet Industrie, das mit einem Produktspektrum von Elektromotoren aller Art über Umrichter, Schalter und Installationsgeräte bis hin zu modernsten speicherprogrammierbaren Steuerungen für die Produktionsautomatisierung, Logistiksystemen, Großanlagenbau und Haustechnik, mit z.T. auch sehr unterschiedlichen Markt- und Wettbewerbsstrukturen reicht. Ähnliche Argumente ließen sich auch für das Arbeitsgebiet Informations- und Kommunikationstechnik, die Medizintechnik oder auch nahezu alle anderen Arbeitsgebiete des Unternehmens finden. Abgesehen von dem wohl eher als emotional besetzt zu interpretierenden Argument, dass mit der Zerschlagung des Unternehmens ein Schlussstrich unter die 150-jährige Geschichte des Hauses Siemens gezogen würde – eine Geschichte, welche die Entwicklung der Elektrotechnik nicht nur begleitet, sondern geschrieben hat – wäre auch die Durchführung einer solchen Aktion höchst fragwürdig. Man musste sich fragen, ob nicht am Ende wesentlich mehr Wert unwiederbringlich vernichtet worden wäre, als einige am grünen Tisch durchgeführte Berechnungen hatten erwarten lassen.

1.1.5   Die Siemens AG – ein vernetztes Unternehmen

Das Unternehmen undifferenziert als ein Konglomerat zu bezeichnen, würde der organisch gewachsenen und vielfach vernetzten Struktur des Unternehmens und auch seiner Entwicklung nicht gerecht. Seit seiner Gründung durch Werner von Siemens im Jahre 1847 ist das Unternehmen dem Geschäftsverständnis des Gründers treu geblieben, das sich am präzisesten mit der technisch-wirtschaftlichen Nutzung des elektrischen Stromes umschreiben lässt. Dieses umfasst sowohl die traditionellen Gebiete der Elektrotechnik als auch die Möglichkeiten, die sich aus der Entwicklung der Elektronik mit allen Konsequenzen für die Informations- und Kommunikationstechnik ergeben haben. Hinzu kommt noch, dass Werner von Siemens es schon immer als seinen Traum bezeichnet hat, ein Weltunternehmen wie seiner Zeit die Augsburger Fugger zu gründen. Hier sei nur vermerkt, dass bereits wenige Jahre nach der Gründung das noch junge Unternehmen Siemens bereits einen Auslandsanteil am Umsatz von über 50 Prozent hatte. Dieser Vision seines Gründers ist das Unternehmen Siemens über die 150 Jahre seiner Geschichte konsequent gefolgt und hat sich zu einem der größten, aber wohl auch komplexesten Unternehmen seiner Branche entwickelt.

Die Siemens AG ist heute auf insgesamt sechs Arbeitsgebieten tätig. Damit sieht sie sich vor allem als Systemintegrator. Selbst mit dieser Breite der Aufstellung deckt die Siemens AG nicht alle Gebiete der Elektrotechnik und Elektronik ab. So ist die Siemens AG z. B. nicht auf dem großen Gebiet der so genannten Unterhaltungselektronik (Radio, Fernsehen, Video) tätig. Es ist auch weiterhin nicht das Ziel, alle Anwendungsgebiete der Elektrotechnik und Elektronik abzudecken. Entscheidend ist, auf welchen Gebieten eine führende Wettbewerbsposition erreicht werden kann. Ebenso entscheidend ist die Ablehnung einer Betätigung auf branchenfremden Gebieten.

Dieses über viele Jahrzehnte gewachsene Netzwerk der Siemens AG schafft zusätzlichen Wert. Dabei sind fünf Faktoren besonders hervorzuheben:

1. Vernetzung von Technologien: Gemeinsame Wurzel aller Arbeitsgebiete der Siemens AG ist die Elektrotechnik und Elektronik. Die Breite des technologischen Wissens auf diesem Gebiet, das Wissen um die Bedürfnisse der Kunden und um die zukünftigen Entwicklungen, ist ein Wert, um den die Siemens AG von vielen Wettbewerbern beneidet wird. Hinzu kommt noch etwas, das als die Idee der Vernetzung bezeichnet werden kann. Unterstützt durch die zunehmende Digitalisierung in der Elektronik werden die Produkte und Anlagen durch Informationsströme immer stärker zu Gesamtsystemen vernetzt. Das reicht von der Leittechnik in Kraftwerken und Industrieanlagen über die Digitalisierung und Vernetzung der Bildgebenden Verfahren, wie Röntgentechnik, Magnetresonanz und Ultraschall in der Medizintechnik, die Produktions- und Automatisierungstechnik bis hin zur Haustechnik und der Automobil- und Verkehrstechnik. Es gibt kein Arbeitsgebiet der Siemens AG, das von dieser Entwicklung zu immer komplexeren Informations- und Regelungssystemen ausgenommen ist. Sie führt zu immer höheren Anforderungen an die Systemintegration als zentrale Kernkompetenz des Unternehmens. Dies führt zum nächsten Punkt, dem Wissensnetzwerk.

2. Wissensnetzwerk: Mit Hilfe elektronischer Medien wird das in allen Siemens-Bereichen angesammelte Wissen über die Anwendung der Technologien zum Nutzen der Kunden systematisch verarbeitet, gespeichert und allen Mitarbeitern zugänglich gemacht. Schlagworte wie „Knowledge Management" und „Lernendes Unternehmen" werden damit Realität. Lernen kann ein Unternehmen allerdings nicht. Lernen können nur die Mitarbeiter eines Unternehmens. Dies kann durch Wissensnetzwerke, die sich die modernsten Errungenschaften der Informationsverarbeitung und Kommunikationstechnik zunutze machen, gefördert werden.

3. Vertriebsstärke und weltweite Präsenz: Mittlerweile erzielt die Siemens AG über 75 Prozent ihres Umsatzes im Ausland. Damit ist die Siemens AG nicht nur in Deutschland, sondern in vielen Ländern der Welt ein großes Unternehmen und damit auch ein Wirtschaftsfaktor im jeweiligen Land. Die Verankerung in den jeweiligen Ländern über eine breit angelegte Vertriebsorganisation, einem oft hohen Anteil an regionaler Wertschöpfung mit großen Infrastrukturprojekten, sei es der Energieerzeugung, der Telekommunikation, der Verkehrstechnik oder auch der Medizintechnik, schafft Vertrauen und Kundenbindung. Dieses Kapital ginge durch eine Aufspaltung der weltweiten Siemensorganisation in mehrere unabhängige Aktivitäten verloren. Die weltweite Vertriebsorganisation der Siemens AG wird auch von allen wichtigen Wettbewerbern als wesentliche Stärke im Wettbewerb und als Benchmark anerkannt.

4. Finanzkraft: Die Finanzkraft der Siemens AG wirkt sich in vielerlei Hinsicht aus: In der Konzernfinanzierung können wesentlich günstigere Konditionen ausgehandelt werden. Damit können in der Auftragsfinanzierung für die Kunden Pakete zu Konditionen angeboten werden, die unter anderen Umständen nicht zu verwirklichen wären.

Die gemeinsame Kasse erspart Bankgebühren und Zinsen für das finanzielle Clearing sowie kurzfristige Dispositionskredite in hohen Millionenbeträgen.

5. Führungskräftepotenzial: Die Breite und Internationalität des Unternehmens ermöglichen die systematische Entwicklung von Führungskräften über verschiedene Funktionen, Bereiche und Regionen, wie sie sonst kaum ein anderes Unternehmen zu bieten hat. Hieraus ergeben sich auch Chancen für ehrgeizige Mitarbeiter, sich in verschiedenen anspruchsvollen Aufgaben bewähren zu können, ohne das Unternehmen wechseln zu müssen. Diese Möglichkeit des Aufgabenwechsels innerhalb des Unternehmens trägt mit dazu bei, das wertschaffende Netzwerk aller Führungskräfte des Unternehmens weiter auszubauen.

Naturgemäß wird es nie möglich sein, den Wert dieses Netzwerkes monetär auszudrücken. Es liegt jedoch auf der Hand, dass durch die Zerstörung dieses Netzwerkes Werte vernichtet werden. Die Strategie des Unternehmens ist es daher, aufbauend auf dem Wert dieses gewachsenen Netzes, zu einer Wertsteigerung zu kommen, die insgesamt mehr Wert schafft, als aus der Summe der einzelnen Teile rechnerisch hervorgeht.

Inzwischen ist diese Erkenntnis auch bei den wichtigsten Analysten und Investoren gereift: Während vor drei bis vier Jahren noch lauthals die Zerschlagung des Siemenskonzern gefordert wurde, mehren sich jetzt die Stimmen, die ihre Genugtuung darüber ausdrücken, dass die Siemens AG so ein breit gestreutes Portfolio hat und auf diese Weise immer wieder einen Risikoausgleich herstellen kann. Dieses zeigt sich auch im Aktienkurs, der – obwohl gegenüber den Höchstständen vor einigen Jahren deutlich geringer – im Vergleich zu wichtigen Indizes und vor allem auch Wettbewerbern – recht gut abgeschnitten hat.

1.1.6   Konsequenzen für die Führungsorganisation

Die Strategien zur Wertsteigerung des Unternehmens müssen durch eine hoch flexible, der Dynamik der Marktentwicklungen und den hohen Innovationsgeschwindigkeiten angepasste Führungsorganisation unterstützt werden. Die Grundsätze der Führungsorganisation der Siemens AG wurden an anderer Stelle ausführlich beschrieben[1]. Hier sei daher nur auf die Elemente eingegangen, die im Zusammenhang mit der Wertsteigerungsstrategie des Unternehmens relevant sind.

1.1.6.1 Führung als intelligenter Umgang mit Autonomie

Mit einer Gliederung in 14 Bereiche, ca. 100 Geschäftsgebiete und über 200 Geschäftsfelder hat die Siemens AG eine klare, auf die jeweiligen Geschäfte vertikal ausgerichtete Unternehmensstruktur. Dieses Organisationsmodell, in dem die Durchgängigkeit der

---

1   Mirow (1997), S. 641-661

geschäftsbezogenen Prozesse und damit Flexibilität und Schnelligkeit höchste Priorität haben, kann als ein allgemeiner und für fast alle Unternehmen gültiger Grundsatz postuliert werden. Koordinierende Querorganisationen sollten nur dort eingezogen werden, wo Synergien konkret nachweisbar und vor allem auch rechenbar sind.

Eine solche, auf den ersten Blick klare und übersichtliche Struktur eines Unternehmens wirft für die Führung jedoch eine Reihe von Fragen auf: Stichworte wie Dezentralisierung, weitgehende Autonomie der geschäftsführenden Bereiche und Verlagerung der Entscheidungen an den Ort des Geschehens, also auf die unteren Ebenen der Organisation, die im direkten Kontakt mit dem Kunden stehen, sind schnell dahergesagt. Die Frage ist nicht nach dem „Ob" bei Dezentralisierung und Autonomie, sondern nach dem „Wie viel", nach der Balance zwischen Freiheit und Bindung innerhalb einer Organisation. Die unterschiedlichen Ausprägungen der Geschäfte der Siemens AG, von der langfristigen Ausrichtung eines Kraftwerksgeschäfts bis zu den Geschäften der Elektronik, in denen eher Produktlebenszyklen von Monaten als von Jahren an der Tagesordnung sind, sowie die völlig anders gearteten Dienstleistungsgeschäfte erfordern auch eine Heterogenität von Unternehmenskulturen, von mehr oder weniger autonomen Teilsystemen, die jeweils ihre eigene Sicht der Welt und ihrer Branche angemessene Verhaltensweisen entwickeln. Das überkommene Ideal einer einheitsstiftenden Unternehmenskultur wird durch eine Pluralität von Denk- und Verhaltensweisen abgelöst. Nicht die „Gleichrichtung", sondern das bewusste Zulassen von Heterogenität wird zur grundlegenden Maxime.

Statt einer einheitlichen Kultur tritt eine gemeinsame Identität in den Vordergrund, die bei der Siemens AG mit dem Namen und den Traditionen des Hauses verbunden ist. Diese durchaus gewünschte Autonomie hat aber auch eine Kehrseite: Vor dem Hintergrund der jeweils eigenen Sicht ihrer Welt entwickeln autonome Teilsysteme ein Eigenverhalten. Führungsmaßnahmen der Unternehmensleitung werden eher als Störung interpretiert, die systemspezifisch verarbeitet bzw. abgewehrt werden. Die Beeinflussungsversuche der Unternehmensleitung sind mit dem Selbstverständnis des autonomen Teilbereichs, seinem Weltbild und den daraus entwickelten Zielen nicht immer zu vereinbaren. Vielleicht liegt hierin auch der Schlüssel für die vielen Fehlschläge bei der Implementierung zentral entwickelter strategischer Pläne in Großunternehmen. Eines ist klar: Jedes Unternehmen braucht im hohen Maße die Möglichkeit zur Selbstorganisation, um sich schnell und flexibel an die sich schnell wandelnden Strukturen der Märkte anzupassen. Dieses kann letzten Endes nur von der Basis, vom Ort des Geschehens, ausgehen und es bleibt meist nicht die Zeit, alle wichtigen Entscheidungen über alle Ebenen der Organisation bis in die höchste Führungsebene abzustimmen. Dennoch: In dem Ausmaß, in dem operative Entscheidungen auf die Geschäftsebene delegiert werden müssen, ist es notwendig, strategische Entscheidungen an der Spitze zu zentralisieren. Nur dann können ein Abdriften des Unternehmens in chaotische Zustände und eine Selbstauflösung verhindert werden. Der intelligente und flexible Umgang mit Autonomie, das gleichzeitige Loslassen und Gewähren von Handlungsfreiheit und straffer strategischer Führung stellt die eigentliche Kunst der Unternehmensführung dar. Die dezentralen und weitgehend autonomen Einheiten müssen, um auf ihren Märkten unternehmerisch agieren zu können, mit allen Sach- und Führungskompetenzen ausgestattet sein, die zur Führung ihrer Geschäfte notwendig sind.

Aufgabe der Unternehmensleitung als „Metaebene" ist es sicherzustellen, dass die Strategie und die Richtung stimmt, in der die autonomen Einheiten sich bewegen, und dass die erwarteten und aus Sicht der Kapitalmärkte und Anteilseigner notwendigen Ergebnisziele auch erreicht werden. Dieses sicherzustellen ist Aufgabe eines systematischen Planungs- und Berichtsprozesses über alle Stufen des Unternehmens. Wichtig ist, dass dieser Prozess nicht nur auf das reine Zahlenwerk des Rechnungswesens und den daraus abgeleiteten Führungsgrößen ausgerichtet ist. Notwendig ist vielmehr, die jeweiligen und auf Wettbewerbsvorteile ausgerichteten strategischen Ziele transparent und nachvollziehbar darzustellen. Ebenso wie die Zielerreichung anhand des Geschäftswertbeitrages und der daraus abgeleiteten Größen Ergebnis und Kapitalbindung monatlich und Quartalsweise verfolgt und im Rahmen einer rollenden Planung angepasst werden, müssen auch strategische Meilensteine so weit konkretisiert und nach Möglichkeit auch quantifiziert werden, dass ihre Umsetzung kontrollierbar bleibt.

1.1.6.2 Die vernetzte Organisation

Die Weiterentwicklung einer solchen klar strukturierten Organisation zur weiteren Steigerung des Wertschaffungspotenzials kann am besten durch die Stichworte „wissensbasierte Netze" und „virtuelle Organisation" charakterisiert werden.

Vor allem getrieben durch das E-Business kann man sich das Unternehmen der Zukunft als ein Netz von Kompetenzen vorstellen (vgl. Abbildung 3). Es ist modular aufgebaut und besteht aus einer Vielzahl von lose gekoppelten Organisationseinheiten mit dezentraler Entscheidungskompetenz und Ergebnisverantwortung. Das verbindende Element in diesem Netzwerk ist der Unternehmer. Seine Aufgabe besteht darin, Kompetenzen zu neuen Geschäften zu bündeln und unproduktive Kombinationen aufzulösen. Viele dieser Strukturen werden temporär sein, andere dauerhaft. Die Zusammenarbeit dieser Kompetenz tragenden Einheiten erfolgt über virtuelle Strukturen. Die einzelnen Kompetenzen einer Wertschöpfungskette werden zu einer Kundenlösung zusammengeführt.

Prozess- und kompetenzorientierte Querorganisationen sichern die Nutzung des im Unternehmen vorhandenen Know-how z. B. zur Systemintegration und Abwicklung von Großprojekten. Damit geht kein Wissen verloren, und die Produktivität wird nicht in unnötigen Schnittstellendiskussionen verbraucht. Unterstützt wird eine derartige, vor allem auf Effizienz und Schnelligkeit ausgerichtete Organisation durch die enormen Möglichkeiten der modernen Informations- und Kommunikationstechnik. Sie führt letztendlich zu vernetzten und gelegentlich auch virtuellen Organisationswelten, die wissensbasiert und problemlösungsorientiert angelegt sind.

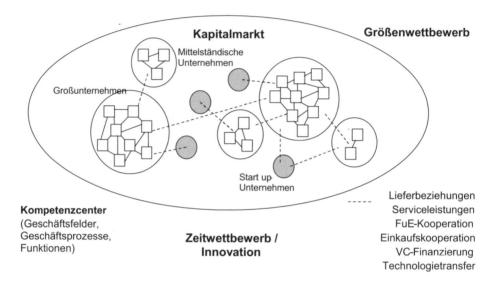

Abbildung 3: Das Unternehmen als vernetzte Organisation

Es gibt zahlreiche Beispiele für solche temporären und teilweise auch virtuellen Organisationsformen. Das gilt nicht nur für die Durchführung von Großprojekten, wie z. B. den Bau der Magnetschwebebahn Transrapid in Shanghai oder auch der Entwicklung kompletter Softwaresysteme, sondern überall dort, wo schnell und kundenorientiert Lösungen auch in kleinerem Maßstab gefunden werden müssen. Ein bereichsübergreifendes Account-Management wichtiger Kunden gehört hier ebenso dazu wie das gemeinsame und von mehreren Bereichen getragene Erarbeiten einer Lösung, z. B. für ein Vertriebsprojekt mit einem langfristigen Leasingvertrag, den entsprechenden Dienstleistungen in der Wartung oder dem Update von Software-Lösungen sowie dem entsprechenden Finanzierungspaket.

Die Zusammenarbeit dieser Kompetenz tragenden Einheiten erfolgt über virtuelle Strukturen, d. h., die Mitarbeiter bleiben in ihren jeweiligen Organisationen verankert. Sie werden jedoch temporär zu einem Projekt zusammengeführt unter der Leitung eines mit allen notwendigen Kompetenzen ausgestatteten Projektleiters. Dieser beurteilt die Mitarbeiter nach Abschluss des Projektes und entscheidet über die Auszahlung von vorher vereinbarten Prämien. Die einzelnen Kompetenzen dieser Wertschöpfungskette werden zu einer Kundenlösung zusammengeführt. Im Einzelfall merkt der Kunde meist gar nicht, dass diese einzelnen Komponenten aus verschiedenen Teilen des Unternehmens oder auch von Zulieferern außerhalb stammen. Im Extremfall ist jede dieser Lösungen, die sich so in einer Organisation abbildet, ein Unikat. Bekannt sind solche Formen auch unter dem Begriff „Zeltorganisation", der für sich selbst spricht.

Zusätzliche Bedeutung erlangen derartig vernetzte Organisationen durch die bereits erwähnten Möglichkeiten des E-Business. Den Möglichkeiten einer grenzüberschreitenden Zusammenarbeit in virtuellen und vernetzten Strukturen sind durch die moderne Kommunikationstechnik kaum Grenzen gesetzt. Aufgabe der Betriebswirtschaftslehre wird es sein, diese Strukturen durch entsprechende und notwendige Planungs- und Kontrollinstrumente zu unterstützen. Gerade in diesem Punkt scheinen die organisatorischen und kommunikationstechnischen Möglichkeiten mitunter dem betriebswirtschaftlich Erforderlichen vorwegzueilen.

1.1.7 Zusammenfassung – 6 Thesen zur Wertsteigerung

Zusammenfassend seien folgende Thesen zur Wertsteigerung diversifizierter Unternehmen zur Diskussion gestellt:

1. Die Qualität eines Portfolios und operative Effizienz sind zentrale Kriterien für die Wertschaffung. Wettbewerbsstärke einerseits und die Attraktivität einer Branche andererseits bestimmen die Qualität eines Portfolios. Die operative Effizienz wird gemessen an den Besten der Branche.
2. Erfolgreiche Unternehmen in attraktiven Branchen werden hoch bewertet. Hoher Volatilität und – und im Falle eines auch nur partiellen Misserfolgs – dem Risiko eines nahezu vollständigen Kapitalverlusts stehen großen Chancen gegenüber.
3. Breiter angelegte Unternehmen können ihr Risiko diversifizieren und damit den Kapitalgebern eine langfristig sicherere Anlage bieten, als eng fokussierte Unternehmen in hoch attraktiven Märkten.
4. Auf Grundlage gemeinsamer Kernkompetenzen vernetzte Unternehmen können mit einem breit gefächerten Portfolio erhebliche zusätzliche Werte schaffen. Die modernen Kommunikationstechnologien des E-Business eröffnen völlig neue Perspektiven.
5. Entscheidend für den Erfolg breit diversifizierter Unternehmen ist eine Führungsstruktur, die einerseits die unternehmerischen Kräfte entfesselt und andererseits wertschaffende Gemeinsamkeiten zur Wirkung kommen lässt.
6. Konglomerate können, wenn sie richtig geführt werden, für die Investoren große Werte schaffen.

1.2 Strategien im Informationszeitalter

Harald Hungenberg

1.2.1 E-Business und das Internet

Dieser Beitrag setzt sich mit der Frage auseinander, welchen Einfluss E-Business auf die Strategien von Unternehmen hat. Dabei sind ganz verschiedene Einflüsse denkbar: E-Business könnte zu vollkommen neuen Strategien führen, es könnte alte Strategien obsolet machen, es könnte die Umfelder der Unternehmen beeinflussen, vor deren Hintergrund Strategien entwickelt werden, oder es könnte einen Einfluss auf die Nachhaltigkeit bestimmter Strategien haben. Allen diesen Fragen soll nachgegangen werden. Zuvor soll jedoch kurz darauf eingegangen werden, was das eigentlich ist – E-Business –, das möglicherweise solche Veränderungen auslöst.

Wenn man über E-Business spricht, muss man zunächst über das *Internet* sprechen, denn ohne das Internet gäbe es kein E-Business. Die explosionsartige Verbreitung des Internet ist einerseits durch technologische Veränderungen zu erklären, die Computer in die Lage versetzen, weltweit auf der Basis eines einheitlichen Protokolls miteinander zu kommunizieren. Sie ist andererseits aber auch auf die zunehmende Bedeutung und Nutzung von Informationen zurückzuführen, die im wirtschaftlichen Handeln, aber auch im Privaten zu beobachten ist. Das Internet ermöglicht es Unternehmen und Individuen, weltweit, unabhängig von Zeit und Ort, kostengünstig auf Informationen zuzugreifen und diese für geschäftliche und private Zwecke zu nutzen. Diese Eigenschaften des Internet haben zu tief greifenden Veränderungen für die Gesellschaft, die Wirtschaft als Ganzes und auch für einzelne Unternehmen geführt.

Für die Unternehmen sind vor allem zwei Veränderungen hervorzuheben. Auf der einen Seite hat die rasante Verbreitung des Internet vollkommen *neue Märkte* entstehen lassen, an denen alle Unternehmen partizipieren, die Produkte und Dienstleistungen für die Nutzung des Internet selber erstellen. Hier ist zum Beispiel an die Bereitstellung von Hardware (Cisco, IBM, ...), Software (Netscape, Oracle, ...), Serviceleistungen (EDS, Pixelpark, ...) oder Zugangsmöglichkeiten (Deutsche Telekom, AOL, ...) zu denken. Auf der anderen Seite bietet das Internet den Unternehmen selber die Möglichkeit, *geschäftliche Aktivitäten* unter Nutzung von Internettechnologie durchzuführen. So sind teilweise ganz neue Geschäftsmodelle entstanden, wie etwa „virtuelle Marktplätze", die Anbieter und Nachfrager einer bestimmten Leistung zusammenbringen (z. B. Ebay, WireScout). Es hat sich aber auch gezeigt, dass es ein beachtliches Potenzial gibt, existierende Geschäftsmodelle zu transformieren – und das heißt nichts anderes, als vorhandene Geschäftsprozesse durch die Nutzung von Internettechnologie zu verändern. Beide Aspekte sind gemeint, wenn wir heute von E-Business sprechen (vgl. Abbildung 1).

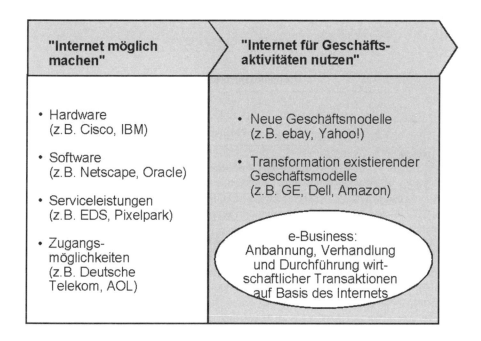

Abbildung 1: Abgrenzung des E-Business

Unter *E-Business* verstehen wir also die elektronische Abwicklung bestimmter geschäftlicher Aktivitäten unter Nutzung von Internettechnologie. Während noch vor einigen Jahren – in der Hochphase der Euphorie um die so genannte „New Economy" – das Augenmerk vor allem auf dem Entstehen neuer, viel versprechender Geschäftsmodelle lag, konzentriert sich die Diskussion heute auf die Potenziale des Internet zur Unterstützung etablierter Unternehmen und ihrer geschäftlichen Aktivitäten. E-Business ist damit im Kern kein völlig neues Phänomen, denn auch schon früher haben die Unternehmen ihre Kommunikations- und Transaktionsprozesse elektronisch unterstützt.

Die Verbreitung des Internet und die Internettechnologie selber haben aber die Möglichkeiten der elektronischen Unterstützung vervielfacht und ihre Bedeutung drastisch vergrößert. Sie liegen in der Optimierung von Prozessen innerhalb des eigenen Unternehmens (Supply Chain Management und Unterstützungsprozesse); aber auch zwischen dem eigenen Unternehmen und seinen Lieferanten (E-Procurement) bzw. Kunden (E-

Commerce und Customer Relationship Management) soll eine veränderte elektronische Unterstützung dazu beitragen, Prozesse wirkungsvoller, einfacher und effizienter gestalten zu können (vgl. Abbildung 2)[2].

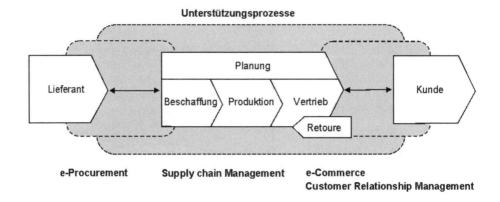

Abbildung 2:   Anwendungsgebiete des E-Business in etablierten Unternehmen

Betrachtet man das E-Business aus einer strategischen Perspektive, so ist offensichtlich, dass das Entstehen neuer Geschäftsmodelle und veränderter Formen der elektronischen Unterstützung etablierter Geschäfte von hoher strategischer Relevanz ist. Auch wenn man heute wahrscheinlich nicht mehr davon ausgehen muss, dass E-Business alle bisherigen Erkenntnisse über Strategie und Wettbewerb infrage stellt, so ist andererseits doch klar, dass derartige Veränderungen nicht ohne Konsequenzen für das Wettbewerbsumfeld der Unternehmen und ihre Möglichkeiten, sich dort nachhaltig erfolgreich zu positionieren, bleiben können. Diese Konsequenzen sollen in den folgenden Abschnitten herausgearbeitet werden.

---

2   vgl. Wirtz, 2001, S. 298 ff.

1.2.2   Veränderungen des Wettbewerbsumfelds durch E-Business

Das Wettbewerbsumfeld eines Unternehmens ist durch eine Vielzahl von Faktoren geprägt. Da sind zunächst natürlich allgemeine Trends in den Bereichen Wirtschaft, Technologie, Gesellschaft und Recht zu nennen, die Rahmenbedingungen für das Handeln aller Unternehmen darstellen. Besonders eng ist jedes Unternehmen aber in das Umfeld seiner eigenen Branche eingebunden – das Branchenumfeld, das vor allem durch die aktuellen Wettbewerber, die Kunden und Lieferanten, durch potenzielle neue Wettbewerber sowie Anbieter alternativer Produkte und Dienstleistungen geprägt wird. Porter hat diese Faktoren in seinem bekannten *Branchenstrukturmodell* gebündelt und aufgezeigt, wie diese Faktoren gemeinsam die Attraktivität einer Branche prägen (vgl. Abbildung 3). Betrachtet man diese fünf Faktoren in ihrer konkreten Ausprägung, so wird deutlich, wie attraktiv eine Branche für jene Unternehmen ist, die bereits in ihr tätig sind – das heißt letztlich, wie profitabel sie für den durchschnittlichen Anbieter ist.

Die Frage nach den Veränderungen des Wettbewerbsumfelds durch E-Business kann vor diesem Hintergrund konkretisiert werden, indem man danach fragt, in welcher Weise die fünf Branchenfaktoren durch das E-Business beeinflusst werden und wie sich mögliche Veränderungen in Summe auf die Branchenattraktivität auswirken. Natürlich sind diese Einflüsse von Branche zu Branche unterschiedlich, aber dennoch lassen sich einige allgemeine Schlussfolgerungen festhalten, die für typische Einflüsse des E-Business stehen. Einige dieser Einflüsse wirken sich eindeutig positiv auf die Branchenattraktivität aus – so zum Beispiel, wenn das E-Business neue Möglichkeiten der direkten Kundenansprache eröffnet und damit die eigene Verhandlungsposition gegenüber den bisherigen Vertriebskanälen verbessert. Die meisten Trends wirken sich allerdings negativ auf die Attraktivität der Branche für die etablierten Anbieter aus, weil sie etwa die Markteintrittsbarrieren reduzieren oder die Wahlmöglichkeiten der Kunden vergrößern. Im Einzelnen sind die in Abbildung 3 dargestellten Einflüsse von Bedeutung[3].

---

3   vgl. Porter (2001) S. 66 ff.

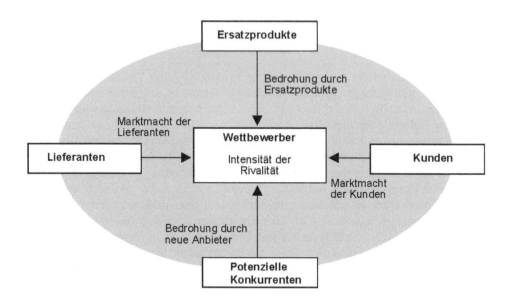

Abbildung 3:   Branchenstrukturmodell nach Porter[4]

1.2.2.1 Potenzielle Konkurrenten

Potenzielle Konkurrenz ist ein wichtiger Faktor im Wettbewerb, da das Eintreten neuer Anbieter in einen Markt im Allgemeinen dazu führt, dass sich die Kapazitäten in der Branche erhöhen und daher tendenziell das Preisniveau sinkt. Dadurch verringert sich die durchschnittliche Profitabilität der etablierten Anbieter. Ob dies geschieht, hängt in erster Linie von der Höhe der Markteintrittsbarrieren ab. Und hier sind die Effekte des E-Business relativ eindeutig: Es kann zu einem drastischen Abbau von Markteintrittsbarrieren kommen.

So ist es heute in vielen Branchen nicht mehr zwingend nötig, dass neue Konkurrenten Zugang zu den vorhandenen, physischen Distributionskanälen erhalten oder in einem Markt örtlich präsent sein müssen. Als Beispiel hierfür kann Amazon genannt werden. Das Unternehmen verkauft Bücher an Kunden in aller Welt, ohne ein physisches Netz-

---

4   vgl. Porter (1980) S. 4 ff.

werk in einem einzigen Land zu besitzen. Damit wird der Markteintritt natürlich stark vereinfacht. Und auch die E-Business-Anwendungen als solche eignen sich nicht, um Markteintrittsbarrieren aufzubauen – es ist angesichts der Transparenz und der Offenheit des Internet fast nicht möglich, eine bestimmte Anwendung vor Nachahmung zu schützen.

Allerdings kann das E-Business in einigen Fällen auch dazu führen, dass neuartige Eintrittsbarrieren entstehen, welche die „Incumbents" bevorzugen. So stellen beispielsweise in einigen Bereichen etablierte Kundenbeziehungen und das Wissen um die Bedürfnisse und Präferenzen der Kunden eine höhere Eintrittsbarriere dar als etwa der Kapitalbedarf oder der physische Zugang zum Kunden.

1.2.2.2 Ersatzprodukte

Ersatzprodukte sind solche Angebote, die zwar prinzipiell geeignet wären, ähnliche Kundenbedürfnisse zu erfüllen wie die Leistungen der eigenen Branche, gegenwärtig aber von den Kunden nicht als solche wahrgenommen werden, weil sie auf einer anderen Technologie basieren, eine andere Nutzungsweise erfordern oder von den Anbietern anders im Markt positioniert werden. Werden Ersatzprodukte von den Kunden als Substitut erkannt, kommt dies in der Wirkung auf die Branchenattraktivität einem Markteintritt neuer Anbieter gleich.

Auch hier sind die Effekte des E-Business recht eindeutig. Zum einen schafft das E-Business neue Anwendungen und Dienstleistungen, die nicht immer nur neuartige Bedürfnisse befriedigen, sondern auch ein (zusätzliches) Substitut für Vorhandenes sein können. Zum anderen wird es für den Kunden durch das E-Business immer einfacher, Zugang zu Information über die Preise und Eigenschaften unterschiedlicher Produkte zu erhalten, und damit gelingt es ihm tendenziell auch besser, diese als Ersatzprodukte zu erkennen. Beide Entwicklungen tragen dazu bei, dass Ersatzprodukte mit einer höheren Wahrscheinlichkeit zu echten Alternativen werden.

1.2.2.3 Lieferanten

Lieferanten sind ein Wettbewerbsfaktor, weil sie bei einer entsprechenden Marktmacht höhere Preise (oder zum gleichen Preis eine geringere Qualität) für die von ihnen gelieferten Vorprodukte durchsetzen können, wodurch das Ergebnisniveau der Unternehmen in der belieferten Branche beeinträchtigt wird. Unter sonst gleichen Bedingungen ist damit aus Sicht der etablierten Unternehmen einer Branche deren Attraktivität umso geringer, je besser die relative Verhandlungsposition der Lieferanten ist. Auch hier zeigt das E-Business deutliche Veränderungstendenzen.

E-Business macht es Anbietern und Nachfragern leichter, miteinander in Beziehung zu treten. Dadurch erhalten die Unternehmen einer Branche einen einfacheren Zugang zu potenziellen Lieferanten, und die Zahl der Lieferanten, mit denen verhandelt werden kann, erhöht sich. Außerdem gestatten es neue, elektronische Formen der Beschaffung – wie etwa E-Bidding und E-Auctioning – stärkeren Verhandlungsdruck auf Lieferanten auszuüben. Damit verschlechtert sich tendenziell die Verhandlungsposition der bisherigen Lieferanten. Umgekehrt ermöglicht E-Business aber auch den Lieferanten den Zugang zu einer größeren Zahl von Abnehmern. Besonders wenn dies dazu führt, dass ein Lieferant damit drohen kann, bestimmte Vertriebskanäle zu überspringen und den Endkunden direkt anzusprechen, steigt deren Verhandlungsmacht gegenüber den bisherigen Abnehmern. Der Nettoeffekt dieser Veränderungen ist nicht allgemeingültig abzuschätzen – er kann in einer Branche zu Gunsten der Abnehmer ausfallen, in einer anderen Branche sind es die Lieferanten, die profitieren.

1.2.2.4 Kunden

Spiegelbildlich zur Marktmacht der Lieferanten äußert sich die Marktmacht der Kunden darin, dass sie niedrigere Preise verlangen oder dass sie versuchen, eine höhere Qualität oder einen besseren Service durchzusetzen. Insofern besitzt auch die relative Verhandlungsposition der Abnehmer einen direkten Einfluss auf die Branchenattraktivität. Bezüglich der Veränderungen durch das E-Business gelten die gleichen Überlegungen, die auf Lieferantenseite angestellt worden sind – jetzt aber mit umgekehrtem Vorzeichen.

Vor allem Unternehmen, die direkt an Endkunden liefern, spüren dabei, dass Internet und E-Business in Summe zu einer Machtverlagerung zum Kunden hin geführt haben. Gerade bei diesen Kunden bestand früher eine ausgeprägte Informationsasymmetrie zu Gunsten der Anbieter, die durch das E-Business abgebaut worden ist. Angebote verschiedener Unternehmen sind für den Kunden transparenter und leichter vergleichbar geworden. Und ist der Kunde mit den Produkten oder Dienstleistungen eines Anbieters nicht vollständig zufrieden, so ist der nächste Anbieter meist nur "einen Mausklick entfernt". Traditionelle Wechselkosten, die früher Kunden an einen Anbieter gebunden haben, werden immer niedriger. Allerdings bieten sich auch neue Wege, Kunden zu binden, wenn man etwa an die so genannten "communities" denkt, oder an die zunehmenden Möglichkeiten, Leistungen für einzelne Kunden zu individualisieren.

1.2.2.5 Wettbewerber

Der letzte Faktor, von dem die Attraktivität einer Branche entscheidend geprägt wird, ist die Rivalität der Unternehmen, die bereits in der betrachteten Branche tätig sind. Sie kommt in der Intensität des Wettbewerbs zwischen ihnen zum Ausdruck – je intensiver dieser ist, desto unattraktiver ist die Branchenstruktur.

Mit der Machtverlagerung zum Kunden und der zunehmenden Zahl von Wettbewerbern dürfte in vielen Branchen der Kampf zwischen den Konkurrenten um die Gunst des

Kunden zunehmen, und die Rivalität unter den Unternehmen wird sich durch das E-Business verschärfen. Diese Tendenz kann heute anschaulich im Business-to-Consumer-Geschäft beobachtet werden. Anbieter von standardisierten Produkten wie Büchern und CDs versuchen, die Kunden durch immer niedrigere Produktpreise und Versandkosten, durch schnellere Belieferung und immer neue Servicemerkmale für sich zu gewinnen. Gleichzeitig wird es für sie immer schwieriger, die Besonderheiten ihres Leistungsangebots gegenüber der Konkurrenz abzusichern. Mittlerweile sind die meisten der verwendeten Technologien für alle Unternehmen zugänglich, und einmal entwickelte E-Business-Anwendungen können von allen Wettbewerbern relativ einfach imitiert werden. Damit verschwimmen die Unterschiede zwischen den Anbietern, was tendenziell die Bedeutung des Preises im Wettbewerb erhöht. Zudem wird die Wahrscheinlichkeit größer, dass der eine oder andere Anbieter einen Preiswettbewerb initiiert, weil sich durch das E-Business die Kostenstrukturen der Unternehmen zu Lasten der variablen Kosten verschieben. Damit steigt der Druck, auch bei vorübergehenden Verlusten Preissenkungen zu akzeptieren, um den gestiegenen Fixkostenblock zu decken.

Unternehmen sehen sich also einer größeren Zahl von Wettbewerbern gegenüber, mit denen sie mit mehr oder weniger ähnlichen Leistungen und enormem Preisdruck um informierte Kunden konkurrieren – eine bessere Beschreibung für intensiven Wettbewerb könnte man kaum formulieren.

E-Business macht den Wettbewerb für die etablierten Unternehmen alles andere als einfacher. Es erhöht die Marktmacht der Kunden und unter Umständen auch der Lieferanten, es vergrößert die Zahl der aktuellen und potenziellen Wettbewerber, und es führt zu einem stärkeren Konkurrenzkampf unter den Etablierten. Und dabei sind es gerade die einzigartigen Vorteile von Internet und E-Business – nämlich, dass Informationen weltweit kostengünstig verfügbar gemacht werden, dass es für Abnehmer und Lieferanten einfacher gemacht wird, miteinander in Beziehung zu treten – die es zugleich den Unternehmen erschweren, im E-Business ihre Profitabilität zu wahren. Wenn sich das einzelne Unternehmen in einem Wettbewerbsumfeld behaupten will, das im Durchschnitt weniger attraktiv wird, kommt es umso mehr darauf an, sich einen Wettbewerbsvorteil aufzubauen und sich so von der (durchschnittlichen) Konkurrenz abzuheben. Inwieweit das E-Business auch die Möglichkeiten der Unternehmen beeinflusst, sich einen solchen Wettbewerbsvorteil zu erarbeiten, soll im Folgenden betrachtet werden.

1.2.3   Arten von Wettbewerbsvorteilen im E-Business

Das Denken in Wettbewerbsvorteilen ist der Kern jeder Strategieentwicklung. Nur die Unternehmen, denen es gelingt, einen Wettbewerbsvorteil aufzubauen und sich so von ihrer Konkurrenz abzuheben, können im Wettbewerb bestehen. Ob und wie ein Unternehmen einen Wettbewerbsvorteil erzielen kann, hängt natürlich von seinem Umfeld ab, vor allem aber von den Erwartungen der Kunden sowie den Ressourcen und Fähigkeiten des betroffenen Unternehmens und seiner Konkurrenten. Alle diese Faktoren werden durch das E-Business beeinflusst.

Ein *Wettbewerbsvorteil* entsteht letztlich nur dann, wenn es einem Unternehmen gelingt, seine besonderen Kompetenzen für den Kunden erlebbar zu machen. Denn letztlich entscheidet immer der Kunde darüber, ob ein Wettbewerbsvorteil vorliegt – und zwar durch den Kauf der Produkte. Daher ist es wichtig, Wettbewerbsvorteile stets aus Kundensicht zu betrachten. Allgemein gesprochen nehmen Kunden Wettbewerbsvorteile von Unternehmen immer in Form von Preisunterschieden – niedrigerer Preis bei gleicher Leistung – oder in Form von Leistungsunterschieden – höhere Leistung bei gleichem Preis – wahr[5]. Im ersten Fall wird eine Leistung angeboten, die sich materiell kaum von den Konkurrenzprodukten unterscheidet, und es ist der Preisvorteil, der den Kunden veranlasst, das Produkt verstärkt nachzufragen. Um die günstige Preisposition im Markt auf die Dauer halten zu können, muss das Unternehmen jedoch zugleich Kostenführer sein – also aufgrund von strukturellen Kostenvorteilen oder effizienteren Geschäftsprozessen auch die günstigste Kostenposition in der jeweiligen Branche einnehmen. Man spricht in diesem Fall auch von einer *Strategie der Kosten-/Preisführerschaft*. Im zweiten Fall bietet ein Unternehmen den Kunden durch bestimmte Eigenschaften seines Angebots eine bessere Leistung, die einen höheren Nutzen vermittelt, sodass die Kunden dann auch bereit sind, einen höheren Preis – eine so genannte Preisprämie – zu zahlen. Dieser Leistungsvorteil führt im Idealfall dazu, dass die Kunden die Leistungen des Unternehmens als einzigartig einstufen – die Alleinstellung aus Sicht der Kunden begründet einen Wettbewerbsvorteil. Quelle der Einzigartigkeit können sehr viele unterschiedliche Faktoren sein: objektiv beurteilbare Faktoren, wie spezielle Eigenschaften eines Produkts, besondere Funktionalitäten, ein umfassendes Händler- und Servicenetz, aber auch Faktoren wie das Markenimage eines Anbieters, die nur subjektiv fassbar sind. Das Spektrum der Möglichkeiten, sich durch eine solche *Strategie der Differenzierung* vom Wettbewerb abzuheben, ist wahrscheinlich unbegrenzt.

Das E-Business beeinflusst beide Strategietypen, allerdings in unterschiedlicher Weise: So wird eine Strategie der Kosten-/Preisführerschaft durch das E-Business weniger Erfolg versprechend, während es gleichzeitig neue Möglichkeiten für Unternehmen eröffnet, sich im Wettbewerb erfolgreich zu differenzieren[6].

1.2.3.1 Strategie der Kosten-/Preisführerschaft

Von vielen Fachleuten wurde der Kunde im E-Business als "gnadenloser Schnäppchenjäger" eingestuft, der die verfügbaren Informationen nutzt, um möglichst preiswert Leistungen zu erwerben. Viele Unternehmen sehen deshalb den Preis als wichtigsten

---

5   vgl. Hungenberg (2001) S. 151 ff.
6   vgl. Lumpkin, Droege & Dess (2002) S. 333 f.

Ansatzpunkt zum Aufbau eines Wettbewerbsvorteils. Gleichzeitig tragen auch die Veränderungen des Wettbewerbsumfeldes dazu bei, die Intensität des Preiswettbewerbs zu erhöhen. Hinzu kommt, dass E-Business und das Internet ganz ohne Frage besonders wirkungsvolle Instrumente sind, um die Effizienz der betrieblichen Geschäftsprozesse zu erhöhen: Sie ermöglichen Effizienzsteigerungen entlang der gesamten Wertschöpfungskette – unter Einbezug der Kunden und Lieferanten. Insofern könnte man vermuten, dass eine Strategie der Kosten-/Preisführerschaft im E-Business der richtige Ansatz wäre.

Dabei gibt es jedoch ein zentrales Problem: Wenn alle auf diese Strategie setzen, wie soll man sich dadurch noch von den Wettbewerbern abheben? Ein Unternehmen, das versucht, mit Hilfe des E-Business Effizienzsteigerungen – und damit letztlich Preisvorteile – zu erzielen, wird nämlich feststellen müssen, dass jeder Konkurrent die Ansatzpunkte sehr schnell imitieren kann, die zu der verbesserten Effizienz geführt haben. Es liegt nun mal in der Natur von Internet und E-Business, dass Maßnahmen eines Unternehmens sofort transparent werden und dass die (offene) Internettechnologie ein Nachahmen im Regelfall gestattet. Damit nehmen die Effizienzunterschiede und letztlich auch die Preisunterschiede zwischen den Anbietern tendenziell eher ab als zu.

Angesichts dieser Situation ist der Preis natürlich ein wichtiger Parameter im Wettbewerb – aber immer weniger einer, mit dem sich ein Vorteil gegenüber den Wettbewerbern erarbeiten lässt. Im E-Business werden die Preisunterschiede zwischen den Anbietern tendenziell immer geringer, und ein günstiger Preis ist aus Sicht des Kunden etwas, was er in jedem Fall erwartet – gewissermaßen eine Eintrittsvoraussetzung in das Geschäft. Anbieter, die keinen günstigen Preis bieten, haben im E-Business kaum eine Chance. Aber unter den Anbietern, die aus Sicht des Kunden einen günstigen Preis bieten, wählt er letztlich nach anderen Gesichtspunkten aus.

1.2.3.2 Strategie der Differenzierung

Unternehmen besitzen ein sehr breites Spektrum an Möglichkeiten, um sich durch den Aufbau von Leistungsvorteilen in den Augen der Kunden zu differenzieren. Jeder Parameter, der im Zusammenspiel zwischen Kunde und Unternehmen beeinflusst werden kann, kann potenziell Quelle eines Leistungsvorsprungs sein: die Funktion oder Zuverlässigkeit der angebotenen Produkte genauso, wie die Beratungsqualität, die lokale Erreichbarkeit eines Unternehmens, sein Service oder sein Image. Das E-Business beeinflusst die möglichen Quellen der Differenzierung in vielfältiger Weise.

Zunächst fällt natürlich auf, dass einige klassische Möglichkeiten, sich von der Konkurrenz abzuheben, im E-Business nicht mehr oder nur noch in begrenztem Umfang gegeben sind. Dies gilt vor allem dann, wenn der Wettbewerbsvorteil eines Unternehmens stark auf persönlichen Beziehungen und einer vertrauensvollen persönlichen Interaktion zwischen Kunde und Unternehmensmitarbeiter beruht. Diese wird im E-Business ja tendenziell durch eine zwar intelligente, aber trotz alledem automatisierte Form der

Interaktion ersetzt. Daneben bietet das E-Business aber auch vielfältige Möglichkeiten, vorhandene Differenzierungsansätze besser zu verwirklichen als bislang möglich – man denke etwa an Formen der Zeit basierten Differenzierung, die sich in einer schnelleren Belieferung oder einer flexibleren Reaktion auf Kundenanfragen ausdrücken können. Es kann darüber hinaus aber auch dazu kommen, dass im E-Business vollkommen neue Differenzierungsformen verwirklicht werden, denn es eröffnet weitergehende Möglichkeiten der Interaktion zwischen Kunde und Unternehmen, die Nutzen stiftend ausgestaltet werden können. So kann beispielsweise neuartiger Kundennutzen aus den größeren Individualisierungsmöglichkeiten abgeleitet werden, die das E-Business eröffnet, oder die im E-Business verbesserte Informationsverfügbarkeit wird genutzt, um aus Kundensicht wichtige Leistungsmerkmale zu schaffen. Ein Unternehmen wie zum Beispiel Dell zeigt mustergültig die vielfältigen Ansatzpunkte, die in dieser Hinsicht bestehen.

Allerdings ändert sich eines nicht im E-Business: Differenzierung ist nach wie vor nur möglich, wenn ein Unternehmen Leistungsmerkmale adressiert, die (auf der einen Seite) für den Kunden wichtig und wahrnehmbar sind und (auf der anderen Seite) vom Wettbewerb nicht ohne weiteres nachgeahmt werden können. Angesichts der schon angesprochenen Transparenz des E-Business ist damit zwar das Spektrum möglicher Differenzierungsansätze vergrößert worden, aber eine erfolgreiche Differenzierung ist nicht unbedingt einfacher, als sie früher war. Umso mehr gilt, dass nur solche Ansätze erfolgreich sind, die alle Leistungsmerkmale aus Sicht des Kunden bestimmen – und das heißt auch, E-Business-Anwendungen nicht um ihrer selbst willen zu nutzen, sondern um damit Kundennutzen zu schaffen. Und umso mehr gilt, dass alle Aktivitäten eines Unternehmens in sich stimmig sein müssen: der anvisierte Kundennutzen, die Ausgestaltung der Wertschöpfungskette, die gewählten E-Business-Anwendungen und das tägliche Handeln der Mitarbeiter. Erst so wird letztlich ein "einzigartiges" Angebot geschaffen, das von den Kunden erlebt und von der Konkurrenz nicht ohne weiteres kopiert werden kann.

1.2.4 Aufbau von Wettbewerbsvorteilen im E-Business

Der Kundenutzen steht auch im E-Business im Mittelpunkt jeder strategischen Überlegung. Kundennutzen muss „kreiert" werden, und das Geschäftsmodell sowie die Geschäftsprozesse eines Unternehmens müssen in der Lage sein, diesen Kundennutzen auch kontinuierlich „abzuliefern". Erst so werden im Konkreten Wettbewerbsvorteile aufgebaut (vgl. Abbildung 4 und 5).

Kundennutzen zu kreieren setzt auch im E-Business voraus, dass zunächst die *Aufmerk-samkeit potenzieller Kunden* geweckt wird (vgl. Abbildung 4). Die Identifikation und Analyse von potenziellen Kunden und deren Nachfrageverhalten sowie eine entspre-chende Positionierung der eigenen Produkte und Dienstleistungen bilden dafür die Grundlage. Dazu gehört weiterhin, dass mittels Marketing (im Allgemeinen) und Wer-bung (im Speziellen) ein Bewusstsein für die Angebote des eigenen Unternehmens geschaffen wird. Die Möglichkeiten hierzu sind durch das Internet deutlich größer geworden, und vor allem wird schon in der Kundenansprache eine stärkere Interaktion möglich.

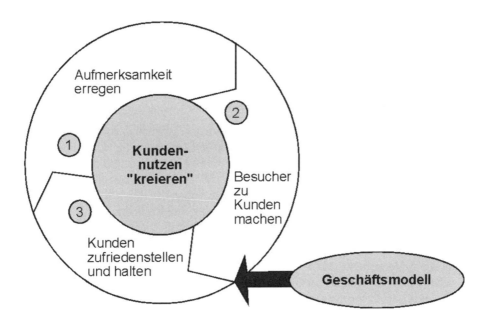

Abbildung 4:   Kundennutzen im E-Business „kreieren"

Speziell für die Werbung hat das E-Business neue Möglichkeiten eröffnet. So werden beispielsweise E-Mail-Systeme eingesetzt, um einen schnellen, gezielten und kosten-günstigen Kundenkontakt herzustellen. Aber vor allem die Internetpräsenz durch eine Homepage ist das zentrale Mittel, um die Aufmerksamkeit der Kunden zu wecken – sie ist das virtuelle Portal eines Unternehmens, das der Kunde über das Internet betreten kann. Gleichzeitig ist die Homepage ein komplexes Werbeinstrument, bei dem als Werbeobjekt das Unternehmen, die gesamte Produktpalette oder spezielle Produkte im

Einzelnen oder in Kombination dargestellt werden können. Um die Aufmerksamkeit der Kunden zu wecken, sollte sie so aufgebaut sein, dass die relevanten Informationen über das Unternehmen und seine Produkte für den Kunden leicht ersichtlich und nutzbar werden. Ziel muss es dabei sein, bereits durch das „virtuelle Interface" einen zusätzlichen Nutzen für den Kunden zu stiften.

Nimmt ein Kunde über die Homepage Kontakt mit einem Unternehmen auf, so ist bereits dieser erste Kontakt von entscheidender Bedeutung für Kaufverhalten und Kundenbindung. Um *Besucher auch zu Kunden* zu machen, muss ein Vorteil für den Kunden sichtbar sein – sei es als Preisvorteil, als Leistungsvorteil oder als Kombination beider -, der das eigene Angebot für den Kunden attraktiv macht. Das E-Business macht es möglich, mit jedem einzelnen Kunden individuell zu interagieren („segment-of-one-marketing") und eine seinen Bedürfnissen entsprechende Leistung anzubieten („mass customization"). Darüber hinaus muss aber auch der Kaufprozess selber „ansprechen", denn wir wissen über Kunden im E-Business, dass vor allem Probleme bei der Durchführung des Kaufprozesses zu einem Abbruch und zum Wechsel des Anbieters führen. Dabei darf nicht übersehen werden, dass auch einfache Merkmale wie Navigation und Ladezeiten als Bestandteile des Kaufprozesses gesehen werden.

Ist es einem Unternehmen gelungen, einen Kunden zu gewinnen, so muss es versuchen, dessen *Bedürfnisse bestmöglich zu erfüllen und ihn langfristig an das Unternehmen zu binden*. Hierbei können die traditionellen Werkzeuge der Kundenbindung durch das E-Business entscheidend gestärkt werden. Vor allem die verbesserten Möglichkeiten, Informationen in Interaktion mit dem Kunden zu gewinnen, diese in großen Mengen zu speichern und auszuwerten, schaffen neue Wege der Kundenbindung. Ziel muss es dabei stets sein, die gewonnenen Informationen so einzusetzen, dass zukünftige Bedürfnisse des Kunden erkannt und Leistungen individuell auf ihn zugeschnitten werden.

Eine klare Vorstellung darüber, wodurch Nutzen für die Kunden des Unternehmens geschaffen werden soll, ist wichtig – genauso wichtig ist aber auch, das Geschäftsmodell sowie die Geschäftsprozesse des Unternehmens darauf auszurichten, diesen *Kundennutzen auch kontinuierlich „abzuliefern"*. Diese Anforderung gilt immer, auch sie erfährt im E-Business aber gewisse Veränderungen (vgl. Abbildung 5)

So erleichtert es das E-Business beispielsweise, sich bei der Gestaltung von Geschäftsmodell und -prozessen auf Kernaktivitäten sowie die eigenen Kernkompetenzen zu konzentrieren und solche Wertschöpfungsfunktionen, die ein anderer besser erbringen kann, auf Partner zu verlagern. Das E-Business führt so zu einer Art Dekonstruktion der Wertschöpfungskette von Unternehmen. Der Gesamtverbund der Wertschöpfung wird stärker vom Kunden getrieben, was sich sowohl in der Produktgestaltung („mass customization") wie der Bestellabwicklung („purchase-and-build-to-order") niederschlägt. Konkrete E-Business-Anwendungen, z. B. im Bereich des E-Procurement, des Customer Relationship Management oder des Supply Chain Management, sind darauf ausgerichtet, die angestrebte Ausgestaltung des Geschäftsmodells und der Geschäftsprozesse wirkungsvoll zu unterstützten.

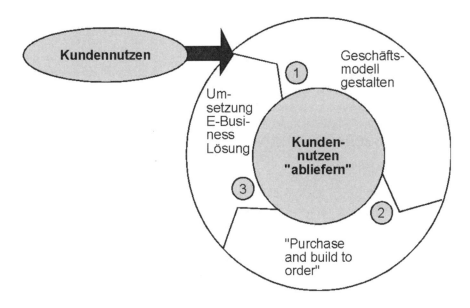

Abbildung 5:   Kundennutzen im E-Business „abliefern"

1.2.5   Wettbewerbsvorteile im E-Business: The Winner takes it all?

Die Überlegungen, die in diesem Beitrag angestellt worden sind, lassen erkennen, dass sich durch das E-Business beachtliche Strategierelevante Veränderungen ergeben: im Wettbewerbsumfeld und bezüglich der Möglichkeiten, Wettbewerbsvorteile zu entwickeln und zu verwirklichen. Es wird aber auch erkennbar, dass viele der strategischen Grundregeln und Erkenntnisse unverändert Gültigkeit besitzen. Unter anderem gilt weiterhin, dass es sehr viele unterschiedliche strategische Herangehensweisen gibt, die erfolgreich sein können, wenn sie konsequent verwirklicht werden.

Vor diesem Hintergrund erscheint es auch nicht plausibel, dass es im E-Business notwendigerweise je Branche nur einen Sieger gibt – auch wenn die Behauptung "the winner takes it all" in den vergangenen Jahren immer wieder strapaziert worden ist. Als Argumente für diese Aussagen werden Wechselkosten, Netzwerkeffekte und der Aufbau von Marken angeführt, die den so genannten "first mover" mit stabilen Vorteilen im Wettbewerb ausstatten sollen. Bei der Diskussion des Wettbewerbsumfelds ist aber deutlich geworden, dass es im E-Business nicht höhere, sondern eher geringere Wechselkosten der Kunden gibt. Und Netzwerkeffekte, wenn sie denn bestehen, bringen nur dann Vorteile für den Marktführer, wenn sie proprietärer Art sind. Genau das Gegenteil ist im E-Business der Fall. Einzig der Aufbau und der Erhalt einer starken Marke dürfte ein Ansatz sein, der im E-Business tatsächlich einen nachhaltigen Wettbewerbsvorteil vermitteln kann – aber genau dies ist Aspekt, die auch unabhängig vom E-Business schon immer galt.

1.3   Die Szenario-Analyse als Basis für Kompetenzmanagement

Jürgen Gausemeier

1.3.1   Die Dramatisierung des Wandels

Wie bereits einleitend zu diesem Band erwähnt: Der Wandel ist allgegenwärtig, und diese Botschaft ist in der Regel auch angekommen. Fraglich ist, ob die Dimension überall richtig eingeschätzt wird. Wir erleben seit einigen Jahren den Wandel von der nationalen Industriegesellschaft zur globalen Informationsgesellschaft. Informations- und Kommunikationstechnik durchdringen alle Lebensbereiche; die Grenzen von gestern verlieren ihre Bedeutung. Dieser Wandel wird so tief greifend sein wie der Übergang von der Agrar- zur Industriegesellschaft im 19. Jahrhundert. Der Unterschied ist, dass uns wesentlich weniger Zeit gelassen wird, den Wandel zu vollziehen. Dementsprechend spüren wir selbst im engeren Bekanntenkreis, dass immer mehr Menschen in klassischen Industriebereichen ihre Arbeit verlieren, obwohl vielerorts das Produktionsvolumen steigt.

Eine Hauptursache ist die Rationalisierung, die seit etwa zwei Jahrzehnten stark durch die Computertechnik getrieben wird und inzwischen auch den Bürobereich erfasst hat. So gesehen rottet die Informationstechnik die Arbeit aus, wie ja auch die Mechanisierung die Arbeitsplätze in der Landwirtschaft auf einen Bruchteil reduziert hat.

Verständlicherweise beklagen wir den Verlust von Arbeitsplätzen – vor allem dann besonders lautstark, wenn es Bekannte oder Familienangehörige trifft. Doch wenn wir ehrlich sind, müssen wir einräumen, dass wir froh sind, dem Schweißroboter bei der Arbeit zusehen zu können, statt selbst zu schweißen. Wir freuen uns auch darüber, dass unsere Autos im Vergleich zu den Autos unserer Eltern nahezu wartungsfrei sind, obwohl wir wissen, dass es dadurch in den Werkstätten immer weniger zu tun gibt. Offensichtlich führt unser Erfindergeist dazu, dass wir mit weniger Arbeit mehr erreichen und das Leben angenehmer wird. Im Großen und Ganzen akzeptieren wir diese Entwicklung.

Trotz aller Einsicht bleibt die Frage: Wo kommen die neuen Arbeitsplätze her, welche die alten ersetzen? Der Rückgang der Beschäftigung im Industriesektor wird nicht, wie viele hoffen, durch neue Arbeitsplätze im Dienstleistungsbereich kompensiert werden können. Beschäftigungsrückgang in der Industrie heißt auch nicht – wie viele naiv meinen, dass dieser Wirtschaftszweig bedeutungslos wird. Auch in Zukunft wird sich der Lebensstandard einer hoch entwickelten Gesellschaft auf der Fähigkeit begründen, innovative Industrieerzeugnisse hervorzubringen und auf dem Weltmarkt mit Gewinn zu verkaufen. In der Informationsgesellschaft hat die industrielle Produktion also nach wie vor eine Schlüsselstellung; es finden nur wenige Menschen Arbeit in diesem Bereich. Zukunft gestalten heißt daher auch, neue innovative Erzeugnisse entwickeln und produzieren. Ein hoher Lebensstandard erfordert adäquate Spitzenleistungen an Kreativität und industrieller Wertschöpfung.

Der Weg zu den Produkten und den Märkten von morgen wird durch folgende Erkenntnisse bestimmt:

1. Die kontinuierliche Fortsetzung der erfolgreichen Entwicklung der Vergangenheit wird nicht ausreichen, unsere Zukunft zu sichern. Wir müssen die neuen Erfolgspotenziale frühzeitig erkennen und rechtzeitig erschließen. Das erfordert in erster Linie visionäre Kraft, an der es uns fehlt.
2. Die dynamische technologische Entwicklung gibt Anlass zu Zuversicht. Allerdings sollten wir uns angewöhnen, die Chancen neuer Technologien ebenso intensiv zu nutzen, wie wir in unserer Bedenkenträgerkultur Technologiefolgenabschätzung betreiben.
3. Die so genannte nachhaltige Entwicklung – d. h. Wachstum und Wohlstand in Einklang mit dem Erhalt der natürlichen Lebensgrundlagen zu bringen – ist nicht nur ein Gebot der Vernunft, sondern auch eine Chance für die Eroberung der Märkte von morgen. Hier ist zunächst die Politik gefordert, die notwendigen Rahmenbedingungen zu schaffen. Diese richtet sich logischerweise nach dem Wahlvolk, und das tut sich schwer, eigentlich notwendige Veränderungen zu akzeptieren. Insofern treten wir auf der Stelle, was wir möglicherweise noch bereuen werden.
4. Software wird künftig noch stärker als heute den Kundennutzen erzeugen und die Wertschöpfung ausmachen. Software wird ein herausragender Erfolgsfaktor der Produkte von morgen sein. Die Herstellung von Software erfordert gut ausgebildete Fachleute, benötigt keine Rohstoffe und verursacht auch keine Schadstoffemissionen.

5. Dienstleistungen entstehen vielfach erst im Zusammenhang mit der Verbreitung neuer Produkte. Auch deshalb ist es wichtig, Produktinnovationen voranzubringen, weil sie am Ende auch Dienstleistungsjobs generieren.

6. Mehr denn je kommt es auf das enge Zusammenwirken von Technologien und Fachdisziplinen an. Diejenigen, die am Steuer auf dem Weg zu den Märkten von morgen sitzen, sind Dirigenten, sozusagen Spezialisten für den Zusammenhang, sie dirigieren das Orchester, in dem selbstredend brillante Solisten wirken müssen. Welche Rolle man nun auch einnehmen mag, eines wird sicher erfolgsentscheidend sein: die Fähigkeit der Menschen, miteinander zu kommunizieren und zielstrebig und effizient zu kooperieren.

Die Chancen liegen auf der Hand. Jetzt müssen wir nur jemanden finden, der etwas unternimmt. Hier sehe ich ein Schlüsselproblem, das Späth und Henzler (1995) treffend formuliert haben: „Nicht die Mentalität des Unternehmers ist sinnbildlich für die Gesellschaft, sondern die des Beamten oder des Angestellten. Dieser lässt andere unternehmen und beschränkt sich darauf zu definieren, wie das für ihn human eingerichtet sein muss, um erträglich zu sein". Begriffe wie Scheinselbstständigkeit, Steuerschlupfloch, Arbeitsplatzsicherung und Technologiefolgenabschätzung unterstreichen diesen Eindruck. Sie stehen eher für eine risikovermeidende als für eine chancennutzende Kultur.

Nicht der Wandel ist so dramatisch und überwältigend, wie er von der Masse der Bevölkerung empfunden wird, sondern der Umgang mit ihm ist besorgniserregend. Wenn ich mit den Menschen in den Unternehmen und meinen Bekannten diskutiere, gewinne ich in der Regel den Eindruck, dass die meisten den Wandel als Bedrohung sehen und nicht die vielen Chancen wahrnehmen, die darin liegen. Man stelle sich einen Lattenzaun vor, vor dem die Menschen stehen. Die meisten sehen die Latten und versuchen, sich häuslich einzurichten. Nur wenige sehen durch die Zwischenräume, die ja genauso breit sind wie die Latten, die Welt jenseits des Zauns und erkennen die Möglichkeiten, die sich da ergeben. Offenbar liegt es in der Natur des Menschen, das Erreichte zu sichern und das Risiko zu scheuen. Diese Haltung ist umso ausgeprägter, je höher der Lebensstandard ist. Dass der Wandel so bedrohlich empfunden wird und die Zukunftsaussichten so düster wie seit langem nicht eingeschätzt werden, ist rational nicht zu erklären. Es gibt meines Erachtens nur einen plausiblen Weg, das Erreichte zu erhalten, und zwar Innovationen von Produkten, Leistungserstellungsprozesse und Verhaltensweisen. Doch in welche Richtung sollen diese Innovationen gehen, welchen Anforderungen sollten sie genügen? Um dies zu erkennen, sind zunächst einmal Vorstellungen von der Zukunft zu entwickeln.

1.3.2 Visionäre Kraft und Strategiekompetenz

Visionäre Kraft ist eine Grundvoraussetzung für intelligentes Handeln. Das gilt praktisch für alle Bereiche – im Privatleben, in der Wirtschaft und selbstredend auch in der Politik.

Wie bereits angedeutet, sehe ich in diesem Punkt erhebliche Defizite. Vielleicht liegt es daran, dass der Begriff Vision bei uns in Deutschland eher negativ belegt ist, weil wir darunter ein Traumbild verstehen. Vision bedeutet nach dem Duden aber auch Zukunftsentwurf. Ich meine, dass wir das Entwerfen der Zukunft und das Gewinnen von Mitmenschen für Zukunftsentwürfe vernachlässigen. Viele Unternehmen konzentrieren sich auf die Effizienzsteigerung des etablierten Geschäfts. Das ist sicher wichtig, aber zu wenig, um die Zukunft des Unternehmens zu sichern. In einer Zeit voller Chancen benötigen wir Vorwärtsstrategien – also Strategien, die die Produkte für die Märkte von morgen hervorbringen. Die Beschränkung auf Effizienzerhöhung führt nach Hamel und Prahalad (1995) zu folgender Stimmung im Unternehmen: „Was die Mitarbeiter täglich zu hören bekommen, ist, dass sie das wertvollste Vermögen der Firma sind, was sie hingegen wissen, ist, dass sie jenes Vermögen sind, auf das die Firma am ehesten verzichten kann". Es ist leicht nachvollziehbar, dass in einem derartigen Klima keine Spitzenleistungen gedeihen können, die ein Unternehmen benötigt, um seine Zukunft erfolgreich zu gestalten.

Neben Produktinnovationen kommt es auch auf Geschäftsmodellinnovationen an, weil nicht nur Produkte, sondern auch Geschäftsmodelle einem Lebenszyklus unterworfen sind. Das, was heute gut läuft, kann schon morgen ein Auslaufmodell sein, das trotz großen Einsatzes kaum noch Gewinn abwirft. Hamel (2001) schreibt dazu: „Eine Stammesweisheit der Dakota-Indianer lautet: ‚Wenn du merkst, dass du auf einem toten Pferd sitzt, dann steig lieber ab'. Natürlich gibt es auch noch Alternativen. Sie können die Reiter austauschen. Sie können einen Ausschuss zur Untersuchung des toten Pferdes ins Leben rufen. Sie können Benchmarking darüber betreiben, wie andere Unternehmen tote Pferde reiten. Sie können erklären, dass es billiger ist, ein totes Pferd zu füttern. Sie können mehrere tote Pferde gleichzeitig anschirren. Aber nachdem Sie all diese Dinge versucht haben, bleibt Ihnen schließlich doch nichts anderes übrig, als abzusteigen."

In der Praxis ist es so, dass der Verfall eines ehemals exzellenten Geschäftsmodells schleichend erfolgt. Denn niemand ist so dumm, auf einem toten Pferd zu sitzen – ich muss das relativieren: Manchmal gibt es das schon. Wie dem auch sei, wichtig ist, dass man Vorstellungen über die Welt von morgen mit ihren Chancen und Bedrohungen entwickelt und eine intelligente Strategie entwirft und umsetzt, um die erkannten Chancen rechtzeitig zu nutzen und den Bedrohungen geschickt aus dem Weg zu gehen. Dieses perfekt zu tun, ist Strategiekompetenz. Strategieentwicklung ist eine Königsdisziplin. Wer hier Akzente setzen will, muss ein breites, fundiertes Wissen über Unternehmensführung und die Entwicklung von Technologien und Märkten haben, kreativ sein und einen scharfen Verstand besitzen. Strategieentwicklung ist in erster Linie eine Aufgabe des Führungsteams eines Unternehmens. Gerade im Dialog der Führungskräfte entstehen intelligente Strategien. Aber wenn wir ehrlich sind, hapert es häufig nicht nur an der Strategiekompetenz der Führungspersonen, sondern vor allem auch am Dialog der Führungspersonen über die Märkte und die Produkte von morgen. Was des einen Defizit ist, ist des anderen Chance. Davon profitieren wir – die „Berater". Die Beratung vermag brillant zu analysieren, an den richtigen Stellen die richtigen Fragen zu stellen und logische Schlüsse zu ziehen. Eine intelligente Strategie weist kreative Elemente auf; sie wächst im Dialog von Führungspersönlichkeiten und im Dialog mit Beratern.

Unsere Denkweise wird stark durch die faszinierenden Möglichkeiten der Informations- und Kommunikationstechnik geprägt. Davon ausgehend haben wir das in Abbildung 1 dargestellte Referenzmodell der zukunftsorientierten Unternehmensführung entwickelt. Es hilft, sowohl die Probleme von heute zu identifizieren als auch die Herausforderungen von morgen frühzeitig zu erkennen. Gerade auf Letzteres kommt es an, wenn intelligente Strategien gefragt sind. Das dargestellte Vorgehen ist systematisch und führt Schritt für Schritt zu überzeugenden Lösungen:

- ■ Szenario-Ebene: Hier denken wir in die Zukunft und entwerfen Szenarien, die mögliche Entwicklungen von Märkten, Technologien und Wettbewerb einbeziehen. Wir richten den Blick auf Chancen, aber auch auf Risiken auf dem Weg in die Märkte von morgen.
- ■ Strategie-Ebene: Hier geht es um Geschäfts-, Produkt- und Technologiestrategien. Sie zeigen, wie die Erfolgspotenziale erschlossen werden können und den Gefahren geschickt aus dem Weg gegangen werden kann.
- ■ Prozess-Ebene: Sie stellt das Modell der Geschäftsabläufe und die Ablauforganisation in den Mittelpunkt. Prozesse werden optimiert und auf die Bewältigung der Herausforderungen der Zukunft ausgerichtet.
- ■ System-Ebene: Ein Industrieunternehmen ist ein komplexes informationsverarbeitendes System. Nichts liegt näher, als die gut strukturierten Prozesse durch IT-Systeme zu unterstützen. Daraus entstehen Lösungen für den Produktentstehungsprozess (Virtual Prototyping, Digitale Fabrik/Virtuelle Produktion), den Auftragsabwicklungsprozess (PPS/ERP) und den Managementprozess (MIS).

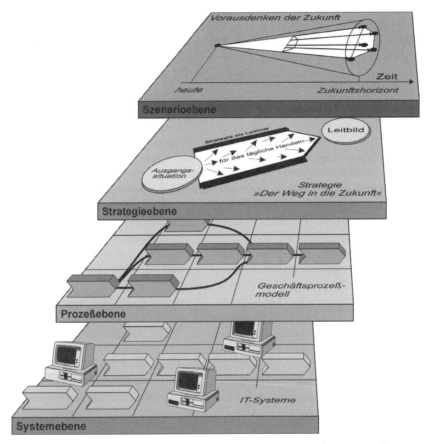

Abbildung 1:   Referenzmodell der zukunftsorientierten Unternehmensgestaltung

Der Begriff „Strategie" impliziert zunächst die Geschäftsstrategie. Gerade in größeren Unternehmen, die mehrere Geschäftsbereiche, Produktlinien etc. haben, gibt es neben den Geschäftsstrategien noch eine übergeordnete Unternehmensstrategie. Auf der anderen Seite werden die einzelnen Geschäftsstrategien durch Substrategien detailliert. Dies geschieht je Geschäftsstrategie für einzelne Handlungsbereiche wie Marketing, Produkte, Fertigung, Personal/Kompetenzen etc. Die Einordnung dieser drei Arten von Strategien ist in der Abbildung 2 wiedergegeben. Dementsprechend lässt sich der Prozess der strategischen Unternehmensführung als Kreislauf verstehen:

■ Im Rahmen der Unternehmensstrategie wird eine zukunftsorientierte Geschäftsstruktur des Unternehmens erarbeitet – d. h., es wird im Grundsatz festgelegt, mit welchen Marktleistungen welche Märkte bearbeitet werden sollen.

■ Im Rahmen der Geschäftsstrategien werden diese strategischen Ausrichtungen konkretisiert. Die Konsequenzen in einer Geschäftsstrategie drücken aus, was in welchen Handlungsbereichen bzw. Funktionsbereichen grundsätzlich geschehen muss, um die im Leitbild enthaltene Zielsetzung zu erreichen, die strategischen Erfolgspositionen (SEP) aufzubauen sowie die Marktleistung zu erbringen und zu vermarkten. Aus den Konsequenzen der Geschäftsstrategie ergeben sich die Substrategien.

■ Im Rahmen der Substrategien wird festgelegt, wie in den einzelnen Handlungs- bzw. Funktionsbereichen eines SGF vorzugehen ist, um die entsprechenden Ziele zu erreichen.

In Abbildung 2 ist eine idealtypische Struktur dargestellt, die besonders für große Unternehmen gilt, die mehrere strategische Geschäftsfelder bearbeiten. Für kleinere Unternehmen muss das selbstredend nicht so differenziert werden. Ein besonders interessanter Aspekt ergibt sich aus der häufig anzutreffenden Gegebenheit, dass man in den Substrategien gleicher Art zu ähnlichen Erkenntnissen gelangt, beispielsweise dass die eingebettete Software oder Sensortechnik erfolgsentscheidend ist. Gleiche Erkenntnisse führen aber nicht zwangsläufig zu gleichen Handlungskonzeptionen – sei es, dass man nichts voneinander weiß oder dass übertriebenes Bereichsdenken dem entgegensteht. So werden Synergien übersehen. Es liegt daher nahe, Synergien zu erkennen und zu nutzen. Dazu dienen so genannte strategische Programme, die auf Unternehmensebene vorangebracht werden. Sie haben zum Ziel, die in mehreren Geschäftsfeldern ermittelten gleichartigen Handlungskonzeptionen zusammenzuführen und konzertiert umzusetzen. In der Regel führt das zum Aufbau von Kernkompetenzen auf Unternehmensebene. Beispiele für solche strategischen Programme sind die Softwareinitiative eines Großunternehmens oder die unternehmensweite Umsetzung einer Produkt-Lifecycle-Management (PLM)-Konzeption.

Unabhängig davon, um welche Art von Strategie es geht, sind folgende vier Basisaufgaben der strategischen Führung zu erledigen: 1) Analyse der Ausgangssituation, 2) Prognose bzw. Vorausschau, 3) Strategieentwicklung sowie 4) Strategieumsetzung und Strategie-Controlling. Im Rahmen dieses Beitrages konzentriere ich mich im Folgenden auf die Vorausschau, weil sie die entscheidenden Informationen für eine Strategie liefert: die Erfolgspotenziale von morgen und – leider oft auch – die Bedrohungen für das etablierte Geschäft. Das nächste Kapitel adressiert einige Verfahren der systematischen Vorausschau. Dazu gehört im Prinzip auch die Szenario-Technik. Auf sie wird in Kapitel 1.3.4 näher eingegangen.

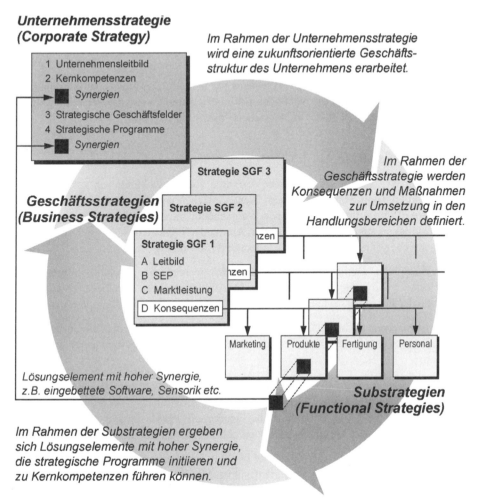

Abbildung 2:   Strategieebenen eines Unternehmens und das Wechselspiel der
                entsprechenden Strategien

1.3.3   Methoden der systematischen Vorausschau

Im Folgenden werden die Methoden Trendanalyse und strategische Frühaufklärung kurz vorgestellt. Ferner wird auf die Methoden Bibliometrie und Patentanalysen eingegangen, die im Prinzip Submethoden der strategischen Frühaufklärung sind.

1.3.3.1 Trendanalyse

Die Trendanalyse ist ein vereinfachtes Verfahren zur Entwicklung von zukunftsorientierten Handlungsoptionen. Unter einem Trend verstehen wir eine mögliche Entwicklung in der Zukunft, die aufgrund ihrer hohen Wahrscheinlichkeit als relevant für die künftige Geschäftätigkeit angesehen wird. Für den Ansatz der Trendanalyse hat sich das folgende Vorgehen bewährt, das beispielhaft anhand von Abbildung 3 erläutert wird.

Beschreibung von Trends (Schritt 1): Zunächst werden die geschäftsbestimmenden Trends erfasst und prägnant beschrieben. In Abbildung 3 ist dies beispielsweise die Reduktion der Fertigungstiefe bei den Kunden.

Ranking der Trends (Schritt 2): Anschließend werden die Trends hinsichtlich der Stärke ihres Einflusses auf die künftige Geschäftätigkeit beurteilt. Dazu bieten sich zwei Verfahren an:

- Erstellung einer Rangreihe: Die Trends werden von den Mitgliedern des Strategie-Teams in eine Rangreihe gebracht.
- Erstellung eines Trend-Portfolios: Hier werden die Trends anhand der Dimensionen „Bedeutung für den Geschäftserfolg" und „Eintrittswahrscheinlichkeit" bewertet.

Erarbeitung von Chancen und Gefahren (Schritt 3): Hier werden aus den relevanten Trends Chancen und Gefahren abgeleitet und beschrieben. Das Beispiel zeigt, dass sich aus dem Trend „Reduktion der Fertigungstiefe" sowohl Chancen als Gefahren ableiten lassen.

Ermittlung von Handlungsoptionen (Schritt 4): Anschließend werden aus den Chancen und Gefahren Handlungsoptionen abgeleitet. Diese Handlungsoptionen stellen dar, wie das Unternehmen die mit den Trends verbundenen Chancen nutzen sowie mit den sich ergebenden Gefahren umgehen bzw. diese reduzieren kann.

Wesentlicher Nachteil dieser Methode ist, dass die Wechselwirkungen zwischen den Trends nicht betrachtet werden. So können sich Trends gegenseitig verstärken oder auch ausschließen. Diesen Nachteil überwindet die Szenario-Technik, auf die später eingegangen wird.

Aus den Trends ergeben sich Chancen und Gefahren	Chancen / Gefahren	Handlungsoptionen

Unsere Kunden reduzieren die Fertigungstiefe Damit erhöht sich prinzipiell bei den Lieferanten wie uns die Fertigungstiefe. Lieferanten können sich somit von Teile- zu Baugruppen-/System-lieferanten entwickeln.	• Höhere Wertschöpfung
	• Höhere Kundenbindung
	• Bessere Differenzierung gegenüber Mitbewerbern
	  • Höheres Ausschußrisiko
	  • Höhere Abhängigkeit von einzelnen Kunden
	  • Höhere Bestände
	  • Höhere Kosten durch komplexere Prozesse
		• Erhöhung der Qualifikation des Personals
		• Verbesserung der Auftragsabwicklung / Logistik

Die Losgrößen werden kleiner Dies erfordert mehr Flexibilität in allen Bereichen bei gleichzeitig hoher Produktivität.	• Höhere Bestände • Höhere Stückkosten • Probleme mit Lieferterminen bei B- und C-Kunden.	• Konzentration auf ausge-wählte Marktsegmente • EDV-Unterstützung von Auftragsabwicklung / Logistik / Fertigungssteuerung
Qualitätsansprüche der Kunden steigen Hohe Produktqualität wird zum Standard. Sie eignet sich nicht mehr zur Differenzierung im Wettbewerb. Anders ist das mit der Verhaltensqualität (Reaktion auf Anfragen, Einhalten von Zusagen/Lieferterminen etc.) Die Verhaltensqualität scheint auch künftig eine Differenzierung zu ermöglichen.	• Durchsetzen gegenüber den vielen kleinen Mitbewerbern • Durchsetzen höherer Preise über die Verhaltensqualität • Erhöhung der Kosten (Qualitätskosten)	• Qualitätsbewußtsein in allen Bereichen und auf allen Stufen (TQM: Total Quality Management) • Zertifizierung nach ISO 9000, weil damit der Zwang besteht, die Abläufe zu systematisieren.

Abbildung 3:   Beispielhafte Trendanalyse

1.3.3.2 Strategische Frühaufklärung

Die strategische Frühaufklärung beruht auf der in Abbildung 4 dargestellten Entwicklung. Sie soll Informationen wie Marktvolumen, Marktentwicklung, Wettbewerbsintensität, Substitutionsentwicklungen auf Produkt- und Prozessebene, Veränderung der Lieferantenmacht etc. sowie auch entsprechende Handlungshinweise liefern.

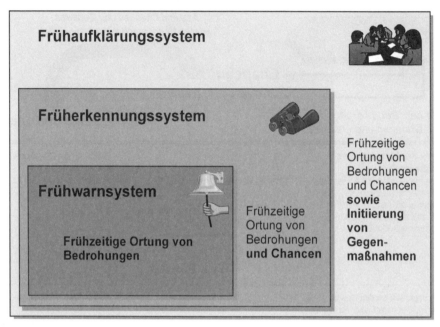

Abbildung 4:   Entwicklung zum Frühaufklärungssystem (nach Raffée & Wiedemann, 1989)

1.3.3.3 Bibliometrie

Bibliometrische Verfahren ermöglichen es, aus elektronisch gespeicherten Informationen (z. B. weltweit angebotene Datenbanken) Exzerpte anzufertigen und begriffliche Zusammenhänge zu visualisieren. Eine sehr effiziente bibliometrische Methode ist die Co-Wort-Analyse. Sie beruht darauf, die Inhalte von Literatur- und Patentdatenbanken auf wenige Schlagworte zu verdichten (vgl. Kopcsa & Schiebel, 1998, S. 61). Grundsätzlich wird dazu ein interessierendes Themengebiet wie Schäume, partielles Vergüten oder Brennstoffzelle ausgewählt. Die Themen werden anhand einer Vielzahl von Literatur- und Patentzitaten erfasst und auf wichtige Schlüsselbegriffe reduziert. Mathematische Verfahren analysieren die Zusammenhänge zwischen den Schlüsselbegriffen bzw. Zitaten und stellen sie in vernetzter Form grafisch dar. Hier wird auch von einer Landkarte des Wissens gesprochen (vgl. Abbildung 5). Die Methode wird durch ein Softwarewerkzeug unterstützt (BibTechMon, Austrian Research Center, Seibersdorf).

Landkarte des Wissens

- Visualisierung der Ergebnisse der Recherche auf Basis von Häufigkeiten, Co-Nennungen.

- Netzwerk von Begriffen aufgrund inhaltlicher Beziehung.

- Cluster von inhaltsgleichen Schlüsselbegriffen.

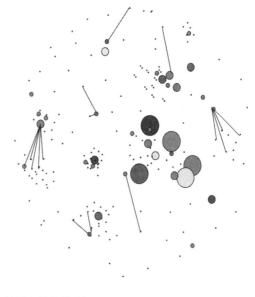

Quelle: Seiberdorf Research, Informationsvisualisierung durch bibliometrische Verfahren

Abbildung 5:   Co-Wort-Netzwerk – Darstellung der Zusammenhänge verschiedener Themen (nach Kopcsa & Schiebel, 1998)

Nach Erstellung des Netzwerks lassen sich aus den Clustern, deren Größe und dem Abstand der Cluster untereinander Fragen folgender Art beantworten:

- Wer sind die Experten, die einen Überblick über Forschung und Technologie auf einem bestimmten Gebiet haben?
- Wo liegen die Forschungsfronten und Centers of Excellence?
- Welche Forschungs- und Technologiefelder gewinnen an Bedeutung?

Um aussagekräftige Resultate zu erhalten, sind die vorzugebenden Schlagworte sorgfältig zu bestimmen. Ferner ist anzugeben, in welchen Datenbanken zu suchen ist.

1.3.3.4 Patentanalysen

Patentdatenbanken sind heute als Informationsquellen über das Internet verfügbar. Als Beispiel sei die Espace-Datenbank[7] des Europäischen Patentamtes angeführt, die Patentanmeldungen mit englischer Zusammenfassung aus 30 Millionen Dokumenten gebüh-

---

7   http://ep.espacenet.com/espacenet/ep/de/e_net.htm

renfrei anbietet. Patentdatenbanken bilden eine ausgezeichnete Basis zur Gewinnung von Informationen – wenn auch retrospektiv. Informationen aus Patentdatenbanken sind im Vergleich zu anderen Quellen wie beispielsweise Zeitschriften relativ früh vorhanden. Eine Zeitspanne von 10 bis 15 Jahren ist keine Seltenheit, bis entsprechende Veröffentlichungen in der Fachliteratur in größerer Anzahl zu finden sind.

Als Kehrseite der Medaille ist festzustellen, dass viele Unternehmen die Möglichkeiten von Patentanalysen zur technologischen Frühaufklärung erkannt haben und sich aus Sicherheitsgründen und der Tatsache, dass Patente auch zu umgehen sind, mit Patentanmeldungen zurückhalten. Somit sind eben doch nicht alle relevanten Informationen über den Weg der Patentanalysen erhältlich. Grundsätzlich gilt aber, dass hier gute Möglichkeiten gegeben sind, informative Trendaussagen zu einem Thema schnell zu erhalten.

1.3.4   Szenario-Analyse – die Zukunft vorausdenken

Wir verstehen unter Szenarien systematisch entwickelte Zukunftsbilder. Die Entwicklung von Szenarien basiert auf den beiden Grundprinzipien „Vernetztes Denken" und „Multiple Zukunft":

Vernetztes Denken: Unternehmen sind als Teil eines Gesamtsystems in ein komplexes Netz von Einflussfaktoren eingebettet. Angesichts der fortschreitenden Internationalisierung, der steigenden Bedeutung von Ökologie und der rasanten technologischen Entwicklung nimmt die Komplexität dieses Netzwerks zu. Damit versagen auch viele traditionelle Managementansätze, die auf einer getrennten Betrachtung einzelner Funktionsbereiche, Marktsegmente oder Einflussfaktoren beruhen. Die Wechselwirkungen zwischen den bisher getrennten Bereichen spielen eine immer größere Rolle. Daher müssen die Unternehmen in Systemen von vernetzten Einflussfaktoren denken.

Multiple Zukunft: Aufgrund der zunehmenden Dynamik des Wandelns lässt sich die Zukunft immer weniger exakt vorhersagen. Die Anzahl der Fehlprognosen steigt. Daher müssen Unternehmen heute auf der Basis alternativer Entwicklungsmöglichkeiten – d. h. mehrerer Zukünfte – planen. Dies bezeichnen wir als „multiple Zukunft". Das folgende Beispiel soll die Mächtigkeit dieses Prinzips unterstreichen. Nehmen wir an, es geht um die Entwicklung einer Logistikstrategie mit einem Zeithorizont 2015. Ein wesentlicher Einflussfaktor dürfte mit Sicherheit der Benzinpreis sein. Nun wäre es aussichtslos, in einem Szenario-Team Konsens darüber zu erzielen, wie hoch der Benzinpreis im Jahr 2015 sein wird. Die einen werden 1,50 Euro sagen. Das sind die, die die Zukunft als Projektion des bisher Erlebten verstehen. Andere werden 2,50 Euro angeben. Als Moderator würde ich das Szenario-Team animieren, auch das Undenkbare zu denken, weil wir wissen, dass oft nicht das vermeintlich Wahrscheinliche, sondern das Undenkbare Realität wird. Dementsprechend käme als dritte Entwicklungsmöglichkeit 10 Euro in Betracht – nicht, weil wir es wünschen oder es wahrscheinlich ist, sondern weil es denkbar ist. Selbstredend müsste diese Zukunftsprojektion gut begründet werden. Je unwahrscheinlicher eine Zukunftsprojektion klingt, umso größer ist die Notwendigkeit, dies zu erläutern und zu begründen.

Es wird deutlich, dass diese Art, sich mit der Zukunft zu befassen, sehr gründlich und systematisch ist. Ein Szenario-Projekt durchläuft die in Abbildung 6 dargestellten fünf Phasen.

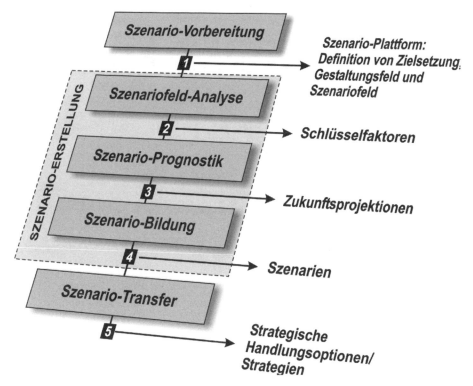

Abbildung 6:   Phasenmodell der Szenario-Entwicklung

Szenario-Vorbereitung (Phase 1): Zunächst wird das Gestaltungsfeld definiert. Diese Definition resultiert aus der konkreten Fragestellung, die das Szenario-Projekt beantworten soll, beispielsweise die Projektierung, Errichtung und der Betrieb von automatisierten Fertigungsanlagen (kurz: Industrieautomation).

Szenariofeld-Analyse (Phase 2): Hier beginnt die Szenarioerstellung, deren erste Schritte in Abbildung 7 schematisch wiedergegeben sind. Zunächst wird das Szenariofeld in geeignete Einflussbereiche (EB) zerlegt, wie ökonomisches, gesellschaftliches und technologisches Umfeld etc. Für diese Bereiche sind anschließend konkrete Einflussfaktoren zu identifizieren. Durch eine rechnerunterstützte Einflussanalyse werden im Beispiel „Industrieautomation" 17 relevante Größen, die so genannten Schlüsselfaktoren (SF), herausgearbeitet (vgl. Abbildung 8). Es handelt sich hier um Einflussfaktoren, die Markt und Umfeld des Untersuchungsgegenstandes „Industrieautomation" bestimmen. Die daraus resultierenden Szenarien sind daher Markt- und Umfeldszenarien.

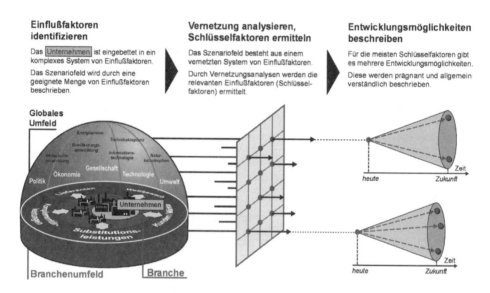

Abbildung 7:   Szenarioerstellung (Teil 1/2) – Vom Szenariofeld zu Zukunfts-
*   projektionen*

Szenario-Prognostik (Phase 3): Mit der Szenario-Prognostik erfolgt der eigentliche „Blick in die Zukunft". Für jeden Schlüsselfaktor sind charakteristische Entwicklungen mit einem Zeithorizont bis 2010 aufzulisten. Diese Projektionen bilden die Grundlage für die zu bestimmenden Zukunfts-Szenarien. Im Folgenden sind als Beispiel die prägnanten Beschreibungen der drei Projektionen A, B und C des Schlüsselfaktors 7 wiedergegeben.

SF 7 „Informations- und Kommunikationstechnik"

A Der vernetzte Mensch: Die Gesellschaft hat die Informations- und Kommunikationstechnik (IKT) in einem hohen Maß akzeptiert. Sie ist in die alltäglichen Aufgaben der meisten Menschen integriert. Dies ist gelungen, weil die Kosten für die Kommunikationsdienste extrem niedrig und somit für jeden Bürger erschwinglich sind. Zudem sind die Techniken nahezu selbsterklärend und damit für jedermann nutzbar.

B Informationseliten: Der Weg in die globale Informationsgesellschaft hat zu Polarisierungstendenzen geführt. Zum einen gibt es die Informationseliten: Sie sind sowohl finanziell als auch intellektuell in der Lage, die vielfältigen Möglichkeiten der IKT voll auszuschöpfen; für sie ist es selbstverständlich, alltägliche Aufgaben mit elektronischen Hilfsmitteln zu vereinfachen. Daneben gibt es aber eine große Gruppe in der weltweiten Gesellschaft, die an diesen Möglichkeiten nicht teilhaben kann. Für diese Menschen ist die Nutzung der IKT unerschwinglich. Die meisten Staaten sehen es nicht als ihre Aufgabe an, diese Defizite abzubauen.

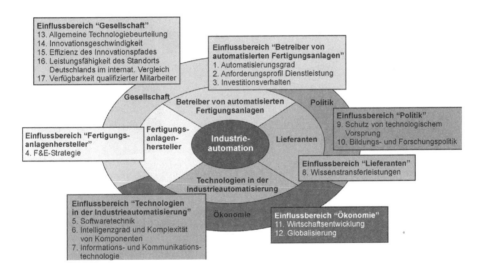

Abbildung 8:   Sieben Bereiche, aus denen Einflussfaktoren kommen, die die Zukunft der Industrieautomation signifikant bestimmen

C Der gezwungene Mensch: Die Nutzung der IKT ist von den Menschen noch lange nicht voll akzeptiert. Die Wirtschaft und der öffentliche Dienst haben aus Produktivitätsgründen auf elektronische Abläufe und Transaktionen umgestellt. Um am Arbeitsleben und am gesellschaftlichen Leben teilnehmen zu können, ist der Bürger daher auf den Einsatz von Computern und Kommunikationsdiensten angewiesen.

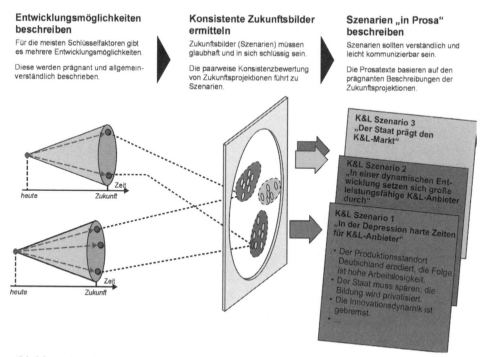

Entwicklungsmöglichkeiten beschreiben

Für die meisten Schlüsselfaktoren gibt es mehrere Entwicklungsmöglichkeiten.

Diese werden prägnant und allgemeinverständlich beschrieben.

Konsistente Zukunftsbilder ermitteln

Zukunftsbilder (Szenarien) müssen glaubhaft und in sich schlüssig sein.

Die paarweise Konsistenzbewertung von Zukunftsprojektionen führt zu Szenarien.

Szenarien „in Prosa" beschreiben

Szenarien sollten verständlich und leicht kommunizierbar sein.

Die Prosatexte basieren auf den prägnanten Beschreibungen der Zukunftsprojektionen.

Abbildung 9:   *Szenario-Erstellung (Teil 2/2) – Von Zukunftsprojektionen zu Szenarien*

Szenario-Bildung (Phase 4): Hier ist das Ziel, aus den erstellten Zukunftsprojektionen aussagekräftige Szenarien zu entwickeln (vgl. Abbildung 9). Dazu muss zunächst die Verträglichkeit, d. h. die Konsistenz der einzelnen Zukunftsprojektionen untereinander bewertet werden. Abbildung 10 verdeutlicht das prinzipielle Vorgehen am Beispiel der Kombination des Schlüsselfaktors 14 „Innovationsgeschwindigkeit" mit dem Schlüsselfaktor 7 „Informations- und Kommunikationstechnik". Basierend auf diesen paarweisen Beurteilungen der Konsistenz von Projektionen erfolgt eine so genannte Konsistenzanalyse. Sie liefert solche Kombinationen von Projektionen, die gut zueinander passen.

Abbildung 11 visualisiert die ermittelten Szenarien. Die einzelnen Kugeln symbolisieren schlüssige Kombinationen von Zukunftsprojektionen, so genannte konsistente Projektbündel, wobei in jedem Projektbündel 17 Projektionen enthalten sind, und zwar je Schlüsselfaktor genau eine. Bündel, die einander ähneln, werden mittels Clusteranalyse zusammengefasst.

Im vorliegenden Fall führt dies zu drei Clustern, die die Markt- und Umfeldszenarien zum Thema „Industrieautomation" repräsentieren. Dass in diesem Beispiel drei Szenarien herauskommen, ist Zufall. Die Anzahl der Szenarien hängt vom Verlauf der Clusteranalyse ab und liegt im Allgemeinen zwischen zwei und fünf.

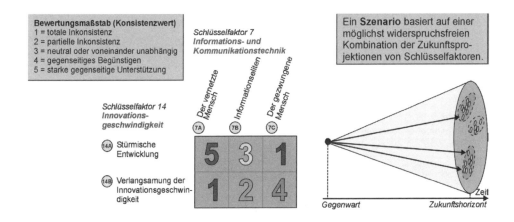

Abbildung 10: Konsistenzbewertung, d. h. Bewertung, wie verträglich die Zukunfts-projektionen zueinander sind

Das Verfahren Multidimensionale Skalierung (MDS) ermöglicht eine Positionierung der Projektionsbündel: Ähnliche Bündel liegen dicht beieinander und unähnliche Bündel weit voneinander entfernt.

Um die drei Szenarien rasch zu erfassen, wird der mit der Szenario-Technik Geübte die folgende Tabelle 1 ansehen und prüfen, welche Projektion in welchem Szenario auftaucht. Im Prinzip reicht es, auf die unterlegten Flächen zu achten. Voraussetzung ist natürlich, dass der Projektionskatalog im Gedächtnis ist (d. h. der Katalog der prägnanten, allgemeinverständlichen Beschreibungen aller Zukunftsprojektionen).

Szenario 2:
„Keine gravierenden Veränderungen"

Eine Kugel ist ein konsistentes Projektionsbündel; es enthält von jedem Schlüsselfaktor
genau eine Projektion. Der Durchmesser ist
ein Maß für die Höhe der Konsistenz eines
Bündels. Ähnliche Bündel werden mit Hilfe
der Clusteranalyse zusammengefasst.

Szenario 1:
„In einer dynamischen Welt mit
Kooperationen zum Erfolg"

Szenario 3:
„In der Krise behaupten sich nur
die Starken"

*Abbildung 11: Visualisierung der drei Markt- und Umfeldszenarien zum
Untersuchungsgegenstand „Industrieautomation" in einem
„Zukunftsraum-Mapping" (Multidimensionale Skalierung – MDS)*

Die in der Tabelle 1 angegebenen Werte stehen für die Häufigkeit der Projektionen im
jeweiligen Szenario. So bedeutet 100: In 100 Prozent der Projektionsbündel dieses
Szenarios kommt diese Projektion vor. Die farbige Hinterlegung des Feldes hebt eine
solch eindeutige Aussage hervor.

Die ausführliche Beschreibung der Szenarien ergibt sich aus den Texten des Projektions-
katalogs. Im Folgenden ist beispielhaft die Zusammenfassung des Szenarios 1 wiedergegeben, um einen Eindruck vom Inhalt eines Szenarios zu vermitteln. Der Langtext eines
Szenarios geht in der Regel über zwei bis drei Seiten.

Tabelle 1: Ausprägungsliste der drei Szenarien „Industrieautomation"

Einflussbereich	Nr.	Schlüsselfaktor	Projektion	SZ 1	SZ 2	S
Betreiber von automatisierten Fertigungs- anlagen	1	Automatisierungsgrad	A Dynamische Entwicklung der Automatisierung	93	0	
			B Symbiose von Mensch und Automatisierung	7	100	1
	2	Anforderungsprofil Dienstleistung	A Betreiber beherrschen das Gesamtsystem	7	0	
			B Alles aus einer Hand	87	0	
			C Betreiber halten das Heft in der Hand	7	79	
			D Dienstleistung spielt keine Rolle	0	21	
	3	Investitionsverhalten	A Preisorientiertes Investitionsverhalten	0	6	1
			B Langfristige Zusammenarbeit	100	94	
Fertigungs- anlagen- hersteller	4	F&E-Strategie	A Der innovative Einzelkämpfer	0	91	
			B Allianzen	100	9	
			C Konzentration auf das Kerngeschäft	0	0	
Technologien in der Industrie- automation	5	Softwaretechnik	A Professionalisierung der Softwareentwicklung	93	68	
			B Software-Inflation	0	9	
			C Software nach wie vor „Sorgenkind"	7	24	
	6	Intelligenzgrad u. Komplexität v. Komponenten	A Hohe Vielfalt und Dynamik	100	94	
			B Das Bewährte siegt		0	
	7	Informations- und Kommunikationstechnik	A Der vernetzte Mensch			
			B Informationseliten			
			C Der gezwungene Mensch			

Zusammenfassung Szenario 1 *„In einer dynamischen Welt mit Kooperationen zum Erfolg"*:

- Das Bruttosozialprodukt wächst jährlich um mehrere Prozent; die Globalisierung ist weit fortgeschritten.
- Die lange Jahre in Deutschland vorherrschenden Kostennachteile sind überwunden. Auch in Deutschland kann kostengünstig produziert werden.
- Der Staat hat die Ausgaben für Forschung und Bildung erhöht. Dennoch kann die Nachfrage nach Fachkräften nicht gedeckt werden.
- Die Innovationsdynamik ist sehr hoch. Die Erfolgspotenziale der technologischen Entwicklung werden mit Allianzen ausgeschöpft; es ist das Zeitalter der Kooperationen.

Szenario-Transfer (Phase 5): Als Szenario-Transfer wird die Übertragung der Szenarien auf die Entscheidungsprozesse der strategischen Unternehmensführung bezeichnet. Der Szenario-Transfer beginnt mit einer Auswirkungsanalyse. Dazu werden die Auswirkungen der erstellten Szenarien auf das Gestaltungsfeld systematisch analysiert. Dies bildet den Ausgangspunkt für die Ermittlung von strategischen Handlungsoptionen. Ein konkretes Anwendungsbeispiel mit dem Ziel der Erarbeitung strategischer Handlungsoptionen findet sich im nachfolgenden Beitrag von Wolfgang Karrlein.

1.4   Strategieentwicklung mit Szenario-Analysen: Ein Rückblick

Wolfgang Karrlein

1.4.1   Einführung

Von Astrologen oder Börsengurus werden uns oft Prognosen präsentiert. Wir hören ihnen mehr oder minder fasziniert zu und handeln danach – oder auch nicht. Was wir hingegen eher selten finden ist eine kritische Reflexion der Prognosen. Es scheint so, dass umso seltener diese Lernphase durchgeführt wird, je länger die Zeitspanne war, für die Prognose formuliert wurde.

Dabei spielte eine solche Reflexion eine wichtige Rolle, wenn wir die Zuverlässigkeit einer Methodik, mit der die Prognose erarbeitet worden ist, beurteilen oder an der Methodik selbst Verbesserungen vornehmen wollen. Dies gilt vor allem für Methodiken, die für die Strategieentwicklung von Unternehmen eingesetzt werden. Auf solchen Einschätzungen basieren oft längerfristige Entscheidungen mit entsprechenden Konsequenzen.

Um eine solche Reflexion und Beurteilung geht es in diesem Beitrag. Dabei werden zwei Ziele verfolgt: Zum einen geht es darum, eine Reihe von Szenarien für die Marktentwicklung mit der tatsächlichen Entwicklung zu vergleichen. Die Markt- oder Umfeldszenarien wurden Ende 1999 in einem Management-Workshop bei Siemens Business Services erarbeitet. Die Marktentwicklung wird in diesem Abschnitt dargestellt, die Umfeldszenarien und der Vergleich mit den tatsächlichen Entwicklungen sind in Abschnitt 1.4.2 zu finden.

Zum anderen geht es darum, die konkreten Schritte zu reflektieren, die ebenfalls aus diesem Workshop 1999 für die weitere Entwicklung der Siemens Business Services erarbeitet und gestartet wurden. Grundlage dafür waren eine Reihe möglicher Entwicklungsmodelle für Siemens Business Services, deren Erfolgschancen unter Berücksichtigung der Umfeldszenarien bewertet wurden. Dies ist in Abschnitt 1.4.2 ausgeführt.

Die Methodik der Szenario-Analyse selbst ist im vorstehenden Beitrag von Gausemeier (siehe Kapitel 1.3) bereits skizziert worden[8].

---

8   vgl. Gausemeier, Fink & Schlake (1996); Gausemeier & Fink (1999); Fink, Siebe & Schlake (2001); Fink & Siebe (2002, S. 249 ff.)

Umfeldveränderungen 1999 – 2003

Abbildung 1 gibt einen schematischen, aber qualitativ guten Überblick über die ungefäh-
ren zeitlichen Abläufe in der Informations- und Kommunikationstechnologie -
insbesondere dessen, was heute E-Business genannt wird. Sie dient als Hintergrund für
die folgenden Ausführungen.

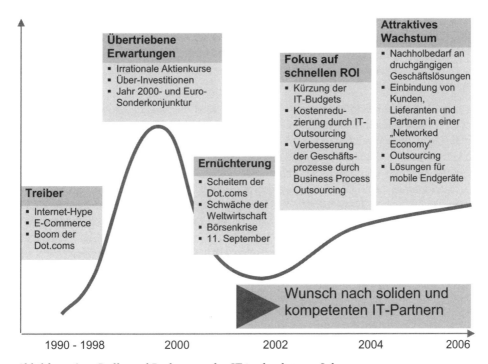

Abbildung 1:   Rolle und Bedeutung der IT in den letzten Jahren

Situation 1999

Fast täglich tauchten neue Schlagworte in den Medien und auf den Folien von Beratern
auf, die suggerierten, dass hier eine rasante Entwicklung vor sich geht, der sich kein
Unternehmen entziehen könnte, wenn es weiterhin erfolgreich am Markt aktiv bleiben
wollte. New Economy, E-Business, E-Commerce und bereits erste Anzeichen der
nächsten Stufe des M-Business sind deren prominenteste Vertreter.

Die Gründerstimmung vor allem in den USA mit ihrem 1999 schon lange anhaltenden
Boom war zunächst einmal nicht nur auf das Internet zurückzuführen. Zu der eigent-

lichen „New Economy" gehörten neben der Informations- und Kommunikationsbranchen noch einige weitere Branchen, in denen ebenfalls erhebliche Innovationsschübe zu beobachten waren, wie beispielsweise

- in der Automatisierungstechnologie,
- bei den neuen Werkstoffen,
- in der Nanotechnologie oder
- in der Bio- und Gentechnologie.

All diesen Branchen war und ist gemeinsam, dass sie eine Querschnittsfunktion haben und mit ihrem technischen Fortschritt andere Wirtschaftszweige beeinflussen. Vor allem die Informations- und Kommunikationstechnologie schien ein wichtiger Motor für die Entwicklung vieler anderer Branchen zu werden.

Im Jahre 1999 war die Informations- und Kommunikationsbranche häufig noch alleinige Nutzerin ihrer eigenen Innovationen – beispielsweise im E-Business. Die Diffusion der technischen Innovationen und neuer – nun möglich gewordener – Konzepte in andere Bereiche der Wirtschaft hatte gerade erst begonnen. Die Prognosen sagten voraus, dass diese Proliferation sehr schnell vorankommen würde. Jedoch war abzusehen, dass kaum ein Unternehmen seine Geschäftsprozesse mit einem Mal vollständig auf die Möglichkeiten des E-Business umgestellt bekommen würde. Dazu wären alleine schon die Aufwände für eine Vernetzung und Integration von unternehmensinternen Programmen und Systemen mit dem Internet zu hoch. Ganz zu schweigen von den Aufwendungen hinsichtlich Change Management in den Belegschaften. Ein lange boomender Markt für Hersteller von Hardware- und Software-Produkten, wie auch für Anbieter entsprechender Services, schien sich aufzutun.

In dieser Hochphase der Entwicklung ging es um eine Landnahme im Internet. Die vielen Start-Ups hatten die Gunst der Stunde erkannt und fingen einfach mit dem Experimentieren an. Die neue Technologie war relativ leicht zu erlernen, sie war (zunächst) auch billig einzusetzen, und sie versprach Aufmerksamkeit und damit auch Zugang zu Venture Capital für weitere Investitionen. Für die großen „alten" Unternehmen schien die Geschwindigkeit durch ihre Planungsprozesse und internen Abstimmungen zu schnell zu sein. Zum einen befanden sie sich in zum Teil schon lange geplanten und großen Investitionsprojekten, wie etwa Jahr-2000-Projekte, Euro-Einführung, Einführung von ERP-Software, die sich alle nicht einfach stoppen, verschieben oder ändern ließen. Zum anderen waren (und sind) die Strukturen in diesen Firmen generell hinsichtlich Strategieplanung und Abstimmung scheinbar „schwerfälliger", als bei den neuen und jüngeren Start-Ups.

Nach den ersten, entsprechend in den Medien aufbereiteten Erfolgen von neuen Unternehmen wie amazon.com, Cisco oder Dell, begann sich ein enormer Druck von Seiten der Investoren auf die Betriebe der „Old Economy" aufzubauen. Denn die Bewertung der Firmen aus der „Neuen Wirtschaft" war inzwischen um Größenordnungen höher. Als schließlich ein solches noch junges Internet-Unternehmen (AOL) einen traditionellen Riesen der Medienindustrie (Time Warner) aufkaufte und mit seinen entsprechend hoch bewerteten Aktien zahlte, schien das Ende der „alten" Unternehmen nur mehr eine Frage der Zeit zu sein.

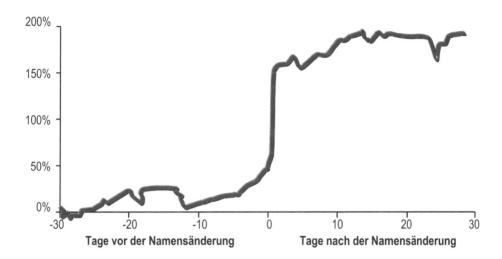

Abbildung 2:   Kurssprünge durch einfache Namensänderungen (Quelle: New York Times, 29. August 1999)

Wie viel Psychologie hinter diesen Erfolgen und vor allem den Erwartungen steckte, wird deutlich, wenn man die Entwicklung von Aktienkursen bei Unternehmen betrachtet, die ihren Namen um das kleine Kürzel „.com" ergänzten oder gleich einen neuen Dotcom-Namen erfanden (vgl. Abbildung 2). Der Wert der Anteilsscheine, die in einer Studie zwischen Januar 1998 und März 1999 untersucht wurden, stieg um fast 200 Prozent. Dabei spielte allein die Ankündigung eine Rolle und nicht etwa die ersten Anzeichen einer Umsetzung der entsprechenden Programme oder die Einführung neuer Prozesse.

Die Situation Ende 1999 war also durch eine fast grenzenlose Euphorie über die neuen (technischen) Möglichkeiten durch Software-Programme auf der Basis der Internet-Technologie sowie der mobilen Kommunikation gekennzeichnet. Für die großen Anbieter von IT-Dienstleistungen, z. B. aus dem ERP- oder Systemintegrationsumfeld, war das „Aufspringen" auf den E-Business-Zug ein absolutes Muss. Neben der Frage, inwieweit „traditionelle" Leistungen wie Integration und Betrieb nur mehr als Commodity „nebenher laufen", stellte die dynamische Entwicklung die Unternehmen vor die

Herausforderung des Kompetenzmanagements. Wie schaffen es Unternehmen, ihre Mitarbeiter auf einem aktuellen und hochkarätigen Stand ihres faktischen Wissens zu halten – vor dem Hintergrund eines sich rasch entwickelnden und durch die vielen Applikationen immer wieder verändernden Umfeldes? Es schien nur mehr um eine möglichst schnelle Implementierung einer schicken Webpräsenz, eines neuen Customer Relationship Management Systems und dann vor allem um den Aufbau eines darauf basierenden „neuen" Geschäftsmodells zu gehen, welches das bisherige möglichst schnell ablösen oder wenigstens integrieren soll. Welche Strategie sollten diese IT-Dienstleister verfolgen?

Veränderungen

Ab der zweiten Hälfte des Jahres 2000 kommt es zu dem immer deutlicher erkennbaren Ende des Börsen- und des E-Business-Booms und ab Anfang 2002 sogar zu einer immer stärkeren rezessiven Stimmung: Die Kurse von neuen Unternehmen aus dem Umfeld der New Economy brechen ein, Konkurse nehmen zu. Es zeigt sich, dass die Geschäftsmodelle nicht stabil waren. Die Krise zieht dann immer mehr auch die etablierten Werte mit in den Keller. Dabei spielen eine ganze Reihe von Gründen eine Rolle:

Strategischer Hintergrund[9]

Das Internet ist eine Technologie und kann als solches Teil einer Strategie sein, stellt selbst aber keine Strategie dar. Es bietet keinen Wettbewerbsvorteil durch sich selbst – es ist vielmehr ein Tool und eine Technologie, die prinzipiell mit vielen Strategien kompatibel eingesetzt werden kann. Als Werkzeug dient es dazu, bestimmte Vorgänge zu vereinfachen und effizienter zu organisieren. In diesem Sinne fördert die Internet-Technologie die „Operational Excellence", also das effizientere Ausführen von (bestehenden oder neuen) Prozessen.

Auf „Operational Excellence" kann aber keine stabile Differenzierung aufgebaut werden. Denn damit organisieren Unternehmen dieselben Abläufe wie ihre Wettbewerber – nur besser. Die Wettbewerber haben jedoch aufgrund der zur Verfügung stehenden Technologie auch die Möglichkeit, ihre Prozesse rasch effizient zu gestalten. Das trifft insbesondere bei Internet-Anwendungen zu, bei denen es sich im Wesentlichen um ähnliche und standardisierte Applikationen handelt. Sie stehen im Prinzip jedem offen, weshalb darüber keine Differenzierung erfolgen kann. Das Internet allein ermöglicht also keinen Wettbewerbsvorteil – dieser erwächst nur aus der Strategie.

Zusätzlich wurde deutlich, dass die Internet-Technologie als Vertriebs-, Kommunikations- und Transaktionskanal die Profitabilität eines Unternehmens in den meisten Fällen negativ beeinflusst und die Profitabilitätszone oft sogar gar nicht erreicht werden kann.

---

9   vgl. Porter (2001); Karrlein (2002, S. 53 ff.)

Als zunächst lediglich additive Schnittstelle zwischen Unternehmen und Kunden bietet das Internet meist keinen neuen direkten Nutzen. Eine negativ wirkende Spirale begann sich daher zu drehen:

Produkte und Dienstleistungen wurden zu weit niedrigeren Preisen angeboten, als es den wahren Kosten entsprach, um Kunden anzulocken. Dahinter steckte die Annahme, dass Kunden durch diesen Vorteil frühzeitig gebunden werden könnten. Darüber hinaus ging man davon aus, dass ein Wechsel zu einem anderen Anbieter hohe Kosten verursachen würde und Kunden auch aus diesem Grund dem günstigen Internetanbieter die Treue hielten. Das erwies sich jedoch als Trugschluss: Denn der eigentliche Nutzen für die Kunden liegt weniger in der loyalen Beziehung zu einem Anbieter, als vielmehr in der Möglichkeit, vergleichen zu können.

Einheitliche Standards beim Design der Applikationen sorgten für eine zunehmend einfachere Bedienbarkeit. Die Kunden wurden dadurch geübter und banden sich nicht mehr nur an einen Anbieter. Die Hoffnungen, die anfänglichen Umsätze würden weiter in dem Maße steigen und damit auch Erträge generieren, erwiesen sich meist als Illusion. Das hatte verschiedene Ursachen: So verteilte sich der Umsatz zunehmend auf mehrere Anbieter. Außerdem verschwand die erste Neugier, über dieses neue Medium einzukaufen – es wurde irgendwann zur Normalität. Dadurch sanken die Umsätze, und die erhofften Preissteigerungen konnten letztlich nicht mehr durchgesetzt werden.

Um kontinuierlich profitabel zu agieren, muss man sich einen dauerhaften, nicht von anderen Wettbewerbern kopierbaren Wettbewerbsvorteil erarbeiten. Eine solche Strategie erfordert ein Zusammenspiel von Prozessen und muss dem Kunden letztlich einen Mehrwert bringen. Der Fokus liegt also nicht auf einem einzigen Geschäftsprozess, sondern auf der gesamten Wertschöpfung im Unternehmen. Eine der größten Herausforderungen besteht deshalb darin, den Kundennutzen und die Unternehmensstrategie nicht auf einer einzigen Kernkompetenz aufzubauen, sondern ein konsistentes Gesamtpaket an Geschäftsprozessen einzusetzen, das von den Mitbewerbern nicht so schnell übernommen werden kann, sowie diese möglichst effizient zu gestalten.

Generell lässt sich als Quintessenz Folgendes konstatieren: Das Internet führt zu einem transparenten Markt. Es reduziert zwar die Kosten der Informationsgewinnung und auch die Kosten für die Transaktionen, wandelt jedoch variable Ausgaben in fixe Kosten – etwa für die Technologie – um. Darüber hinaus führt die Transparenz gleichzeitig zu einem gnadenlosen Preiskampf. Die Produkt- und Dienstleistungsangebote im Internet müssen einen gewissen Grad an Standardisierung haben, es handelt sich meist sogar um sehr homogene Güter. Durch die Offenheit des Internet ist aber der Preis – wie die Ware selbst – transparent und vergleichbar, und zwar in einem breiteren Maßstab als bisher. Dadurch lässt sich kein Anbieter auf lange Sicht durch die Ware oder den Preis vom Wettbewerber unterscheiden – mit der Ausnahme einer weiteren Reduktion des Preises.

Wirtschaftlicher Hintergrund

Neben diesen strategischen Gründen spielten parallel ablaufende gesamtwirtschaftliche Prozesse ebenfalls eine wichtige Rolle für das starke Abbremsen der Boom-Phase. Mit dem „E-Business-Hype" kam es zu einer Hausse an den Börsen. Es wurde bei Fusionen und Übernahmen nicht mehr mit eigenem Geld oder Kredit bezahlt, sondern mit eigenen Aktien. Als nach und nach klar wurde, dass viele der Geschäftsmodelle nicht zu profitablen Geschäften führen würden, kam es zu immer mehr Zusammenbrüchen. Die Entwicklung des Neuen Marktes spiegelt diese Phase wider. Nach und nach erfasste die negative Stimmung auch die etablierten Papiere.

Zwei für die IT-Industrie wichtigen Branchen „ging die finanzielle Luft" für weitere Investitionen im bisherigen Maße aus. Die Telekommunikationsindustrie hatte in Deutschland heftig um die Lizenzen im UMTS-Umfeld geboten. Die durch die Summen entstandenen Verpflichtungen bedeuteten riesige Belastungen der Unternehmen. Dazu kam, dass nun auch entsprechende Investitionen erforderlich werden würden, um die Infrastruktur für die Dienste und Leistungen aufzubauen – eine zusätzliche Belastung. Diesen Investitionen standen und stehen bis heute noch keine fundierten Geschäftsmodelle gegenüber. Mit welchen Angeboten, mit welchen Services würden die Mittel wieder zurückfließen?

Die zweite Branche, die ebenfalls führend bei der Nutzung von IT-Anwendungen und IT-Produkten ist, ist der Bankenbereich. Durch die „Jahr 2000"-Projekte, wie die notwendigen Investitionen bei der Einführung des Euros, waren die IT-Budgets bereits recht angespannt. Dazu kam, dass die Banken vor allem im Retail-Banking-Geschäft ebenfalls heftig in E-Business investiert hatten. Nun kamen verschiedene, sich gegenseitig verstärkende Faktoren zusammen, die in Summe zu einer inzwischen sehr schwierigen Situation im deutschen Bankensystem geführt haben:

Die Investitionen in E-Banking führten nicht zu den erwarteten längerfristigen Einnahmen und Gewinnen. Das zeigten insbesondere die Direktbanken[10]. Gestartet im Geiste des E-Business und z. T. kurzfristig sehr erfolgreich an die Börse gebracht, erreichten sie die Profitabilitätszone nicht und mussten von den Mutterhäusern unter großen finanziellen Anstrengungen gestützt werden. Das ein oder andere Mutterhaus verlor dabei sogar die Selbstständigkeit.

Öffentliche Haushalte

Die öffentlichen Haushalte wurden durch die sich abkühlende wirtschaftliche Situation und die damit einhergehenden Steuerausfälle zu immer größeren Konsolidierungs-

---

10   vgl. Karrlein & Frischmuth (2001, S.11 ff.); Karrlein (2002, S. 53 ff.)

anstrengungen gezwungen. Daher sind auch von dieser Seite die bisher prognostizierten Investitionen in E-Government nicht in dem Umfang getätigt worden.

Die sozialen Systeme schlitterten durch die schon im Aufschwung auferlegten zusätzlichen Belastungen, und jetzt durch die finanziellen Ausfälle, in eine finanzielle Schieflage. Das Rentensystem, das Gesundheitssystem, aber auch der Arbeitsmarkt werden durch den massiven Abschwung und die damit wachsende Arbeitslosigkeit stark belastet. Auch von dieser Seite her fehlen Impulse und Finanzmittel, um neue Investitionen in die IT und damit die Effizienzsteigerung der Prozesse zu investieren.

Vertrauen und Sicherheit

Zwei weitere „Handlungsstränge" tragen ebenfalls zum Abschwung bei. In den USA – und in der Folge dann auch in Deutschland – werden z. T. massive Bilanzfälschungen und Bilanzierungstricks großer etablierter Unternehmen bekannt: Enron, Worldcom. In der Folge stürzen auch ehemalige hoch angesehene Wirtschaftsprüfungsgesellschaften wie Arthur Andersen über die wenigen, aber großen Betrügereien. Ein Faktor, der mit zu diesen Betrügereien beigetragen hat, war auch der „Zwang" zu immer größeren Gewinnen in der Boomphase der „New-economy". Diese Vorfälle haben zu einem erheblichen Vertrauensverlust in die „Wirtschaftsbosse" geführt.

Der zweite Handlungsstrang ging von den katastrophalen Anschlägen des 11. Septembers 2001 in den USA aus. In der Folgezeit wurden durch die wachsenden Spannungen im Zuge des „Kampfes gegen den Terrorismus" und der Bekämpfung der „Achse des Bösen" die Erwartungen der Wirtschaft negativ beeinflusst. Durch die zu Beginn 2003 wachsende Gefahr eines Irakkrieges, der spätere Krieg selbst und der damit zusammenhängende Konflikt auch in der westlichen Welt sowie schließlich die hohe Unsicherheit hinsichtlich der weiteren Entwicklungen, wird die Wirtschaft ebenfalls negativ beeinflusst.

Situation 2003

Diese verschiedenen Entwicklungen führten für die IT-Industrie zu einem signifikanten Einbruch der Umsätze. In Deutschland zeigt sich dieser Einbruch deutlich stärker als in den anderen europäischen Ländern. Die zahlreichen und oft unkoordinierten E-Business-Projekte wurden grundlegend überprüft und auf ihren Return on Investment (ROI) analysiert. Eine starke Konsolidierungswelle reduzierte die Zahl erheblich. Ferner ist nun deutlich, dass mit einer „einfachen" Implementierung eines neuen Systems und einer Internet-basierten Applikation allein keine wirtschaftlichen Erfolge verzeichnet werden können. Es stellen sich weitergehende Fragen und Aufgaben:

■ Die Anwendungen müssen sich in das vorhandene System der IT-Anwendungen integrieren. Die Integration muss sich auf einer prozessbasierten, logischen wie auch auf einer physikalischen Ebene (Software und Infrastruktur) vollziehen.

- Die Einführung von neuen Anwendungen bedeutet in vielen Fällen eine Veränderung für die Arbeitsweise der Mitarbeiter. Der so genannte Roll-out-Prozess ist damit nicht nur eine technische Frage. Ein erfolgreiches Einführungsmanagement muss insbesondere auch die „soft facts" (schnelle Kenntnis bei der Anwendung, Akzeptanz bei den Anwendern u. ä.) mit betrachten. Die „soft facts" bestimmen sogar wesentlich die Dauer und den Erfolg einer Einführung.

- Je komplexer die Anwendungen werden, umso mehr stellt sich die Frage nach der weitergehenden Betreuung und dem Betrieb. Durch die schnelle Entwicklung und Versionsreihenfolge der Systeme ist die vom Wissensstand der eigenen IT-Mitarbeiter abhängige wirtschaftliche „Sourcing-Strategie" und Betriebsführung eine neue Managementaufgabe.

- Infrastrukturthemen, wie insbesondere ab Ende des Jahres 2001 allen voran die Hochverfügbarkeit und Sicherheit der Internet-basierten Systeme, rückten ebenfalls in den Vordergrund.

Die IT-Service-Industrie war Ende 2002/Anfang 2003 durch Probleme bei der Erfüllung von Gewinnerwartungen gekennzeichnet. Auch die Prognosen der Marktanalysten wurden immer weiter zurückgenommen. Die Unternehmen reagieren je nach konkreter Situation mit Preisnachlässen bei den Kunden und Kapazitätsanpassungen bei ihren Mitarbeitern. Es zeigt sich, dass der IT-Service-Markt zyklisch mit der Entwicklung in den Branchen geht, aus denen sich die Kunden rekrutieren. Hinzu kommen die Hard- und Softwarehersteller, die versuchen, aus ihren Produkten und Applikationen heraus höherwertige Services anzubieten. Die IT-Service-Anbieter selbst haben in der Wahrnehmung des Marktes Schwierigkeiten, ein nachhaltiges Image und Profil und damit eine Differenzierung aufzubauen.

Die Refokussierung bei IT-Projekten führt zu einer gestiegenen Anforderung an die branchenspezifischen Kompetenzen für die Implementierungs- und Integrationsleistungen der Serviceanbieter. Zusammen mit den intensiver diskutierten Modellen, wie ein wirtschaftliches IT-Sourcing und IT-Management organisiert werden kann, steigt die Anforderung an ein flächendeckendes Dienstleistungsportfolio sowie die Kompetenzen für komplexe und globale IT-Projekte.

In Anlehnung an Cell Consulting (2002) stellen sich für die IT-Service-Anbieter daher drei Herausforderungen, die sie in der aktuellen Situation meistern müssen:

- Schaffen von robusten, entscheidungs- und umsetzungsfähigen Management-und Organisationsstrukturen (Governance-Modelle).
- Aufbauen eines klaren Profils und von nachhaltigen Differenzierungsmerkmalen.
- Etablieren einer effektiven Skills-Entwicklung und eines kontinuierlichen Kompetenzmanagement.

Die Umfeldszenarien im Jahre 1999

Vor dem Hintergrund der Marktgegebenheit im Jahre 1999 wurden mittels der Szenario-Analyse verschiedene Umfeldszenarien für den IT-Service-Markt entwickelt. Abbildung 3 zeigt die Projektion der für das Marktumfeld „IT-Services" erarbeiteten Szenarien.

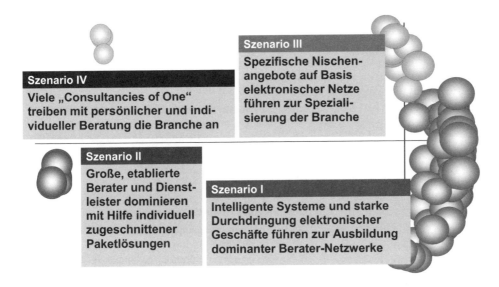

Szenario III
Spezifische Nischen-angebote auf Basis elektronischer Netze führen zur Speziali-sierung der Branche

Szenario IV
Viele „Consultancies of One" treiben mit persönlicher und indi-vidueller Beratung die Branche an

Szenario II
Große, etablierte Berater und Dienst-leister dominieren mit Hilfe individuell zugeschnittener Paketlösungen

Szenario I
Intelligente Systeme und starke Durchdringung elektronischer Geschäfte führen zur Ausbildung dominanter Berater-Netzwerke

Abbildung 3:   Zukunftsraum Mapping der Umfeldszenarien IT-Servicemarkt Deutschland

Die vielfältigen Einflussgrößen und Parameter der Umfeldszenarien werden in vier Kategorien untergliedert:

- Unternehmerisches Umfeld
- Technologisches Umfeld
- Elektronische Geschäftsabwicklung
- Beratungs- und Dienstleistungsmarkt

Das Umfeldszenario I – „Intelligente Systeme und starke Durchdringung elektronischer Märkte führen zur Ausbildung dominanter Berater-Netzwerke" – ist durch folgende Ausprägungen gekennzeichnet (vgl. Tabelle 1):

Tabelle 1: Charakteristika des Umfeldszenarios I

Kriterium	Ausprägung
☐ Unternehmerisches Umfeld	☐ Unternehmen agieren in vielfältigen Netzwerken
	☐ Netzwerke sichern Bündelung und Nutzung von (speziellem) Wissen
	☐ Hochwertiger Service ist wesentlicher Bestandteil der Leistungserstellung
	☐ Arbeitsmarkt ist im Wesentl. frei von Einschränkungen
☐ Technologisches Umfeld	☐ Steigende Innovationsgeschwindigkeit basierend auf Standards
	☐ Weitgehende Vermeidung von Medienbrüchen beim Informationsaustausch
	☐ Interfaces sind leicht und eingängig zu bedienen, daher hohe Akzeptanz bei den Nutzern
	☐ Informationsflut wird durch intelligente Software kanalisiert; Wissen ist strukturiert und frei verfügbar
☐ Elektronische Geschäftsabwicklung (EGA)	☐ Anbieter stehen durch wenig Regulation in hartem Wettbewerb
	☐ Sicherheit der Übertragungswege ist gewährleistet, daher breite Teile des Geschäftslebens über EGA
	☐ Wertschöpfungsketten werden in einem Fluss ohne Medienbrüche abgewickelt
	☐ IT-Branche ist durch Co-opetition gekennzeichnet; kein Unternehmen schafft es längerfristig, Marktanteile zu erobern oder zu verteidigen
☐ Beratungs- und Dienstleistungsmarkt	☐ Beratungs-/Dienstleistung wird ohne konkrete Produktbindung angeboten; Service steht im Vordergrund
	☐ Hohe Markttransparenz für die Kunden, daher kaum Präferenzen
	☐ Unternehmen verlagern viel Kompetenz nach außen
	☐ Großer Teil der Beratungsleistung wird durch enge Kompetenznetzwerke gewährleistet; Zugehörigkeit zu solchen Netzwerken ist für Markterfolg entscheidend

Das Umfeldszenario II – „Große, etablierte Berater und Dienstleister dominieren mit Hilfe individuell zugeschnittener Paketlösungen" – unterscheidet sich bezüglich der vier Kriterien in wesentlichen Punkten vom Umfeldszenario I, wie Tabelle 2 zeigt.

Tabelle 2: Charakteristika des Umfeldszenarios II

Kriterium	Ausprägung
☐ Unternehmerisches Umfeld	☐ Unternehmen agieren in klaren Rollen als Wettbewerber oder Partner
	☐ Standardisierte und wenig angepasste Services, die eng an Produkte gebunden sind; daher preisgetriebener Verdrängungswettbewerb
	☐ Regulierter Arbeitsmarkt mit steigender Arbeitslosenquote durch zunehmende finanzielle Belastungen
☐ Technologisches Umfeld	☐ IT-Segment verliert seine Position als technologischer Wachstumsmotor wegen komplexen Schnittstellen und Integrationsschwierigkeiten
	☐ Durch unterschiedliche Normen entstehen viele proprietäre Anwendungen
	☐ Durch das Fehlen von intelligenter Software wird die Informationsflut nicht priorisiert; interdisziplinäres Wissen kann nicht durch Verknüpfungen entstehen
☐ Elektronische Geschäftsabwicklung (EGA)	☐ Starker lenkender Eingriff durch Regulierungen zum Schutz vor ruinösem Wettbewerb
	☐ Komplexe Anwendungen für die Vermarktung von Produkten und Leistungen hemmen die breite Akzeptanz der EGA
	☐ Kleine IT-Unternehmen werden schnell von im Markt etablierten Unternehmen aufgekauft
	☐ Etablierte IT-Unternehmen prägen den Markt durch ihre solide finanzielle Basis
☐ Beratungs- und Dienstleistungsmarkt	☐ Beratungs- und Dienstleistungen stehen in der Regel mit Produkten in Zusammenhang
	☐ Einkaufsentscheidungen für Services werden aufgrund der Marke und des Unternehmens getroffen
	☐ Unternehmen haben nach wie vor interne Kompetenzen, die sie einsetzen, weil die externen Anbieter lediglich Rahmenlösungen haben, die angepasst werden müssen
	☐ Beratungsunternehmen integrieren viele Stufen der Wertschöpfung (Design – Build – Operate) und treten somit als Full-Service-Anbieter auf

Im Umfeldszenario III – „Spezifische Nischenangebote auf Basis elektronischer Netze führen zur Spezialisierung der IT-Branche" – finden sich gewisse Elemente aus den beiden bereits vorgestellten Szenarien. Dennoch gibt es hinsichtlich der Wettbewerbsstruktur und der Dienstleistungskultur Unterschiede, wie Tabelle 3 zeigt:

Tabelle 3: Charakteristika des Umfeldszenarios III

Kriterium	Ausprägung
☐ Unternehmerisches Umfeld	☐ Traditionelle Unternehmensstruktur ist aufgebrochen; Marktleistung wird durch virtuelle, meist projektspezifische Partnernetzwerke erbracht
	☐ Spezielle Nischen sind für hochwertige Anbieter
	☐ Arbeitsmarkt ist im Wesentl. frei von Einschränkungen
☐ Technologisches Umfeld	☐ Weiter bestehende Probleme bei der Inter-Operabilität der Systeme; technologische Entwicklung „zerfasert"
	☐ Proprietät befördert das Entstehen von spezialisierten Nischenanbietern, allerdings mit für die Nutzer optimiertem Bedienungskomfort
	☐ Information wird durch intelligente Software strukturiert; das entstehende Wissen ist frei zugänglich
☐ Elektronische Geschäftsabwicklung (EGA)	☐ Anbieter stehen durch wenig Regulation in hartem Wettbewerb
	☐ Sicherheit der Übertragungswege ist gewährleistet, daher breite Teile des Geschäftslebens über EGA
	☐ Spezielle Nischenanwendungen sind hervorragend für die EGA geeignet; jedoch sind das proprietäre Lösungen mit entsprechenden Schwierigkeiten bei der Integration
	☐ IT-Branche ist durch Co-opetition gekennzeichnet; kein Unternehmen schafft es längerfristig, Marktanteile zu erobern oder zu verteidigen
☐ Beratungs- und Dienstleistungsmarkt	☐ Beratungs- und Dienstleistung wird ohne konkrete Produktbindung angeboten; Service steht im Vordergrund
	☐ Hohe Markttransparenz für die Kunden, daher kaum Präferenzen
	☐ Unternehmen verlagern viel Kompetenz nach außen
	☐ Großer Teil der Beratungsleistung wird durch enge Kompetenznetzwerke gewährleistet; in einzelnen Themengebieten dominieren spezifische, horizontal integrierte Anbieter

Auch im letzten, vierten Umfeldszenario – „Viele ‚Consultancies-of-One' treiben mit persönlicher und individueller Beratung die IT-Branche an" – tauchen bestimmte Elemente der anderen Szenarien wieder auf, allerdings in anderer Kombination. Darüber hinaus gibt es signifikante Unterschiede insbesondere bei der Beratungstätigkeit und der Art der Kundenbindung.

Tabelle 4: Charakteristika des Umfeldszenarios IV

Kriterium	Ausprägung
☐ Unternehmerisches Umfeld	☐ Unternehmen agieren in klaren Rollen als Wettbewerber oder Partner
	☐ Hochwertiger Service ist wesentlicher Bestandteil der Leistungserstellung
	☐ Regulierter Arbeitsmarkt mit steigender Arbeitslosenquote
☐ Technologisches Umfeld	☐ IT-Segment verliert seine Position als technologischer Wachstumsmotor wegen komplexen Schnittstellen und Integrationsschwierigkeiten
	☐ Proprietät befördert das Entstehen von spezialisierten Nischenanbietern, allerdings mit für die Nutzer optimiertem Bedienungskomfort
	☐ Durch das Fehlen von intelligenter Software wird die Informationsflut nicht priorisiert; interdisziplinäres Wissen kann nicht durch Verknüpfungen entstehen
☐ Elektronische Geschäftsabwicklung (EGA)	☐ Anbieter stehen durch wenig Regulation in hartem Wettbewerb
	☐ Starker lenkender Eingriff durch Regulierungen zum Schutz vor ruinösem Wettbewerb
	☐ Komplexe Anwendungen für die Vermarktung von Produkten und Leistungen hemmen die breite Akzeptanz der EGA
	☐ Spezielle Nischenanwendungen sind hervorragend für die EGA geeignet; jedoch sind das proprietäre Lösungen mit entsprechenden Schwierigkeiten bei der Integration sowie bei der Sicherheit
	☐ Kleine Unternehmen werden schnell von am Markt etablierten Unternehmen aufgekauft
	☐ Etablierte IT-Unternehmen prägen den Markt durch ihre solide finanzielle Basis
☐ Beratungs- und Dienstleistungsmarkt	☐ Beratungs- und Dienstleistung wird ohne konkrete Produktbindung angeboten; Service steht im Vordergrund
	☐ Kunden-Partner-Beziehungen bestimmen die Kaufentscheidung; Beratung erfolgt im klassischen Face-to-Face-Geschäft
	☐ Unternehmen verlassen sich auf ihre In-house-Kompetenzen; ausgegliederte Abteilungen werden als quasi-autarke Unternehmen als Partner gebunden
	☐ Viele kleine IT-Unternehmen „Consultancies-of-One" sprengen bestehende Strukturen durch den Aufbau von persönlichen Beziehungen und Kompetenzbeweisen

Wenn wir nun die tatsächlich eingetretenen Veränderungen mit diesen vier Szenarien vergleichen, erweist sich das Umfeldszenario II als das mit den meisten signifikanten Übereinstimmungen:

- Der IT-Sektor hat seine treibende Rolle als Wachstumsmotor eingebüßt. In Deutschland war der IT-Markt im Jahre 2002 leicht rückläufig; für 2003 wurde allenfalls eine „schwarze Null" vorausgesagt.

- Die Nutzung von intelligenter Software zur Strukturierung und Priorisierung von Information ist wenig verbreitet; interdisziplinäres Wissen entsteht daher nur sehr langsam.

- Auch aufgrund der Marktschwäche haben es kleine IT-Unternehmen sehr schwer, auf dem Markt Fuß zu fassen oder sich zu halten. Sie gehen in Konkurs oder werden übernommen.

- Etablierte IT-Unternehmen sind am Markt aktiv. Sie können aufgrund ihrer finanziellen Basis den laufenden Preiskampf im stagnierenden Markt noch bestehen.

- Im Beratungs- und Dienstleistungsmarkt erfolgt die Kaufentscheidung aufgrund der bestehenden Kompetenz und gegebenen unternehmerischen Sicherheit eines Anbieters.

- Die Dienstleister integrieren viele Stufen der Wertschöpfung (Design – Build – Operate – Maintain) und können so als Full-Service-Anbieter auftreten.

Anmerkungen zur Methodik

Die Methodik scheint die wichtigen tatsächlich eingetretenen Entwicklungen richtig in einem der Szenarios wiedergegeben zu haben. Damit bietet das Vorgehen eine solide Basis, auf der weitergehende Schritte – wie sie im nächsten Abschnitt exemplarisch beschrieben werden – definiert werden können.

Wichtiger Kern der Szenario-Analyse ist es, dass es sich bei den Szenarien um plausible – also denk- bzw. vorstellbare – Entwicklungen handelt. Es wird keine Aussage gemacht, wie wahrscheinlich die Szenarien eintreten. Insbesondere bei der Erarbeitung erscheint das als ein wichtiger Vorteil. Somit wird eine Diskussion bei der Erarbeitung darüber, welche Entwicklung eher eintreten wird als andere, vermieden. Die Fokussierung auf plausible Entwicklungen gibt auch – vielleicht unwahrscheinlicheren – Szenarien einen Raum, solange sie denkbar sind. Man vermeidet damit das „Ausblenden" von Entwicklungsrichtungen. Die Szenarien werden vollständiger.

1.4.2   Siemens Business Services 1999-2003

In diesem Abschnitt wenden wir uns nun den Folgerungen zu, die Ende 1999 für die Entwicklung der Siemens Business Services vor dem Hintergrund der Umfeldszenarien erarbeitet wurden. Welche Konsequenzen wurden 1999 aus der Umfeldanalyse für die strategische Entwicklung bei Siemens Business Services gezogen?

Abbildung 4 gibt die Entwicklung von Siemens Business Services seit der Gründung im Oktober 1995 wieder. Kennzeichnend ist dabei das rasche Wachstum des Unternehmens bis Ende 2000, vor allem durch Bündelung verschiedener IT-Dienstleistungsbereiche aus dem Siemens Konzern.

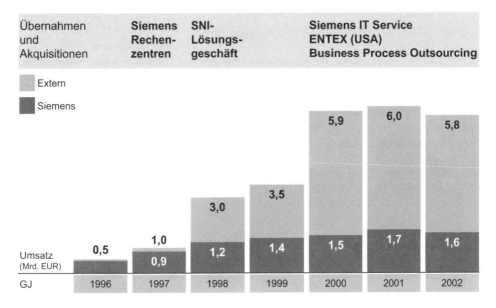

Abbildung 4:   Wirtschaftliche Entwicklung der Siemens Business Services 1996 – 2002

Ausgangslage Siemens Business Services in Deutschland Ende 1999

Siemens Business Services ist im Jahre 1999 seit vier Jahren als Siemens-Bereich und Unternehmen existent (vgl. Abbildung 4). Ausgehend von der Zusammenfassung der Lösungsbereiche der Siemens Nixdorf Informationssysteme AG ein Jahr zuvor, fokussiert sich das Geschäft in der Deutschland-Organisation vor allem auf „Consult, Design und Build" von IT-Lösungen. Durch die Zusammenfassung wurde ein neues Organisations- und Geschäftsmodell eingeführt, bei dem es Ziel war, die Kompetenzen für Vertrieb und Leistungserbringung besser zu bündeln, die Zusammenarbeit zu fördern und damit schneller und besser am E-Business-Markt teilnehmen zu können.

Aus den Erfahrungen des ersten Jahres und vor dem Hintergrund der dynamischen Marktentwicklung war es Ziel der Szenario-Analyse – neben den Umfeldszenarien – auch verschiedene Entwicklungsmodelle für Siemens Business Services zu erarbeiten. Aus einem Mapping der Umfeldszenarien mit den Entwicklungsmodellen sollte sich ein Modell als am flexibelsten gegenüber den verschiedenen Umfeldveränderungen zeigen. Daraus sollten dann konkrete Schritte definiert werden, welche, in einem Transformationsprogramm gebündelt, die weitere Entwicklung von Siemens Business Services vorantreiben.

Ergebnisse der Entwicklungsszenarien-Analyse

Durch dieselbe methodische Vorgehensweise wie bei den Umfeldszenarien wurden drei plausible Entwicklungsmodelle erarbeitet (siehe Abbildung 5).

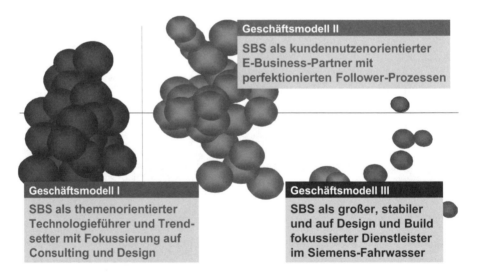

Abbildung 5:   Zukunftsraum Mapping der Geschäftsmodelle

Die Charakteristika dieser drei Entwicklungsmodelle sind in Tabelle 5 zusammengefasst.

Tabelle 5: Charakteristika der Entwicklungsmodelle

Entwicklungsmodell	Ausprägung
☐ SBS als themenorientierter Technologieführer und Trendsetter mit Fokussierung auf Consult und Design	☐ Konzentration auf die Consult und Design Wertschöpfungsstufen ☐ Fokussierung und Kompetenzaufbau in wenigen Themengebieten ☐ Langfristige Kundenbindung durch individuelle Marktleistung ☐ Kommunikationsschwerpunkt auf Fokusthemen und Förderung eines eigenen Profils führt zur Wahrnehmung als eigenständiges Beratungs- und Dienstleistungsunternehmen ☐ Proaktive Orientierung an Kundengruppen und Trends; zusammen mit der hohen technischen Kompetenz gelingt Positionierung als trendsetzender Marktführer ☐ Vertrieb kann Leistungen zur Lösung komplexer Fachprobleme anbieten ☐ Stabile Allianzen mit etablierten Beratungsunternehmen
☐ SBS als kundennutzenorientierter E-Business-Partner mit perfektionierten Follower-Prozessen	☐ Komplettangebot entlang der Dienstleistungsstufen mit dem Schwerpunkt auf Consult und Design ☐ Firmenbezogene Imagekampagne steigert die Akzeptanz als eigenständiges Unternehmen ☐ Kundenbindung durch individuelle Marktleistungen ☐ Konzentration auf einzelne Branchen; darauf basiert die Vertriebsstruktur ☐ Fokussierung auf wenige Themen, in denen konsequent Kompetenzaufbau betrieben wird ☐ Schnelle Erkennung von neuen Entwicklungen und Umsetzen in eigene Kompetenzen
☐ SBS als großer, stabiler und auf Design und Build fokussierter Dienstleister aus dem Siemens Konzern	☐ Konzentration der Leistungen auf die Wertschöpfungsstufen Design und Build ☐ Im Mittelpunkt der Kommunikation steht die Positionierung von Siemens Business Services als IT-Dienstleister aus dem Siemens Konzern ☐ Konzentration auf einzelne Branchen; darauf basiert die Vertriebsstruktur ☐ Fokussierung auf wenige Themen, in denen konsequent Kompetenzaufbau betrieben wird ☐ Kritische Masse wird durch Partnerschaften erreicht ☐ Mitarbeiterqualifikation durch Aufbau von Methodenkompetenz

Verknüpfung von Umfeldszenarien und Entwicklungsmodellen

In einem Szenario-Analyse-Workshop wurden als letzter Schritt die vier Umfeldszenarien und die drei Entwicklungsmodelle miteinander verknüpft. Ziel ist es dabei, das Entwicklungsmodell zu identifizieren, welches sich am flexibelsten vor dem Hintergrund der möglichen verschiedenen Umfelder zeigt. Tabelle 6 zeigt die Bewertung der insgesamt 12 Kombinationen hinsichtlich ihrer Erfolgschancen.

Tabelle 6:   Verknüpfung von Umfeldszenarien und Entwicklungsmodelle

Szenarien ➜ Entwicklungsmodelle	Szenario I Dominante Netzwerke	Szenario II Große, etablierte Berater	Szenario III Spezialisierung der IT-Branche	Szenario IV „Consultancies-of-One"
Themenorientierter Technologieführer und Trendsetter mit Fokussierung auf Consult und Design	⊕	∅	⊕	⊕
Kundennutzenorientierter E-Business-Partner mit perfektionierten Follower-Prozessen	⊕⊕	⊕	⊕⊕	⊗
Großer, stabiler und auf Design und Build fokussierter Dienstleister aus dem Siemens Konzern	∅	⊕⊕	∅	⊗⊗

Symbole: ⊕ gute Erfolgschancen   ∅ indifferent   ⊗ eher Misserfolg

⊕⊕ sehr gute Erfolgschancen   ⊗⊗ sicherer Misserfolg

Die Bewertung in Tabelle 6 zeigt, dass das Entwicklungsmodell II am besten geeignet ist, in den verschiedenen möglichen Umfeldern erfolgreich zu agieren. Konkret wurden aus den Charakteristika des Entwicklungsmodells II wesentliche Aussagen zuerst in Form eines Leitbildes ausformuliert und geschärft. Das Leitbild bildete dann den konstanten Rahmen für die konkreten Entwicklungsschritte, die in Form eines Transformationsprogramms definiert und gestartet wurden.

Die Inhalte des Leitbilds sind:

■ Innovationen aus der Konvergenz von Informations- und Kommunikationstechnologie werden gravierende Veränderungen in der Geschäftsstrategie und in den Prozessabläufen aller Unternehmen und Lebensbereiche erzwingen.

■ Siemens Business Services ist heute ein umsetzungsstarkes und das in Deutschland marktführende Dienstleistungsunternehmen.

■ Auf dieser exzellenten Grundlage gestalten wir zukünftig die Innovationen gemeinsam mit unseren Kunden. Gestalten heißt, Nutzenpotenziale für unsere Kunden zu ergründen und darauf aufbauend neue Geschäftsmodelle zu entwerfen.

■ Wir fokussieren uns auf ausgewählte, strategisch relevante E-Business-Themen. Für diese Themen bieten wir branchenorientierte, kundenspezifische Dienstleistungen als Full-Service-Provider an. Das gilt vom Design der Geschäftsmodelle über die Realisierung und Implementierung bis zum Betrieb und Management der erarbeiteten Lösungen.

■ Eine intensive Marktbeobachtung sowie ein strukturiertes Wissensmanagement sind die Grundpfeiler für das frühzeitige Erkennen neuer Markttrends. Diese Wissensbasis, gepaart mit der Erfahrung unserer Mitarbeiter und dem technologischen Know-how unserer Partner, ermöglicht es uns, Marktinnovationen in nutzbare Lösungen für unsere Kunden umzusetzen.

■ Die entsprechende Positionierung erfordert von allen Mitarbeitern bei Siemens Business Services ein hohes Maß an Eigenverantwortung, Weiterbildungs- und Änderungsbereitschaft innerhalb eines stabilen Wertesystems und flexibler Projektorganisationen.

■ Die Umsetzung dieser Strategie und ein klar kommunizierter Marktauftritt als kundennutzenorientierter E-Business-Partner garantieren die Akzeptanz als innovatives Beratungs- und Dienstleistungsunternehmen.

Beispiele für konkrete Umsetzungsprojekte zwischen 2000 und 2003

Die konkreten Projekte des Transformationsprogramms, das nun aufgesetzt wurde, leiteten sich aus den Charakteristika des Entwicklungsmodells II her. Hier einige wichtige Beispielprojekte:

Nutzenorientierter Vertrieb: Zur systematischen Befähigung des Vertriebs, die Dienstleistungen über kundenbezogene Nutzenargumente anzubieten, wurde die Methode Value Selling verbindlich eingeführt. Mit ihr lassen sich systematisch Kundenbedürfnisse analysieren, in eine nutzenorientierte Argumentationskette bringen sowie die richtigen Ansprechpartner für diese Argumentation systematisch identifizieren.

Methodisch organisiertes Wissen: Als wesentliche Voraussetzung für eine systematische Marktbearbeitung wurde die Einführung eines Kundenmanagementsystems (CRM) beschlossen. Es dauerte ca. ein Jahr, bis das System generell freigegeben werden konnte. Neben der genauen Definition der Funktionalität durch die Einbeziehung von Vertriebspraktikern war auch ein begleitendes Einführungsmanagement und Change Management[11] wichtig. Dies bestand neben den Schulungen auch aus entsprechenden Aktionen, um die Vertriebskollegen auf den Nutzen dieses Systems eindringlich hinzuweisen. Das uneingeschränkte Commitment der Geschäftsleitung war für den Erfolg der Einführung mindestens ebenso entscheidend: Mit der ersten Version des CRM-Systems wurden die Geschäftsdurchsprachen konsequent auf der Basis aktueller CRM-Kundeninformationen eingefordert.

Methodenkompetenz: Für die im Entwicklungsmodell II genannte Methodenkompetenz in den E-Business-Projekten wurde ein Programm zur systematischen Einführung einer Projektmanagementkultur gestartet: Project Management Improvement, Support and Empowerment, kurz PROMISE.12 Mittlerweile hat sich diese Standardisierungs- und Qualifizierungsinitiative im ganzen Siemens Konzern unter dem Namen PM@Siemens (PM steht für Projektmanagement) bereichsübergreifend etabliert.

Image von Siemens Business Services: Es wurde ein integriertes Kommunikationskonzept ausgearbeitet, das zwischen Mitte des Jahres 2000 und Mitte des Jahres 2001 pilotiert und anschließend umgesetzt wurde. Kern dieser Vorgehensweise ist die Definition von wenigen fokussierten Themen, mit denen Siemens Business Services am Markt identifiziert werden will. Für diese Themen werden die Marktanforderungen definiert, die eigenen Kompetenzen beschrieben und mit Referenzen ergänzt. Ferner werden Aussagen und Interviews mit Schlüsselmanagern dieser Themen aufgenommen. Die Kommunikation nach außen erfolgt in einem integrierten Kommunikationskonzept, das inhaltlich aufeinander abgestimmt verschiedene Kommunikationsinstrumente wie Presse, Vorträge, eigene[13] und fremde Online-Auftritte nutzt. Ein Beispiel für die externe fachliche Online-Präsenz ist www.competence-site.de, wo verschiedene Experten von Siemens Business Services Beiträge zu den Kernthemen veröffentlichen. Zudem gibt es dort eine eigene Siemens Business Services Partnerwebsite, in der weitergehende Informationen zu finden sind.

Veränderungen bei Siemens Business Services ab 2001

Mit Beginn des Geschäftsjahres 2000/2001 begann der Merger zwischen Siemens Business Services und Siemens IT Service (ITS) zur „neuen" Siemens Business Services. Siemens IT Service war vor allem auf Dienstleistungen im Operate- und Maintain-

---

11 vgl. Geiger & Karrlein (2001, S.69 ff.); Konrath & Karrlein (2002, S. 263 ff.)
12 vgl. Brüch, 2003; Stobusch, 2003
13 vgl. www.sbs.siemens.de

Bereich fokussiert. Dieser Schritt bedeutete eine deutliche Vergrößerung des Geschäfts-volumens, der Mitarbeiterzahl und vor allem des Leistungsportfolios.[14]

Der Integrationsprozess begann unmittelbar mit der Einbeziehung der ehemaligen ITS-Mitarbeiter und -Prozesse in den laufenden Transformationsprozess. Ein Schwerpunkt auf der Portfolio-Ebene war es, eine Erweiterung und inhaltliche Verknüpfung der reinen lösungsorientierten E-Business-Themen der „alten" Siemens Business Services mit den Betriebs- und Service-Themen der ITS zu erreichen. Zum Ende 2001 war die Portfolio-Systematisierung abgeschlossen. Siemens Business Services stellte die Delivery-Kompetenzen nach drei Geschäftsarten auf, die sich an der Wertschöpfungskette orien-tieren (vgl. Abbildung 6).

Abbildung 6: Dienstleistungsspektrum von Siemens Business Services 2003

Wie im ersten Teil dieses Beitrags skizziert, veränderten sich die Anforderungen an IT-Dienstleistungen seit Ende des Jahres 2000 hin zu umfassenden IT-Management-

---

14   vgl. Pieler (2003, S. 163 ff.) zur Darstellung der Entwicklung von Siemens IT Service von 1998 bis 2000

Themen. Wirtschaftliche Lösungen, Betreibermodelle und qualitativ hochwertiger Service stehen viel mehr im Vordergrund. Neu ist jetzt vor allem das Bewusstsein, dass mit einer Einführung von E-Business-Lösungen die Herausforderungen für das Management der IT erst beginnen; Einführungsmanagement, Integration, Sicherheit, Verfügbarkeit und Service seien hier noch einmal exemplarisch genannt. Durch die Kombination der IT-Dienstleistungsbereiche Siemens Business Services und ITS in einem Unternehmensbereich wurde Siemens Business Services in die Lage versetzt, die neuen Anforderungen komplett aus einer Hand abzudecken.

Im Laufe des Jahres 2002 wurde vor dem Hintergrund des veränderten Marktumfelds für IT-Serviceanbieter die Gesamtstrategie des Unternehmens auf den Prüfstand gestellt. Wichtige Elemente sind bereits durch das Transformationsprogramm angestoßen worden und sind z. T. mittlerweile umgesetzt:

- Siemens Business Services positioniert sich als am Siemens-externen Markt erfolgreicher IT-Dienstleister aus dem Siemens Konzern.
- Der Vertrieb wird über das gesamte Portfolio an Branchen ausgerichtet – nicht mehr nur beim Lösungsgeschäft – da verschiedene Teile über das gesamte Portfolio erst den Nutzen für die branchenspezifischen Herausforderungen und Situationen der Kunden ergeben.
- Die Kundenbindung erfolgt durch ein Account Management.
- Trotz der schwierigen Marktsituation in der IT-Branche, insbesondere in Deutschland mit sogar rückläufigen Umsätzen in 2002, stehen die Mitarbeiter und deren nachhaltiger Kompetenzaufbau an oberster Stelle.

Die Unternehmenskultur wird konsequent unter Einbeziehung und Beteiligung vieler Mitarbeiter entwickelt. Wesentliches Element für die Etablierung einer gemeinsamen Unternehmenskultur nach den Jahren des raschen Wachstums ist eine ganze Reihe unterschiedlicher Kommunikationsinstrumente, die einen direkten und offenen Dialog zwischen Mitarbeitern und Mitgliedern der Geschäftsleitung zwanglos ermöglichen. Dazu zählen regelmäßige Chats im Intranet, Town Talks, gemeinsame Workshops, wie auch regelmäßige informelle Abendessen mit führenden Managern der Siemens Business Services an unterschiedlichen Standorten.

Für den Außenauftritt wurde ein neues Erscheinungsbild erarbeitet. Siemens Business Services wird hier im Rahmen seiner Zugehörigkeit zum Siemens Konzern klar als vertrauenswürdiger Partner für IT-Management positioniert. Das Kommunikationskonzept wird konsequent weitergeführt, wobei vor allem „Menschen" (die Schlüsselmanager der Siemens Business Services) und Nutzen über Referenzen kommuniziert werden. Die inhaltliche Ausrichtung fokussiert sich auf wenige Themen, wie z. B. Outsourcing, Sicherheit und Hochverfügbarkeit. Konsequent werden diese Inhalte in den jeweils branchenspezifischen Kontext gestellt und entsprechend gezielt kommuniziert. Ergänzt wird die inhaltliche Kommunikation durch eine Imagekampagne für Siemens Business Services; auch hier ist wesentliches Element die Einbindung in den Siemens Konzern.

1.4.3 Resümee

Wir sind am Ende unserer „Zeitreise" angekommen. Wir haben im Grunde die Zeit-spanne von Ende 1999 bis Anfang 2003 zweimal durchlaufen. Einmal mit dem Blick auf den Markt und seine Veränderungen zwischen 1999 und heute. Der zweite Durchlauf war speziell auf die Ausgangslage von Siemens Business Services im Jahre 1999, die Veränderungen und die gegenwärtige Situation gerichtet. Zielsetzung ist es nun, rückbli-ckend die Ergebnisse der Szenario-Analyse kritisch zu betrachten und zu bewerten.

Bereits am Ende des Abschnitts 1.4.2 haben wir eine erste Bewertung hinsichtlich der Umfeldszenarien und der tatsächlichen Entwicklung durchgeführt. Die Ergebnisse zeigen, dass die Methodik offensichtlich Szenarien lieferte, von denen eines die tatsäch-lich eingetretenen wesentlichen Veränderungen gut wiedergegeben hat. Insofern liefert die Methodik eine gute Basis für konkrete Planungen hinsichtlich der Entwicklung von Strategie und Geschäftsmodellen.

Für diesen Fall wurden nach derselben Methodik drei Entwicklungsmodelle für Siemens Business Services erarbeitet. Ausgehend von dem Modell, das am flexibelsten den (aus der Sicht von 1999) verschiedenen möglichen Entwicklungen des Marktes gegenüber-stand, wurden konkrete Projekte in Form eines Transformationsprogramms definiert. Diese Projekte wurden in den folgenden zwei Jahren erfolgreich umgesetzt. Sie wurden von Siemens Business Services – durch einen internen Merger vergrößert – konsequent weitergeführt.

Die Entwicklungsmodelle geben darüber hinaus auch für die heutige Situation hilfreiche und wertvolle Hinweise über die weiteren Schritte. Da die heutige Situation durch wesentliche Aspekte des Umfeldszenarios II beschrieben werden kann, zeigt die Bewer-tung in Tabelle 6, dass dafür das Modell III am besten als Geschäftsmodell geeignet ist. Wesentliche Aspekte dafür wurden durch die Komplettierung der Dienstleistungskette (durch den Merger) und die klare Positionierung als IT-Dienstleister aus dem Hause Siemens bereits eingeleitet. Andere Maßnahmen werden aktuell umgesetzt und können auf den Projekten des Transformationsprogramms aufbauen.

Zusammenfassend zeigt dieser Rückblick, dass die Methode verlässliche Szenarien liefert. Mit einem Schuss Pragmatismus sollten sowohl Umfeldszenarien als auch Ent-wicklungsszenarien damit eine vernünftige Basis für die Planung bilden. Eine Aktuali-sierung der Szenarien alle drei bis fünf Jahre ist damit ebenfalls zu empfehlen, um zum einen die Erkenntnisse zu nutzen, die durch die Entwicklungen gewonnen wurden, aber auch kontinuierlich mit Szenarien zu arbeiten. Eine solche Erfahrung trägt dazu bei, eine sinnvolle kritische Distanz zu den Ergebnissen zu bekommen, was zur besseren Nutzung der Ergebnisse führt.

2 Strategische Kompetenzentwicklung

Kompetenzstrategien dürfen nicht unabhängig von Unternehmensstrategien entwickelt werden, sondern sind ein integraler Bestandteil derselben. Erst wenn man weiß, wohin die Reise des Unternehmens gehen soll, lässt sich mit einer gewissen Konkretheit bestimmen, welche Kompetenz das Unternehmen und welche Kompetenzen die einzelnen Mitarbeiter – unternehmensspezifische Kompetenzmodelle – entwickeln sollten. Für das Unternehmen insgesamt nehmen damit Systeme, Prozesse und Entwicklungsprogramme zur Kompetenzentwicklung eine hohe Bedeutung ein. Der einzelne Mitarbeiter benötigt Unterstützung, um aufwandsarm und am liebsten „on demand" die erforderlichen Kompetenzen aufbauen zu können. Darüber hinaus ist ihm oft auch an *Bildung* gelegen, die über die unmittelbare Qualifizierung für konkrete Aufgaben hinausgeht.

Im Folgenden werden Ansätze zur strategischen Kompetenzentwicklung skizziert und anhand von konkreten Fallbeispielen veranschaulicht, etwa des Kompetenzmodells der Siemens AG oder eines Development Centers der Deutschen Post-ITSolutions GmbH. Sie sind geeignet, demjenigen Anregung zu geben, der auf den entsprechenden Feldern Neues und Nützliches erdenken und implementieren soll.

2.1 Kompetenz in der „Turboevolution"

Dirk Pieler

Auf unserem Planeten gibt es eine noch immer längst nicht erfasste Vielfalt an Leben. Auch an den unwirtlichsten Orten bahnt sich das Leben seinen Weg – sei es in den höchsten Höhen der Gebirge, in den tiefsten Tiefen des Ozeans, unter meterdicken Eisschollen oder inmitten heißer Quellen.

Charles Darwin (1809-1882) begründete die Selektionstheorie und damit den Mechanismus, auf den diese Vielfalt letztlich zurückzuführen ist: die Evolution. Das Wort Evolution kommt aus dem Lateinischen und bedeutet „allmählich fortschreitend". So haben Beutetiere unterschiedliche Mechanismen entwickelt, um eben nicht zur Beute zu werden. Gazellen setzen auf ihre Schnelligkeit und Wendigkeit. Präriehunde teilen Wachposten ein, die ihre Artgenossen bei Gefahr durch schrille Pfiffe warnen. Elefanten setzen auf schiere Größe. Simpel ausgedrückt erfolgt die Weiterentwicklung der Schutzmechanismen der Beutetiere, indem die am besten angepassten überleben und ihre Gene weitergeben und die schlechter angepassten gefressen werden. Je besser die Schutzmechanismen entwickelt sind, umso mehr müssen sich ihrerseits die Raubtiere weiterentwickeln, um nicht zu verhungern. Der Mechanismus ist in der gesamten Tier- und Pflanzenwelt der gleiche und führt letztlich zu einer ständigen Weiterentwicklung und Optimierung.

Unter allen Lebewesen ist eines der Gattung der Säugetiere ganz besonders hervorzuheben, für das dieses Naturgesetz auf den ersten Blick nicht (mehr) zu gelten scheint. Seine Jungen brauchen viele Monate, um laufen zu lernen, während z. B. ein neugeborenes Gnu wenige Minuten nach der Geburt schon mit der Mutter Schritt hält. Selbst ein ausgewachsenes Exemplar ist so langsam, dass beinahe jedes größere Raubtier es bequem einholen kann, ohne außer Atem zu kommen. Es ist auch zu schwach, um sich wie ein Büffel einem Löwen entgegenzustellen. Es hat keine Stacheln, um sich einigeln zu können. Es droht nicht mit Giftzähnen. Es kann sich bei Gefahr weder eingraben, noch kann es wegfliegen, noch kann es sich ins Wasser retten, denn es ist ein vergleichsweise schlechter Schwimmer.

Trotzdem nennt es sich selbst „Krone der Schöpfung", und man muss ihm zugestehen, dass es in seiner Existenz längst keine Raubtiere mehr fürchten muss. Umgekehrt ist es jedoch eine latente Bedrohung für jede Spezies – ironischerweise einschließlich der eigenen. Es hat sich den Namen Homo Sapiens gegeben, was so viel bedeutet wie „weiser Mensch", und schon die Tatsache, dass es in der Lage ist, sich einen Namen zu geben, stellt es unter allen Lebewesen heraus. Auch wenn ein höheres Wesen die Weisheit des Menschen mit Sicherheit in Zweifel ziehen würde, so hat es dieses Lebewesen doch geschafft, seine physischen Mängel auszugleichen. Der Mensch dringt nicht nur in alle bestehenden Lebensräume vor, sondern schafft sich sogar neue. Die Furcht vor Raubtieren ist längst Vergangenheit – vielmehr musste der Mensch irgendwann erkennen, dass er sich so erfolgreich gegen Bären, Wölfe, Tiger, Haie zur Wehr gesetzt hat, dass er sie unter Artenschutz stellen muss, damit sie nicht irgendwann vom Menschen vollends von der Erde verdrängt werden. Die neu geschaffenen Lebensräume bieten dem Menschen Schutz und mitunter sogar Wohlstand, und die einzige wirkliche Gefahr geht heute vom Menschen selbst und den Folgen seiner Handlungen aus. Spätestens seit der Mensch vor über anderthalb Millionen Jahren den Faustkeil als Werkzeug zu nutzen begann, war es seine Fähigkeit, zu lernen und sich und seine Umwelt zu entwickeln, die ihn an die Spitze der Evolution führte. Oder, wie McKinsey Deutschland Chef Jürgen Kluge in seinem neuen Buch „Schluss mit der Bildungsmisere – Ein Sanierungskonzept" formuliert: „Der Mensch ist ein Mängelwesen – das ist sein Gattungsmerkmal. Kultur und Intellekt sind seine ihm aus der Not verliehene zweite Natur, die ihm allerdings nur als Anlage mitgegeben ist. Erst Bildung, die Formung und Veredelung dieser Anlage und ihre Weitergabe an die nächste Generation lassen ihn überleben."

Wie sieht es heute mit der Evolution aus? Längst sind auch die körperlich oder geistig unterdurchschnittlich entwickelten Menschen innerhalb der so genannten „entwickelten" Lebensräume nicht mehr in ihrer Existenz bedroht. Dennoch ist auch hier Evolution sehr wohl ein Thema. Selbst dort, wo es nicht mehr ums schiere Überleben geht, geht es doch immer um ein möglichst „großes Stück vom Kuchen". Auch die Lebensräume selbst konkurrieren miteinander. Städte buhlen um Touristen und gute Steuerzahler, Regionen bemühen sich um Arbeitsplätze schaffende Investoren. Unternehmen kämpfen um die besten Mitarbeiter, die neuesten Technologien, um Marktanteile. Genaugenommen ist sogar eine Art „Turboevolution" (analog zu „allmählich fortschreitend" ist hier „beschleunigt fortschreitend" gemeint) entstanden, die in zweifacher Hinsicht neue Anforderungen stellt:

Erstens bleibt keine Zeit mehr für Anpassungen über Generationen. Hans-Peter Martin und Harald Schumann sagen in ihrem viel beachteten Buch „Die Globalisierungsfalle – der Angriff auf Demokratie und Wohlstand" die 80:20-Gesellschaft voraus und prophezeien, dass wir uns in eine Situation hineinbewegen, in der nur noch für 20 Prozent der Menschen Arbeit vorhanden sein wird. Zwar sind wir von einem solchen Verhältnis weit entfernt, aber dies ist ein schwacher Trost für diejenigen, die schon heute keine Arbeit haben. Um Arbeit zu finden oder – wenn man einen Arbeitsplatz hat – Arbeit zu behalten, ist es heute erforderlich, das eigene Profil flexibel an den Anforderungen auszurichten, sprich entsprechende Kompetenzen zu entwickeln.

Dies gilt nicht nur auf der Ebene des Individuums, sondern auch für Unternehmen und ganze Volkswirtschaften. Ein Unternehmen, das nicht mindestens so schnell wie seine Wettbewerber in der Lage ist, sein Kompetenzprofil an veränderte Anforderungen anzupassen, ist potenziell in seiner Existenz bedroht. Anhand des Beispiels der Faltl & Knipp GmbH wird dies weiter unten noch verdeutlicht werden.

Auch ganze Nationen stehen im Wettbewerb und müssen sich daher um Kompetenzprofile sorgen. In den letzten einhundert Jahren hat der Bedarf an „höheren" Qualifikationen gegenüber den „einfachen" Qualifikationen bei weitem deutlicher zugenommen als in allen Jahrhunderten zuvor. Noch vor gut einem Jahrhundert hatte der Reichskanzler Bismarck seinen preußischen Kultusminister Goßler angesichts einer Abiturquote von einem Prozent und einer Studentenquote von einem halben Prozent eines Altersjahrgangs durch einen Brief am 07.03.1889 zur Einstellung der „Überproduktion" von Akademikern aufgefordert. Als Mitte der Sechzigerjahre vielfach vor dem Bildungsnotstand in Deutschland gewarnt wurde, verließen bereits etwa ein Viertel aller Schüler die Schule mit einem mittleren Abschluss oder mit der Hochschulreife. Anfang der Neunzigerjahre hatte sich dieses Verhältnis nahezu umgekehrt, und nur etwa ein Drittel aller Schüler wiesen keinen mittleren oder höheren Abschluss auf. Dennoch sehen heute viele einen erneuten Bildungsnotstand in Deutschland, und einige Anzeichen sprechen in der Tat dafür:

Das deutsche Bildungssystem hat international an Reputation verloren, und die Absolventen schneiden im Vergleich mit anderen Nationen eher mäßig ab. Aber auch in Zahlen ausgedrückt liegt Deutschland im internationalen Vergleich zurück. Während in Ländern wie Neuseeland, Schweden oder Finnland ca. drei von vier Schulabgängern ein Studium beginnen, ist es in Deutschland nur etwa jeder dritte. So kommt es, dass die

Zahl der Hochschulabgänger mit ca. 19 Prozent eines Jahrganges weit unter dem Durchschnitt der OECD-Länder von ca. 25 Prozent liegt.

Darüber hinaus ist ein zweites besonderes Merkmal der „Turboevolution" feststellbar. In der Natur ist häufig zu beobachten, dass sich Gattungen von Lebewesen über mehr oder weniger lange Zeiträume in ihrem Aussehen oder Verhalten an Veränderungen ihrer Umwelt anpassen. So findet man beispielsweise Darwinfinken nur auf den Galápagosinseln. Sie stammen von der Familie der Finkenvögel ab, haben sich aber im Laufe der Zeit an die Lebensverhältnisse auf den Galápagosinseln angepasst und zu eigenen Arten weiterentwickelt.

In den Lebensräumen, die sich der Mensch geschaffen hat, reicht es jedoch nicht mehr aus, sich „nur" an bestehende Entwicklungen der Umwelt anpassen, wie es in der Natur der Fall ist. Vielmehr ist es erforderlich, Veränderungen zu antizipieren und sich an die wahrscheinlichsten Entwicklungen schon anzupassen, bevor sie passieren. So müssen Studienbeginner sich schon vor dem Studium fragen, mit welchem Abschluss sie nach Beendigung die besten Berufschancen haben. Wird es in sechs Jahren eine Ärzteschwemme und eine Knappheit an Lehrern geben, oder ist es umgekehrt? Und wie werden sich die Gehälter entwickeln? Die Bundesagentur für Arbeit fördert Kurse für Arbeitslose, um diese mit zukunftsfähigen Kompetenzen für den ersten Arbeitsmarkt zu qualifizieren – bisher mit eher mäßigem Erfolg.

Auch Unternehmen müssen sich ständig mit der Zukunft beschäftigen und sich die Frage stellen, ob sie mit ihren Produkten und Dienstleistungen, ihren Prozessen und der Kompetenzstruktur ihrer Mitarbeiter auch für die kommenden Entwicklungen richtig positioniert sind. Sind sie es nicht, haben sie nicht nur dringenden Handlungsbedarf, sondern spüren die Probleme zumindest im Falle börsennotierter Unternehmen oft sofort. Denn auch die Börse ist antizipativ und straft diejenigen Unternehmen ab, denen man nicht zutraut, sich rechtzeitig auf Veränderungen einzustellen.

Gleiches gilt im Prinzip auch für Volkswirtschaften, die ebenfalls zukunftsfähige Rahmenbedingungen schaffen müssen, etwa ein investitions- und konsumfreundliches Steuersystem, ein leistungsfähiges Bildungssystem, ein System, das nachhaltigen Umweltschutz fördert. Als deutlich wurde, dass der Dienstleistungssektor relativ zum Industrie- sowie Agrarsektor an Bedeutung zunehmen werde, taten Volkswirtschaften beispielsweise gut daran, die Entwicklung neuer Dienstleistungen zu fördern und dadurch im internationalen Vergleich Spitzenpositionen zu erreichen, die wiederum Exporte sicherten. Gleiches gilt analog für die Ermöglichung von Mobilität, z. B. durch Förderung von Straßen-, Schienen- und Flugverkehr oder die Schaffung zusätzlicher Datenübertragungskapazität durch die Förderung von schnellen, breitbandigen Netzen, die in hoch entwickelten Nationen heute zur Standardinfrastruktur gehören.

Länder, die zu lange verstärkt auf traditionelle Wirtschaftszweige wie beispielsweise die Agrarwirtschaft oder die Textilindustrie setzten, spüren die Folgen noch immer. Auch in Deutschland zeigt sich immer wieder, dass eine staatliche Subventionierung von weniger zukunftsfähigen Zweigen auf Dauer mehr schadet als nutzt (was jedoch nicht unbedingt zur Folge hat, dass diese unterbleibt, denn wo die Politik ins Spiel kommt, tut sich die ökonomische Vernunft oft schwer).

Viele Unternehmen spüren den unbarmherzigen Atem der „Turboevolution" im Nacken und damit den Druck, schneller und besser als die anderen sein zu müssen, um überleben zu können. Früherkennungssysteme sind heute in jedem größeren Unternehmen ein Thema. In Deutschland ist seit dem Jahr 1998 im Rahmen des Kontroll- und Transparenzgesetzes (KonTraG) die Etablierung von Früherkennungssystemen sogar verpflichtend. Auf dieses Weise versucht der Staat, die Unternehmen quasi „zu ihrem Glück zu zwingen". Im ersten Teil dieses Bandes wurde der Frage nachgegangen, wie sich Unternehmen frühzeitig an die wahrscheinlichsten Entwicklungen anpassen können bzw. diese Entwicklungen idealerweise selbst herbeiführen oder zumindest beeinflussen können. Letztlich geht es dabei um die Frage nach der richtigen Strategie, der richtigen strategischen Ausrichtung, die sich eine Organisation für die Zukunft geben muss, um erfolgreich zu sein.

Je ausgereifter die Prozesse in einer Organisation werden, desto schneller und besser kann sie sich eine neue strategische Ausrichtung geben und diese umsetzen. Je größer der Erfolg hierbei, desto mehr steigt der Druck auf die Wettbewerber, welche sich ihrerseits weiterentwickeln und den Druck weiter erhöhen müssen – oder auf der Strecke bleiben. Im Endeffekt ist es also eine Frage der Zeit, bis die eigene Weiterentwicklung als erhöhter Druck auf die eigene Organisation zurückkommt. Die Marktwirtschaft trägt damit die Züge des Gesetzes der Wildnis. Solange sich genügend Spieler finden, die sich auf das Spiel einlassen, sind die anderen gezwungen mitzuspielen. Nicht umsonst bemühen Konzernlenker wie Chris Gent (ehemals Vodafone) oder Heinrich von Pierer (Siemens) gerne das Bild vom Jäger und Gejagten. Diese Situation mag zwar unbarmherzig klingen, birgt für den Kunden jedoch deutliche Vorteile, da der Wettbewerb die Unternehmen dazu zwingt, die Leistungen zu verbessern und die Preise auf ein Minimum zu drücken.

Und wie in der Wildnis, so gibt es auch unter den Unternehmen solche, die überleben, und solche, die unterliegen. Autoren wie Arie de Geus oder Jim Collins und Jerry Porras haben uns dafür sensibilisiert, dass die Lebenserwartung auch von vermeintlich erfolgreichen Unternehmen endlich ist. Allein die letzte Dekade hat ausgereicht, um auch zwei Drittel derjenigen Unternehmen ins Straucheln zu bringen, die nach der Analyse der letztgenannten Autoren ihren Wettbewerbern zuvor über einen Zeitraum von mehr als vierzig Jahren überlegen waren. Im Jahr 2000 waren unter den Top-25-Unternehmen der USA acht, die erst nach 1960 gegründet wurden, d. h. acht „Start-up"-Unternehmen hatten es in dieser Zeit bis an die Spitze geschafft, wobei Unternehmen wie Amazon oder Yahoo gezeigt hatten, dass dies bei einer optimalen Anpassung an förderliche Rahmenbedingungen – in diesem Fall den Internet-Hype – in wenigen Jahren möglich war.

Mittlerweile haben sich die Rahmenbedingungen mit dem Ende des Hype erneut verändert, und es bleibt abzuwarten, wem die neuerliche Anpassung gelingen wird. Die Folgen äußern sich am deutlichsten in dem exorbitanten Verlust bei AOL Time Warner in Höhe von fast 100 Mrd. Dollar im Geschäftsjahr 2002 (damit überstieg der Verlust den Jahresumsatz um das Zweieinhalbfache!). Die Financial Times Deutschland wertete dies als das „Schlusskapitel für die New Economy". Gegen solche Dimensionen nimmt sich der ebenfalls schwindelerregende Jahresverlust der Deutsche Telekom AG in Höhe von 25 Mrd. Euro fast noch „harmlos" aus, obwohl die Telekom damit hierzulande einen erschreckenden Rekord aufgestellt hat.

Die schnelle Anpassung an die Bedürfnisse von morgen ist zwar zum überlebenswichtigen Faktor geworden, aber sie nimmt in verschiedenen Organisationen völlig unterschiedliche Gestalt an. Manche Unternehmen wie Nokia (im Jahr 1985 noch ein Gemischtwarenladen für Papier, Kunststoff und Kabel und in Finnland vor allem bekannt als Bootshersteller) oder Mannesmann (machte neun Jahre nach dem Einstieg ins Mobilfunkgeschäft damit bereits ein Viertel des Jahresumsatzes von rund 20 Mrd. Euro) richten ihre Kompetenzen in kurzer Zeit auf völlig neue Geschäftsarten aus.

Auch die TUI AG (zuvor Preussag) hat ihr Antlitz seit 1997 völlig verändert. Unter dem Vorsitz von Michael Frenzel kaufte das Unternehmen zunächst den Schifffahrts- und Logistikkonzern Hapag-Lloyd. Dieses Unternehmen und dessen 30-Prozent-Tochter TUI bildeten den Nukleus für den Umbau des Preussag-Konzerns zum Touristikunternehmen. Neben der schrittweisen Aufstockung der TUI-Anteile kaufte das Unternehmen den Reiseveranstalter Thomas Cook und die First Reisebüros. Mit dem Kauf der britischen Gesellschaft Thomson Travel wurde das Unternehmen in Rekordzeit zum größten Touristikkonzern der Welt – im Geschäftsjahr 1994/95 betrug der Umsatzanteil des Tourismusgeschäfts am Gesamtumsatz von 13 Milliarden Euro noch Null.

Andere Unternehmen schaffen es, ihrem Kerngeschäft über sehr lange Zeiträume bis heute treu zu bleiben. Ein Beispiel dafür stellt die Siemens AG dar, die seit mehr als anderthalb Jahrhunderten im Elektronik- und Elektrotechnikgeschäft erfolgreich ist. Dieser Umstand darf jedoch nicht darüber hinwegtäuschen, dass innerhalb dieses Geschäfts immer wieder drastische Veränderungen realisiert werden mussten.

Wie wichtig das Management von Kompetenzen ist und wie Unternehmen bei Vernachlässigung dieser Pflicht in ihrer Existenz bedroht werden können, soll die folgende Fallstudie der Faltl & Knipp GmbH verdeutlichen[15]:

Das Unternehmen wurde vor zwölf Jahren von zwei Hochschulabsolventen mit Unterstützung ihres Professors für Technische Informatik gegründet. Aus der Idee, Computer-Reparaturservices für Unternehmen der Region anzubieten, war im Laufe der Zeit eine überregional bekannte und aktive Organisation mit rund 500 Mitarbeitern gewach-

---

15 vgl. Pieler & Schuh (2003)

sen. Das Unternehmen hatte sich einen festen Kundenstamm von Unternehmen aufgebaut, welche durch die Faltl & Knipp GmbH Störungen an den Arbeitsplatzrechnern der
Mitarbeiter beheben ließen. In den ersten Jahren des Wachstums entwickelte sich aus
einem recht unstrukturierten „Abarbeiten" von eingehenden Aufträgen eine genau definierte Prozesskette, die in der Regel mit einem Anruf bei der Faltl & Knipp-Hotline
begann und den Kunden zunächst in den First-Level-Support führte. Dort wurde die so
genannte Vorklärung durchgeführt. Die Anforderungen an das technische Know-how der
Call-Center Mitarbeiter war nicht sehr hoch, sodass viele Studenten zum Einsatz kamen.
Die Nähe zur Uni zahlte sich hier noch immer aus. Ließ sich die Störung im Rahmen der
Vorklärung nicht beheben, wurde der Kunde an spezialisierte Fachkräfte weitergeleitet,
deren Aufgabe es war, den Kunden via Telefon zur Behebung der Störung anzuleiten.
War auch dies erfolglos, wurde ein Techniker der Faltl & Knipp GmbH zum Kunden
gesandt, um die Störung vor Ort zu beheben.

Der gute Ruf und das starke Wachstum des Unternehmens waren nicht zuletzt auf die
hohe Expertise der Techniker zurückzuführen. Gelegentlich wurde jedoch von den Kunden kritisiert, dass die Techniker zwar fachlich kompetent, aber oft nicht besonders kun-
denfreundlich seien. Eine Analyse der Faltl & Knipp GmbH hatte daraufhin ergeben,
dass die Kunden vor allem eine angemessene Kommunikation vor Ort vermissten. Die
Techniker sprachen gern in ihrem Fachjargon und ließen (sei es nun bewusst oder unbewusst) kaum eine Gelegenheit aus, den Kunden ihr zumeist eher begrenztes IT-Ver-
ständnis vor Augen zu führen.

Die Faltl & Knipp GmbH hatte darauf reagiert, indem eine entsprechende Schulung zur
Steigerung der Kundenfreundlichkeit konzipiert und gestartet wurde – und dies war der
entscheidende Fehler!

Nicht dass gegen kundenfreundliche Techniker etwas einzuwenden wäre, aber dies allein
erwies sich als deutlich zu kurz gesprungen. Das Unternehmen hatte in einem sehr
bewegten Markt versäumt, seine Kompetenzen systematisch zu analysieren und an den
erforderlichen Profilen von morgen zu spiegeln. Hätte das Unternehmen dies rechtzeitig
getan, so wäre die schwere Krise vermutlich vermeidbar gewesen, die letztlich trotz
größter Anstrengungen doch zum Untergang des Unternehmens führte.

Der Grund war vergleichsweise simpel: Die schnelle Entwicklung der Computerin-
dustrie hatte zur Folge, dass in den meisten Fällen die Reparatur z. B. eines Laufwerks
teurer wurde als Austausch durch ein Ersatzlaufwerk. Einige Wettbewerber hatten auf
diese Entwicklungen frühzeitig reagiert, indem sie ihre Logistikkompetenz weiterent-
wickelten, über entsprechende Partnerschaften Bauelemente billig einkauften und auch
zur Realisierung des Vor-Ort-Services auf ein Netzwerk von sehr kostengünstig arbeitenden Partnern setzten. Andere Wettbewerber hatten sich im Laufe der Zeit auf Soft-
ware-Services spezialisiert, in denen sie vielfältige neue Entwicklungschancen fanden.
Die Faltl & Knipp GmbH war für die Entwicklungen in der IT-Dienstleistungsbranche
nicht mehr richtig aufgestellt und konnte aufgrund erdrückender Personalkosten mit den

Preisen der Wettbewerber nicht mehr mithalten, denn im Gegensatz zu den Wettbewerbern waren es bei der Faltl & Knipp GmbH noch immer die gleichen hoch spezialisierten und ebenso hoch bezahlten Techniker, die beim Kunden nun Teile nur noch austauschten, statt sie wie früher zu reparieren. Was sich dort niemand vorstellen konnte, trat letztlich ein: Genau die Kernkompetenz, die einst den Erfolg des Unternehmens ausmachte, bewirkte letztlich seinen Niedergang.

Bleibt nur zu erwähnen, dass dieses Unternehmen fiktiv, seine Entwicklungsgeschichte jedoch sehr realistisch ist. Es hat sich gezeigt, dass eine ernsthafte Auseinandersetzung mit dem Thema Kompetenzmanagement häufig erst dann erfolgt, wenn das Kind bereits in den Brunnen gefallen ist, wohingegen viele Schwierigkeiten mit vergleichsweise geringem Aufwand vermeidbar sind, wenn rechtzeitig mit dem Management von Kompetenzen begonnen wird. Dazu gehören eine aktive Beobachtung des Umfeldes und die Ableitung der richtigen Konsequenzen.

So kann der Start einer Ausbildungsoffensive für IT-Entwickler in Indien zur Folge haben, dass ein Jahrzehnt später die IT-Branche in Deutschland unter Druck gerät und dass einige Unternehmen diesem Druck nicht standhalten, ohne zu verstehen, wo dieser eigentlich herkommt. Heute spielt es eben einfach eine Rolle, wenn „in China ein Sack Reis umfällt".

Kompetenzmanagement ohne Strategie erfüllt im Fallbeispiel der Faltl & Knipp GmbH durchaus einen Zweck, nämlich den Erwerb von Wissen und die Verhaltensänderung von Technikern beim Kunden, aber erreicht leider das ursprünglich angestrebte Ziel bei weitem nicht: die Sicherung der Wettbewerbsfähigkeit des eigenen Unternehmens.

Eine simple Erkenntnis also: Ist die Strategie falsch, so sind auch die abgeleiteten Maßnahmen zum Kompetenzmanagement zum Scheitern verurteilt. Ist die Strategie richtig, heißt dies erfahrungsgemäß aber noch lange nicht, dass das Kompetenzmanagement erfolgreich ist. Die folgenden Beiträge beschäftigen sich daher mit unterschiedlichen Maßnahmen und Methoden, die zur Ausrichtung von Organisationen auf zukünftige Herausforderungen nicht nur dienlich, sondern überlebensnotwendig sein können. Es geht um die Auswahl und Weiterentwicklung der richtigen Kompetenzen, die strategische Kompetenzentwicklung also.

2.2 Rollen in Organisationen aus psychologischer Sicht

Lutz von Rosenstiel

Menschliches Handeln ist vielfach determiniert. Es gibt Einflussgrößen aus der Person selbst, aber auch solche, die durch das soziale Umfeld, Erwartungen anderer Menschen sowie harte Rahmenbedingungen wie Barrieren oder Ressourcen bestimmt werden. An der Schnittstelle zwischen Person und Situation liegen Rollen, die für das Handeln von Menschen insgesamt, für das Handeln in Organisationen aber in einem spezifischen Sinn besonders relevant sind.

2.2.1 Begriffliche Klärungen

Rolle, Organisation und Psychologie tauchen als verbale Anker im Titel auf. Die dahinter stehenden Begriffe sollen nun knapp erläutert werden.

Rollen in soziologischer und psychologischer Sicht

Wer „Rolle" hört, wird – zumindest als sozialwissenschaftlicher Laie – zunächst an den Film oder an das Theater denken, wo ein Schauspieler eine ganz bestimmte Rolle übernimmt. Er verhält sich dann anders als im persönlichen Alltagsleben, handelt rollenkonform und kann – das notwendige Talent vorausgesetzt – ähnlich überzeugend einen Bösewicht oder einen Heiligen darstellen. Vereinfacht ist die Rolle hier schlicht die Person, deren Text der Schauspieler spricht und deren Wesen er mimisch und gestisch darzustellen sucht. Dabei haben sich in bestimmten historischen Phasen ganz bestimmte geradezu stereotypische Rollen herausgebildet, wie sie z. B. in den tradierten Masken der Commedia dell' Arte und in den typischen Charakteren des klassischen französischen Theaters sichtbar werden und die jeweils streng einzuhalten waren.

In die Sozialwissenschaften wurde das Konzept der Rolle durch Linton (1936) eingeführt, der darunter – ganz einer soziologischen Sicht verpflichtet – die Umsetzung der für eine Position charakteristischen Norm in Verhalten verstand, gewissermaßen also ein positionsspezifisches „Drehbuch". In der Weiterentwicklung dieses Ansatzes wurde dann Rolle mehr und mehr zur Summe der Erwartungen anderer Personen an den Inhaber der Position, wobei sich diese Erwartungen keineswegs nur auf von außen sichtbare Verhaltensweisen, sondern auch auf das Erscheinungsbild, die Einstellungen, Wertorientierungen und Überzeugungen richten. Der Verbindlichkeitsgrad dieser Rollen kann unterschiedlich sein, was sich in der Unterscheidung zwischen Muss-, Soll- und Kann-Erwartungen verdeutlicht. Bei der Wertung derartiger Rollen wird einerseits davon ausgegangen, dass sie Orientierung bieten, dadurch das Leben erleichtern und dem Einzelnen sichtbar machen, was er in welchem sozialen Kontext zu tun hat. Entsprechend gehört ja auch das Phänomen der Rollendifferenzierung zu den Definitionsmerkmalen der Gruppe.[16]

Tatsächlich lässt sich bei der Entstehung von Gruppen immer wieder die Abfolge „Forming-Storming-Norming-Performing"[17] beobachten. Andererseits wird die Rolle vielfach als Bindung, Beschränkung menschlicher Freiheit und in diesem Sinne als Ärgernis interpretiert[18]. Da nun Menschen Mitglieder ganz unterschiedlicher Gruppen sind oder innerhalb einer Gruppe auf verschiedene Erwartungen treffen, lassen sich vielfältig Rollenkonflikte[19] beobachten, die insbesondere in Organisationen – z. B. bei Führungskräften – beschrieben werden.

Aus spezifisch psychologischer Sicht, die das Erleben und Verhalten des Einzelnen betont, ist die Rolle mehr und anderes als das Insgesamt der von außen kommenden Erwartungen. Die Erwartungen müssen ja in einer persönlichkeitsspezifischen Weise wahrgenommen werden und erfahren danach vom Individuum eine ganz spezifische Interpretation. Deren Umsetzung im Verhalten wird nun vielfach in den Konzepten der sozialen Motivation und der Kompetenz[20] bestimmt. In Gruppen oder Organisationen hängt dann die Rollendifferenzierung davon ab, welche ganz konkreten Verhaltensweisen in einer spezifischen Anforderungssituation nachgefragt werden und in welchem Ausmaß die Gruppenmitglieder bzw. Organisationsmitglieder dafür motiviert und kompetent sind, der Erwartung gemäß zu handeln.

Organisation als Struktur und Prozess

Organisationen sind – so die verbreitete Auffassung – zweckrationale Gebilde. Der Aufbau sollte so gestaltet sein, dass die Zwecke bzw. Ziele in einer möglichst optimalen Weise – also in einem günstigen Verhältnis von Nutzen zu Kosten – erreicht werden können. Im Zuge der Verfolgung der Zwecke wird man nun die Prozessbetrachtung wählen, d. h., den Ablauf der Aktivitäten analysieren und somit die so genannten Geschäftsprozesse zum Betrachtungsgegenstand machen. Diese Prozessbetrachtung verrät auch den Aufbau der Linienorganisation, z. B. dass bei den Dienstwegen die Vertikale betont wird und sich die Kommunikation innerhalb der Organisation auf die Prozesse zwischen Vorgesetzten und Mitarbeitern beschränkt.

---

16 vgl. v. Rosenstiel (1995)
17 Tuckman (1965)
18 Dahrendorf (1959)
19 vgl. Kahn et al. (1964)
20 vgl. Bergius (1976)

Aus psychologischer Sicht erscheint die Differenzierung zwischen formeller und informeller Organisation besonders wichtig. Diese Unterscheidung, ursprünglich durch die legendären Hawthorne-Studien[21] nahe gelegt, ist zum Teil Alltagswissen geworden; allerdings herrscht darin die Meinung vor, die formelle Organisation sei die „Eigentliche", während die informelle eine letztlich zu vernachlässigende Begleiterscheinung sei, das „menschlich – allzu Menschliche", das „Beziehungsgeflecht" in der Organisation, also das weitgehend Zufällige und Irrelevante. Eine derartige Sicht ist falsch.

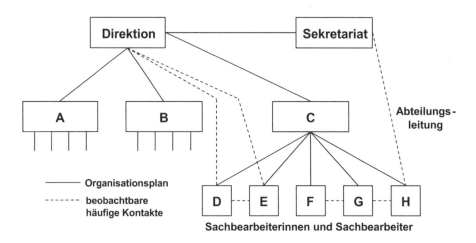

Abbildung 1:   Organisationsplan und persönliche Beziehungen zwischen
Organisationsmitgliedern innerhalb der Abteilung C

Die formelle Organisation – ganz gleich ob sie nun den Aufbau oder den Ablauf betrifft – ist eine Sollvorschrift, ein Plan. Dieser Plan kann nun mehr oder weniger starken Einfluss auf das haben, was sich empirisch fassen, also in systematischer Weise beobachten lässt und in diesem Sinne zur intersubjektiv registrierbaren Realität wird. Allerdings weicht das, was man in der Regel beobachten kann, und zwar hinsichtlich des Aufbaus und des Ablaufs, vielfältig vom Plan ab, ähnlich wie die zehn göttlichen Gebote als Sollvorschrift auch recht ungeeignet dafür sind, reales menschliches Verhalten zu beschreiben. Informelle Organisation ist dann alles, was bezüglich des Aufbaus und der Abläufe vom Plan abweicht. Diese Abweichungen sind wichtig, weil es ohne sie z. B. zum so genannten „Dienst nach Vorschrift" käme, der, wie Katz zeigte,[22] nach kurzer Zeit zum Scheitern einer jeden Organisation führen müsste. Abbildung 1 verdeutlicht am

21 vgl. Roethlisberger & Dickson (1939)
22 vgl. Katz (1964)

kleinen überschaubaren Beispiel den Unterschied zwischen der formellen und informellen Organisation innerhalb eines Direktionsbereichs.

Die Verbindungslinien zwischen den „Kästchen" wird man aus prozessorientierter Perspektive als die sich stabilisierende Beziehungen zwischen den Mitgliedern interpretieren,[23] die insgesamt das ausmachen, was man schließlich aus sozialwissenschaftlicher Sicht als Organisation bezeichnet. Es lässt sich gut erkennen, dass im Beispiel keine Verbindungslinien zu Abteilungsleiter/in C führen, obwohl er/sie zugegen war. Dies verdeutlicht, dass diese/r nicht in die Prozesse eingebunden ist, von seinem vorgesetzten Direktor übergangen, von seinen/ihren Mitarbeitern und Mitarbeiterinnen nicht informiert wird etc. Differenzierte Organisationsdiagnostik kann nun nach den Ursachen forschen. Liegen die Abweichungen der real beobachtbaren informellen Organisation von der formellen, der Sollvorschrift, möglicherweise daran, dass die Direktion der Vorgänger/in des/der Abteilungsleiters/in C war und sich von früheren Aufgaben nicht trennen kann? Liegt es daran, dass – z. B. durch gleiche Parteimitgliedschaft – die Direktion einen intensiven unmittelbaren Kontakt mit einigen der Sachbearbeiter/innen des/der Abteilungsleiters/in C pflegt? Liegt die Ursache darin, dass der/die Abteilungsleiter/in C im menschlichen Umgang unausstehlich ist, daher jeder den Kontakt mit ihm/ihr vermeidet, oder ist insgesamt die Abteilungsleiterebene in dieser Organisation verzichtbar und die Führung der Sachbearbeiter/innen ohne Qualitätsverlust direkt durch die Direktion möglich etc.?

Häufig ist ein starkes Auseinanderklaffen zwischen formeller und informeller Organisation ein Hinweis auf Handlungsbedarf im Sinne von Organisationsentwicklung. Festzuhalten bleibt aber grundsätzlich, dass die informelle Organisation als soziale Realität zu gelten hat, die im mehr oder weniger starken Maße vom Plan, der formellen Organisation, beeinflusst und geprägt ist.

Die psychologische Sicht

Psychologie, verstanden als eine Wissenschaft von der Seele, gibt es als Teil der Philosophie oder der Theologie seit mehr als 2000 Jahren. Als moderne Erfahrungswissenschaft bildete sie sich im 19. Jahrhundert heraus. Ihr Gegenstand ist das Erleben und Verhalten des Menschen.[24] Entsprechend beschäftigt sich die Organisationspsychologie auf empirischer Basis mit dem Erleben und Verhalten von Menschen in ihren Rollen als Organisationsmitglieder. Die Psychologie insgesamt und die Organisationspsychologie im Besonderen sind somit Aspektspezialisierungen,[25] d. h., sie betrachten einen komplexen und vielschichtigen Gegenstand aus einer eingeschränkten Sicht, der des menschlichen Erlebens und Verhaltens. Damit ist Psychologie im Anwendungsfeld auf Koopera-

---

23 vgl. Kahn 1977
24 vgl. Rohracher (1988)
25 vgl. v. Rosenstiel (2000)

tion mit Nachbarwissenschaften angewiesen. Am organisationspsychologischen Beispiel der Führung sei dies gezeigt. Selbstverständlich ist es ein wichtiger Bestandteil von Führung, das Erleben und Verhalten von Führungskräften zu analysieren, sich mit den Erwartungen an diese auseinander zu setzen sowie deren Interpretation dieser Erwartungen zu betrachten und somit die Führungsrollen zu erfassen. Führung aber ist mehr; sie lässt sich

- aus betriebswirtschaftlicher Sicht etwa unter der Kosten-Nutzen-Perspektive,
- aus informationswissenschaftlicher Sicht hinsichtlich dessen, welche Informationsmedien von Führungskräften genutzt werden,
- aus wirtschaftshistorischer Sicht, wie sich Führung gewandelt hat,
- aus juristischer Sicht, welche Rechte und Pflichten leitende Angestellte haben,
- aus verhaltensbiologischer Sicht, inwieweit Führen und geführt werden genetisch verankert ist,
- aus medizinischer Sicht im Hinblick darauf, ob es spezifische Managerkrankheiten gibt

etc. betrachten.

Probleme sind in der Realität komplexer als die Fakultäten einer Universität aufgestellt sind, weshalb in der Praxis die Kooperation unterschiedlicher aspektspezialisierter Wissenschaften zur angemessenen Problemanalyse und -lösung erforderlich ist.

2.2.2   Rollenbildung in Organisationen

Menschen machen sich von für sie wichtigen komplexen Phänomenen meist vereinfachte Vorstellungen, die sich leichter handhaben lassen. Man nennt sie Bilder oder Metaphern. In diesem Sinne gibt es z. B. recht unterschiedliche Menschenbilder[26], aber auch Bilder der Organisation[27], die man z. B. auch in den (Hinter-)Köpfen von Führungskräften findet. Derartige Bilder sind für das Verhalten von Menschen von erheblicher Bedeutung. Sieht man z. B. den Menschen als faul, verantwortungsscheu, egoistisch, nur durch materielle Anreize motivierbar und nur durch ständige Kontrolle bei der Arbeit zu halten[28], so wird man ihn auch entsprechend führen und so langfristig – im Sinne einer sich selbst verwirklichenden Prophezeiung – auch jene Menschen zu Mitarbeitern haben, die man sich vorstellt. Eine sehr vereinfachte Metapher der Organisation, die sich auch bei Wissenschaftlern und bei Führungskräften, die ja mehrheitlich Ingenieure oder Naturwissenschaftler sind, findet, ist jene der Maschine. Bei dieser läuft alles streng gesetzmäßig nach kausal-funktionalen Regeln ab; Mitarbeiter sind Rädchen im Getriebe, die nicht gefragt werden müssen, wenn sie sich an einer anderen Stelle drehen

---

26   vgl. Weinert (1995)
27   vgl. Morgan (1997)
28   vgl. McGregor (1960)

sollen. Bewegt sich ein großes Zahnrad langsam, so müssen die kleinen mit vielfacher Geschwindigkeit rotieren; erscheint ein Teil beschädigt, so wird es ausgetauscht; ist die gesamte Maschine veraltet, so kommt es – ein verräterisches Wort – zum „Business Re-engineering".

Selbstverständlich gibt es neben dieser verbreiteten Metapher auch vielfältige andere. Handwerker und mittelständische Unternehmer sehen die Organisation häufig als eine Familie. Zu den Mitgliedern unterhält man persönliche Beziehungen. Aus wirtschaftlichen Gründen wird man sich – es sei denn, die Existenz des Unternehmens steht auf dem Spiel – nicht trennen, wohl aber von „aufmüpfigen heranwachsenden Kindern". Es gibt aber auch Personen, die sehen in der Organisation eine politische Arena, andere eine Theaterbühne, auf der es eindrucksvolle Rollen zu übernehmen gilt, wiederum andere ein soziales Netz, eine Kultur oder auch einen Mülleimer[29].

In das verbreitete Bild der Maschine passt aber auch die Vorstellung von Führung als Führungssubstitut. Darunter versteht man ein System von Vorschriften, Regeln und Strukturen, wobei sich die Aufgabe des Führenden – wenn sie überhaupt notwendig wird – auf die bloßen Grundfunktionen des Planens, Realisierens und Kontrollierens beschränkt. Diese Managementfunktionen können natürlich wiederum untergliedert werden.

Registriert man allerdings eine inzwischen 50-jährige Forschungstradition, die untersucht, was Menschen in Organisationen tatsächlich den ganzen Tag über tun[30], dann ergibt sich ein gänzlich anderes Bild. Abbildung 2 stellt die am Schreibtisch entwickelte rational-funktionale Sicht dem Ergebnis von Beobachtungsstudien mit Blick auf Führungskräfte einander gegenüber.

Man erkennt, dass Führungskräfte am Tag meist Dinge zu tun haben, die sie sich beim Frühstück so nicht vorgestellt haben. Ihre Tätigkeiten werden immer wieder von außen – etwa durch Besucher oder Telefonanrufe – unterbrochen. Sie kommen kaum zum Führen, weil Kontakte mit Kollegen, Kunden, Behördenvertretern etc. überhand nehmen. Sie nutzen keineswegs nur auf dem Dienstweg gesendete Informationen, sondern auch mancherlei Gerüchte und andere Formen des „Flurfunks". Sie stehen nicht nur in der formalen Organisation, sondern sind Mitglieder von Seilschaften und Netzwerken. Sie streben keineswegs konfliktfrei ein gemeinsames und verbindendes Ziel an, sondern sind in vielerlei Konflikte verwickelt und handeln letztlich politisch, was Neuberger als „mikropolitisch" bezeichnet.[31]

---

29 vgl. Neuberger (1989)
30 vgl. Mintzberg (1973); zusammenfassend Neuberger (2002)
31 vgl. Neuberger (1995)

Von funktionalen Studien beeinflusstes Bild des Arbeitsverhaltens von Managern	Von aktivitätsnahen Studien beeinflusstes Bild des Arbeitsverhaltens von Managern
geordnet	fragmentiert, abwechslungsreich und kurz
geplant	tendenziell reaktiv, ad hoc, unüberschaubar
Zusammenarbeit mit Vorgesetzten und Untergebenen	Bedeutung lateraler und externer Kontakte
feste Kontakte, formelle Informationswege	Entwicklung und Pflege reziproker Beziehungen; informelle Wege
Gebrauch offizieller Informationen	Gebrauch informeller, spekulativer Informationen
nicht-politisch	politisch
tendenziell konfliktfrei	konfliktbeladen

Abbildung 2:   Zwei Bilder des Arbeitsverhaltens von Managern

Ein derartiges Gestrüpp und Geflecht des Alltags von Menschen in Organisationen erscheint geeignet, den Erwartungen der einen an die anderen und deren Interpretation und Gestaltung dieser Erwartungen weiten Raum zu geben. Es entstehen Rollen. Das, was als formales Basisgerüst gilt, etwa die in der Stellenbeschreibung fixierten Aufgaben, die es zu erledigen gilt, und die Position, die der Einzelne hat und die das Insgesamte dieser Aufgaben darstellt, ist – wie insgesamt die formelle Organisation – bloße Sollvorschrift, welche die beobachtbare Realität lediglich zum Teil bestimmt. Auf den Grundlagen dieser vorgegebenen Aufgaben und Positionen entwickeln sich Rollen und – da es vielfältige Erwartungen und soziale Netze gibt – auch mancherlei Rollenkonflikte. Dies sei am Beispiel der Führungskräfte gezeigt.

2.2.3   Das Beispiel der Führungsrolle

Auch wenn die Ausübung gezielten Einflusses in Organisationen vielfach durch Strukturen – etwa durch Papier und Technik, wie Organigramme, Stellenbeschreibungen, Software, Anreizsysteme, Arbeitsplatzdesigns etc. – erfolgt,[32] hat keine andere Aufgabe in Organisationen so viel Interesse, auch der Wissenschaft, auf sich gezogen wie die

---

32 vgl. Weber (1921); Türk (1995)

Führung.[33] Darum sollen Rollen in Organisationen nachfolgend am Beispiel der Führung exemplarisch besprochen und einige ausgewählte empirisch gestützte Theorien vorgestellt werden.

„Sandwich" – das viel zitierte Bild von Katz und Kahn

In einem der klassischen Werke der Organisationspsychologie entwickelten Katz und Kahn ihr Konzept der Rollenzuweisung, das sich aus der Interaktion zwischen Menschen ergibt und innerhalb derer die so genannte „Rollen-Episode" gut erkennbar wird. Dabei kommt es

- ■   zu Rollenerwartungen; d. h., zu Wahrnehmungen und Bewertungen des Rollenempfängers,
- ■   zur gesendeten Rolle; d. h., zur Kommunikation auf der Grundlage der Erwartung mit dem Ziel der Beeinflussung des Rollenempfängers,
- ■   zur empfangenen Rolle; d. h., zur Wahrnehmung der Rolle und der Rollensendung durch den Rollenempfänger und schließlich,
- ■   zum Rollenverhalten; d. h., zur Reaktion des Rollenempfängers auf die erhaltene Information und deren Wahrnehmung.

Rollensender und Rollenempfänger stehen hier in Interaktion, wobei der Rollensender mit seinen Erwartungen und Informationen die Rollenzuweisung beim Rollenempfänger dadurch prägt, dass dieser die Rolle empfängt und sich in persönlichkeitsspezifischer Weise rollenkonform verhält. Abbildung 3 verdeutlicht dies.

Nun ist es offensichtlich,[34] dass sich für Führungskräfte spezifische Rollen ergeben, die durch die Interaktion mit der Privatwelt entstehen – sei es bei einer männlichen Führungskraft als Partner, Vater, Freund, Sportkamerad, Mitglied des Berufsverbandes, Ortsvorsitzender einer politischen Partei etc. – aber dass es eben auch innerhalb der Organisation ganz unterschiedliche Rollenzuweisungen gibt, die vom Vorgesetzten, vom Kollegen, vom Kunden, vom Mitarbeiter ausgehen. Viele dieser Rollen sind nicht kompatibel – man denke an die Peinlichkeit, die sich für viele Vorgesetzte daraus ergibt, dass die Ehefrau unerwartet ins Büro kommt, in dem er als Vorgesetzter mit seiner Sekretärin arbeitet. Ein besonders intensiver und vielfach belastender Rollenkonflikt entsteht dann, wenn die nicht kompatiblen Rollenerwartungen des Vorgesetzten und der Mitarbeiter beim Mitglied des mittleren Managements aufeinander treffen. So wird z. B. nicht selten „von oben" gefordert, dass ein mittlerer Manager seine Mitarbeiter zu noch höheren Ergebnissen führt oder in relativ kurzer Zeit 10 Prozent oder mehr der Stellen abbaut, während die Mitarbeiter von ihm erwarten, sie vor derartigen, in ihren Augen

---

33   vgl. Kieser, Reber & Wunderer (1995); Neuberger (2002)
34   vgl. Kieser & Kubicek (1983); Streich (1994)

überzogenen oder ungerechten Forderungen zu schützen. Der Vorgesetzte wird zum von der oberen und der unteren Hälfte eines „Sandwichs" gepressten „Fleischpflanzerl".

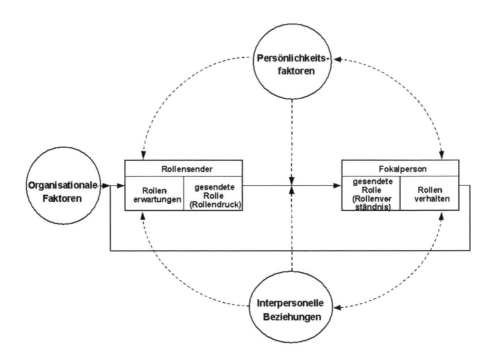

Abbildung 3:   Das Rollenepisoden-Modell

Die Bedeutung, die in einer derartigen Situation der offenen Kommunikation nach oben und unten, der Vernetzung des mittleren Managements untereinander im Sinne von Lernpartnerschaften, gemeinsamer Kompetenzentwicklung sowie dem Coachen bis hin zur psychosomatischen Betreuung zukommen, ist offensichtlich.

2.2.4   Die Theorie der Führungsdyaden nach Graen

Es ist inzwischen nahezu Geschichte, Führungskräfte danach zu unterscheiden, ob sie zur autoritären, zur demokratischen oder zur Laisser-faire-Führung neigen, wie es einst[35]

---

35   vgl. Lewin, Lippitt & White (1939)

in berühmt gewordenen experimentellen Laborstudien nahe gelegt wurde und was zur weithin akzeptierten Differenzierung zwischen autoritärer und kooperativer Führung[36] geführt hat. Der Führungsstil ist – das weiß man heute – keine stabile Persönlichkeitseigenschaft, die langfristig und in allen Situationen in gleicher Weise auftritt. Situationstheorien der Führung[37] zeigen klar, dass das beobachtbare Führungsverhalten nicht allein von Persönlichkeitsmerkmalen, sondern auch von der Situation abhängt und dass entsprechend ein gleiches Führungsverhalten in der einen Situation zum Erfolg, in der anderen dagegen zum Misserfolg führen kann.

Durchaus aktuell sind in der Praxis jene Verfahren, in denen Vorgesetzte von ihren Mitarbeitern mit Hilfe anonymer schriftlicher Befragungen Feedback erhalten,[38] was gelegentlich zu einem „360°-Feedback"[39] erweitert wird, d. h. zu Beurteilungen führt, die gleichermaßen vom Vorgesetzten, von den Mitarbeitern, von den Kollegen und von den Kunden – seien diese nun interne oder externe – kommen. Nun findet man vielfach das Ergebnis, dass eine Zielperson, z. B. ein Vorgesetzter, nicht nur von seinem Chef und seinen Kollegen und Mitarbeitern jeweils unterschiedlich wahrgenommen und beurteilt wird, sondern dass sogar die Mitarbeiter stark voneinander abweichende Beschreibungen ihres Vorgesetzen liefern. Nach den Regeln der klassischen psychologischen Testtheorie spricht dies für eine geringe Objektivität des Erhebungsverfahrens, weshalb sich derartige Vorgehensweisen aus einer psychometrischen Sicht auch erhebliche Kritik gefallen lassen müssen[40]. Diese Kritik kann natürlich zutreffend sein, doch sollte man ernsthaft auch alternative Erklärungen der Befunde bedenken. Vieles spricht ja dafür, dass ein Führender sich anderen Personen – auch seinen verschiedenen Mitarbeitern gegenüber – nicht jeweils in gleicher Weise, sondern höchst unterschiedlich verhält. So ist es nahe liegend, dass er z. B. einem in der Aufgabenerfüllung bewährten Fachmann große Verantwortungsbereiche delegiert, während er einen neu eingestellten Mitarbeiter, dem in der Phase der Einarbeitung mehrere grobe Fehler unterliefen, eng kontrolliert und ihm jeweils detaillierte Vorgaben macht.

Dies ist der zentrale Gedanke einer innovativen Rollentheorie der Führung, der so genannten „Theorie der Führungsdyaden", die auf Graen[41] zurückgeht. Dieser Ansatz, der mehrfach differenziert und unter verschiedenen Perspektiven dargestellt wurde, beinhaltet im Kern die Überlegung, dass es kein einheitliches, über alle Unterstellte generalisierbares Führungsverhalten eines Managers gibt, sondern dass innerhalb der geführten Gruppe jeweils spezifische Zweierbeziehungen – die so genannten Dyaden – existieren. Mit Blick auf den Führenden heißt dies, dass er zu jedem seiner Mitarbeiter eine qualitativ spezifische Beziehung aufbaut und entsprechend auch jeweils ein anderes

---

36 vgl. Wunderer & Grunwald (1980)
37 vgl. v. Rosenstiel (2001); Neuberger (2002)
38 vgl. v. Hornstein & v. Rosenstiel (2000)
39 vgl. Neuberger (2000)
40 vgl. Nachreiner (1978)
41 vgl. Graen (1969); Graen & Scandura (1987); Graen & Uhl-Bien (1995)

Verhalten zeigt. Demnach macht es auch wenig Sinn, innerhalb des Vorgesetzten-Feedbacks Mittelwerte zu errechnen, in der Hoffnung, dass sich so nach dem Prinzip des statistischen Fehlerausgleichs „wahre Werte" finden lassen. Im Gegenteil, die Differenzen sind für den Ansatz von Graen gerade das besonders Interessante und Beachtenswerte. Mangelnde Übereinstimmungen der Beurteilungen unterschiedlicher Geführter über einen sie alle gemeinsam Führenden können Beleg dafür sein, dass qualitativ unterschiedliche Dyaden nebeneinander bestehen, die jeweils eine „Dyadic Career Reality" (DCR) bilden. Es wird nun innerhalb der Theorie von Graen angenommen, dass es in einer Arbeitsgruppe meist einen so genannten „inneren Kreis" gibt, dessen Mitglieder sich den Vorstellungen und Erwartungen des Vorgesetzten gemäß verhalten und loyal und leistungsbereit arbeiten, sodass er zu diesen Mitarbeitern besonders positive Beziehungen entwickelt. Andererseits ist seine Beziehung zu den Mitgliedern des „äußeren Kreises", die dem Vorgesetzten „Probleme" bereiten, von einer anderen Qualität. Mehrere Studien haben dies bestätigt, allerdings mit der Differenzierung, dass in vielen Arbeitsgruppen einige Mitglieder weder eindeutig dem inneren noch dem äußeren Kreis zugerechnet werden können.

Die genannte Qualität der dyadischen Beziehungen ist nicht stabil. Sie entwickelt sich über drei Phasen:

■ Rollenübernahme,
■ Rollenbildung und
■ Rollenstabilisierung,

was – über die Gesamtheit der Dyaden – innerhalb der Gruppe zum „reifen Team" führen kann. Die Qualität des Austausches zwischen dem Führenden und den Geführten wächst dabei und ist umso besser, je kompetenter und vertrauenswürdiger der Führende von den Geführten eingeschätzt wird und je ähnlicher Wertorientierungen und Einstellungen des Führenden und der Geführten sind. Mit der Qualität der Austauschbeziehungen[42] steigt auch die Unterstützung der Mitarbeiter für die Führungskraft. Sie werden dann entsprechend auch stärker in seine Führungsentscheidungen eingebunden. Das wiederum hat einen offeneren Kommunikationsstil zur Folge. Außerdem steigen Commitment, Zufriedenheit und Leistung der Mitarbeiter an.

2.2.5 GLOBE – eine weltweit durchgeführte Studie zu den Erwartungen an erfolgreiche Führungskräfte

Die wohl bisher umfangreichste empirische Studie zur Führung ist das „Global Leadership and Organizational Effectiveness (GLOBE) Research Program"[43]. Ziel dieses

---

42 vgl. Deluga (1998)
43 House et al. (1999)

Forschungsprojektes ist es, eine erfahrungswissenschaftlich begründete Theorie zu entwickeln, die den Einfluss der Kultur auf Führungs- und Organisationsprozesse beschreibt, sowie Erfolge zu erklären und zu prognostizieren in der Lage ist. 170 Wissenschaftler, die innerhalb eines internationalen Netzwerkes organisiert sind, untersuchen dabei, welche Merkmale in 62 unterschiedlichen Kulturen bzw. Ländern erfolgreichen Vorgesetzten zugeschrieben werden. Es wird dabei von der Grundannahme ausgegangen, dass in den verschiedenen Kulturen höchst unterschiedliche Vorstellungen davon bestehen, was einen erfolgreichen Vorgesetzten ausmacht und wie Führung generell zu bewerten ist. Angesichts der Globalisierung der Wirtschaft, die in zunehmendem Maße internationale Kooperation erfordert, multikulturelle Teams zur Erledigung spezifischer Aufgaben einsetzt und die Führungskräfte von einem Land ins andere entsendet, ist die Bedeutung eines derartigen Forschungsansatzes offensichtlich. Er entspricht der Forderung von Triandis[44], Führungstheorien zu differenzieren und treffsicherer zu machen, indem man kulturrelevante Parameter in sie integriert.

Die Leitfragen des GLOBE-Projektes lassen sich wie folgt formulieren:

- ▪ Gibt es Verhaltensweisen und Merkmale von Führungskräften sowie organisationale Praktiken, die weltweit akzeptiert und effektiv sind?
- ▪ Gibt es Verhaltensweisen und Merkmale von Vorgesetzten und organisationale Praktiken, die lediglich in einigen Kulturen akzeptiert und effektiv sind?
- ▪ Wie beeinflussen Merkmale der gesellschaftlichen und der Organisationskultur Führungsverhaltensweisen und Organisationspraktiken, die akzeptiert und effektiv sind?
- ▪ Welche Auswirkungen hat es, wenn führungs- und organisationsrelevante kulturelle Normen verletzt werden?
- ▪ Wie lässt sich eine einzelne Kultur auf jenen Grunddimensionen, die eine Kultur generell kennzeichnen, abbilden?
- ▪ Können die universellen und kulturspezifischen Aspekte der Verhaltensweisen und Merkmale von Vorgesetzten sowie die organisationalen Praktiken mit Hilfe einer Theorie erklärt werden, die sich mit der Systematik kultureller Differenzen auseinander setzt?

Die Projektarbeit ist stark beeinflusst von der Schematheorie nach Lord und Maher (1991). Diese Theorie postuliert – spezifiziert man sie auf Fragen der Führung –, dass es einschlägige „Schemata", man könnte auch sagen: implizite Annahmen, darüber gibt, was eine Führungskraft bzw. eine erfolgreiche Führungskraft auszeichnet. Entspricht nun der Führende in seinen wahrgenommenen Merkmalen und Verhaltensweisen dem Führungsschema des Mitarbeiters, so wird dadurch die Akzeptanz des Vorgesetzten beim Mitarbeiter gesichert und zugleich dessen Motivation angehoben, den Zielvorstellungen des Führenden zu entsprechen. Übertragen auf unsere Überlegungen kann dies heißen, dass der Führende besonders akzeptiert und erfolgreich ist, der seine Rolle so

---

44 vgl. Triandis (1993)

interpretiert, dass sie den Rollenerwartungen der Geführten, die durch die Kultur geprägt sind, entspricht.

Die Beschreibungskategorien für die Kultur wurden in Annäherung an die klassischen Arbeiten von Hofstede ausgewählt:[45]

1. Vermeidung von Unsicherheit
2. Machtdistanz
3. Gesellschaftlicher Kollektivismus
4. Familienkollektivismus
5. Gleichheit zwischen den Geschlechtern
6. Zukunftsorientierung
7. Leistungsorientierung
8. Humane Orientierung

Innerhalb der verschiedenen untersuchten Kulturen wurde sodann nach den Vorstellungen von „ungewöhnlich wirksamer Führung" gefragt, die sich auf sechs Dimensionen beschreiben lassen:

1. Charisma und Leistungsorientierung
2. Team- und Kooperationsorientierung
3. Humane Orientierung
4. Partizipation
5. Autonomie
6. Narzissmus

Was kennzeichnet nun in Deutschland nach Auffassung befragter Führungskräfte einen besonders erfolgreichen Vorgesetzten? Er ist – wie dies nahezu für alle untersuchten Kulturen gilt – charismatisch und teamorientiert sowie durch geringe narzisstische Neigungen gekennzeichnet. Spezifisch für Deutschland und abweichend von anderen Kulturen ist dagegen die Auffassung, dass eine humane Orientierung kaum zum Erfolg beiträgt, dagegen Autonomie diesen Erfolg eher begünstigt. Zudem ist nach Auffassung der westdeutschen – weniger der ostdeutschen – Führungskräfte Partizipation hilfreich für das Erreichen des Führungserfolgs.

Ungeprüft sind freilich innerhalb des laufenden Forschungsprojekts „GLOBE" die Hypothesen, die sich auf den realen Erfolg beziehen. So muss es zunächst eine Vermutung bleiben, ob jene Führungskräfte innerhalb ihrer Kultur auch tatsächlich erfolgreicher sind, die dem Schema der erfolgreichen Führungskraft entsprechen und so den kulturspezifischen Rollenerwartungen ähnlich sind.

---

45 vgl. Hofstede (1997)

2.2.6   Die Führungsrolle nach Mintzberg

Es war zuvor aufgezeigt worden, dass das real beobachtbare Handeln von Führungskräften nicht den Annahmen entspricht, die sich aus den Managementfunktionen ableiten lassen. Mintzberg hat auf der Basis systematischer Beobachtungen höherer Führungskräfte den Versuch unternommen, aus der Analyse dieser Beobachtungen Rollen abzuleiten.[46] Er gelangt dabei zu zehn derartigen Rollen, die in der Regel zwar alle Führungskräfte wahrzunehmen haben, jedoch jeweils in höchst unterschiedlichem Ausmaß.

Es sind dies drei interpersonale Rollen:

- Repräsentant (Symbolisierung nach innen und außen),
- Personalführung (Motivation und Anleitung der Unterstellten) und
- Koordinator (formelle und informelle Kontakte mit Internen und Externen).

Dazu kommen drei Informationsrollen als

- Informationssammler,
- Informationsverteiler und
- Sprecher

sowie vier Entscheiderrollen als

- Unternehmer,
- Krisenmanager,
- Ressourcenzuteiler sowie
- Verhandlungsführer.

Mintzberg hat dann in einer eher spekulativen Weise versucht, typische Rollenkonstellationen zu konzipieren, die er als „Jobtypen" bezeichnet, z. B. „politische Manager", die er vor allem als Sprecher und Verhandlungsführer sieht oder „Teammanager", die klassische Personalführungsaufgaben wahrnehmen. Bei Mintzberg finden sich acht derartige Rollenkonstellationen, die er verschiedenen Ebenen und Funktionen im Unternehmen zuschreibt. Allerdings hat er sich mit diesem ideenreichen, spekulativen und empirisch wenig gestützten Versuch einige Kritik zugezogen.

Besonders bekannt geworden ist bei alternativen Ansätzen der Versuch von Maccoby (1981), der keine Verhaltensbeobachtungen vornahm, sondern sich auf Tiefeninterviews und projektive Testverfahren stützte.

Er unterscheidet:

---

46   vgl. Mintzberg (1973)

- „Craftsman", beschrieben als qualitätsorientiert, konservativ, inflexibel, unkooperativ, perfektionistisch und selbstgenügsam,
- „Jungle Fighter", beschrieben als machtorientiert, dominant, rastlos, aufrecht, beschützend gegenüber Freunden,
- „Company Man", beschrieben als leistungsorientiert, loyal, vorsichtig, fürsorglich, servil und ängstlich sowie,
- „Games Man", beschrieben als wettbewerbsorientiert, kalkuliertes Risiko eingehend, flexibel, manipulativ und neuerungsorientiert.

Beachtung fand auch die Klassifikation von Kakabadse (1984). Der Autor unterscheidet:

- „Traditionalists", die das Bestehende bewahren wollen, in der Veränderung Bedrohung sehen, Stabilität in der Organisation garantieren und anderen gegenüber loyal sind,
- „Teamcoaches", die die Nähe Gleichgesinnter suchen, als Missionare für Neues auftreten sowie flexibel, informell und persönlich handeln,
- „Company Barons", die sich als Generalisten ohne Detailkenntnisse zeigen, in großen Dimensionen denken, strategische Pläne entwerfen und evolutionäre Veränderungen herbeizuführen suchen und
- „Visionaries", die eine Organisation ihrem Leitbild entsprechend verändern wollen, dabei revolutionäre Umbrüche herbeizuführen suchen, wenig loyal sind und isoliert arbeiten.

Sowohl bei Maccoby als auch bei Kakabadse haben für die Erklärung des Verhaltens stabile Persönlichkeitszüge eine größere Bedeutung als Rollenerwartungen der Geführten oder des sozialen Umfeldes. Hierin liegt ein wesentlicher Unterschied zu den Annahmen von Mintzberg.

2.2.7 Rolle und Kompetenzen

Was haben nun Rollen insgesamt und Führungsrollen im Spezifischen mit Kompetenzen und deren Entwicklung zu tun? Einiges! Dies soll gezeigt werden, wobei zunächst eine bestimmte Sicht des Kompetenzbegriffs vorgestellt, Felder basaler Kompetenzen aufgezeigt, Wege der Kompetenzentwicklung skizziert und diese auf die Rollen bezogen werden sollen.

2.2.7.1 Zum Begriff der Kompetenz

Über Kompetenz wird in Wissenschaft und Praxis viel gesprochen. Das Bundesministerium für Bildung und Forschung (BMBF) fördert im Rahmen eines langfristigen Forschungsprogramms „Lernkultur Kompetenzentwicklung"[47] entsprechenden Erkenntnisgewinn. Viele Sozialwissenschaftler suchen den Begriff zu präzisieren und Wege der Kompetenzentwicklung zu finden,[48] ebenso erarbeiten immer mehr Unternehmen zum eigenen Nutzen Kompetenzmodelle[49]. Dabei herrscht keineswegs Einvernehmen darüber, was denn nun unter Kompetenz zu verstehen sei. Im alten Rom war Kompetenz Befugnis, ein Wortverständnis, das wir auch heute noch wiederfinden, wenn z. B. ein Bankangestellter eine Kreditkompetenz bis zu 500.000 Euro hat oder eine Führungskraft über das Recht verfügt, spezifische Vorgänge allein zu unterschreiben. Einige Wissenschaftler setzen Kompetenz mit einer aus der Situation kommenden Anforderung gleich. Für viele aber ist Kompetenz ein Persönlichkeitsmerkmal; es wird dann gleichbedeutend mit Fertigkeit, Fähigkeit, Erfahrung, Qualifikation etc. verwendet.[50] Ist also Kompetenz nichts anderes als alter Wein in neuen Schläuchen?

Vielfach mag es so scheinen. Zunehmend allerdings lässt sich in den Verhaltenswissenschaften – der Psychologie, der Pädagogik, der Wirtschaftswissenschaft, der Kommunikationswissenschaft – ein eigenständiges Begriffsverständnis finden, seit McClelland (1973) forderte, statt der Intelligenz Kompetenz zu erfassen und seit – wesentlich von McClelland beeinflusst – Boyazis (1980) den Kompetenzbegriff in die Managementwissenschaft und damit in die praktische Nutzung hineintrug.

Was enthält dieser Begriff Neues? Das kann man am besten in der Kontrastierung zur Qualifikation zeigen. Qualifikation lässt sich – etwa im Zuge der Personalentwicklung – dadurch erwerben, dass eine Person lernzielorientiert jene Fertigkeiten, Wissensbestände, Motive, sozialen Verhaltensweisen etc. erwirbt, die die Aufgabe fordert. Die Eignung soll also der Anforderung entsprechen, wobei diese Anforderung bekannt ist. Auf diese hin wird im Rahmen z. B. der Aus-, Fort- und Weiterbildung qualifiziert. Zunehmend aber – bedingt durch den sich beschleunigenden Wandel auf vielen Lebensgebieten, zumindest in den Industriestaaten – ändert sich die Situation.

Keiner weiß sicher zu sagen, was „morgen" gefordert sein wird. Damit wird jenes nostalgische Bild zunehmend außer Kraft gesetzt, das im alten Gleichnis vom Meister und Lehrbuben deutlich wird. Der Meister überträgt sein Können und Wissen 1:1 auf den Lehrbuben, der damit lebenslang bestimmte von ihm geforderte Aufgaben bewältigt. Zwar gibt es auch dies noch – auf vielen Gebieten muss nach wie vor Qualifikation erworben werden. Aber neben diese tritt nun in zunehmendem Maße die Kompetenz, die dazu befähigt, mit komplexen, unbestimmten und unvorhergesehenen Situationen selbstorganisiert fertig zu werden. Entsprechend forderte bereits Grootings „von Qualifikation zu Kompetenz"[51] zu gelangen. Kompetenzen werden dabei als Dispositionen

---

47 Erpenbeck & Sauer (2000)
48 vgl. Arbeitsgemeinschaft Betriebliche Weiterbildungsforschung e.V. (1998 ff.)
49 vgl. Erpenbeck & v. Rosenstiel (2003)
50 vgl. Sarges (2000)
51 Grootings (1994, S. 5)

handelnder Subjekte – seien dies nun Individuen, Teams oder Organisationen – verstanden, in Situationen von Ungewissheit und Unbestimmtheit selbstorganisiert schöpferisch Neues hervorzubringen. So verstanden sind Kompetenzen Selbstorganisationsdisposition.[52] Darin unterscheiden sie sich auch von den viel zitierten Schlüsselqualifikationen.[53] Ähnlich wie die Kompetenzen sind auch die Schlüsselqualifikationen inhaltlich nicht auf eng umschriebene, zuvor bekannte Anforderungen spezifiziert, sondern generalisierbar und relativ universell, jedoch spielt der Gedanke der Selbstorganisation bei ihnen keine zentrale Rolle.

2.2.7.2 Felder basaler Kompetenzen

Die Forderung nach angemessener Qualifikation wird durch das Aufkommen des Kompetenzkonzepts nicht irrelevant. In vielen beruflichen Feldern ist der Erwerb von Qualifikation in einer institutionalisierten, formalisierten und zielorientierten Weise nach wie vor unverzichtbar. Auf weiten Gebieten der schulischen und beruflichen Bildung lassen sich Lernziele definieren, lässt sich heute angeben, was morgen gefordert sein wird und mit welchen bewährten Methoden und didaktischen Wegen dies erreichbar ist. Daneben aber treten – insbesondere bei Fach- und Führungskräften auf innovativen Feldern – Anforderungen, die nur mit Hilfe der genannten Kompetenzen erfüllt werden können. Dies lässt sich unschwer z. B. an Personen zeigen, die im Unternehmen in der Forschung und Entwicklung tätig sind, als Marketingfachleute neue Märkte erschließen sollen oder als Führungskräfte die strategische Ausrichtung des Unternehmens modifizieren oder nach einer Fusion unterschiedliche Kulturen integrieren sollen.

Wie lassen sich nun relevante Kompetenzen kategorisieren und ordnen? Es gibt hier eine Vielzahl von Versuchen,[54] die zum Teil sehr pragmatisch und handgestrickt, jedoch für die Praxis akzeptabel erscheinen. Wählt man aber einen systematischeren Ansatz, so liegt es nahe, wie folgt zu klassifizieren:

- Fachkompetenz, zu verstehen als Disposition, fachliches Wissen selbstorganisiert zu erwerben und damit ausgerüstet zuvor unbekannte komplexe Probleme schöpferisch zu bewältigen.
- Methodenkompetenz, zu verstehen als Disposition, angemessene Wege zur Bewältigung komplexer Probleme selbstorganisiert zu entwickeln und sie sodann im Zuge der Problembewältigung in innovativer Weise einzusetzen.
- Sozial-kommunikative Kompetenz, verstanden als Disposition, sich aus eigenem Antrieb selbstorganisiert mit anderen zusammen- und auseinander zu setzen, dabei kreativ zu kooperieren und zu kommunizieren.

---

52 vgl. Erpenbeck & Sauer (2000); Erpenbeck & v. Rosenstiel (2003)
53 vgl. Mertens (1974)
54 vgl. Sarges (2000)

■ Personale Kompetenz, zu verstehen als Disposition, mit sich selbst reflexiv und kritisch umzugehen um sodann selbstorganisiert Emotion, Motive, Einstellungen und Werthaltungen zu entwickeln oder zu modifizieren.

■ Aktivitäts- und Handlungskompetenz, zu verstehen als Disposition, selbstorganisiert mit dem eigenen Willen umzugehen, um Angestrebtes auch gegen Widerstände zu erreichen.

Es ist offensichtlich, dass derartige Kompetenzen vielfach vernetzt sind, doch lassen sich durchaus Kompetenzprofile erarbeiten, die deutlich erkennbar machen, was von wem in welchem Kontext besonders gefordert wird. Da nun aber Kompetenzen nicht zielbezogen bestimmt sind, lassen sie sich nur im Ausnahmefall, ähnlich wie die Intelligenz, die Extraversion oder das technische Interesse etc., mit psychometrisch begründeten Testverfahren messen, sondern ihre Erfassung fordert ein eher qualitativ orientiertes verstehendes Vorgehen, wie es z. B. in der Analyse persönlicher Biografien[55] bestehen kann.

2.2.7.3 Wege der Kompetenzentwicklung

Als bewährtes Feld des Aufbaus von Qualifikation in Schule und Beruf galten über Jahre lernzielorientierte Wege des Aufbaus expliziten Wissens in institutionalisierter Form. In diesem Sinne wurden dann auch z. B. nach der Wiedervereinigung Deutschlands Milliarden-Summen in den neuen Bundesländern investiert, um den durch die neuen Bedingungen geforderten Anforderungen mit entsprechender Qualifikation begegnen zu können. Heute weiß man, dass es sich hierbei um eine erschreckende Fehlinvestition handelte. Die gewünschten Ergebnisse konnten nicht erreicht werden. Der „Mythos Weiterbildung"[56] zerbrach. Das, was in der heutigen Gesellschaft an den Arbeitsplätzen gefordert wird, lässt sich – dahin gehen die Schätzungen – nur zu 20 Prozent durch institutionalisiertes explizites Lernen erwerben. 80 Prozent des Lernens dagegen erfolgt implizit, wobei diese impliziten Wege in erster Linie zu finden sind:

■ im Lernen im Prozess der Arbeit sowie
■ im Lernen im sozialen Umfeld.

Dies allerdings heißt nicht, dass man das Lernen dem Zufall überlassen sollte; jedoch ist es offensichtlich Erfolg versprechender für den Aufbau von z. B. inhaltlich spezifizierten sozial-kommunikativen Kompetenzen einer Führungskraft, vor dem Einsatz in Ostasien, Kooperation in multikulturell zusammengesetzten Arbeitsgruppen, denen auch Ostasiaten angehören, zu ermöglichen sowie der Zielperson Geschäftsreisen in diese Weltregion zu vermitteln, als auf der Schulbank im Rahmen von Fortbildungsseminaren Kenntnisse über Land und Leute, über „Fettnäpfchen", Sprache, Geschichte, Rituale oder Praktiken zu lehren. Derartige formalisierte Vorgehensweisen haben bestenfalls ihren Platz in

---

55 vgl. Erpenbeck & Heyse (1999)
56 Staudt & Kriegesmann (1999)

Verbindung mit den informellen und impliziten Lernformen, können aber dann dazu beitragen, das Implizite explizit zu machen und reflektiert in ein angemessenes Raster und somit in einen Zusammenhang zu bringen. Kompetenzerwerb und Nutzung der Kompetenzen sind so verstanden nicht zu trennen.

2.2.7.4 Was leisten Rollen?

Was der Einzelne in der Organisation leisten soll, ist durch die Position in einer formalisierten Art bestimmt. Die zu bewältigenden Aufgaben sind darin beschrieben – sei es in einer nicht formalisierten Weise oder in einer schriftlichen Stellenbeschreibung. Die daraus ableitbaren Anforderungen, die zuvor bekannt sind, können aufgrund gezielter Qualifikationsmaßnahmen durchgeführt werden. Was dann allerdings konkret bei der Arbeit gefordert wird, ist mehr, als die Positionsbeschreibung enthält. Selbstverantwortliches, selbstorganisiertes Handeln wird notwendig. Gefordert werden muss „Organizational Citizenship Behaviour (OCB)"[57], also das selbstverantwortete Handeln des Organisationsmitglieds, das Wege zu finden hat, die kein anderer ihm vorschreibt und die es nicht durch Vorerfahrung als Erfolg versprechend kennt. Neue Herausforderungen machen innovative, im Einzelnen zuvor nicht bekannt Wege des Handelns erforderlich. Dies gelingt nur auf der Basis entwickelter Kompetenzen.

Was hat nun dies mit der Rolle zu tun?

Es wurde bereits darauf verwiesen, dass im psychologischen Konzept der Rollen diese nur aus der sozialen Motivation und der Kompetenz heraus definiert werden kann. Derartige Merkmale sind erforderlich, damit bestimmte Positionen von der Person eingenommen und durch eigenverantwortliches, selbstorganisiertes Handeln erfolgreich gemacht werden können. So verstanden sind Rollen Befähigungen, die Personen in Aufgabenzusammenhänge und interpersonale Beziehungen einbringen und dort aktualisieren können.

Die Rolle in der Organisation ist sehr viel dynamischer und stärker von der Person abhängig als die von der Organisation vorgegebene Position. Dabei gilt es zu beachten, dass sich die Rolle nicht allein aus den Rollenerwartungen anderer ergibt, obwohl diese fraglos von einiger Bedeutung sind. Die Erwartungen werden in einer personspezifischen Weise wahrgenommen, gedeutet, interpretiert und in selbstorganisierter Weise in Handeln umgesetzt. Um es überspitzt zu formulieren: Für die Übernahme der Position muss die notwendige Qualifikation erworben werden, die angemessene Ausübung der Rolle erfordert Kompetenz. In einer Zeit, in der vermehrt dem Positionsinhaber ein Verantwortungsbereich übertragen wird, den er weit besser als der Vorgesetzte zu beurteilen und auszufüllen vermag und dessen Aufgabe sich daher auf die Koordination der Spezialisten beschränken muss, kann der Stelleninhaber auf im Detail hilfreiche

---

57 Organ (1990)

Weisung des Vorgesetzten kaum hoffen, sondern nur auf zielorientierte, motivierende Begeisterung, intellektuelle Anregung und konkrete Zuwendung im Sinne der transformationalen Führung.[58] Wie er allerdings seine Aufgabe wahrnimmt, wie er seine Rolle im Sinne übergeordneter Zielsetzungen interpretiert, muss ihm überlassen bleiben. Eine Rolle kann man – gemessen an den Orientierungen des Gesamtunternehmens – in guter oder in weniger guter Weise ausfüllen. Kompetenz muss sich entwickeln, damit dies in einer guten Weise erfolgt.

2.2.8 Fazit

Im Zuge der Globalisierung, der wachsenden internationalen Konkurrenz, des technologischen Wandels und der sinkenden Halbwertszeit des Wissens, sind Organisationen einem zunehmenden Veränderungsdruck ausgesetzt. Sie müssen zu lernenden Organisationen werden und von ihren Mitarbeitern Innovationen fordern. Diese lassen sich nicht regeln oder gar vorgeben, denn Vorschriften, die ja Wege bahnen, können schlecht zum bisher nicht Bekannten, zum Neuen führen. Die Bewältigung des Komplexen und Unerwarteten zu sichern, was die Organisation von außen herausfordert, hat Kompetenzentwicklung zur Voraussetzung. Positionsbeschreibungen reichen also nicht aus. Rollen, die flexibel aktuelle Erwartungen aufnehmen, müssen zumindest ergänzend hinzukommen. Allerdings dürfen sie – soll sich Erfolg einstellen – vom Positionsinhaber nicht als Einengung von außen erlebt werden, sondern kreativ zu interpretieren und selbstorganisiert zu handhaben sein. Das ist Kompetenzentwicklung und setzt zugleich notwendige Kompetenzen voraus. Eine solche Sicht fordert aber ein verändertes Verständnis von menschlichem Handeln in Organisationen und in der Wissenschaft ein anderes Herangehen an das Konzept der Rolle.

---

58   vgl. Bass & Avolio (1990)

2.3 Bedeutung der Mitarbeiter in einer Supply-Chain-orientierten Umwelt

Siegfried Augustin

2.3.1 Prozessorientierung – Fixstern am Konzepthimmel

Seit Jahren jagt in den Industrieunternehmen ein vermeintliches Erfolgsrezept das andere. In vielen Branchen ist die Lebensdauer der Managementkonzepte kürzer, als die Dauer der Produktlebenszyklen. Dem Rausch der „Computer Aided"- und der „Computer Integrated"-Konzepte folgten Expertensysteme und künstliche Intelligenz, die dann in rascher Folge von Just-in-Time – häufig und gerne als Verlagerung der Bestände auf die Straße missverstanden – und den „Lean Company"-Konzepten abgelöst wurden. Das anfängliche Unbehagen vieler Manager über die mangelnde technokratische Ausrichtung der „Lean"-Ansätze wurde durch die bereitwillig ergriffene Möglichkeit kompensiert, das angestrebte Schlankheitsideal einseitig kostenbezogen zu interpretieren und die Idealfigur des Unternehmens auf „twiggy"-ähnliche oder noch schlimmere Konturen herunterzusparen.

Die MIT-Studie über die zweite industrielle Revolution in der Automobilindustrie lenkte die Aufmerksamkeit auf ein in Japan offensichtlich erfolgreich angewandtes Konzept namens KAIZEN; dessen übliche deutsche Bezeichnung „Kontinuierliche Verbesserung von Prozessen" (KVP) erstmals konkret auf das Wesentliche des Lösungsansatzes hinwies: auf die Beschäftigung mit den Prozessen im Unternehmen. Ähnlich verhielt es sich mit dem etwas großspurig als „amerikanische Antwort auf das japanische KAIZEN" bezeichnete „Business Process Reengineering", einer radikalen Infragestellung und Veränderung von Prozessen. Man erkannte sehr bald, dass all diese – und noch weitere Managementkonzepte wie Total Quality Management (TQM), Total Productive Maintenance (TPM) und Total Employee Involvement (TEI) – ihre größtmögliche Wirkung in einem gebündelten Einsatz erzielen müssten.

Auch mit Supply Chain Management, dem Denken und Handeln in unternehmensübergreifenden Versorgungsketten, ist es wie mit den vielen anderen Strategien und Konzepten: Aus einer guten und durchaus nicht immer neuen Idee wurde förmlich eine Mode, ein Kult, dem die Lösung fast sämtlicher Probleme eines Unternehmen zugetraut wird.

Dabei ist die erste Supply-Chain-Euphorie geschwunden, der Zeitpunkt ist gekommen, das Denken und Handeln in Versorgungsketten einer nüchternen Betrachtung zu unterziehen und die wesentlichen wettbewerbsrelevanten Elemente herauszuarbeiten.

Alle diese Konzepte sind wegen ihrer Komplexität und ihres umfassenden Anspruchs zwangsläufig mit der Notwendigkeit einer kulturellen Veränderung im Unternehmen („Cultural Change") verbunden. Eine kulturelle Veränderung ist keineswegs mit der Ernennung eines Kulturbeauftragten erledigt, vielmehr subsumiert dieser Begriff alle notwendigen Umdenkprozesse, ohne die ein Unternehmen nicht in einer „neuen" Art und Weise arbeiten kann.

Worin besteht nun diese „neue" Art und Weise, die durch die genannten Management-Konzepte angestrebt wird? Eine genauere Analyse ihrer Merkmale und Charakteristika zeigt, dass sich ein Gedanke wie ein roter Faden durch die meisten von ihnen hindurch-zieht: der Prozessgedanke. Dieser Gedanke wird ausschließlich von den Mitarbeitern und Führungskräften der beteiligten Unternehmen getragen.

Was ist das Typische an Prozessen im Vergleich zu Funktionen? Ein Prozess ist eine zeitlich verknüpfte Abfolge von Tätigkeiten, durch die ein Produkt (physisch oder in Form von Informationen) oder eine Dienstleistung hervorgebracht wird, die den Anfor-derungen eines internen oder externen Kunden entspricht. Diese Abfolge von Tätigkei-ten wird durch einen messbaren Input aktiviert, ist wertschöpfend und wiederholbar, wird von einem oder mehreren Prozessträgern verantwortet und hat einen messbaren Output. Ein Prozess dient also dazu, Kundenerwartungen in Kundenzufriedenheit umzu-setzen.

Im Gegensatz dazu besteht die Erledigung einer Funktion (Aufgabe) in der Erfüllung der vorgeschriebenen Tätigkeit(en), ohne übergeordnete Zielorientierung und zeitliche Verknüpfung und damit ohne Rücksicht auf Wertschöpfung.

Im Hause Siemens wurden im Zuge einer Prozess-Offensive etwa 100 Projekte zur Produktivitätssteigerung auf den Grad ihrer Prozessorientierung und das Maß der Poten-zialerschließung hin untersucht. Dabei ergab sich folgendes Bild:

- Durch Projekte, die sich mit Verbesserungen innerhalb einer Organisationseinheit befassten, konnten 10 bis 20 Prozent der Produktivitätspotenziale erschlossen wer-den.
- Durch Projekte, die sich mit Verbesserungen von Abläufen (Prozessen) über mehre-re Organisationseinheiten (Abteilungen) hinweg beschäftigen, konnten 20 bis 40 Prozent der Produktivitätspotenziale erschlossen werden.
- Durch Projekte, die Organisationsstrukturen entsprechend den Abläufen verändern, konnten meist mehr als 50 Prozent der Produktivitätspotenziale erschlossen werden.

Auch diese Erfahrung macht in einer Zeit teilweise drastischen Preisverfalls auf den Weltmärkten die unabdingbare Notwendigkeit prozessorientierten Handelns deutlich.

Noch eine weitere aktuelle Entwicklung erfordert Prozessorientierung: In vielen Bran-chen – zuerst wohl in der Automobilbranche – sind die Zeiten von Vollkostenrechnung und Zuschlagskalkulation vorbei. Markt bzw. Kunden bestimmen den Preis, unter Abzug des notwendigen Gewinns bleiben die erlaubten Kosten übrig. Sie sind das Kostenlimit, das nicht überschritten werden darf. Eine Anpassung der tatsächlichen Kosten auf die erlaubten Kosten kann nur über die Analyse der Prozesskosten und die Umgestaltung oder Neugestaltung der Prozesse erfolgen.

Obwohl es in den Neunzigerjahren zweifellos deutliche Fortschritte hinsichtlich der Verbreitung prozessorientierten Wirkens im Unternehmen gab – genannt sei nur die Einführung von KVP/Kaizen –, ist in letzter Zeit eine Rückentwicklung zu beobachten. Die (Sehn-)Sucht nach kurzfristigem Erfolg, verstärkt durch eine einseitige „Shareholder Value" – Orientierung, hatte teilweise verheerende Wirkung auf die Unternehmenskultur. Die Interessen der anderen Anspruchsgruppen („Stakeholder"), wie Mitarbeiter, Kunden, Lieferanten werden oft in die zweite Reihe gerückt. Besonders deutlich wird dies bei den Karrieremechanismen eines Unternehmens, die eng mit seinem Zielsystem verknüpft sind. Angewandtes Prozessdenken gilt meist als „Einmischung in die Angelegenheiten fremder (!) Abteilungen", auch wenn diese zum selben Unternehmen gehören. Belohnt wird abteilungsbezogenes, nicht prozessbezogenes Handeln, wie auch das obige Praxisbeispiel zeigt. Und schließlich: Prozessorientierung benötigt viel stärker die Vorbildfunktion und damit auch die Glaubwürdigkeit der Vorgesetzten, als die alte Funktionsorientierung. Symptomatisch dafür ist die Genehmigung von Investitionen. Nur wenige Entscheider genehmigen Geldausgaben für Maßnahmen, deren Wirkung nicht dort eintritt, wo die Ausgabe vorgenommen wird. Es ist also einfacher und bequemer – und den Eigeninteressen zuträglicher –, gegen Prozessorientierung zu sein, als dafür.

2.3.2   Der Organisationsaspekt

Derartige Überlegungen, deren Wurzeln bis in die Dreißigerjahre des vorigen Jahrhunderts reichen, haben dazu geführt, dass sich etliche Unternehmungen mittlerweile nicht mehr so sehr dafür interessieren, aus welchen Bereichen und Abteilungen sie bestehen, als vielmehr dafür, aus welchen Prozessen. Abbildung 1 zeigt, um den Unterschied zwischen Prozess- und Funktionsorientierung zu verdeutlichen, einen Auftragsabwicklungsprozess, wie er sich als Ablauf in einer hierarchischen Aufbauorganisation (Ein-Linien-Organisation) darstellt.

Obwohl aus dieser Abbildung hervorgeht, dass herkömmliche Organisationsstrukturen nicht „prozessfreundlich" sind und zu komplexen Abläufen mit zahlreichen Schnittstellen führen, sind einer Studie der Universität Erlangen-Nürnberg zufolge etwa zwei Drittel aller Unternehmen eher funktional als prozessorientiert organisiert und das trotz großer Aufgeschlossenheit für Prozessorientierung.

Bei prozessorientierten Organisationen folgt die Verantwortungsstruktur den Prozessabläufen, während eine funktionsorientierte Organisation in der Regel unabhängige Subzie-

le verfolgt und deren Erreichung maximiert. Abbildung 2 zeigt eine prozessorientierte
Organisation.

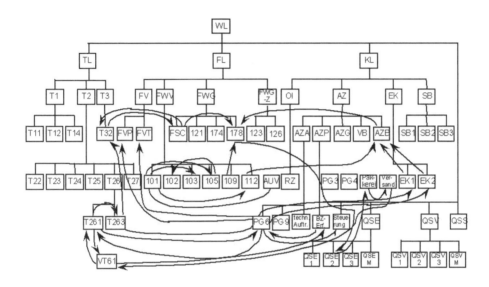

*Abbildung 1:   Darstellung eines Auftragsabwicklungsprozesses in einer funktionsorien-
              tierten Struktur (Quelle: Siemens AG)*

Eine derartige Organisation hat neben der Leitung nur mehr Prozessverantwortliche, die
nach konkreten Prozesszielen auch Mitarbeiter von anderen Prozessen temporär heran-
holen können.

2.3.3   Von der einfachen Logistikkette zur Supply Chain

Wenn auch prozessorientierte Organisationsstrukturen noch die Ausnahme sind, verfügen zahlreiche Unternehmen über Prozessmodelle oder prozessähnliche Darstellungen
von Geschäftsabläufen. Die bekanntesten Modelle sind die Logistikketten und die
Logistikpipelines. Bei dem Kettenmodell steht der Grundgedanke im Vordergrund, dass
sich die Stärke einer Kette nach dem schwächsten Glied richtet, dass also eine ganzheit-

liche Betrachtung und Gestaltung einer Logistikkette notwendig ist, durch die eine Stärkung der Gesamtwirkung erreicht und eine Suboptimierung vermieden wird. Beim Pipelinemodell wird ein anderes logistisches Grundprinzip in den Mittelpunkt gerückt: das Fließprinzip (vgl. Abbildung 3). Durch die Gestaltung des Systems soll ein möglichst kontinuierliches Fließen von Materialien, Waren, Informationen, Werten und Wissen erreicht werden.

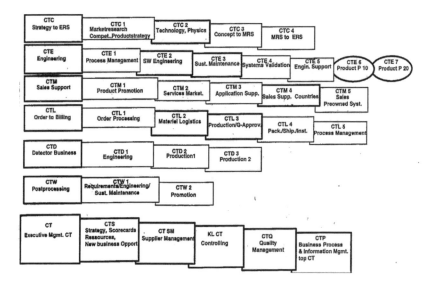

Abbildung 2:   Prozessorientierte Organisation am Beispiel von Siemens Medical Solutions (Quelle: Siemens AG)

Die konkrete Ausprägung der Prozesse in derartigen Ketten oder Pipelines hängt in der Praxis vom jeweiligen Geschäftstyp des betrachteten Unternehmens ab. Als relevant heben sich dabei im industriellen Bereich folgende Geschäfte ab:

- Produkt- und Liefergeschäft (große Mengen, ab Lager, Entkopplung von Produktion und Distribution),
- Systemgeschäft (kundenspezifische Konfiguration),
- Anlagengeschäft (rein kundenspezifisch, Leistungserbringung beim Kunden),

■   After Sales Geschäft (Service).

Für Dienstleister, Handelsunternehmen und Behörden sowie für Non-profit-Organisationen kommen noch weitere, spezifische Geschäftstypen hinzu.

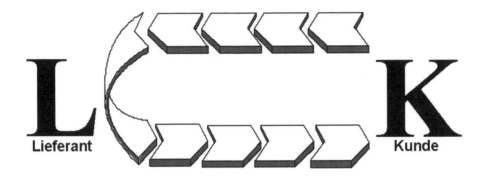

Abbildung 3: Die klassische Logistikkette vom Kunden zum Kunden

Ein erweitertes Prozessmodell hat Klaus[59] in seinem logistischen „S" entwickelt.

In Abbildung 4 kommt bereits die Denkweise der Versorgungskette (Supply Chain) zum Ausdruck. Die Vorstellung, durch das Managen von Versorgungsketten – Supply Chains – im Wirtschaftsleben Wettbewerbsvorteile zu erzielen, geht auf Porter (1985) zurück. Einen gedanklichen Durchbruch erzielte diese Idee erst Mitte der neunziger Jahre. Sie besteht darin, dass ein Unternehmen seine Position im Wettbewerb dadurch festigen könne, wenn es mit seinen Kunden und Lieferanten engere Beziehungen eingehe, und zwar nicht nur jeweils mit den unmittelbar nächsten Partnern des Beschaffungs- und Absatzmarktes, sondern auch mit deren jeweiligen Lieferanten und Kunden. Auf diese Art und Weise entsteht eine Kette oder auch ein Netzwerk aus mehreren, durch Kunden-Lieferantenbeziehungen verbundenen Partnern. Wirtschaftliche Vorteile bietet ein derartiges Gebilde dadurch, dass die jeweiligen Lieferanten ihren Kunden Versorgungssicherheit, die Kunden ihren Lieferanten Absatzsicherheit bieten können. Die mit diesen Formen der Sicherheit verbundene bessere Planbarkeit bietet zusätzliche Freiräume für wirtschaftliche Optimierungen in der gesamten Versorgungskette, speziell von Durch-

---

59   vgl. Klaus (1998)

laufzeiten und Beständen, und damit eine Intensivierung der Wertschöpfung über mehrere Unternehmen hin.

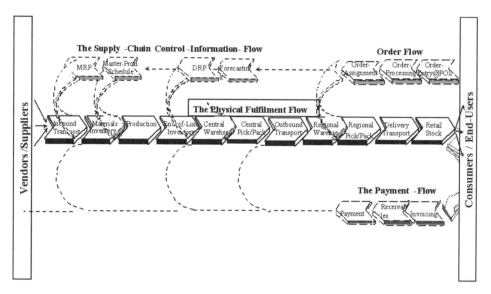

Abbildung 4: Das logistische „S" (nach Klaus, 1998)

Voraussetzungen für das Funktionieren einer Supply Chain sind allerdings einerseits
eine einheitliche Ziellandschaft bzw. Zielhierarchie für die Supply Chain, andererseits
ein ausgeprägtes Prozessdenken aller Partner. Supply Chain Management stellt also hohe
Anforderungen an alle beteiligten Mitarbeiter und Führungskräfte sowie auch an die
Unternehmenskultur der durch die Supply Chain miteinander verbundenen Unternehmen. Die Summe dieser Anforderungen schlägt sich in der Supply-Chain-Reife eines
Unternehmens nieder, ohne die ein Zusammenwirken in der beschriebenen Form nicht
oder nur sehr schwer möglich ist.

Der Supply-Chain-Reife ist auch ein Aspekt zuzuordnen, der in der Praxis eine große
Rolle spielt, in der Theorie jedoch meist tabuisiert wird: die Machtverhältnisse in einer
Supply Chain. Wenn ein Unternehmen im Verbund einer Supply Chain Macht ausspielt,
so ist eine Zielfestlegung auf dem Wege der Zielvereinbarung nicht mehr möglich.
Ähnlich problematisch ist dann auch die adäquate Verteilung von Vorteilen unter den
Mitgliedern des Verbundes, die aufgrund des Supply-Chain-Wirkens entstanden sind.

Die Gestaltung einer Supply Chain ist ein „klassisches" Integrationsproblem von Management-Systemen, wobei die Logistik-Prinzipien, wie sie für ein Unternehmen gelten, auch für den Unternehmensverbund einer Supply Chain Gültigkeit haben.

Diese Integration verläuft in vier Ebenen

- Integration der Ziele
- Integration der Aufbau- und Ablauforganisation
- Integration der Methoden (Software)
- Integration der Informations- und Kommunikationstechnik (Hardware)

Die ersten beiden Ebenen werden als Human-Integration bezeichnet, d. h., das Integrationsmittel ist der Mensch als Mitarbeiter und Führungskraft. Die dritte und vierte Ebene kann als „E-Integration" verstanden werden. In den Anfangsjahren des Supply Chain Booms wurde häufig der Fehler begangen, Supply Chain Management einseitig als reine „E-Integration" der Supply-Chain-Partner zu interpretieren und durchzuführen, was teilweise sogar zum Abbruch von Projekten führte. Die Ursache lag in der Missachtung des ganzheitlichen Charakters der Integration und der damit zusammenhängenden kausalen Verknüpfung der Integrationsaspekte. Eine Integration, wie sie das Supply Chain Management erfordert, lässt sich nur beginnend mit den Zielen, über die Organisation, die Methoden und schließlich mit dem Informations- und Kommunikationssystem durchführen.

In vielen Unternehmen gehört das Thema Ziele, Zielsystem und Zielvereinbarung zu den ungern diskutierten Themen. Dies liegt einerseits daran, dass ein regelmäßiger Zielformulierungs- und Zielaktualisierungsprozess fehlt, weil er, richtig durchgeführt, viel Zeit kostet, funktionsübergreifende – und damit bereits prozessorientierte – Kommunikation erfordert und letztlich für jeden Beteiligten persönliche Verpflichtung („Commitment") bedeutet. Gerade diese Verpflichtung auf ein Ziel bei gleichzeitiger Transparenz eines unternehmensweiten Zielsystems für alle stößt bei vielen Verantwortungsträgern auf sehr gedämpfte Begeisterung. Es bedeutet nämlich, dass die Zielerreichung einer oberen oder mittleren Führungskraft für jeden Interessierten beobachtbar ist. Hier sind als Zielvereinbarungen getarnte Zielvorgaben, kombiniert mit diskret behandelten "Incentives" weitaus angenehmer, weil ohne Aufsehen in bestimmten Grenzen korrigierbar.

Um ein unternehmensweit tragfähiges und widerspruchsfreies Zielsystem – man spricht hier auch von einer „Ziellandschaft" – zu erarbeiten, ist es unbedingt erforderlich, von einem Gesamtziel eines Unternehmens auszugehen und dieses durch Anwendung der Methode der Ziel-Mittel-Hierarchie bis zur operativen Ebene herunterzubrechen. Diese Methode zwingt dazu, Zielkonflikte sofort zu lösen, wodurch die Möglichkeit kontraproduktiver Suboptima bereits im Ansatz vermieden wird.

Besonders krasse Beispiele für negativ wirkende Suboptima sind bei der Zielgröße „Produktivität" und dem daraus abgeleiteten Subziel „Kopfzahl" festzustellen. Abgesehen davon, dass eine Produktivitätsdefinition als Quotient aus Umsatz und Anzahl

Mitarbeiter – wenn überhaupt – nur sehr eingeschränkt gelten kann, hat ein einseitiger durch Kopfzahlreduzierungsprämien noch intensivierter Abbau von Mitarbeitern Unternehmen nicht selten an den Rand der Leistungsunfähigkeit gebracht. Beispiele aus privaten und ehemals öffentlichen Unternehmen gibt es genügend.

Ist die Vereinbarung von Zielen innerhalb eines Unternehmens – im Gegensatz zu der nicht durch eine Machbarkeitsprüfung abgesicherten Zielvorgabe – bereits ein anspruchsvolles Unterfangen, so gilt dies umso mehr, wenn sich die Partner einer Supply Chain auf gemeinsame Ziele bzw. auf unternehmensspezifische Beiträge zur Erreichung gemeinsamer Ziele einigen müssen. Ein derartiger Zielvereinbarungsprozess stellt höchste Anforderungen an die Fach-, Methoden- und Sozialkompetenz der Beteiligten. Es ist empfehlenswert, zur Lenkung der Supply Chain ein aus den beteiligten Unternehmen zusammengestelltes Gremium zu bilden und die Zielvereinbarung als erste Phase des übergreifenden Planungsprozesses in Form eines Workshops durchzuführen. Dabei sollte eine „horizontale" Machbarkeitsprüfung in Versorgungsrichtung, also vom Kunden aus, mit der Methodik der Ziel-Mittel-Hierarchie, also einer „vertikalen" Machbarkeitsprüfung in der nächsten Hierarchiestufe jedes einzelnen Unternehmens, kombiniert werden.

Aus dieser Vorgehensweise resultiert ein konkreter und spezifischer Informationsbedarf, der durch eine geeignete Gestaltung der Soft- und Hardwareebene, durch eine „E-Supply-Chain", gedeckt wird.

Eine Wertschöpfungskette besteht aus einer Reihe miteinander verknüpfter Prozesse innerhalb und außerhalb eines Unternehmens. Die Verantwortlichen dieser Prozesse sind in einer Supply Chain partnerschaftlich miteinander verbunden, müssen miteinander kommunizieren und kooperieren. Da in einer solchen Kette immer Partner unterschiedlicher Provenienz – Techniker, Kaufleute, Informatiker, Projektmanager, Juristen etc. – vertreten sind, erfordert die Gestaltung eines Makroprozesses die Bereitschaft aller Beteiligten, interdisziplinär zu agieren. Eine technische Abteilung muss mit einer kaufmännischen Abteilung nicht nur eine Gesprächs-, sondern vor allem eine Verständigungsbasis finden, desgleichen der Vertrieb eines Unternehmens mit dem Einkauf eines Kunden oder einem Dienstleister. Die praktische Erfahrung zeigt, dass durch hartnäckiges „Aneinander-Vorbei-Reden" aufgrund unterschiedlicher Terminologien und mangelnden Verständnisses für Ziele und Belange des anderen sehr viel Zeit und Ressourcen verschwendet werden.

Eine Analyse von Tagesproblemen der Teilnehmer von Prozessmanagement- und Logistikveranstaltungen ergab, dass am häufigsten Probleme aus dem Bereich der persönlichen Kommunikation genannt wurden, dicht gefolgt von Führungsproblemen.

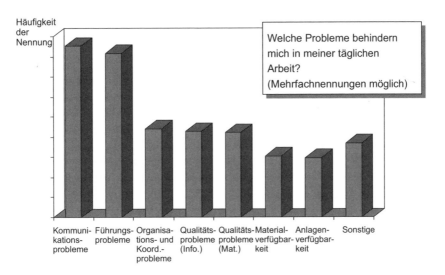

Auswertung von 72 Workshops und Seminaren mit insgesamt etwa 1400 Teilnehmern

Abbildung 5:   Auswertung der häufigsten Probleme in der täglichen Arbeit
(Quelle: Siemens AG)

Bemerkenswert dabei ist, dass die Teilnehmer aus unterschiedlichsten Bereichen und Hierarchieebenen stammten und in der Diskussion „unisono" betonten, dass durch Kommunikationstechniken diese Probleme nur zu einem geringen Teil gelöst werden können. Es sei wesentlich wichtiger, die zeitlichen, räumlichen und organisatorischen Rahmenbedingungen zu schaffen, die ein abteilungsübergreifendes Kommunizieren ermöglichten.

Die beste Motivation zu interdisziplinärer Kommunikation sowohl im Unternehmen als auch in einer Supply Chain resultiert aus einem gemeinsamen Zielverständnis und damit einem gemeinsamen Interesse am Gesamtsystem. Entscheidend für das erfolgreiche Gestalten und Betreiben einer Supply Chain ist somit das Kompetenzprofil der Mitarbeiter und Führungskräfte. Zu der notwendigen Fachkompetenz kommen in hohem Maß Methoden- und Sozialkompetenz hinzu. In der Methodenkompetenz sind es vor allem die Fähigkeit, in Prozessen und Netzen zu denken und zu handeln und die Beherrschung des zum Prozessmanagement gehörenden Methodenrepertoires. Was die Sozialkompetenz der „E-people" in der Supply Chain betrifft, so wird in erster Linie Konsensfähigkeit, Team- und Konfliktfähigkeit der Verantwortungsträger erforderlich.

Eine der Hauptbarrieren für die Nutzung der Prozessorientierung als wettbewerbsentscheidendem Faktor eines Unternehmens, wie sie für ein modernes Logistikverständnis und für die Strategien eines Total Quality Management unabdingbar ist, besteht in der Tatsache, dass die organisatorische Aufbaustruktur und damit auch die Karrieremechanismen vieler Unternehmen noch rein funktionsorientiert sind. Kostenstellendenken prägt vielfach die Entscheidungen, die Optimierung von Subzielen wird unter Missachtung eines Gesamtoptimums immer noch als Ziel formuliert, ihre Erreichung wird belohnt.

Die Herstellung einer Supply-Chain-Reife eines Unternehmens muss an dieser Stelle ansetzen. Dies gilt im Speziellen auch für Partner innerhalb eines Konzerns, die sich zusammen mit externen Unternehmen zu einer Supply Chain zusammenschließen. Im Wesentlichen kann dieser Reifegrad an den acht Grundsatzanforderungen an schnelle, schlanke Unternehmen gemessen werden, wie sie im Wesentlichen auch den Prinzipien des TQM entsprechen:

1. Orientierung an den Kunden- und Marktanforderungen, Kundennutzen im Vordergrund
2. Prozessorientierung, Zeit als Führungsgröße
3. Partnerschaftliche Zusammenarbeit mit internen und externen Kunden und Lieferanten
4. Bevorzugtes Arbeiten in Team- und Gruppenstrukturen
5. Kongruenz zwischen Aufgabe, Kompetenz und Verantwortung (Empowerment)
6. Flache Aufbauorganisation, schnelle Entscheidungen
7. Transparenz der Strukturen und Prozesse
8. Kontinuierliche Verbesserung durch Bekämpfung jeglicher Verschwendung, lernende Systeme

Jede dieser Anforderungen wird sehr stark vom Menschen im Unternehmen, seien es Führungskräfte oder Mitarbeiter, geprägt. Eine Quantifizierungsmöglichkeit der Gesamtheit dieser Anforderungen und damit der Supply-Chain-Reife als Voraussetzung für eine effiziente und effektive Mitwirkung im Verbund bietet beispielsweise das EFQM-Modell.

Die entscheidende Bedeutung des Denkens und Handelns in Prozessen hat auch die European Foundation of Quality Management erkannt, als sie den Europäischen Qualitätspreis (European Quality Award, EQA) kreierte. Durch neun Kriterien wird die Qualität eines Unternehmens beschrieben. Jedem dieser Kriterien ist eine bestimmte

Punktezahl als Gewichtung zugewiesen. In Summe ergeben sich 1.000 Punkte, die (theoretisch) erreichbare Maximalzahl von Punkten (vgl. Abbildung 6).

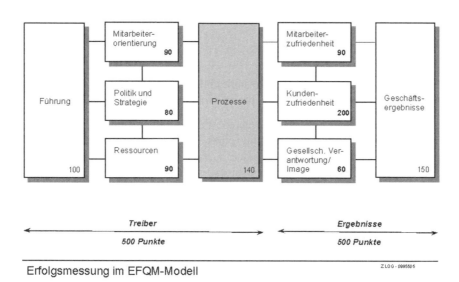

Erfolgsmessung im EFQM-Modell

Abbildung 6: Prozesse – das zentrale Kriterium im EFQM-Model (Quelle: Siemens AG)

Im Mittelpunkt des Modells steht die Beherrschung der Prozesse. Von ihnen hängt es ab, wie gut Befähigergrößen in Ergebnisse umgesetzt werden können. Um gute Ergebnisse zu bekommen, ist es notwendig, das System mit all seinen Abläufen (Prozessen) zu beherrschen. Ein Verbessern an den Ergebnissen selbst ist nicht zielführend.

Darin sind es vor allem die Kriterien:

- Führung
- Mitarbeiterorientierung
- Strategien
- Ressourcen
- Prozesse
- Mitarbeiterzufriedenheit
- Kundenzufriedenheit

in denen sich die genannten Grundsatzanforderungen spiegeln. Erst wenn diese Anforderungen in einem ausreichend hohen Maß bei allen Beteiligten einer Supply Chain erfüllt sind, lässt sich eine Integration auf den ersten beiden Ebenen realisieren.

Jeder der Kernprozesse besteht aus Teilprozessen, die für jede Geschäftsart als Standards gelten können.

2.3.4 Resümee

Der Erfolg des Konzeptes Supply Chain steht und fällt mit der Bereitschaft und Fähigkeit der Mitarbeiter und Führungskräfte, prozessorientiert zu denken und zu handeln.

Damit eine Supply Chain in der angestrebten Weise funktionieren kann, bedarf es oft eines tief greifenden kulturellen Wandlungsprozesses, der häufig hinsichtlich seiner Zeitdauer unterschätzt wird. Diese Veränderung kann jedoch in evolutionären Schritten erfolgen, d. h., es ist keine Unternehmens-Kulturrevolution notwendig. Ein Hauptvorteil der Prozessorientierung liegt in der Lernfähigkeit des Unternehmens und der damit verbundenen Flexibilität. Auch dadurch ist sie funktional aufgebauten Strukturen überlegen.

2.4 Wissensmanagement mit dem Ziel des Kompetenzaufbaus

...er & Heinz Mandl

...ln ist in der modernen Arbeitswelt ein wesentlicher Erfolgsfaktor für ...nisationen. Da in diesem Band der Begriff der Kompetenz bereits in ...hen Facetten beleuchtet und diskutiert wurde, begnügen wir uns hier ...einer pragmatischen definitorischen Einschränkung des Kompetenz-...z soll hier verstanden werden als ein erlernbares und nicht aus-...enes Bündel von Fähigkeiten und Anlagen, das einer zielgerichteten ...lung, also keinem zufälligen Verhalten, vorangestellt ist. Damit ...Definition von Weinert an:[60] „Competence is a roughly specialized ...proficiencies, of individual dispositions to learn something success-...ng successfully or to reach a specific goal. Thus can be applied to an ...of individuals, or an institution (i. e. a firm)." Mit dieser Definition ...pekte, die auch in diesem Beitrag Beachtung finden, deutlich:

- Kompetenz ist erlernbar und somit auch lehr- und förderbar.
- Kompetenz kann auf unterschiedlichen Emergenzebenen auftreten – sowohl in Individuen als auch in Gruppen.
- Kompetenz ist keine alleinstehende oder generelle Fähigkeit, sondern ein komplexes Bündel unterschiedlicher – auch dispositionaler – Aspekte, die erfolgreich zusammenspielen müssen.
- Kompetenz ist eine notwendige Vorbedingung für Handlung.

Anzumerken bleibt jedoch, dass Kompetenz, selbst wenn sie gezielt und erfolgreich entwickelt wurde, keineswegs eine hinreichende Bedingung für kompetentes Handeln darstellt. Allein dadurch, dass eine Person über Kompetenz zur Handlung verfügt, ist die Handlungsausführung noch bei weitem nicht gewährleistet. In der Kompetenzdebatte werden derzeit vor allem volitionale und motivationale Voraussetzungen für kompeten-tes Handeln[61] häufig ausgeblendet. Auch in diesem Beitrag beschränken wir uns auf die Entwicklung von Kompetenzen, nicht jedoch auf die Überwindung der Kluft zwischen Wissen/Können und tatsächlichem Handeln, welches an anderer Stelle wissenschaftlich aufgearbeitet wurde[62].

---

60 Weinert (1999, S. 44)
61 vgl. Gruber (2000)
62 vgl. Mandl & Gerstenmaier (2000)

In diesem Beitrag soll vor allem die Entwicklung individueller Kompetenz im Vordergrund des Interesses stehen. Um jedoch z. B. in der Weiterbildung oder der strategischen Personalentwicklung Kompetenzaufbau betreiben zu können, muss das „Kompetenzbündel" stärker differenziert werden. Es müssen also relevante Kompetenzbereiche identifiziert werden, die mehr Übersicht verschaffen und konkrete Handlungsfelder für Interventionsversuche aufzeigen. In Wissenschaft und Praxis hat sich hier inzwischen eine weitgehend konsensfähige Dreiteilung relevanter Kompetenzen in Fach-, Methoden-, und Sozialkompetenz durchgesetzt,[63] der wir auch in diesem Beitrag folgen wollen. Will man jedoch Kompetenzen entwickeln, muss man sich zudem darüber im Klaren sein, welche Kompetenzen überhaupt entwickelt werden sollen. Auch die Aufsplittung von Kompetenz in drei Teilbereiche ist hierfür nicht ausreichend. Kompetentes Handeln benötigt schließlich auch einen konkreten „Gegenstand", der kompetent gehandhabt werden soll.

Betrachtet man die gesellschaftliche Entwicklung vor allem in den westlichen Industrienationen, wird schnell ein möglicher „Gegenstand" sichtbar, welcher derzeit als eine der wichtigsten Unternehmensressourcen identifiziert, jedoch bei weitem noch nicht optimal gehandhabt wird: das Wissen. Der kompetente Umgang mit Informationen und Wissen in der täglichen Arbeit ist für Unternehmen und somit auch für seine Individuen zu einer neuen Schlüsselkompetenz avanciert. Individuen müssen in einer „Wissensgesellschaft" befähigt werden, eigene Wissensziele zu setzen und deren Erreichung zu überprüfen. Sie müssen in der Lage sein, selbstständig Wissen sinnvoll zu generieren, ihr Wissen bedarfsgerecht darzustellen und zu explizieren, es sinnvoll zu verteilen sowie sinnvolle Informationen einzuholen wie auch das angeeignete Wissen in konkreten Situationen anzuwenden. „Individuelles Wissensmanagement"[64] lautet somit ein neues Schlagwort, welches das Kompetenzbündel genauer definiert, das im Zeitalter der Globalisierung zum notwendigen Repertoire jedes Einzelnen wird.

Dass in einer Organisation derart kompetente Individuen *notwendig* sind, um optimale Ergebnisse zu erzielen, wird kaum bestritten werden. Jedoch kann nicht davon ausgegangen werden, dass ein Individuum alle berufsrelevanten Kompetenzen in der Ausbildung erlernt hat. *Dass* Kompetenzen prinzipiell erlern- und förderbar sind, wurde bereits vorausgesetzt. Von daher ist für moderne Unternehmen die Frage, *wie* Kompetenzen von Individuen – speziell die Kompetenzen zu Wissensmanagement – (weiter)entwickelt werden können, von enormer Bedeutung. Bevor jedoch dieser Frage nachgegangen wird, soll zunächst dargestellt werden, was genau unter Wissensmanagement zu verstehen ist. Im Anschluss daran wird der Zusammenhang zwischen Kompetenzerwerb und Wissensmanagement aufgezeigt, bevor exemplarisch dargestellt wird, wie eine Weiterbildungsmaßnahme gestaltet sein kann, die Kompetenzerwerb ermöglicht.

---

63 vgl. Frieling (2000)
64 vgl. Reinmann-Rothmeier & Mandl (2001b)

2.4.1 Was verstehen wir unter Wissensmanagement?

„Das Ziel von Wissensmanagement ist es, mit Wissen Geld zu machen" – zumindest implizit dürfte diese Aussage in den Köpfen der meisten Manager, die sich mit diesem Thema beschäftigen, vorhanden sein. Auch Wissensmanagement muss sich schließlich unbestreitbar an den Unternehmenszielen orientieren, um sich in der Wirtschaft bewähren zu können. Von daher ist es sehr verständlich, dass die Betriebswirtschaftslehre in Bezug auf Wissensmanagement eine starke Rolle einnimmt und von Anfang an eingenommen hat. Schließlich geht es nicht nur darum, das Organisationsgefüge so zu strukturieren, dass Wissensflüsse möglichst optimal verlaufen können, sondern auch um die Berechnung von Kosten, die in die Umsetzung eines neuen Konzeptes gesteckt werden, und den zu erwartenden Nutzen für das Unternehmen[65].

Eine zweite wichtige Komponente von Wissensmanagement stellt ebenso unbestreitbar die moderne Kommunikations- und Informationstechnologie dar. Sie ermöglicht neuartige Formen der Kommunikation und Kooperation, welche sich sowohl auf Organisationsgefüge als auch auf gesamtgesellschaftliche Zusammenhänge auswirken.[66] Ohne die Informationstechnologie wäre das Thema Wissensmanagement wohl nicht an dem Punkt angelangt, an welchem es heute steht. Dieser Umstand hat in den letzten Jahren eine starke Betonung dieses Aspekts im Zusammenhang mit der Wissensmanagement-Debatte bewirkt. Inzwischen wurde jedoch – teilweise nach schmerzlichen finanziellen Einbußen – weitgehend erkannt, dass die technologische Komponente lediglich ein Instrument zur möglichen Umsetzung einzelner Aspekte von Wissensmanagement darstellt.[67] Die derzeitige Diskussion bezieht sich sehr stark auf die dritte, unserer Meinung nach ausschlaggebende Komponente des Wissensmanagements – den Menschen.

Obgleich der Mensch bereits sehr früh als beeinflussender Faktor akzeptiert wurde, scheint in der Praxis vor allem dieser Aspekt zum Dreh- und Angelpunkt einer erfolgreichen Umsetzung von Wissensmanagement geworden zu sein. Der Mensch als eigentlicher Ort des Handelns im Unternehmen[68] ist die grundlegendste Wissensressource, Ausgangspunkt und Ziel von Informations- und Wissensaustauschprozessen und unter Umständen auch die größte Barriere, die sich unternehmensstrategischen Zielen in den Weg stellen kann. Somit kommt der Psychologie eine bisher unterschätzte Rolle zu, Wissensmanagement im Unternehmen zum Erfolg zu bringen.[69]

Wissensmanagement kann vor diesen Voraussetzungen als ein strategisches Konzept für den verantwortungsvollen und zielgerichteten Umgang mit Information und Wissen

---

65   vgl. Stewart (1998)
66   vgl. Willke (1998)
67   vgl. Davenport & Prusak (1998)
68   vgl. Reinmann-Rothmeier (2001)
69   vgl. Winkler, Schnurer & Mandl (2003)

betrachtet werden. Die Aspekte Mensch, Organisation und Technik bilden dabei eine untrennbare Trias, an der sich Wissensmanagement aufspannen lässt. Dennoch blieb bisher unklar, wie Wissensmanagement nun umgesetzt werden kann. Ein Referenzmodell soll dieser Frage im Folgenden nachgehen.

Ein Referenzmodell zum Wissensmanagement

Diskutiert man mit Praktikern über das Thema Wissensmanagement, taucht immer wieder die Frage auf, wie genau man dies nun „machen" könne. Dass es auf diese Frage keine zufrieden stellende Antwort geben kann, liegt in der Natur des Konzepts. Dennoch ist es möglich, einige Prozesskategorien zu identifizieren, die bei der Einführung und Umsetzung von Wissensmanagement – sei es auf organisationaler oder individueller Ebene – zu berücksichtigen sind. Es handelt sich dabei um Zielsetzung, Evaluation, Wissensrepräsentation, Wissensnutzung, Wissensgenerierung und Wissenskommunikation.[70] Die einzelnen Elemente sind nicht unabhängig voneinander und verweben sich zu einem iterativen Komplex, den es zu „managen" gilt (vgl. Abbildung 1).

In ähnlicher Form existiert eine kleine Anzahl verschiedener Wissensmanagement-Modelle, die jeweils ihre Vor- und Nachteile haben.[71] Das hier dargestellte Modell reduziert die Prozessbausteine des Wissensmanagements auf vier Aspekte, welche auf ein in der Kognitionspsychologie verankertes theoretisches Fundament aufbauen.[72] Somit ist es gerechtfertigt, auch den Versuch zu unternehmen, das Modell auf unterschiedlichen Emergenzebenen anzuwenden – sowohl für Individuen als auch für Organisationen. Wie Unternehmen Ziele formulieren, Wissen entwickeln, darstellen, kommunizieren, nutzen und die Erreichung ihrer Ziele überprüfen müssen, stehen auch Individuen diesen modernen Anforderungen einer Wissensgesellschaft gegenüber.[73] Im Folgenden soll vermittelt werden, was sich hinter den einzelnen Bausteinen des Wissensmanagements konkret verbirgt.

---

70 vgl. Schnurer, Winkler & Mandl (2003)
71 vgl. Bullinger, Wörner & Prieto (1998)
72 vgl. Reinmann-Rothmeier & Mandl (2001b)
73 vgl. Reinmann-Rothmeier & Vohle (2001); Brockmeier (2002); Heidenreich (2002)

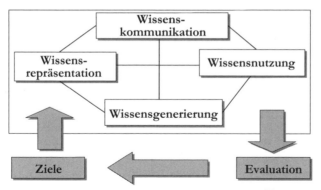

Abbildung 1:   Ein Referenzmodell zum Wissensmanagement[74]

Die Zielsetzung bildet den Anfangspunkt eines Wissensmanagement-Regelkreises. Darin sind sich alle bisherigen Modelle zum Wissensmanagement einig.[75] Sowohl bei individuellem als auch organisationalem Wissensmanagement sind Ziele dafür ausschlaggebend, dass Wissensmanagement-Aktivitäten auch eine konkrete Richtung verfolgen und nicht als kostspieliger Selbstzweck letztendlich doch im Sande verlaufen. Auf individueller Ebene kann man für diesen Baustein die Zielanalyse, die Zeit- und die Situationsanalyse als ausschlaggebend bezeichnen.[76] Auf organisationaler Ebene kommen in diesem Punkt sowohl Aspekte des klassischen Projektmanagements zum Tragen, als auch die Anbindung an Unternehmensziele bis hin zur Konkretisierung von strategischen Zielen, die schließlich zu einer Umsetzung in operative Ziele führt.[77] Hierfür können z. B. Organisationsdiagnosen[78] oder Wissensprofile[79] dienlich sein. Den Abschluss des Regelkreises und gleichzeitig den Ausgangspunkt für einen spiralförmigen Neubeginn bildet die *Evaluation*. Sowohl die Erreichung der gesteckten Ziele sollte abschließend bewertet werden (=summative Evaluation), als auch die Qualität des Prozesses, der

---

74   vgl. Reinmann-Rothmeier & Mandl (2001a)
75   vgl. z. B. Probst, Raub & Romhardt (1999); Bullinger et al. (1998)
76   vgl. Reinmann-Rothmeier & Mandl (2001b)
77   vgl. Probst et al. (1999)
78   vgl. Koch & Mandl (1999)
79   vgl. Schüppel (1996)

abgelaufen ist (=formative Evaluation).[80] Vor allem in Hinblick auf die formative Evaluation können die Prozesskategorien des Wissensmanagements als Anhaltspunkt für die Formulierung von Kenngrößen dienen.

Alle vier Bereiche – die Wissensgenerierung, Wissensrepräsentation, Wissenskommunikation und Wissensnutzung – können in unterschiedlicher Ausprägung die Gesamtqualität des Wissensmanagement-Prozesses beeinflussen. Unter *Wissensgenerierung* versteht man dabei auf organisationaler Ebene sowohl externe Wissensbeschaffung (z. B. durch den Einkauf von Beratungsleistung oder strategische Personalauswahl) als auch interne Wissensentwicklung (z. B. Weiterbildungsmaßnahmen). Auf individueller Ebene kann man hierunter das Erlernen neuer Inhalte oder Kompetenzen verstehen, was absichtlich oder gar institutionalisiert aber auch unbewusst durch Beobachtungen etc. geschehen kann. Insgesamt umfasst der Baustein der Wissensgenerierung also alle (organisationalen und individuellen) Lernprozesse, die dazu dienen, die Wissensbasis des Unternehmens zu vergrößern[81]. *Wissensrepräsentation* bezeichnet alle Prozesse, die Wissen transparent machen können. Darunter fallen sowohl Identifizierungsprozesse auf Unternehmens- oder Personenebene wie auch Darstellungstechniken (beispielsweise können Datenbanken einer Organisation zur Wissensrepräsentation dienen, eine Person kann ihr eigenes Wissen z. B. durch Mapping-Techniken[82] darstellen). Die Wichtigkeit der Repräsentation von Wissen kommt vor allem zu Tragen, wenn Wissen „weitergegeben" werden soll – wie im Baustein *Wissenskommunikation*. Unter diesem Baustein wird die Verknüpfung von individuellem und organisationalem Wissensmanagement am deutlichsten. Zum einen sind individuelle Fähigkeiten nötig, damit Kommunikation erfolgreich zur Wissensmehrung beitragen kann, zum anderen aber auch die Optimierung oder gar Ermöglichung von Kommunikation durch entsprechende Tools oder Regeln des Informationsflusses. Zusätzlich spielen bei der Wissenskommunikation natürlich auch Aspekte der Unternehmenskultur eine zentrale Rolle[83].

Auf den letzten Seiten wurde ein Referenzmodell zum Wissensmanagement erläutert. Neu sind hierbei nicht zwingend die verwendeten Techniken, sondern vielmehr der umfassende Gedanke des gezielten Managements des eigenen Wissens, sei es auf individueller oder organisationaler Ebene. Die einzelnen Elemente müssen so angeordnet werden, dass sie für jede individuelle Person bzw. Organisation Sinn machen und zielführend sind. Nach dieser Darstellung soll nun näher beleuchtet werden, wo die Verknüpfungspunkte zwischen Wissensmanagement und Kompetenzaufbau bestehen, um beide Konzepte zu einer Synthese zu bringen.

---

80 vgl. Wottawa & Thierau (1998)
81 vgl. Reinmann-Rothmeier (2001)
82 vgl. Fischer (1998)
83 vgl. Frey (2000)

2.4.2 Zusammenhang zwischen Wissensmanagement und Kompetenzaufbau

Die Zielsetzung nimmt – wie beschrieben – in einem Wissensmanagement-Vorhaben eine wichtige Stellung ein. Sie bestimmt die Richtung, in die Wissensmanagement-Aktivitäten laufen, und sorgt dafür, dass Wissensmanagement kein Selbstläufer ist.[84] Nur durch eine konkrete Zielsetzung kann gewährleistet werden, dass Wissensmanagement mehr ist als nur ein Modetrend, der ebenso schnell wieder zu Grabe getragen wird, wie er zuvor in den Himmel gehoben wurde.

Die aktuelle Diskussion um das Thema Wissensmanagement nimmt in letzter Zeit eine kompetenzorientierte Wende. Wissensmanagement wird von einigen Autoren inzwischen zu „Kompetenzmanagement"[85] umgearbeitet. Diese Wandlung des Konzepts scheint zwar pragmatisch, ist jedoch aus unserer Sicht unnötig. Vielmehr wird hier die Ansicht vertreten, dass so genanntes Kompetenzmanagement *eine* mögliche Fokussierung von Wissensmanagement darstellt, die *Nutzung von Wissen* als übergeordnetes Ziel von Wissensmanagement-Aktivitäten deklariert, was durch gezielten Kompetenzaufbau erreicht werden soll. Dadurch lässt sich auch ein Prozessbaustein identifizieren, der in diesem Zusammenhang von besonderer Bedeutung ist: die *Generierung von Wissen*, also das „Lernen" im weitesten Sinne.[86] Betrachtet man Kompetenzmanagement daher aus dem Blickwinkel des Wissensmanagements, ist die Wissensgenerierung der hauptsächlich betroffene Prozessbaustein, der mit konkreten Strategien und Maßnahmen optimiert werden muss. Das Ziel ist jedoch die Entwicklung von kompetenten Personen, die bedarfsgerecht ihr Wissen einsetzen, handeln, mit anderen Worten Wissen nutzen können. Sinnvoller ist es daher, eher von einem „kompetenzorientierten Wissensmanagement"[87] zu sprechen als von einem Kompetenzmanagement, das von Wissensmanagement losgelöst wird. Dass die Kompetenzentwicklung allein diesem Ziel der optimalen Wissensnutzung nicht genügen kann, wurde bereits zu Beginn dieses Beitrags deutlich gemacht. Hinzukommen müssen motivationale, organisationale, eventuell auch technische Rahmenbedingungen, die den Generierungsprozess und die Überwindung der Kluft zwischen Wissen und Handeln unterstützen.

Nehmen wir jedoch den Prozess der Generierung von Wissen etwas näher unter die Lupe, müssen wir im Falle der Notwendigkeit des Erlernens berufsrelevanter Kompetenzen wiederum auf die zu Beginn dieses Beitrags angestellten Kompetenzunterscheidungen zurückgreifen. Im Rahmen von Kompetenzmanagement sollte sich der Prozess der Wissensgenerierung daher vor allem dadurch auszeichnen, dass Fachkompe-

---

84   vgl. Pawlowski (1998)
85   vgl. Probst et al. (2000)
86   vgl. Krogh, v., Ichijo & Nonaka (2000)
87   vgl. Probst & Raub (1998)

tenzen, Methodenkompetenzen und Sozialkompetenzen generiert werden und zwar auf eine möglichst umsetzungsorientierte Art und Weise. Die Herausforderung, die sich also an betriebliche Weiterbildungsmaßnahmen stellt, ist die Beantwortung der Frage: „Wie können Wissen und Kompetenzen so vermittelt werden, dass eine spätere Wissensnutzung gewährleistet werden kann?" Eine plausible Antwort auf diese Frage soll im nächsten Abschnitt erfolgen.

2.4.3 Wissensgenerierung mit dem Ziel der Wissensnutzung – Optimale Wissensvermittlung aus lehr-lerntheoretischer Perspektive

In der Pädagogik existierten schon unterschiedlichste Diskussionen darüber, wie gute „Wissensvermittlung" wohl aussähe. Bis heute gibt es dazu – wie in jeder anderen Wissenschaft – jedoch keine Meinung, die sich eindeutig durchgesetzt hätte. Grund dafür mag wohl sein, dass Lernen eine domänenspezifische Aktion von Lernenden ist, und je nachdem, was dem Lernenden beigebracht werden soll, erweisen sich unterschiedliche Formen der Wissensvermittlung als gut oder schlecht bzw. als passend oder unpassend. Betrachten wir zum Beispiel die inzwischen in Mode gekommenen „Intelligenzshows", in welchen Gedächtniskünstler dadurch beeindrucken, dass sie sich eine unglaubliche Anzahl von aneinandergereihten Zahlen kurz ansehen und diese danach auswendig wiedergeben können. Um dies zu erreichen, gibt es bestimmte Erfolg versprechende Lernmethoden. Diese Methoden jedoch sind wiederum wenig geeignet, jemandem beizubringen, wie z. B. ein Verkaufsgespräch geführt wird. Hier bewegen wir uns in einem völlig anderen Kompetenzbereich, den es zu erlernen gilt. Während sich jedoch *traditionelle Vorstellungen von Lehren und Lernen* sehr stark auf die Behaltensleistung von Inhalten konzentrieren und mit Methoden wie Frontalunterricht, Auswendiglernen und der Wiedergabe des Wortlauts von Buchinhalten verknüpft sind, hat sich inzwischen eine moderne Linie des Lehrens und Lernens herausgebildet, die sich im weitesten Sinne *konstruktivistisch* nennt.[88] Der Grundgedanke hinter diesem Extrem liegt darin, dass Lernende ihr Wissen auf der Basis ihrer Erfahrungen und ihres Vorwissens selbst aktiv konstruieren und Wissen somit nicht als eine Art geistige Kopie 1:1 weitergegeben werden kann. Dadurch, dass eine Person aktiv Informationen verarbeitet, mit Vorerfahrungen verbindet und im sozialen Diskurs abgleicht, entsteht Wissen. Eine Folgerung für eine sinnvolle Wissens*vermittlung* wäre daher, dass Instruktion irrelevant würde und den Lernenden nur genügend Information bzw. Informationsquellen zur Verfügung gestellt werden müssten, die jedes Individuum persönlich für sich interpretieren und daraus Wissen konstruieren sollte.

---

88 vgl. Gerstenmaier & Mandl (1999)

Wie bereits angedeutet, handelt es sich in beiden Fällen um Extrempole eines Kontinuums. Reinformen der einen oder anderen Art findet man in der Praxis nur selten an. Wie stark Lehrarrangements sich an konstruktivistischen oder traditionellen Methoden orientieren sollen, hängt dabei von mehreren Faktoren ab. Zum einen benötigen Lernende für konstruktivistisches Lernen ein hohes Maß an Kompetenz zum selbstgesteuerten Lernen, welches somit Ziel und gleichzeitig Voraussetzung für den Erfolg solcher Lehr-Lern-Arrangements ist. Zum anderen wurde bereits angesprochen, dass es auch darauf ankommt, was den Lernenden vermittelt werden soll. Je stärker bei einer Weiterbildungs- oder Ausbildungsmaßnahme der Kompetenzerwerb im Vordergrund steht, desto stärker muss der konstruktivistische Grundgedanke im Lehr-Lern-Arrangement erkennbar sein. Dennoch muss auch bei konstruktivistisch angelegten Maßnahmen ein gewisses Maß an Instruktion und traditioneller Wissensvermittlung geschehen. Um dieses Dilemma zu überwinden und sowohl Konstruktion als auch Instruktion einen Platz in Lehr-Lern-Arrangements zu verschaffen, hat sich das Konzept des problemorientierten Lernens[89] etabliert.

Das Konzept des problemorientierten Lernens

Das Konzept des problemorientierten Lernens soll uns im Folgenden Antwort auf die Frage geben: „Wie muss ein Lehr-Lern-Arrangement gestaltet sein, damit nicht nur ‚träges Wissen‘[90] entsteht, sondern Wissen, das möglichst direkt in Handlungen überführt werden kann und sich somit auf der Kompetenzebene bewegt?". Zur Beantwortung dieser Frage kann jedoch kein Patentrezept gegeben werden. Diverse theoretische Modelle, erste Studien zu problemorientierten Ansätzen[91] sowie praktische Erfahrungen lassen allerdings einige Prinzipien formulieren, an denen man sich bei der Gestaltung von problemorientierten Lernumgebungen orientieren kann[92]:

Eine Grundannahme problemorientierten Lernens ist dabei, dass Lernen ein aktiver Prozess des lernenden Individuums ist. Die lehrende Person tritt dabei im Vergleich zu traditionellen Unterrichtskonzepten in ihrem Aktivitätsgrad in den Hintergrund des Interesses. Sie leitet vielmehr im Sinne eines „Coaches" den Lernprozess an und gestaltet so eine Lernumgebung, die es dem Lernenden erlaubt, aktiv Wissen zu konstruieren.

Nun stellt sich die Frage, wie eine solche Idee verwirklicht werden kann. Zur Gestaltung problemorientierter Lernumgebungen lassen sich inzwischen einige Prinzipien formulieren, an welchen man sich dabei orientieren kann. Dabei handelt es sich um Authentizität, multiple Perspektiven und Kontexte sowie soziale Einbindung.

---

89 vgl. Reinmann-Rothmeier & Mandl (2001a)
90 Gruber, Mandl & Renkl (2000)
91 vgl. Kohler (1998)
92 vgl. Mandl/Schnurer 2001

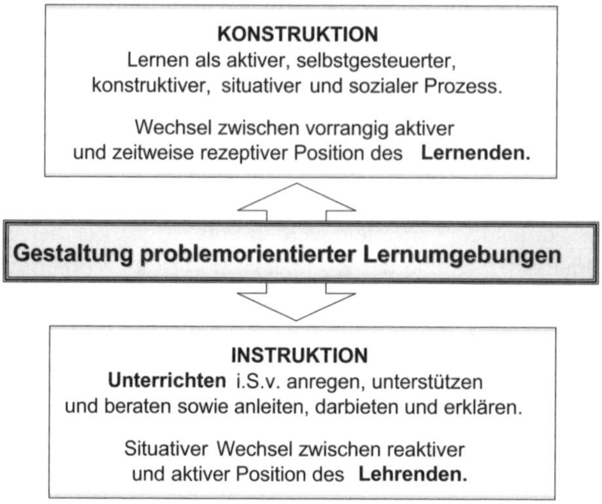

```
┌─────────────────────────────────────────┐
│              KONSTRUKTION                 │
│       Lernen als aktiver, selbstgesteuerter, │
│     konstruktiver, situativer und sozialer Prozess. │
│                                           │
│        Wechsel zwischen vorrangig aktiver │
│    und zeitweise rezeptiver Position des  Lernenden. │
└─────────────────────────────────────────┘

        ┌─────────────────────────────────────────┐
        │ Gestaltung problemorientierter Lernumgebungen │
        └─────────────────────────────────────────┘

┌─────────────────────────────────────────┐
│              INSTRUKTION                  │
│      Unterrichten i.S.v. anregen, unterstützen │
│    und beraten sowie anleiten, darbieten und erklären. │
│                                           │
│        Situativer Wechsel zwischen reaktiver │
│       und aktiver Position des  Lehrenden. │
└─────────────────────────────────────────┘
```

Abbildung 2:   Problemorientierte Lernumgebungen zwischen Instruktion und
*   Konstruktion*[93]

Will man Kompetenzen erwerben, so ist es von entscheidender Bedeutung, in ähnlichen Situationen zu lernen, wie sich die Situation gestalten wird, in der das Erlernte ange-wandt werden soll. *Anhand authentischer Problemsituationen lernen* kann daher als das erste Prinzip problemorientierten Lernens verstanden werden. In dieser Formulierung stecken jedoch mehrere wesentliche Punkte. Situationen oder Fragestellungen, die aus der realen Praxis stammen, große praktische Relevanz besitzen und damit authentisch sind, motivieren zum Erwerb neuer Kenntnisse und Fertigkeiten und tragen dazu bei, dass von Anfang an unter Anwendungsgesichtspunkten gelernt wird. Authentische Problemsituationen sollten daher möglichst oft den Ausgangspunkt des Lernens bilden[94]. Um jedoch zu verhindern, dass das Gelernte auf einen einzigen Kontext fixiert bleibt, sollten Lerninhalte in verschiedene Situationen eingebettet und/oder aus verschiedenen Blickwinkeln betrachtet werden. Dieser Gedanke schlägt sich in den Prinzipien der *multiplen Kontexte* und *multiplen Perspektiven* nieder, die eine Lernumgebung anbieten muss, um als problemorientiert zu gelten[95]. Zudem werden in problemorientierten Lernumgebungen möglichst viele Phasen gemeinsamen Lernens angeboten. Nach dem Prinzip des *Lernens in sozialen Kontexten* soll häufig die gemeinsame Lösung von Problemen in Gruppen angeregt werden. Dies kann durch Kooperation zwischen dem Lernenden und anderen Lernenden, aber auch zwischen Lernenden und Experten umge-

---

93 vgl. Reinmann-Rothmeier & Mandl (2001a)
94 vgl. Reinmann-Rothmeier & Mandl (2001a)
95 vgl. Gräsel (1997)

setzt werden[96]. Im zweiten Fall können die Lernenden zudem von den Erfahrungen der Experten profitieren und/oder in eine Expertenkultur eingeführt werden, wie es z. B. bestimmten Community-Konzepten zugrunde liegt.[97] Wie ein Aus- und Weiterbildungsangebot gestaltet sein kann, das diesen Forderungen Rechnung trägt, wird im Folgenden dargestellt.

2.4.4 Beispiel: Das virtuelle Seminar „Einführung in das Wissensmanagement" – Kompetenzentwicklung durch und zu Wissensmanagement

Das virtuelle Seminar „Einführung in das Wissensmanagement" ist ein Angebot der LMU München für Studierende höherer Semester und Promovierende, die zu einem großen Teil bereits berufstätig sind und das Seminar als Weiterbildungsangebot nutzen. Der Ablauf des virtuellen Seminars „Einführung in das Wissensmanagement" ist sehr stark durch den dargestellten Inhaltsbereich und das zugrundeliegende Lehr-Lernparadigma geprägt. Zur Erleichterung des Verständnisses der Zusammenhänge wird nachfolgend zunächst der Ablauf des Seminars und die darin verwendeten Materialien dargestellt. Im Anschluss daran wird das didaktische Design des Seminars vor dem Hintergrund des problemorientierten Lernens aufgezeigt.

Ablauf des virtuellen Seminars und verwendete Materialien[98]

Das virtuelle Seminar „Einführung in das Wissensmanagement" kann in vier Hauptphasen eingeteilt werden:

- Vorstellung und Exploration
- Begriffsklärung und Koordination
- Kooperativer Wissenserwerb
- Reflexion und Fading Out

Die erste Phase nimmt ca. zehn Tage in Anspruch. Sie wird mit einem Präsenzworkshop eingeleitet und mündet in eine Einführungsphase, in der die Teilnehmer sich gegenseitig vorstellen. Ab der zweiten Phase (Begriffsklärung und Koordination) findet – im Unterschied zur ersten – nur noch Kleingruppenarbeit statt. Die Kleingruppen werden gebildet und nur im Falle von „drop outs" oder größeren gruppendynamischen Problemen verändert. Die zweite Phase nimmt in etwa einem Viertel der Gesamtlaufzeit des Kurses ein. Der inhaltlich wichtigste Abschnitt des Seminars ist der „kooperative Wissenserwerb". Dieses Kurselement besteht aus vier Aufgaben, die von den Kleingruppen jeweils

---

96 vgl. Mandl & Krause (2002)
97 vgl. Schnurer, Winkler & Mandl (2003)
98 vgl. Schnurer (in Druck)

innerhalb von ca. zwei Wochen bearbeitet werden müssen. Jede dieser Aufgaben wird von einem Fall eingeleitet, von notwendiger, aber nicht hinreichender Literatur unterstützt und durch je drei zu beantwortende Fragen spezifiziert, wobei eine individuell und zwei kooperativ zu bearbeiten sind. Nach Abgabe der Lösungen erhalten die Gruppen schriftliches Feedback und Vergleichslösungen durch die Netzmoderatoren, die auch von den anderen Gruppen eingesehen werden können. Abschließend wird die Phase „Reflexion und Fading out" eingeleitet. Diese beginnt mit einem gemeinsamen Abschlussworkshop und wird durch die wiederum kooperative Anfertigung einer Abschlussdokumentation über das Seminar, die gelernten Inhalte und die virtuelle Zusammenarbeit beendet. Mit Abgabe dieser gemeinsamen Seminararbeit ist das Seminar beendet, und die TeilnehmerInnen erhalten einen Schein bzw. eine Teilnahmebestätigung.

(1) „Vorstellung und Exploration"

Präsenzworkshop. Der einführende Workshop soll vor allem ein Angebot für interessierte Studierende sein, die sich noch nicht zur endgültigen Teilnahme am Seminar entschlossen haben, aber auch für Personen, die zum ersten Mal ein virtuelles Seminar besuchen und dabei den persönlichen Kontakt so weit wie möglich noch aufrecht erhalten möchten. In diesem Präsenzworkshop erhalten die Lernenden einen Kurzüberblick über den Inhalt und Aufbau des Seminars sowie über die technische Umgebung, Anforderungen und mögliche Probleme, die auf die Teilnehmer bei der virtuellen Kooperation zukommen könnten.

Einführungsphase. Im Anschluss an den Kick-Off-Workshop werden die Teilnehmer per E-Mail aufgefordert, innerhalb eines Zeitraums von einer Woche die Funktionalitäten der Lernplattform zu testen, eine Vorstellung der eigenen Person mit optionalem Einstellen eines Fotos vorzunehmen und sich auf den Einführungsseiten über das Seminar zu informieren. Am Ende der Einführungsphase werden von den Moderatoren Kleingruppen mit maximal sechs Personen gebildet.

(2) „Begriffsklärung und Koordination"

An diese Einführungsphase schließen zwei kleinere Gruppenarbeiten zur Definition von Wissen und Wissensmanagement an, welche zum einen die Funktion einer ersten inhaltlichen Einstimmung in das Thema haben, zum anderen die Funktion der Unterstützung des „Grounding" und der Entwicklung sinnvoller Koordinationsstrategien in der Gruppe.

(3) „Kooperativer Wissenserwerb"

Die Phase des kooperativen Wissenserwerbs bildet das inhaltliche Kernstück des Seminars. Entsprechend den vier Hauptbausteinen des oben beschriebenen „Münchener Modells" zum Wissensmanagement werden vier inhaltliche Blöcke bearbeitet, um die einzelnen Aspekte von Wissensmanagement weiter zu vertiefen: Wissensrepräsentation,

Wissenskommunikation, Wissensgenerierung und Wissensnutzung. Diese vier Aspekte werden den TeilnehmerInnen jeweils durch Darbietung eines passenden authentischen Falles, relevanter Literatur und das Stellen konkretisierender Fragen nahe gebracht. Für jeden Fall steht die Bearbeitung einer individuellen und zweier Gruppenaufgaben an.

Fall 1: Wissensrepräsentation. In diesem Aufgabenblock werden den TeilnehmerInnen in der Fallbeschreibung Beweggründe und Ziele einer Wissensdatenbank bei Arthur Andersen erläutert. Durch die Aufgabenstellungen werden die TeilnehmerInnen dazu angeregt, besonders herausragende Probleme der Wissensrepräsentation in Unternehmen zu untersuchen und Lösungsansätze zu finden. Darunter fällt zum einen die Speicherung impliziten Erfahrungswissens, zum anderen das Schaffen von Akzeptanz und Motivation von Mitarbeitern zur Nutzung von Repräsentationsangeboten.

Fall 2: Wissenskommunikation. Hier wird den TeilnehmerInnen die Wissenskommunikationsstrategie von Seven Eleven/Japan geschildert. Im Zentrum dieses Falles steht ein System zur persönlichen Weitergabe von Kundenwissen an die Franchise-Nehmer von Seven Eleven. Die Aufgabe der TeilnehmerInnen besteht darin, zum einen weitere Funktionen und Ausprägungen der Wissenskommunikation sowie mögliche Kommunikationsbarrieren zu identifizieren. Des Weiteren stehen die Kleingruppen vor der Aufgabe, ein Konzept für die Initiierung einer „Community of Practice" zum Thema „Verbesserung der Kommunikationskultur" in einem Unternehmen zu entwickeln.

Fall 3: Wissensgenerierung. Das Unternehmen Sharp fungiert als Anker für diesen Baustein. Im Fall wird das innovative Ideenmanagement von Sharp durch die Einführung von so genannten „Urgent Project Teams" vorgestellt, die eingereichte Projektanträge zur Entwicklung einer Innovation umsetzen sollen. Die TeilnehmerInnen sollen weitere Möglichkeiten zur Generierung von Wissen in einem Unternehmen herausarbeiten, wobei auch die Implementierung solcher Maßnahmen beachtet werden soll. Außerdem sollen die Studierenden sich in die Rolle einer studentischen Unternehmensberatung versetzen und eine Präsentation vorbereiten, in welcher die Bedeutung der Generierung von Wissen in einem modernen Unternehmen deutlich wird.

Fall 4: Wissensnutzung. Gegenstand der Fallbeschreibung zum Aspekt der Nutzung von Wissen ist das Learning Center von Buckman Laboratories. Hierbei handelt es sich um ein umfangreiches virtuelles Seminarangebot, an welchem sich alle MitarbeiterInnen des Unternehmens „on demand" eigenverantwortlich weiterbilden können. Die Herausforderung für die TeilnehmerInnen des virtuellen Seminars „Einführung in das Wissensmanagement" besteht darin, welche Maßnahmen aus pädagogisch-psychologischer Sicht existieren, um die Wissensnutzung nach Weiterbildungsveranstaltung zu gewährleisten. Des weiteren sollen die TeilnehmerInnen in der Rolle eines Trainernetzwerkes eine Presseinformation über ein von ihnen neu entwickeltes Konzept zur eigenverantwortlichen Weiterbildung verfassen.

(4) „Reflexion und Fading out"

Nach der Bearbeitung dieser vier Aspekte des Wissensmanagements wurden in systematischer Weise die wichtigsten Komponenten des inhaltlichen Hauptziels des Seminars von den TeilnehmerInnen bearbeitet. Die abschließende Phase soll die erlernten Inhalte nochmals zu einem übergeordneten Ganzen zusammenführen und den TeilnehmerInnen die Möglichkeit zur Reflexion sowohl des Gelernten als auch der gemachten Erfahrungen mit virtueller Kooperation ermöglichen. Eine erste Möglichkeit hierfür wird durch den Abschlussworkshop geschaffen:

Abschlussworkshop. Auch der Abschlussworkshop des Seminars versteht sich als eine Option für die TeilnehmerInnen, sich in München für zwei akademische Stunden face-to-face zu treffen, Inhalte und Vorfälle zu diskutieren und das Seminar gemeinsam zu reflektieren. Zudem bietet es sich in der Veranstaltung an, offene Fragen zum Scheinerwerb oder sonstigen organisatorischen Aspekten zu stellen.

Gruppenarbeit „Abschlussdokumentation". Im Anschluss an den Abschlussworkshop erhalten die Gruppen bis zum Beginn des nächsten Semesters Zeit, eine gemeinsame Abschlussdokumentation zu erstellen, in welcher in chronologischer Reihenfolge die Inhalte des Seminars nochmals aufbereitet und die Erfahrungen der Gruppe mit der virtuellen Kooperation beschrieben werden sollen. Mit der Abgabe dieser Arbeit sind die Scheinanforderungen erfüllt und das Seminar beendet.

Abbildung 3 verdeutlicht den Aufbau der virtuellen Lernumgebung. Im linken Frame sind die einzelnen Phasen und Aufgaben des Seminars erkenntlich, z. B. „W-Repräsentation", „W-Kommunikation". Zudem befinden sich auf diesem Teil der Seite weitere Angebote, wie z. B. ein „Wegweiser" zur Erläuterung der einzelnen virtuellen Elemente, grundlegende Informationen über das Seminar, die nötige Basisliteratur sowie weiter unten ein Chatroom sowie eine Fragenbörse und ein Plenum zum gruppenübergreifenden Austausch.

Die dargestellte Seite zeigt im linken Frame die Aufgabe „W-Kommunikation". Im Hauptfenster erscheint die Aufgabenstellung zum Fall, welcher in der horizontalen Tabelle über der Aufgabenstellung gelesen werden kann. Ebenfalls in dieser Tabelle befinden sich die einzelnen Gruppenforen, in denen die Teilnehmer über diese Aufgabe diskutieren und ihr gemeinsames Produkt erstellen können. Die Gruppen hatten sich in diesem Semester zum Beispiel die Namen „Die Wissenshungrigen", „Die Fantastischen Fünf" und „Neopolis" gegeben. Hinter diesen Links verbergen sich „threaded discussion boards", über welche die Gruppen asynchron miteinander kommunizieren können. Zusätzlich zu den Gruppenforen findet sich in dieser Leiste ein Link zum Feedback durch die Netzmoderatoren und zur Vergleichslösung. Beide Elemente stehen den Teilnehmern natürlich erst nach Beendigung der jeweiligen Aufgabe zur Verfügung.

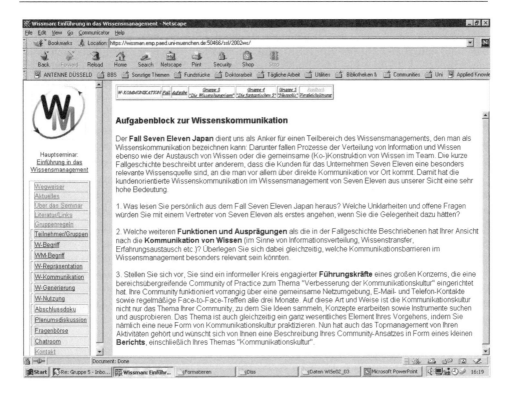

Abbildung 3: Screenshot Seminar „Einführung in das Wissensmanagement"

Didaktisches Design des virtuellen Seminars

Nach dieser Darstellung des Kurses stellt sich nunmehr die Frage, wie sich das didaktische Design des Kurses gestaltet und inwiefern dieses dazu beitragen kann, die oben
beschriebenen Kompetenzen auch wirklich zu fördern. Die folgende Beschreibung des
didaktischen Designs soll daher zum einen dazu dienen, ein Beispiel für die Umsetzung
problemorientierten Lehrens und Lernens darzustellen und zum anderen verdeutlichen,
warum das Kursangebot so gestaltet wurde, wie es sich heute den Teilnehmern darbietet.

Zunächst sind wir davon ausgegangen, dass im Seminar „Einführung in das Wissensmanagement" den drei in der Wirtschaft propagierten notwendigen Kompetenzbereichen –
Fach-, Methoden- und Sozialkompetenz – Rechnung getragen werden sollte.

Die *Vermittlung von Fachkompetenz* erfolgt im Seminar durch zwei wesentliche
Elemente: Zum einen wird den Teilnehmern ausgewählte Literatur zum Thema
vorbereitet, die den einzelnen Elementen des Seminars zugeordnet ist. Zum anderen
sorgen inhaltliche Experten dafür, dass die Teilnehmer in ihren Diskussionen nicht in die

che Experten dafür, dass die Teilnehmer in ihren Diskussionen nicht in die falsche Richtung laufen und notwendige Informationen erhalten. Durch das inhaltliche Curriculum wird ganz konkret ein Überblickswissen über das Thema „Wissensmanagement" vermittelt, über das die Teilnehmer am Ende des Kurses verfügen. *Sozialkompetenz* zu vermitteln ist in Aus- und Weiterbildungsveranstaltungen keine einfache Aufgabe. Zwar arbeiten die Teilnehmer von Beginn an in Kleingruppen, jedoch würde die Arbeit in Gruppen allein noch kein Ansteigen von Sozialkompetenz gewährleisten[99]. Den Anspruch zu erheben, in einem netzbasierten Seminar über ein halbes Jahr wirklich Sozialkompetenz zu entwickeln, ist jedoch etwas hoch gegriffen. Vielmehr soll im Seminar „Einführung in das Wissensmanagement" vor allem für soziale Kompetenz zur Kooperation im Netz sensibilisiert werden, wodurch auch die angeführte Kompetenz zur *Kommunikation von Wissen* berührt wird. Zu diesem Zweck lernen die Teilnehmer in virtuellen Gruppen, die zu Beginn von den Moderatoren unterstützt werden (z. B. in der Gruppenkoordination, im Umgang mit Konflikten oder in der Formulierung von selbstbestimmten Gruppenregeln). Nach jedem inhaltlichen Abschnitt weden zudem die Kommunikation und Koordination in der Gruppe reflektiert sowie gemeinsam eine Erfolg versprechende Kooperationsstrategie ausgehandelt. Die *Methodenkompetenz* wird im Seminar „Einführung in das Wissensmanagement" durch mehrere Einzelkompetenzen operationalisiert:

- *Weiterentwicklung der Kompetenz zur eigenverantwortlichen Generierung von Wissen.* Jeder einzelne Teilnehmer ist trotz (oder manchmal gerade wegen) der Gruppenarbeit selbst dafür verantwortlich, was er in welchem Maß lernen möchte. Grobe Lernziele sind durch das Curriculum vorgegeben, jedoch lassen die dargebotenen Fälle, die von den Gruppen bearbeitet werden, genügend Spielraum, um einzelne praktisch besonders relevante Aspekte vertieft oder nur oberflächlich zu behandeln. Dadurch, dass das Seminarangebot nicht mit aufbereiteten Unterlagen, sondern mit thematisch passendem Textmaterial aus Büchern, Zeitschriften und Internet arbeitet, werden die Teilnehmer gezwungen, eine sinnvolle Auswahl an Material zu treffen und somit gezielt auf das konkrete Problem bezogen zu lernen. Während dieser Aspekt zu Beginn des Kurses noch häufig ein Problem darstellt, entwickeln die Teilnehmer im Laufe des Kurses ihre individuellen Strategien zur sinnvollen Wissensgenerierung.

- *Weiterentwicklung der Kompetenz zur Repräsentation und Kommunikation von Wissen.* Das Finden einer gemeinsamen Sprache in der Gruppe ist eine der größten Herausforderungen zu Beginn des Kurses. Durch den unterschiedlichen Wissensstand, unterschiedliche Praxiserfahrungen und unterschiedliche methodische Herangehensweisen werden die Teilnehmer dazu hingeführt, ihre eigenen Repräsentations- und Kommunikationsweisen zu hinterfragen und das verteilte Wissen schnell zu einer gemeinsamen Basis zu verflechten. Besonders schwierig gestaltet sich diese

---

99 vgl. Kauffeld & Grote, 2000

Aufgabe durch das Lernen im virtuellen Raum, wodurch die Kommunikation hauptsächlich auf ein textbasiertes Medium reduziert werden muss. Durch die Unterstützung der Moderatoren sowie die Reflexion der Kooperation nach den inhaltlichen Blöcken soll im Rahmen des Kurses jeder Einzelne seine Kompetenz zur Repräsentation und Kommunikation von Wissen weiter fördern.

■ *Weiterentwicklung der Kompetenz zur eigenverantwortlichen Zielsetzung und Evaluation des Wissens.* Letztendlich können all diese Kompetenzen nur erreicht werden, wenn die Teilnehmer befähigt werden, sich eigenverantwortlich Lernziele zu setzen und deren Erreichen zu bewerten. Dies gilt sowohl für das Lernen als Einzelperson als auch für das Generieren von Wissen in der Gruppe. In jedem Modul müssen die Teilnehmer durch die persönliche inhaltliche Fokussierung Entscheidungen treffen, die ihr Lernziel betreffen. Am Ende jedes Moduls erhalten die Lernenden ein ausführliches schriftliches Feedback sowie eine Vergleichslösung, anhand derer sie überprüfen können, ob ihre persönlichen Lernziele erreicht wurden.

Das eben beschriebene didaktische Geflecht, durch welches sich die Konzeption des Seminars „Einführung in das Wissensmanagement" auszeichnet, zeigt ebenfalls auf, wie stark der Kurs an den Grundprinzipien des problemorientierten Lernens orientiert ist, welches eine tatsächliche *Nutzung des Wissens,* das im Laufe des Kurses aufgebaut werden konnte, gewährleisten soll[100]. So wird über den gesamten Kursverlauf hinweg die *Aktivität der Teilnehmer* abverlangt, ohne welche kein befriedigender Lernerfolg in diesem Kurs erreicht werden kann. Gleichzeitig wird jedoch auch ausreichend *instruktionale Unterstützung* geboten – durch die Darreichung von Textmaterial, durch die Auswahl der Fälle und durch die Unterstützung der Gruppen durch die Moderatoren, welche dafür sorgt, dass die Teilnehmer von der plötzlichen Forderung nach eigenständiger Gruppenarbeit nicht *über*fordert werden. Die Teilnehmer lernen anhand von authentischen Fällen aus der Praxis, welche nicht lehrbuchartig als Beispiele dem zu Lernenden voranstehen, sondern das Fundament des Lernens darstellen. Durch dieses Element kann auch das Prinzip der *authentischen Problemsituationen* als erfüllt betrachtet werden. Die Gestaltung der Fälle sorgt zudem für eine Betrachtung der Inhalte aus *unterschiedlichen Kontexten und multiplen Perspektiven.* So wird das Thema Wissensmanagement durch die Bearbeitung der Fälle aus unterschiedlichen Perspektiven, wie z. B. aus Beratersicht, aus Sicht der Firmenleitung oder aus Sicht von Mitarbeitern ebenso beleuchtet wie in diversen relevanten Kontexten – z. B. Fusionen, Datenbanken mit Kundenwissen oder Informationsveranstaltungen. Ein solches Anwenden von erlernten Grundprinzipien auf unterschiedliche Situationen und Problemstellungen aus unterschiedlichen Perspektiven macht das Wissen später flexibler einsetzbar und bleibt nicht auf der Ebene des auswendig gelernten Faktenwissens stehen. Das Prinzip des *sozialen Kontextes* konnte bereits an einigen Stellen der Kursbeschreibung entdeckt werden. Durch die gemeinsame Diskussion in den Kleingruppen bleiben die Lernenden

---

100 vgl. Stark, Schnurer & Mandl, 2002

nicht auf sich alleine gestellt, sondern entwickeln neue Ideen, übernehmen Gedanken-
gänge von anderen und spinnen so gemeinsam ein synergetisches Netz an neuem Wissen, das in ähnlicher Form in komplexen Domänen durch Einzelarbeit nicht erreicht
werden kann.

Die Darstellung des komplex gesponnenen didaktischen Designs des Kurses „Einführung in das Wissensmanagement" macht klar, dass die Konzeption von
problemorientierten Lernumgebungen keiner vorgegebenen Checkliste folgen kann.
Vielmehr ist eine sinnvolle Kombination verschiedener möglicher Elemente auf der
Basis eines aktiven Bildes des lernenden Individuums nötig, welche die Mitarbeit von
pädagogischen Fachexperten nicht nur ratsam, sondern zwingend notwendig macht.

2.4.5 Zusammenfassung und Schlussbetrachtung

Wissensmanagement muss im Unternehmen wie auch bei Individuen konkreten Zielen
folgen. Ein mögliches strategisches Ziel von Wissensmanagement kann dabei der Kompetenzerwerb sein. Kompetenz kann hierbei nicht als ein konkreter zu erlernender
Gegenstand betrachtet werden, sondern muss vielmehr als ein komplexes System von
Voraussetzungen für Leistung verstanden werden, das durch Übung und Lernprozesse
beeinflusst werden kann.[101] Wenn nun Kompetenzaufbau im Mittelpunkt von Wissensmanagement-Aktivitäten stehen soll, erhält der Baustein der Wissensgenerierung ein
besonderes Gewicht. Lernprozesse wiederum sollten im Rahmen betrieblicher Weiterbildung so gestaltet werden, dass eine möglichst effektive Wissensnutzung gewährleistet
werden kann. Diesem Anspruch werden jedoch traditionelle Formen des Lehrens- und
Lernens nicht gerecht. Das Konzept des *problemorientierten Lernens* scheint für diesen
Zweck Erfolg versprechender zu sein. Das virtuelle Seminar „Einführung in das Wissensmanagement" der LMU München stellt ein Beispiel für eine kompetenzorientierte
Weiterbildung zum Thema Wissensmanagement dar, welches auf problemorientierten
Grundprinzipien aufgebaut ist. Die bisher durchgeführte formale Evaluation des Kurses
wie auch persönliche Gespräche mit ehemaligen Teilnehmern lassen folgende Schlussfolgerungen über die Qualität des Kurses zu: Obgleich vor allem zu Beginn des Kurses
einige Teilnehmer über den hohen Aufwand der Gruppenkoordination klagen, wendet
sich die Meinung über diesen Aspekt gegen Kursende und vor allem danach nochmals
deutlich. In bisherigen Nachbefragungen wurde klar, dass vielen Teilnehmern erst nach
Rückkehr in den „Alltagstrott" klar wird, wie effizient diese Art des Trainings für die
Praxis ist – sowohl für studentische als auch für berufstätige TeilnehmerInnen. Ohne den
Kurs wären laut Aussagen der Teilnehmer in aktuellen Projekten Problemfelder erst gar
nicht erkannt, wichtige systemische Aspekte, die bei der Problemlösung zu beachten
waren, nicht berücksichtigt oder ohne weitere Reflexion das bisherige Standardvorgehen

---

101 vgl. Mandl & Krause 2002

durchgeführt worden. Dies sind erste Indizien dafür, dass das problemorientierte Konzept des Kurses genau das erreicht hat, was Ziel der Konzeption war: den Aufbau von Handlungskompetenz für Wissensmanagement auf der Basis fundierter Grundlageninformationen zum Themenbereich.

2.5 Expertise im Kompetenzmanagement

Heinrich Wottawa

„Kompetenzmanagement" und „Wissensmanagement" sind Begriffe, die immer wieder in den Unternehmen aktuell werden. Schließlich herrscht Konsens, dass im internationalen Wettbewerb nur jene Unternehmen erfolgreich sein können, denen es gelingt, das Wissen und die Kompetenz ihrer Mitarbeiter optimal aufzubauen und zu nutzen.

Gleichzeitig herrscht aber, sowohl in der Wissenschaft als auch in der Praxis, eine erstaunliche Begriffsvielfalt. Die „Kompetenzdatenbanken" in Unternehmen reichen von simplen Dateien mit den Inhalten der traditionellen Personalbögen bis hin zu umfangreichsten Detailerfassungen über die Kenntnisse der Mitarbeiter, und manchmal hat man den Eindruck, dass das „Wissensmanagement" sich damit begnügt, den Mitarbeitern die Möglichkeit zu geben, ihr Wissen in verbaler Form in eine Datenbank zu stellen (erstaunlich oft wird nicht einmal gefragt, warum sie dies eigentlich wollen und tun sollten!).

In den folgenden Abschnitten wird versucht, eine gewisse Struktur in dieses Feld zu bringen und zu zeigen, wie insbesondere die spezielle Kompetenz von Experten sowohl für den Aufbau interessanter Kompetenzdatenbanken (im Sinne des Wissensmanagements) als auch für die effiziente Nutzung von klassischen Kompetenzdatenbanken für das Finden von für spezielle Aufgaben besonders geeigneten Personen IT-gestützt genutzt werden kann.

2.5.1 Was sind Kompetenzen?

Zu diesem Begriff gibt es eine Vielzahl von Definitionen.[102] Ein allgemeiner Konsens scheint darin zu bestehen, dass Kompetenzen Eigenschaften von *einzelnen Personen* sind (was zur Folge hat, dass sie mit der Gehirnfunktion der einzelnen Menschen verbunden sein müssen) und in irgendeiner Weise für das Bewältigen von (berufsrelevanten) Aufgaben nützlich sind.

---

102 vgl. z. B. Gaugler (1987); Schmiel (1988); Greenspan & Gransfield (1992); Häcker & Stapf (1998); Franke (2001)

Eine Strukturdarstellung, in der die für (berufliches) Handeln entscheidenden Komponenten zusammengefasst sind, ist das Paradigmamodell[103], das in etwas gröberer Form in Abbildung 1 dargestellt ist.

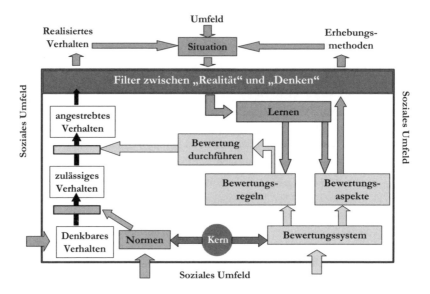

Abbildung 1: Grundlagen des Paradigma-Modells

Geht man von diesem Modell aus, so ist in einer konkreten Situation eine Entscheidung zwischen verschiedenen Verhaltensalternativen erforderlich. Diese müssen möglichst kompetent umgesetzt und die damit gemachten Erfahrungen, sofern sich das Individuum systematisch optimieren möchte, für einen Lernprozess nutzbar gemacht werden. Damit ergeben sich auch die drei wichtigsten Kompetenzbereiche:

1. Entscheidungskompetenz

Hierzu gehört, gemäß dem Ablauf auf der „linken Seite" von Abbildung 1, zumindest:

---

103 siehe z. B. Letzing & Wottawa (2002)

- das Wissen um mögliche, denkbare Verhaltensweisen, zwischen denen man sich entscheiden kann,
- das Wissen um Normen, die in der jeweiligen sozialen Situation als „Filter" anzusetzen sind,
- das Wissen um Regeln, nach denen zwischen verschiedenen zulässigen Verhaltensweisen auszuwählen ist, und
- das Wissen um Fakten, die bei der Ausführung der Handlung zu beachten sind.

Als Beispiel würde das für die konkrete Aufgabe „Erstellen eines Angebotes für eine Beratungsleistung" bedeuten, dass man zunächst wissen muss:

- welche vielfältigen Gestaltungsmöglichkeiten von Angeboten im Unternehmen überhaupt denkbar sind,
- nach welchen Kriterien (Normen der eigenen Person oder des Unternehmens) ein Teil davon als nicht zulässig erscheint (z. B. das Versprechen von Terminplänen, die nicht einzuhalten sein werden),
- welche Regeln die Auswahl und die zulässigen Varianten der Angebotserstellung steuern (z. B. die Veränderung der einzusetzenden Beträge in Abhängigkeit von der aktuellen Auftragslage des eigenen Unternehmens).

Für die konkrete Ausgestaltung der Inhalte ist dann natürlich eine große Menge von Faktenwissen fachlicher Art erforderlich, etwa bezüglich der dem Stand der Wissenschaft und Technik entsprechenden Vorgehensweise, der dafür optimal einzusetzenden Projektleiter etc.

2. Realisierungskompetenz

Der so „im Kopf" entstandene Handlungsplan ist keineswegs mit der konkreten Handlungsumsetzung identisch. Das, was man sich zunächst einmal dachte, muss konkret umgesetzt werden, was eine Vielzahl weiterer Kompetenzen erfordert, z. B.:

- technische Skills, also Fertigkeiten bei der Umsetzung selbst (Formulierungen, Formatierung etc.),
- Sensibilität für die (antizipierte oder aktuelle) Wirkung auf andere,
- die Kompetenz, die Details der Umsetzung systematisch entsprechend den konkreten aktuellen Gegebenheiten zu optimieren (Adaptativität).

Im Beispiel „Angebotserstellung" sind die Skills relativ einfach (sprachliche Fähigkeiten, Beachtung der üblichen Kriterien für Lesbarkeit etc.). Schwieriger kann es schon sein, antizipativ auf die Reaktion des potenziellen Auftraggebers einzugehen („Wie wirkt es, wenn ich einen kurzfristigen Termin für das Erbringen der Beratungsleistung anbiete?", „Wird es eventuell so aufgefasst, als seien wir nicht ausgelastet und daher am Markt nicht nachgefragt?"). Problematisch kann es auch sein, die Bereitschaft aufzubringen, sich von einem „üblichen" Vorgehen oder von seinem eigenen vorläufigen Entwurf aufgrund des Detailwissens über den Kunden zu adaptieren.

3. Lernkompetenz

Um aus konkreten Erfahrungen lernen zu können, benötigt man Indikatoren für den relativen Erfolg oder Misserfolg einer ausgeführten Handlung („rechte Seite" von Abbildung 1). Es muss beobachtbare, „erlebbare" Größen geben, die eine solche Bewertung nach „Nützlichkeit" zulassen. Damit Lernen tatsächlich erfolgen kann, müssen zusätzlich folgende Kompetenzen gegeben sein:

- die Kompetenz zur Wahrnehmung der tatsächlich eingetretenen Folgen (dem stehen häufig massive Wahrnehmungsverzerrungen entgegen),
- die Kompetenz zur Hypothesenbildung („Warum war das ein relativer Erfolg oder Misserfolg?", „Wie könnte man es eventuell noch weiter optimieren?"),
- die Kompetenz zur Regeländerung – ein sehr schwieriger Vorgang – da sowohl gegen emotionale Barrieren („Warum soll man sich von früher bewährten Regeln lösen?") als auch gegen das Problem des Risikos von durch die Veränderung ermöglichten Fehlern angegangen werden muss,
- besonders bedeutungsvoll ist daher zur Reduktion dieses Fehlerrisikos eine „Prognosekompetenz", also die Fähigkeit, zukünftige Situationen adäquat einschätzen zu können.

Im Beispiel „Angebotserstellung" würde dies im Falle einer Ablehnung des Angebotes durch den Kunden bedeuten, dass man zunächst bereit sein muss, überhaupt die tatsächlichen Gründe zu erfahren (Wahrnehmungskompetenz) und sich z. B. nicht mit dem Grundsatz „Der Kunde hat es eben nicht verstanden" zufrieden gibt.

Hat man mehr oder weniger zutreffende Gründe für die Ablehnung erfahren, müssen auf dieser Basis Hypothesen erstellt werden („Beim Kunden X darf das Angebot nicht zu kompliziert sein, sonst legt er es sofort weg!") und z. B. die bisherige Regel „Wenn Kunden Angebote anfordern, sollen diese so ausführlich sein, dass auch die Details nachvollziehbar sind!" eventuell geändert werden. Dabei stellt sich die Frage, ob die „Hypothese" und die darauf aufbauende Regeländerung auch für zukünftige Angebote zutrifft, oder z. B. nur in dieser einen besonderen Situation eine spezielle Ursache (z. B. zeitlich überlasteter Sachbearbeiter des potenziellen Auftraggebers) vorlag.

Die Unterschiede zwischen Menschen in Bezug auf die hier dargestellten Kompetenzbereiche bzw. eine Teilmenge von diesen sind die Grundlage der üblichen „Kompetenzdatenbanken". Diese können sich (wie heute noch weit überwiegend) auf das Erheben von Faktenwissen („…kennt die Grundsätze unserer Beratungsleistungen") und die Aufzählung der bisherigen Erfahrungen („…hat schon mehrere komplexe Angebote erstellt") beschränken. Zunehmend erfassen modernere Systeme aber auch jene Unterschiede zwischen Personen, die die individuellen Ursachen für bestimmte Verhaltens*tendenzen* sind, z. B.:

■ unterschiedliche Arbeitsstile (zu welchen Verhaltensweisen, zu welcher Art von Umsetzungsleistung oder Umsetzungsfehlern neigt der Einzelne?),

■ die Wahrnehmungskompetenzen (z. B. Sensibilität für schwache Signale),

■ die Lernkompetenzen (z. B. die Anfälligkeit für externale Ursachenzuschreibung von Misserfolgen),

■ die motivationalen Gegebenheiten des Einzelnen (was macht ihm/ihr eigentlich Spaß, welche Verhaltensweisen greift er/sie „freiwillig" und besonders engagiert an?),

■ die unterschiedlichen Entscheidungsstile (z. B. Risikoverhalten, handlungs- versus lageorientiertes Vorgehen) und natürlich

■ die ganz wichtige kognitive Grundlage des Entscheidens (nur wer über für den jeweiligen Aufgabenbereich voll ausreichende Informationsverarbeitungskapazität in seinem Gehirn verfügt, kann schwierige Entscheidungssituationen erfolgreich bewältigen).

Entsprechend der Vielfalt der hier angesprochenen persönlichen Unterschiede sind auch sehr verschiedene Erfassungsmethoden erforderlich. Diese reichen von einer Prüfung des Fachwissens und einer Erhebung von Selbstbeschreibungen über die Durchführung psychologischer Testverfahren im Leistungs- und Persönlichkeitsbereich bis hin zu aufwendigen Verhaltensbeobachtungen, etwa im Bereich von Assessment- bzw. Development-Centern (vgl. Kapitel 3.4). Nur eine umfassende, die für das jeweilige Aufgabenfeld erforderlichen Kompetenzen zumindest weitgehend abdeckende, Kompetenzdatenbank kann eine solide Grundlage für ein modernes Unternehmen sein, den optimalen Einsatz von Mitarbeitern (oder – in analoger Weise – die Auswahl von neuen, für die Aufgabe besonders kompetenten Personen) zu fundieren.

Alle Ansätze, die *nur* auf solchen individuellen Unterschieden aufbauen, vernachlässigen aber das „Verknüpfungsproblem": Nach welchen „Regeln" sind in einer konkreten Situation die richtigen Entscheidungen zu treffen bzw. umzusetzen? Dieses spezielle „Regelwissen" ist charakteristisch für die spezifische Kompetenz von Experten.

2.5.2 Expertenkompetenz

Der entscheidende Unterschied zwischen „Laien" und „Experten" liegt im Allgemeinen nicht im Faktenwissen (es dürften z. B. viele Studienabsolventen über ein breiteres und aktuelleres Wissen im jeweiligen Fachgebiet verfügen, als die meisten seit vielen Jahren erfolgreich berufstätigen Personen in diesem Feld), sondern vor allem in dem Wissen um bewährte „Regeln". Erfolgreiches Wissensmanagement kann daher nie auf der Ebene „Es ist…" (Faktenwissen) stehen bleiben, sondern muss auf „Wenn-dann"-Aussagen (Regelwissen) aufbauen.

Im Beispiel der Angebotserstellung im Abschnitt 2.5.1 würde dies bedeuten, dass nicht (nur) das Wissen um die im Angebot zu beachtenden Fakten oder auch die Kenntnis sehr vieler bereits in der Vergangenheit verfasster Angebote die entscheidende Wissensbasis ist, sondern eine Vielzahl von Regeln, die besagen, in welcher Situation und für welche Zielsetzung (der „Wenn-Teil") welche Art von Angebot und welche Details der Umsetzung des Angebotes (der „Dann-Teil") wahrscheinlich optimal sind. Möchte man daher Wissensmanagement für Angebotserstellung betreiben, sollte nicht eine Vielzahl von Angeboten zur Lektüre ins Netz gestellt werden – auch wenn dies nicht schaden kann (z. B. zur Bereicherung der als denkbar angesehenen Verhaltensmotive) – sondern es sollten insbesondere die bewährten Regeln zur Erstellung optimaler Angebote bekannt gemacht werden.

2.5.3   Ursachen und Probleme fehlender Explikation des Experten-Regelwissens

Wie die Expertenforschung zeigt,[104] sind die Experten aber ohne spezielle Techniken oft nicht in der Lage, ihr „Regelsystem" zu explizieren. Dies hängt damit zusammen, dass am Beginn der Laufbahn meistens die Einschulung durch einen „Vorgänger" auf der Basis des „Lernens durch Nachahmung" erfolgte. Der erfahrene Vorgänger macht etwas vor (manchmal vielleicht sogar mit oberflächlicher Erklärung), der Nachfolger übernimmt nach ausreichend vielen Beispielfällen das implizite Regelsystem des Vorgängers, ohne dass dieses selbst für ihn expliziert wird. Er „weiß" dann einfach, wie man sich in der einzelnen Situation „richtig" verhält.

Findet nach einer solchen Einschulung keine *systematische* Evaluation der getroffenen Entscheidung bzw. Handlungen statt (wie es z. B. im Bereich der Personalauswahl bei schlecht geführtem, auf systematische Evaluation verzichtenden Recruiting der Fall ist), setzt danach das „Lernen durch Wiederholung" ein. Die einmal übernommenen Entscheidungsregeln werden nur dadurch, dass sie immer wieder aufs Neue angewandt werden, immer „selbstverständlicher" und als gültig angesehen. In einem solchen Fall ist das Resultat nicht Expertise, sondern subjektive Erstarrung. Wird hingegen der Erfolg bzw. der Misserfolg der getroffenen Handlungen vom Entscheider rezipiert und liegt eine ausreichende Kompetenz zur Regeländerung (siehe oben) vor, entsteht durch „Lernen am Erfolg/Misserfolg" eine systematisch zunehmende Handlungskompetenz, ohne dass die dabei entstehenden veränderten bzw. ganz neuen „Regeln" jemals expliziert werden müssen. Dies ist der Grund für die fehlende Kenntnis der meisten Experten über ihr eigenes Regelsystem.

Die Probleme solcher nur impliziter Regelsysteme liegen in:

---

104 vgl. Wottawa, Krumpholz & Mooshage (1982)

■ der fehlenden Evaluierbarkeit einzelner Regeln (man kann zwar feststellen, wann der Experte sich richtig oder falsch verhalten hat, aber diese Erfahrung nicht unmittelbar auf die im Einzelfall zugrunde liegende Regel zurückführen und damit auch nicht gezielt an einer Veränderung gerade dieser Regel arbeiten) und

■ der sehr schwierigen Weitergabe des erworbenen Wissens, die eben in einem solchen Fall nur nach dem „Lernen am Modell", wie eingangs dargestellt, erfolgen kann. Besonders gravierend sind die negativen Auswirkungen der impliziten Regeln, wenn man bemüht ist, im Rahmen eines Wissensmanagements solche Regeln erfassen oder gar automatisieren zu wollen (man kann nichts programmtechnisch umsetzen, dessen interne logische Struktur man nicht kennt).

Es gibt wegen dieser Probleme insbesondere im Bereich der psychologischen Diagnostik schon seit langem Versuche, das Expertenwissen zu explizieren. Dabei wurden sehr unterschiedliche Techniken eingesetzt.

2.5.3.1 Explikation des Expertenwissens auf der Basis von Expertenaussagen

Die ersten Ansätze[105] bauten dabei auf der Methode des „lauten Denkens" auf. Der Experte wurde gefragt, warum er sich in einer konkreten Situation wie entschieden hat, und seine Begründung als Regel festgehalten. Dabei zeigte sich aber bald, dass es den Experten außerordentlich schwer fiel, sinnvolle Regeln zu formulieren, und dass die Übereinstimmung zwischen ihren verbalen Aussagen und dem tatsächlichen Verhalten keineswegs optimal war.

Es wurde daher nach Techniken gesucht, die Expertenaussagen optimaler zu erfassen. Ein interessanter Ansatz dazu ist die „*Strukturlegetechnik*"[106]. Hier wurden der befragten Person als Arbeitsmittel verschiedene Symbole und Strukturen zu ihrer Nutzung vorgegeben (im Prinzip ähnlich wie die bekannten LISREL-Modelle, aber mit deutlich mehr Operatoren) und versucht, die Aussagen des Experten durch den Untersucher in eine solche Struktur zu bringen, mit entsprechenden Rückfragen an den Experten. Damit konnten wesentlich komplexere und vermutlich der tatsächlichen Denkweise der Experten viel näher kommende Strukturen erhoben werden, als mit der einfachen Methode des lauten Denkens. Das Erfolgskriterium der Strukturlegetechnik, nämlich die Zustimmung des Experten zu dem von Untersucher schließlich mit ihm gemeinsam erarbeiteten Modell, ist allerdings fragwürdig. Die Akzeptanz einer Struktur sagt keineswegs mit Sicherheit aus, dass auch die Verhaltenssteuerung tatsächlich danach erfolgt.

---

105 vgl. Nisbett et al. (1977); Erickson et al. (1978); Deffner (1981); Borstel (1982)
106 Scheele & Groeben (1988)

Ein anderer, vom technischen Aufwand her allerdings viel mühsamerer Ansatz ist die Technik der *Hypothesenagglutination*[107]. Es handelt sich hierbei um eine Interviewtechnik, mit der die „Regelaussagen" von Experten unmittelbar an ihren konkreten Entscheidungen überprüft und solange optimiert werden, bis eine hohe Übereinstimmung zwischen dem so erarbeiteten Regelsystem und neuen, *nicht* für die Erstellung des Modells verwendeten Entscheidungsfällen erreicht wurde. Die Struktur dieses Prozesses ist in Abbildung 2 dargestellt.

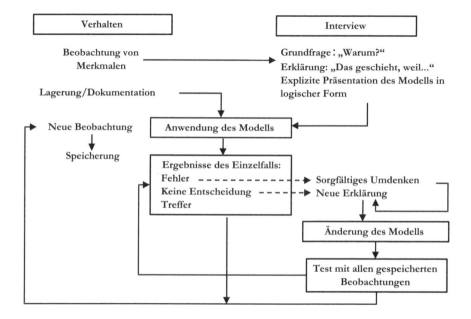

Abbildung 2:   Das Vorgehen bei Hypag-Structure zur Erarbeitung expliziter Modelle für implizite Entscheidungsprozesse

Voraussetzung für diese Technik ist, dass:

■ eine größere Menge (den bisherigen Erfahrungen nach über 100) ausführlich dokumentierter Entscheidungsfälle vorliegt, die den repräsentativen Überblick über das zu modellierende Arbeitsgebiet darstellt,

---

107 Hypag-Structure, Wottawa 1987

- der Experte äußerst kooperativ ist, da ohne seine Bereitschaft, seine einmal genannten Regeln infrage zu stellen und selbst zu modifizieren, kein Erfolg möglich ist,
- relativ viel Zeit des Experten zur Verfügung steht (für die Durcharbeitung von ca. 100 Beispielfällen etwa zehn Stunden, verteilt auf fünf bis acht Termine),
- sehr kompetente „Interviewer" die Erhebung durchführen,
- eine ausreichende Anzahl weiterer, nicht für die Modellerstellung verwendeter, ebenso ausführlich dokumentierter Entscheidungsfälle für die Validierung des Modells zur Verfügung steht.

Ein typischer Anwendungsfall für diese Technik war etwa das Erfassen des Verschreibungsverhaltens von Ärzten für ausgewählte Krankheitsbilder, das im Auftrag einer pharmazeutischen Firma ausgeführt wurde. Grundlage für die Modellerstellung waren die Krankenblätter, die in großer Anzahl (und ausführlich dokumentiert) zur Verfügung standen. Der jeweilige Arzt wurde gebeten zu begründen, warum er gerade für den Patienten X eine bestimmte Medikation verordnet hatte. Diese Begründung wurde in eine „Regel" übertragen, deren „Wenn-Teil" die relevanten Befunde über den Kranken enthielt, der „Dann-Teil" war das jeweils verschriebene Präparat.

Diese formalisierte Regel für einen Einzelfall wurde dann dazu benutzt, um an allen in die Untersuchung einbezogenen Krankenblättern zu prüfen, ob der „Wenn-Teil" erfüllt war und wenn ja, ob dann auch tatsächlich der gleiche „Dann-Teil" (die gleiche Medikation) erfolgte. Trat ein „Fehler" auf – war also der Wenn-Teil gegeben, aber der „Dann-Teil" ein anderes Medikament – wurde dies vom Interviewer vorsichtig an den Arzt zurückgemeldet („Ich glaube, ich habe da etwas missverstanden…") und der Arzt um eine Ergänzung/Veränderung der Regel für diesen konkreten neuen Fall gebeten. Die so erstellte neue Regel musste natürlich in allen vorliegenden Fällen auf ihre Gültigkeit geprüft werden, da es ansonsten hätte sein können, dass sie zwar den neuen Fall adäquat beschreibt, aber mit den zurückliegenden Fällen einen „Fehler" zeigt.

Für die Fälle, für welche die erste erstellte Regel nicht passte (es also keine Übereinstimmung mit dem Wenn-Teil gab), wurde dies ebenfalls an den Arzt zurückgemeldet und um die Formulierung einer dafür geeigneten neuen Regel ersucht, deren Verträglichkeit mit den zurückliegenden Fällen neuerlich überprüft werden musste. Dieser Prozess wurde mit 30 Ärzten erfolgreich abgeschlossen, wobei sich die aus der Expertiseforschung typischen Verhaltensmuster der Experten zeigten (z. B. das Begründen der getroffenen Entscheidung mit Passagen aus dem einschlägigen Lehrbuch der Medizin aus dem Bücherregal des Arztes statt mit einer tatsächlich angewendeten „Wenn-Dann"-Regel).

Deutlich wurde auch die sehr große Wichtigkeit des geschickten Interviewverhaltens. Einige der Interviewer mussten ausgetauscht werden, wenn sie aufgrund der vorhergehenden Regelerstellung mit anderen Ärzten selbst zu „kompetent" waren und in ihre Rückfragen an den Experten unbeabsichtigt (z. B. durch die Art der Fragen oder der Tonlage) „Kritik" einfließen ließen.

Diese Technik wurde überwiegend im diagnostischen Bereich eingesetzt, z. B. bezüglich der richtigen Behandlung von Kindern bei Leistungsproblemen[108], bei Personalberatern[109] oder auch im Bereich der Berufsberatung[110]. Das Ergebnismodell dieser letzten Arbeit, zur besseren Übersichtlichkeit in Form eines Flussdiagramms, findet sich in Abbildung 3. Die Informationsbasis waren drei Subskalen eines allgemeinen Intelligenztests (das Leistungsprüfsystem von Horn), daraus die Skalen LPS 3, 4 und 8, ein klassischer Konzentrationstest (Pauli), bei dem die Menge der innerhalb der vorgegebenen Zeit bearbeiteten Aufgaben verwendet wurde (Pauli-Gesamtleistung), ein Test für einfache Rechenaufgaben (Grundrechnen), und ein Verfahren für Angewandtes Rechnen (in Texten eingekleidete Rechenaufgaben). Die Entscheidung war, ob eine Empfehlung für die Schulung zum Metallfacharbeiter für den untersuchten Probanden ausgesprochen werden kann.

Außer den objektiven Testdaten wurde auch ein Bewerberinterview geführt, aus dem eine Vielzahl allgemeiner Informationen vorlagen. Dies ermöglichte die Identifkation von „Sonderfällen", z. B. bei Vorliegen von Behinderungen oder erheblichen Sprachproblemen, auf die das allgemeine Entscheidungsmodell von vornherein nicht anwendbar erschien.

Das in Abbildung 3 dargestellte Modell erbrachte Trefferquoten, die typisch für die Erfahrungen beim Einsatz dieser Technik sind. Das Modell wurde zunächst an 71 Personen erarbeitet, dabei zeigte sich naturgemäß (durch die Art der Modellerstellung bedingt) eine hohe Trefferquote, die Übereinstimmung von „Experte" (Diagnostiker) und der Modell-Entscheidung betrug 94,3 Prozent. Viel wichtiger für die Beurteilung der Modellgüte ist die Kreuzvalidierung, also die Anwendung des Modells auf neue, nicht für die Erstellung des Modells bereits herangezogene Entscheidungsfälle. Diese wurde mit 74 Personen durchgeführt und ergab eine Trefferquote von 94,5 Prozent (in beiden Fällen wurden ca. 10 Prozent Sonderfälle vor der Modellanwendung ausgeschlossen).

Generell blieben in verschiedenen Untersuchungen stets etwa 10 bis 15 Prozent „Sonderfälle" übrig (Personen, für die sich innerhalb der vertretbaren Erhebungszeit keine stabilen „Regeln" finden ließen, die einen auf die jeweilige Person passenden „Wenn-Teil" gehabt hätten). Da diese Sonderfälle gerade wegen des Fehlens passender „Wenn-Teile" als solche automatisch auffallen, liegt damit kein „Fehler" vor, sondern die Notwendigkeit einer speziellen, nicht mit dem Routineschema erklärbaren Bearbeitung. Die Übereinstimmung zwischen der Formalisierung der Expertenregeln und dem tatsächlichen Verhalten bei den „Nicht-Sonderfällen" lag generell über 90 Prozent, meist bei knapp 95 Prozent.

---

108 Wottawa, Krumpholz & Mooshage (1982)
109 Jochmann (1984)
110 Empfehlung für die Umschulung „Metallfacharbeiter", Wottawa & Echterhoff (1982)

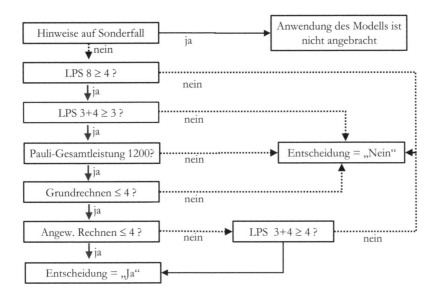

Abbildung 3: Ergebnisse für die Auswahl von Kandidaten, die als Metallarbeiter
umgeschult werden sollen

2.5.3.2 Erstellen von „Expertenregeln" ohne Aussagen von Experten

In Anbetracht des großen Aufwands für die Erhebung des Wissens von Experten durch deren (immer wieder an ihrem tatsächlichen Verhalten überprüften) Aussagen besteht auch Bedarf an Verfahren, die ohne eine solche intensive Gesprächsphase die Expertenregeln zu explizieren gestatten. Die Grundlage dafür sind die für die Entscheidung relevanten Aspekte als „unabhängige" Variablen und die im jeweiligen Einzelfall tatsächlich getroffene Entscheidung des Experten als „abhängige" Variable.

Die üblichen (linearen) statistischen Methoden zur Darstellung von multiplen Zusammenhängen, wie die Regressionsrechnung, Diskriminanzanalyse und dergleichen sind wegen der in solchen Ansätzen stets vorhandenen impliziten Kompensationsstruktur (ein großer Wert in einer Variable kann durch viele kleine oder mittlere Werte in anderen Variablen kompensiert werden) zum Erheben von „Wenn-Dann"-Regeln nicht geeignet. Darüber hinaus ist es so gut wie ausgeschlossen, etwa Regressionskonstrukte in Regeln zu übersetzen, die sich bezogen auf den jeweils einzelnen Anwendungsfall in konkrete menschliche Sprache übersetzen lassen.

Die Verfahren der Wahl sind daher konfigurale Auswertungsmethoden, da sich Konfigurationen immer als „Wenn-Dann"-Regeln auch verbal darstellen lassen. Programme dieser Art gibt es entweder auf der Basis eines schrittweise optimierenden Vorgehens,[111] oder als nicht-sequenzielle Verfahren, die zusätzlich den Vorteil haben, konkurrierende Entscheidungsregeln für Einzelfälle zu erarbeiten. Beispiele dafür sind etwa HYPAG/Search[112] oder TYPAG[113].

Der grundlegende Vorgang ist dabei, dass in der Menge der definierten „unabhängigen Variablen" (entsprechend den potenziellen Eintragungen im „Wenn-Teil") jene Konfigurationen gesucht werden, die eine möglichst fehlerfreie Vorhersage des „Dann-Teils" erlauben. In Abbildung 4 ist das Ergebnis einer solchen Analyse für die Akzeptanz von Offiziersbewerbern bei der Deutschen Bundeswehr dargestellt.[114]

Tabelle 1:   *Trefferquoten des Hypag-Modells für die Beurteilung von Offizierskandidaten*

	Modellprognose (Angaben in Prozent)			
	Original-Stichprobe (N = 3.000)		Kreuzvalidierung (N = 3.377)	
Ergebnis der Untersuchung	Entscheidung möglich	Treffer	Entscheidung möglich	Treffer
++	81	96	79	94
+	79	90	78	89
-	93	99	91	99
Insgesamt	**85**	**96**	**84,5**	**96**

Der „Dann-Teil" war die Einstufung des Eignungsgrades der Bewerber durch die Beurteiler (in drei Kategorien: „++", „+" und „-"). Die in den Wenn-Teilen verwendeten Messwerte waren die Ergebnisse der Bewerber auf den einzelnen diagnostisch relevanten Aspekten. Mit dem Programm HYPAG wurde eine sehr große Zahl von relevanten Konfigurationen gefunden, deren Zusammenfassung eine sehr gute Übereinstimmung zwischen Modell und Expertenurteil ergab (vgl. Tabelle 1). Die dort gefundenen, in der Kreuzvalidierung mit neuen, nicht in die Auswertung für die Modellerstellung aufgenommenen Personen, auch bei hohen Fallzahlen absolut stabilen Trefferquoten, sind ebenfalls relativ typisch für die Möglichkeit, mit solchen konfiguralen Verfahren das

---

111 z. B. die Answer-Tree-Methoden im Programm SPSS; Bühl & Zöfel (2000)
112 Wottawa (1987)
113 Hollmann (1991)
114 siehe Wottawa 1987

System der Entscheidungsregeln von Experten zu erfassen. Voraussetzung ist allerdings die Verfügbarkeit von großen Datenmengen für die Modellerstellung.

Der Nachteil dieser Methode ist, dass für das Erhalten stabiler Regeln relativ große Datenmengen erforderlich sind, deutlich mehr als für die im Abschnitt 2.5.3.1 dargestellten Techniken auf der Basis von Expertenaussagen.

Solche Techniken erlauben es auch, die manchmal sehr langwierige Erarbeitung von Expertenwissen, das „Lernen" von Expertise als solches, durch automatisierte Aufarbeitungen zu unterstützen, evtl. sogar zu ersetzen.

Dazu genügt es, als „Dann-Teil" nicht die Expertenmeinung, sondern den tatsächlichen Erfolg oder Misserfolg von Handlungen (z. B. die Bewährung im Beruf) einzusetzen. Die implizierten Regeln von Experten werden in diesem Fall durch empirisch begründbare und, als Folge der Struktur der Auswertungsverfahren, auch unmittelbar formalisierbare Regeln ersetzt. Ein Beispiel dieser Art geben Wottawa und Oenning (2002).

Die Zielsetzung war, mit Testverfahren die Beurteilung der beruflichen Leistung durch den Vorgesetzten (geteilt am Median, also in die zwei Klassen „überdurchschnittlich" und „unterdurchschnittlich") vorherzusagen. Die Ergebnisse zeigten, dass es mit nur fünf „Regeln" möglich ist, die Beurteilung von 57 Mitarbeitern wie folgt zu beschreiben:

- ■ Bei 43 dieser 57 Mitarbeiter stimmte das Ergebnis der formalisierten Regeln mit dem Vorgesetztenurteil überein,
- ■ nur bei vier Mitarbeitern ergab sich ein „Fehler",
- ■ bei zehn Mitarbeitern war das Ergebnis „nicht entscheidbar" (der „Wenn-Teil" keiner Regel passte).

Würde man jetzt dieses „Expertenmodell" z. B. für die Vorselektion (vor der endgültigen, persönlichen Auswahl) von neuen Mitarbeitern einsetzen, wären zunächst den Bewerbern die entsprechenden Testverfahren vorzugeben (z. B. am PC). Bei einem großen Teil der Bewerber wäre der „Wenn-Teil" mindestens einer Regel passend und damit die „automatische" Prognose einer später guten oder eher schlechten Beurteilung durch den Vorgesetzten möglich (mit der entsprechenden Konsequenz für die Vorselektion). Nur ein kleiner Teil müsste (wegen des Fehlens eines „Wenn-Teiles") auf dieser Stufe der Bewerberauswahl außerhalb dieses Modelles entschieden werden.

Allerdings sind diese Trefferquoten eine Überschätzung der tatsächlich erwartbaren Modellpassung, da die Fallzahlen für eine wirklich aussagekräftige Studie hier zu gering waren. Da im Moment mehrere Projekte mit einer solchen Zielsetzung laufen, werden in Kürze ausreichend viele empirische Erfahrungen zur Bewertung dieses Ansatzes vorliegen. Ältere Arbeiten dazu stimmen durchaus optimistisch.[115]

---

115 z. B. Künzel & Wottawa (1985)

Insgesamt stehen damit sowohl für relativ kleine Datenmengen geeignete Interviewverfahren, als auch für große Datenmengen besonders zeit- und kostenökonomische konfigurale Auswertungstechniken zur Verfügung, um bei Erfüllung der jeweiligen Voraussetzungen die bei den Experten üblicherweise nur impliziten Regelsysteme zu explizieren und damit bezüglich der Einzelregeln evaluierbar, leicht an andere Personen weitergebbar und somit auch insbesondere formalisierbar zu machen. Damit steht im Prinzip die Grundlage für ein Wissensmanagement zur Verfügung, das wirklich „Wissen" (im Sinne der Simulation des „Experten"-Verhaltens in komplexen Situationen) in automatisierter Form ermöglicht.

2.5.4   Nutzung von expliziten Expertenregeln für die Arbeit mit Kompetenzdatenbanken

Unabhängig von den Möglichkeiten des in Abschnitt 2.5.2 beschriebenen „Wissensmanagements" stellt sich die Frage, in welcher Weise automatisiert mit Kompetenzdatenbanken im Sinne von Abschnitt 2.5.1 gearbeitet werden kann. An sich läge es ja besonders nahe, für die automatisierte Bearbeitung gerade die Formalisierung von diagnostischem Expertenwissen zu nutzen.

Derzeit werden Kompetenzdatenbanken häufig nur im Hinblick auf relativ einfaches „Matching" ausgewertet, indem z. B. für bestimmte Positionen erforderliche Kenntnisse definiert werden und anschließend in der Datenbank gesucht wird, welche Personen eben die entsprechenden Kenntnisse aufweisen. Dies mag für sehr einfache Fragestellungen, vor allem im Zusammenhang mit Faktenwissen, durchaus ausreichen. Möchte man aber sowohl die Eignung einer Person für bestimmte Aufgaben umfassend beurteilen, als auch ihre Persönlichkeit, den Arbeitsstil, die Motivation etc. mit einbeziehen (siehe Abschnitt 2.5.1), dann sind entsprechend komplexere, auch die wechselseitige Kompensation von Aspekten berücksichtigende Diagnosesysteme erforderlich.

Systeme dieser Art können nach den in Abschnitt 2.5.2 beschriebenen Verfahren erstellt werden. Verfügt man bereits über ausreichende Expertise für solche Entscheidungen, kann diese mit den dort dargestellten Methoden expliziert werden. Liegen solche fundierten Expertenmeinungen noch nicht vor, liegt es nahe, die Datenauswertung auf dem relativen Erfolg der Personen in einzelnen Positionen, Aufgaben oder Verwendungen aufzubauen. Dies setzt neben der (in deutschen Unternehmen leider manchmal sehr schwierigen) objektiven Erfassung des relativen „Erfolges" der Einzelpersonen ein systematisches Lernen voraus. Es müssen also systematisch solche Bewährenskontrollen durchgeführt und mit entsprechenden Methoden ausgewertet werden.

Technisch ist dies mit den verfügbaren Verfahren kein Problem, allerdings ist ein solcher erfahrungswissenschaftlicher Ansatz für viele mit Personalentscheidungen beauftragten Personen ungewohnt. Man gewinnt manchmal den Eindruck, dass das Vertrauen auf die eigene unreflektierte „Intuition" ein erheblicher Bestandteil des Selbstwertgefühls solcher Entscheidungsträger sein könnte. Hier ist zu hoffen, dass gerade die DIN 33430 („Berufsbezogene Eignungsbeurteilung") eine Basis schafft, um die bestehenden Möglichkeiten der Erhöhung der Rationalität und Treffsicherheit von Personalentscheidungen unter Nutzung von Kompetenzdatenbanken weiter zu optimieren.

2.6 Kompetenzmanagement mit dem Siemens Kompetenzmodell

Christoph Sanne

Im vorliegenden Beitrag wird das Kompetenzmodell der Siemens AG vorgestellt, in dem weltweit gültige Anforderungskriterien festgeschrieben und in bestehende Führungssysteme und -instrumente integriert wurden. Die Entwicklungsschritte der Konzept- und der Implementierungsphase werden beschrieben, Anwendungserfahrungen aus Sicht der Personalorganisation und der Führungskräfte kritisch beleuchtet. Insgesamt zeigen die bisherigen Erfahrungen die überzeugende Weiterentwicklung des Siemens Führungssystems auf, die neben personalfachlichen Kriterien konsequent Anwenderbedürfnisse in die Konzeption des Kompetenzmodells einbezogen hat.

2.6.1 Die Führungsinstrumente der Siemens AG

In mehreren Schritten hat Siemens das integrierte Führungssystem EFA (Entwicklung, Förderung, Anerkennung) aufgebaut (siehe Abbildung 1). Seit der Einführung des Mitarbeitergesprächs 1977 steht der intensive Dialog zwischen Mitarbeiter und Führungskraft über Arbeitsergebnisse, Analyse positiver und negativer Einflussfaktoren auf die Leistung und Folgerungen für die weitere Zusammenarbeit im Zentrum aller Neuentwicklungen einzelner Führungsinstrumente. Knapp 20 Jahre später wurden die heute gültigen Prinzipien des EFA-Prozesses im Unternehmen eingeführt. Neben der Schaffung eines neuen funktionalen Ordnungsrahmens und der Flexibilisierung des Einkommenssystems im übertariflichen Bereich stand die Integration der Führungs- und Förderprozesse im Vordergrund.

Die Kernanforderungen an ein modernes Führungssystem:

- Konsistenz von Führungs- und Förderprozessen,
- Kompetenzmanagement und Zielvereinbarung als Bezugssysteme der individuellen Leistungsoptimierung,

■ Verzahnung von Performance- und Potenzialeinschätzungen mit Einkommens- und Fördermaßnahmen

wurden umgesetzt. Der Dialog im EFA-Gesprächsprozess wurde nun dreistufig aufgebaut. Einem vorbereitenden Gespräch zwischen Führungskraft und Mitarbeiter folgt die EFA-Runde, in der mehrere Führungskräfte einer unternehmerischen Einheit ihre Mitarbeiter unter Moderation der Personalorganisation durchsprechen. Im dritten Schritt schließt sich das eigentliche EFA-Gespräch an. Die Dreistufigkeit des Gesprächsprozesses sichert die optimale Einbindung der Mitarbeitervorstellungen in den Förderprozess ebenso wie den Quervergleich und die Objektivität bei Leistungseinschätzungen und Fördermaßnahmen.

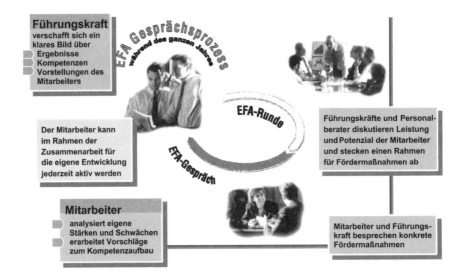

Abbildung 1:　Der EFA-Gesprächsprozess im Überblick

Neben dem intensiven Dialog auf mehreren Ebenen wird damit das zweite Prinzip unseres Führungssystems, ein hohes Commitment von allen Beteiligten zu den vereinbarten Zielen und Maßnahmen zu erreichen, gefördert.

2.6.2 Die Rolle des Siemens-Kompetenzmodells im EFA-Prozess

Für einen offenen Dialog wie für ein verbindliches Commitment zwischen Führungskraft und Mitarbeiter ist eine „gemeinsame Sprache" vor allem im Bereich der Anforderungen und Kompetenzen von herausragender Bedeutung. Sie ist wichtig bei der Beschreibung der Anforderungen an die gegenwärtig ausgeübte und die zukünftig angestrebte Funktion, bei der Analyse der Zielerreichung und den zugrunde liegenden Erfolgsvoraussetzungen in der Person sowie bei der Vereinbarung von Maßnahmen zum Kompetenzaufbau. Ein Kompetenzmodell mit klaren Gliederungsprinzipien und einem mehrgliedrigen Strukturprinzip erleichtert die Führungsaufgabe und präzisiert die Entwicklungsziele des Mitarbeiters.

Die Struktur des Siemens-Kompetenzmodells

Das Siemens-Kompetenzmodell, welches in Abbildung 2 dargestellt ist, unterscheidet auf der ersten Gliederungsebene „Kenntnisse", „Erfahrungen" und „Fähigkeiten". Dieses Gliederungsprinzip stellt sicher, dass in unserem durch technische Innovationen erfolgreichen Unternehmen die wissensbasierten Erfolgsvoraussetzungen nicht gegenüber einer rein auf Verhalten ausgerichteten Personenbetrachtung ins Hintertreffen geraten. Die Wertschätzung erfahrungsorientierter Komponenten trägt der hohen Komplexität unserer Anforderungssituationen wie auch der Nachhaltigkeit der Geschäftstätigkeit Rechnung.

Viele Funktionen, etwa im Projektmanagement, im Service und in manchen Vertriebsbereichen gewinnen ihr Gewicht auch mit Hilfe von Problemlösungsstrategien, die auf ähnlichen früheren Erlebnissen und Erkenntnissen aufbauen können. Darüber hinaus lässt sich sicher festhalten, dass den systemischen Beziehungen der einzelnen Kompetenzdimensionen untereinander ein potenziell hoher Grad an valider Erfolgsprognose und Erfolgsanalyse zuzuschreiben ist, ohne dass ein herkömmliches Kompetenzstrukturmodell dieses vermutete Potenzial mühelos ausschöpfen könnte.

Auf der Seite der Fähigkeiten sind 17 Verhaltensdimensionen voneinander abgegrenzt. Sie lassen sich wiederum vier komplexen Führungsfähigkeiten zuordnen, auf die noch gesondert eingegangen werden soll. Für jede der 17 Fähigkeiten sind eine Definition und eine Reihe von zugeordneten Verhaltensbeispielen entwickelt worden. Die Entwicklung der Verhaltensbeispiele erfolgte im Rahmen mehrerer fruchtvoller Begegnungen zwischen eignungsdiagnostisch-wissenschaftlichen Beratern und pragmatisch orientierten Führungskräften des Unternehmens.

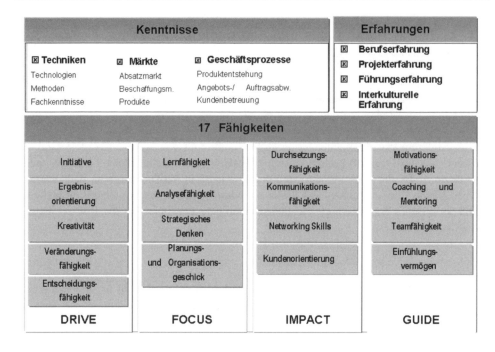

Abbildung 2: Das Siemens-Kompetenzmodell

Das Ziel, Führungskräften und Mitarbeitern klare Orientierungsmöglichkeiten bei der Beschreibung von Anforderungen und Kompetenzen anzubieten, war vorrangig gegen-über der Entwicklung eines Expertensystems. Bewusst wurde das Alltagsverständnis der Führungskräfte und Mitarbeiter von einzelnen Fähigkeiten in die Beschreibung der Verhaltensbeispiele integriert, um so die Akzeptanz des Gesamtsystems zu steigern. Somit eignen sich die Verhaltensbeispiele als „Rohmasse" für Fragebogen- und Checklistenitems, Durchsprache- und Beobachtungskriterien sowie Interviewfragen vergleichsweise gut, während für die Konstruktion eher testtheoretisch fundierter Ver-fahren häufig eine eigene Dimensionsstruktur verwendet werden muss, die dann auf die „Oberfläche" des Siemens-Kompetenzmodells ausgerichtet wird. Im Sinne dieser prag-matischen Orientierung an der Zielgruppe wurde auch auf eine empirisch fundierte Skalierung von Ausprägungsgraden einzelner Fähigkeiten verzichtet. Dies wird nach Bedarf in einzelnen eignungsdiagnostischen Verfahren oder Kompetenzprojekten einzel-ner Unternehmensbereiche ausgeglichen.

2.6.3 Einsatzbereiche des Kompetenzmodells aus personalfachlicher Sicht

Neben der Nutzung des Kompetenzmodells im EFA-Dialog durch Führungskraft und Mitarbeiter lassen sich eine Reihe von Einsatzfeldern im Rahmen von personalfachlichen Aufgaben beschreiben. Stichworte sind hier Anforderungsprofile im Rahmen von Recruiting- und Developmentprozessen, die Erarbeitung von Auswahl- und Potenzialkriterien im Rahmen der externen und internen Personalauswahl, Competence- und Development-Landscapes zur Karrierenavigation, Kompetenzvernetzung und Knowledgemanagement sowie das strategische Kompetenzmanagement in Ableitung aus geschäftspolitischen Anforderungen und Veränderungen.

Führung einheitlich definieren

Bis 1996 hat Siemens seine Erwartungen an Führungskräfte des Unternehmens in Form von Leitsätzen formuliert. Die Leitsätze unter dem Motto: „Wer führt, trägt Verantwortung – für sein Arbeitsgebiet und für seine Mitarbeiter" definierten in allgemeiner Form einige Standards für „gute Führung" im Geiste des kooperativen Führungsstils, aber orientiert an einem prozessorientierten Führungsmodell. Die Verantwortung der Führungskräfte wurde stark betont. Das mögliche Spannungsfeld zwischen Loyalität gegenüber dem Unternehmen und dem Vertreten der eigenen Überzeugung wurde offen angesprochen. Die Führungsrolle wurde ausdrücklich auch in ihrer sozialen und gesellschaftspolitischen Dimension beschrieben.

Mit der Einführung des Siemens-Führungsrahmens in seiner ersten Version rückte 1996 die Leistungsfähigkeit der Führungskräfte in den Mittelpunkt. Diese wurde auf drei Ebenen („Ziele", „Führungsaufgaben" und „Kompetenzen") mit insgesamt 18 Merkmalen operationalisiert. Dem Erreichen von Geschäftsergebnissen und den dafür notwendigen Voraussetzungen wie Kundenorientierung, Innovationskraft, Produktivität, Wachstum und Prozessoptimierung wurde in dem neuen Instrumentarium große Bedeutung beigemessen. Mitarbeiterführung und Zusammenarbeit wurden als Führungsaufgaben neben Aufgaben- und Selbstmanagement definiert. Neu aufgenommen wurde der Bereich der Führungskompetenzen mit sechs Fähigkeiten und entsprechenden Operationalisierungen. Der Führungsrahmen richtete sich in seiner Bewertungsfunktion an die Leitenden Angestellten und hatte darüber hinaus Orientierungscharakter für alle Führungsfunktionen. Die Leistungseinschätzung erfolgte als Selbst- und Fremdeinschätzung durch den Leitenden Angestellten und dessen Führungskraft. Im EFA-Dialog wurden Selbst- und Fremdbild durchgesprochen und eine gemeinsam getragene Einschätzung erarbeitet.

Im Jahre 2001/2002 wurde der Führungsrahmen auf einer internationalen Basis neu aufgesetzt. Ziele der Neuentwicklung waren:

- Eindeutiger Bezug zum Geschäftserfolg und zu Business-Excellence-Strategien
- Interkulturelle Durchgängigkeit und Akzeptanz
- Enge Anbindung an den Zielvereinbarungsprozess und bestehende Führungssysteme
- Einfache, klar verständliche Standards für exzellente Führung
- Steigerung der Transparenz der individuellen Führungsleistung
- Konsequente Förderung und Personalentwicklung auf der Basis der Führungs-leistung

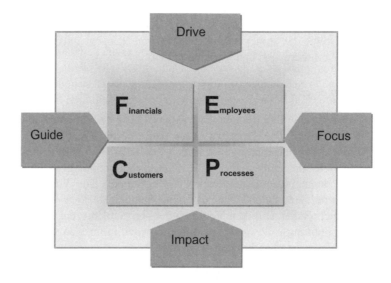

Abbildung 3:   Der neue Siemens-Führungsrahmen auf einen Blick

2.6.4   Die Struktur des neuen Führungsrahmens

Ergebnisse zählen

Führungsverhalten wird in den verschiedenen Kulturen und Regionen dieser Welt unter-schiedlich ge- und erlebt. Aber von allen Führungskräften erwarten wir in ihrem Verant-wortungsbereich einen Beitrag zu hervorragenden Finanzergebnissen, hoch motivierte Mitarbeiter, zufriedene Kunden und effiziente Prozesse. Im Siemens Führungsrahmen sind dementsprechend diese vier Ergebnisfelder definiert (vgl. Abbildung 3). Sie bilden den Rahmen für individuelle, teilweise funktionsspezifische Zielvereinbarungen. Da diese Kategorien auch der Balanced Scorecard zugrunde liegen, wird die Ableitung individueller Ziele aus der strategischen Geschäftsplanung erleichtert. Das Geschäftsmodell und das personalfachliche Instrumentarium ergänzen sich und ermöglichen konsistente Zielkaskadierung. Gleichzeitig erhöhen der Fokus auf die individuelle Zielvereinbarung in den vier Feldern und der Verzicht auf skalierte Standardkriterien das persönliche Commitment der Führungskräfte.

Führungsfähigkeiten aufbauen

Die Fähigkeiten, die die Siemens AG von jeder Führungskraft erwartet, werden mit den Begriffen „Drive", „Focus", „Impact", und „Guide" umschrieben (vgl. Abbildung 4). Drive steht dafür, Initiative zu ergreifen, Focus für das Entwickeln von Erfolgsstrategien, Impact dafür, Partner für das gemeinsame Umsetzen von Ideen gewinnen zu können und Guide für das Führen von Teams. Drive haben Führungskräfte, wenn sie Herausforderungen suchen, neue Geschäftsideen mutig aufgreifen, sich selbst und anderen herausfordernde unternehmerische Ziele setzen sowie Projekte initiieren und zum Erfolg führen. Focus bedeutet, komplexe Zusammenhänge rasch zu durchdringen und erfolgreiche Strategien und Maßnahmenpläne zu entwickeln. Impact beschreibt die Fähigkeit, andere für eine gemeinsame Idee zu begeistern, gezielt und fair Einfluss zu nehmen, in Netzwerken zu arbeiten und für jede Herausforderung die jeweils besten Partner zu finden. Guide befasst sich mit der Personalführung im engeren Sinne. Exzellente Führungskräfte schaffen eine Teamatmosphäre, in der jeder Mitarbeiter ermutigt wird, sich voll und ganz einzubringen.

Die vier Führungsfähigkeiten, entstanden als Destillat aus einer Benchmarkstudie, Managerworkshops in mehr als zehn Ländern und Behavioral-Event-Interviews mit erfolgreichen Führungskräften, sind nicht als eignungsdiagnostisch „reine" Merkmale zu betrachten. Sie sind in sich mehrdimensional und bilden bewusst das pragmatische Führungsverständnis des Managements ab. Typisch ist die Mischung aus kompetenzbezogenen und strategieorientierten Definitionsmerkmalen. Die vier Leitbegriffe sollen ein möglichst intuitives Verstehen der personbezogenen Voraussetzungen für die Übernahme von Führungsfunktionen ermöglichen und den gemeinsamen Dialog zwischen Management und Managementnachwuchs sowie die individuelle Orientierung bei der eigenen Karriereentwicklung erleichtern. Von der Einstellung neuer Mitarbeiter bis zur Besetzung von unternehmensinternen Schlüsselfunktionen werden die Führungsfähigkeiten mit ihren Definitionsmerkmalen und Verhaltensbeschreibungen als Entscheidungs- und Förderkriterien herangezogen und Einstellungsinterviews, Assessment-Center-/Development-Center-Verfahren, Führungskräftetrainings und interne Management Audits auf diese Merkmale ausgerichtet.

Drive, Focus, Impact und Guide sind nicht als stabile Persönlichkeitsdispositionen zu verstehen, sondern als personbezogene Leistungsvoraussetzungen und Potenzialfaktoren für die Bewältigung von Führungsaufgaben. Sie lassen sich auf der Basis individuell unterschiedlicher Ausgangspositionen in Auseinandersetzung mit herausfordernden Aufgaben weiterentwickeln und optimieren. Sie sind auch das Ergebnis berufssozialisie-render, interaktionaler und situationaler Wirkungen. Somit stellt sich nicht nur die An-forderung für das Unternehmen, auf der Basis der Führungsfähigkeiten geeignete Füh-rungskräfte auszuwählen oder verhaltensbezogene Teilfähigkeiten in den internen Füh-rungskräftetrainings auszubilden, sondern es ist auch gemeinsame Aufgabe von Unter-nehmen und Mitarbeiter, diejenigen Aufgaben und Positionen herauszufinden, in denen die Führungskräfte die individuell vorhandenen Fähigkeiten optimal zur Geltung bringen können.

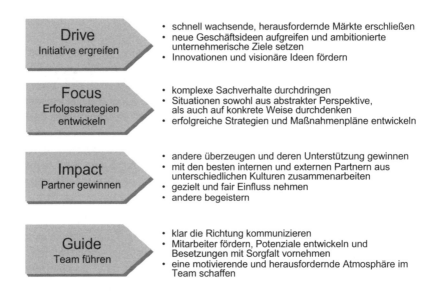

Abbildung 4: Die Führungsfähigkeiten („Capabilities") des neuen Führungsrahmens

Das Feedback der Mitarbeiter

Keine Führungskraft wird ihre Ziele ohne die Begeisterung und das Engagement des eigenen Teams erreichen können. Eine hohe Mitarbeitermotivation ist ein „gesetztes Ziel" im Ergebnisfeld „Mitarbeiter" des neuen Siemens-Führungsrahmens, ähnlich wie Umsatz-, Ergebnis- und Geschäftswertbeitragsziele im Feld „Finanzen". Dazu werden die Mitarbeiter einmal im Jahr direkt zu zehn wichtigen Indikatoren der Mitarbeitermo-tivation befragt (vgl. Abbildung 5).

Nachdem ein sehr enger Zusammenhang zwischen Mitarbeitermotivation und Führungs-verhalten besteht, messen wir Führungsleistung ergebnisorientiert dort, wo sie ankommt, bei den direkt zugeordneten Mitarbeitern. Datenquellen sind entweder eine online-Mitarbeiterbefragung oder das Siemens-Führungsgespräch als moderierter Bottom-up-Feedbackprozess. Da neben der Führungsleistung natürlich auch Rahmenbedingungen, z. B. Umorganisationen, wirtschaftliche Rahmendaten etc., und statistische Effekte die Befragungsergebnisse beeinflussen, wirken die Befragungsergebnisse nicht direkt auf die Bewertung der Führungsleistung ein, sondern sind Quelle für spezifische Zielvereinbarungen und Nachweis für die jeweilige Zielerreichung.

1.	Ich bin **sehr überzeugt** von unseren Zielen/Mission.
2.	Ich weiß, welchen **Beitrag** ich **zu den übergeordneten Zielen leiste**.
3.	Die **Erwartungen**, die an mich gestellt werden, sind mir **klar**.
4.	Meine Führungskraft **legt großen Wert auf meine Meinung**.
5.	Ich habe für meine Tätigkeit **ausreichende Informationen und Arbeitsmittel**.
6.	Ich habe die Möglichkeit, **meine Fähigkeiten voll einzubringen**.
7.	Wir legen **besonderen Wert auf Qualität**.
8.	Meine Führungskraft gibt mir **sehr hilfreiche Rückmeldungen**.
9.	Ich sehe **gute Möglichkeiten, mich** im Unternehmen **weiterzuentwickeln**.
10.	Meine Führungskraft bemüht sich, auch meine **persönlichen Interessen** zu **berücksichtigen**.

Abbildung 5:   Das Feedback der Mitarbeiter zur Führungsleistung

2.6.5   Führungsinstrumente und Kompetenzmodell als Bezugsrahmen für Projekte des Kompetenzmanagements

Das oben beschriebene Führungssystem stellt für Projekte im Bereich des Kompetenzmanagements den Bezugs- und Ordnungsrahmen dar. Hier lassen sich normative, strategische, diagnostische und prozessbezogene Unterscheidungen treffen. Der Führungsrahmen stellt, wie schon ausgeführt, auch eine Art generalisiertes Anforderungsprofil an Führungsfunktionen des Hauses dar, das natürlich für konkrete Positionen spezifiziert wird. Führungsrahmen und Kompetenzmodell liefern die Struktur und die Inhalte für diagnostische Verfahren und Instrumente der Kompetenzmessung. Der EFA-Gesprächsprozess stellt das Setting bereit, indem die individuelle Einschätzung von Kompetenzen und notwendige Maßnahmen des Kompetenzaufbaus zwischen Führungskraft und Mitarbeiter durchgesprochen und geplant werden. Die Prozesse des Kompetenzmanagements erhalten dabei im EFA-Gesprächsprozess wachsende Bedeutung und werden zunehmend mit den strategisch ausgerichteten qualitativen Personalplanungsprojekten vernetzt.

3 Ausgewählte Anwendungsbeispiele zur Kompetenzentwicklung

3.1 „Change" im Unternehmen – am Beispiel der Führung auf Distanz

Lutz von Rosenstiel

3.1.1 Geplanter Wandel in Organisationen

Es ist fast zum Ritual geworden darüber zu sprechen, dass nichts so stabil sei wie der Wandel. Tatsächlich findet sich in einer Vielzahl von Bereichen gesellschaftlichen Lebens, insbesondere aber in den Organisationen der Wirtschaft, ein sich beschleunigender Wandlungsprozess, der ganz unterschiedliche sich ergänzende Ursachen hat. So sei exemplarisch hingewiesen auf die Globalisierungsprozesse, die letztlich eine Endgrenzung darstellen[116] und einerseits zu einer vermehrten internationalen Zusammenarbeit führen, andererseits aber auch zu einer dramatisch verstärkten Wettbewerbssituation, die keineswegs nur für die Gütermärkte, sondern auch für die Rohstoff-, die Personal- und die Finanzmärkte gilt. Wandel wird aber auch dadurch notwendig, dass die technologische Entwicklung – insbesondere die Elektronisierung von Arbeitsprozessen – dazu führt, dass zum einen Ort und Zeit der Arbeit nahezu beliebig werden und auf dem Arbeitsmarkt die Konkurrenz sich nun weltweit aufstellen kann und zum anderen nahezu alle Geschäftsprozesse bis hin zur Beziehung des Unternehmens zu seinen Zulieferern, Partnern und Kunden elektronisiert wird. Veränderungsprozesse werden aber auch aufgrund der steigenden Komplexität der Aufgaben angestoßen, die zur Notwendigkeit führen, in zeitbegrenzt arbeitenden interdisziplinär zusammengesetzten Teams die Aufgaben zu erledigen, aber auch aufgrund einer sich verschärfenden ökologischen Bedrohung, eines Wandels gesellschaftlicher Werte und einer – in den verschiedenen Bereichen der Erde höchst unterschiedlichen – demographischen Entwicklung, die zum Teil Horrorszenarien auslöst und zu erheblichem Druck auf die Grenzen der industrialisierten Staaten führt. Die Reihe der Ursachen ließe sich ergänzen und selbstverständlich differenzieren.

---

116 vgl. Steger (1996, 1998)

3.1.1.1 Von den Wurzeln

Betroffen vom Wandel in der Organisation ist selbstverständlich nicht nur das technische, sondern auch das administrative und das soziale System und damit der im Unternehmen arbeitende Mensch. Macht man sich über diesen Gedanken und reflektiert die anthropologische Basis, so lässt sich folgern, dass der Mensch nicht auf rasante Prozesse des Wandels angelegt ist. Als der moderne Mensch als ein Ergebnis des Jahrmillionen währenden Wechselspieles von Mutation und Selektion im Hochland von Afrika vor ca. 500.000 Jahren entstand, da lebte er in einer relativ stabilen Welt, die man geradezu als die „angeborene Umwelt des Menschen" bezeichnen darf. Auf diese hin war er durch den evolutionären Prozess geformt worden, wie der Fisch für das Wasser und der Vogel für die Luft.

Was wissen wir über das damalige Leben unserer Vorfahren? Ihre Welt war stabil; es gab eine geschlechtsspezifische Arbeitsteilung, in der die Männer in organisierten Gruppen auf Großwildjagd gingen und die Frauen in lockeren Verbänden die Fürsorge für den Nachwuchs in einer gefährlichen Umwelt übernahmen und wesentlich durch das Sammeln von Früchten, Wurzeln und Kleintieren zur Ernährung der gesamten Sippe beitrugen[117].

In dieser über viele Jahrtausende nahezu gänzlich stabilen Welt war das Wissen der Älteren, die Lebenserfahrung, von hohem Wert. Der Enkel lebte wie der Vater, wie der Großvater, wie der Urgroßvater und eine lange Reihe von Vorfahren. Erkrankte etwa ein Haustier, so konnte der Enkel den Großvater um Rat fragen, und dieser Rat war hilfreich. Entsprechend wurden die Älteren – soweit sie gesund waren – hoch geschätzt. Es ist ein Preis für die beständige Veränderung zu zahlen, dass sich dies nachhaltig geändert hat. Läuft heute die Enkelin mit den Worten: „Oma, mein PC ist abgestürzt!", zur Großmutter, so sieht diese meist „alt aus".

Trotz der genannten Stabilität der Umwelt war der Mensch – dies hat er mit den höheren Säugetieren gemein – nicht starr über genetisch programmierte Instinktabläufe[118] an diese gebunden. Der Mensch ist – um es mit Nietzsche zu sagen – kein „festgestelltes Tier", sondern er ist durch die Fähigkeit zum Lernen und Denken in der Lage, sich an Veränderungen anzupassen oder gar diese Veränderungen selbst zu gestalten.

Das Lernen ergibt sich – vereinfacht ausgedrückt – aus unmittelbarer und mittelbarer Erfahrung. Die unmittelbare Erfahrung lässt sich letztlich als das Prinzip von Versuch und Irrtum umschreiben. Man meidet künftig Wege, die sich nicht bewährten, und wählt jene, die in der Vergangenheit zum Erfolg führten. Dies als einziges Lernprinzip wäre allerdings im wahrsten Sinne des Wortes „tödlich". Keine „innere Stimme", kein Instinkt, sagt uns, dass der angeblich wohlschmeckende Knollenblätterpilz ein tödliches

---

117 vgl. Bischof & Preuschoft (1980)
118 vgl. Tinbergen (1969)

Gift enthält. Müsste jeder diese individuelle Erfahrung machen, so käme dies einer Katastrophe gleich. Hier hilft die mittelbare Erfahrung, das Nutzen der Erfahrungen anderer. Eltern und Großeltern warnen uns, die Schule gibt uns Hinweise, und letztlich ist das gesamte Bildungssystem unter Einschluss der Hochschulen eine Instanz zur Weitergabe der von der Menschheit gewonnenen Erfahrungen, wobei die Interaktion mit Hilfe von Zeichen und Symbolen, die geschriebene und die gesprochene Sprache, eine zentrale Rolle spielt.

Lernen aber bezieht sich in aller Regel auf Vergangenes. Es wird von gestern auf das Morgen geschlossen. Der Mensch aber kann mehr; er ist zum Denken befähigt. Freud[119] hat in einer geistvollen Weise das Denken als „Probehandeln mit vermindertem Risiko" beschrieben. Wir können also Bestandteile unseres Wissens in der Vorstellung frei in ganz bestimmter Weise kombinieren, uns über die Folgen Gedanken machen, auf diese Weise erkennen, was sich vermutlich bewährt, was in die Sackgassen oder gar in die Gefahr führt, und derartige wenig empfehlenswerte Wege meiden. Das Denken befähigt uns zum begrenzten Blick in die Zukunft und zur Planung. Es eröffnet uns die Möglichkeit, die Welt, in der wir leben, nachhaltig in einer bewussten zielorientierten Weise zu gestalten, wobei freilich – hier zeigt sich wieder die Begrenztheit unseres Denkens – vielerlei Folgen und Nebenwirkungen nicht bedacht werden und es auf diese Weise nicht selten „anders kommt", als es geplant war.

3.1.1.2 Die Sehnsucht nach Stabilität und die Notwendigkeit des Wandels

Wagen wir eine kurze Zwischenbilanz. Durch den Prozess von Mutation und Selektion sind wir auf eine beständige Welt hin angelegt, haben entsprechend den Wunsch nach stabilen Verhältnissen. Unsere Fähigkeit, gestaltend mit der Welt umzugehen, hat jedoch eine Eigendynamik entwickelt, der wir uns schwer entziehen können. Veränderung zieht Veränderungsnotwendigkeiten nach sich. Der Mensch ist durch seine Fähigkeit zum Lernen und Denken in der Lage, sich diesen Veränderungen zu stellen, sich an diese anzupassen oder sogar richtungsweisend einzugreifen. Daraus ergibt sich eine Spannung zwischen dem Wunsch, alles im Vertrauten, im Gewohnten zu halten, und der Notwendigkeit, sich der Veränderungsdynamik zu stellen.

Es wäre allerdings zu kurz gedacht, dem Menschen alle Neugierde, jeden Wunsch nach Neuem, nach Veränderung abzusprechen. Die Entwicklungspsychologie lehrt, dass der Mensch im Zuge seiner Entwicklung zwischen dem Wunsch nach dem Vertrauten und nach Geborgenheit Bietendem und der autonomen Suche nach einer von ihm selbst gestalteten Umwelt pendelt[120]. Der Wunsch nach dem Vertrauten, Geborgenen wird besonders dann stark, wenn wir verunsichert sind, uns nicht geliebt oder geschätzt

---

119 vgl. Freud (1911)
120 vgl. Bischof (1997)

wissen, Misserfolg zu verzeichnen haben, während der Wunsch nach Neuem dann entsteht, wenn wir – neben der körperlichen Reifung – Zuwendung und Liebe erfahren und Erfolgserlebnisse verzeichnet wurden. Entsprechend sucht gerade jener, der in der Familie geliebt wurde und die sich ihm stellenden Aufgaben erfolgreich bewältigte, in der Pubertät einen Weg hinaus aus der primären Geborgenheit, um Neues mit anderen, bislang unbekannten Menschen zu erfahren. Dann aber – etwa im Zuge der Familiengründung und des Aufbaus eines neuen Freundeskreises – sucht er wieder eine relative Stabilität, die ihm das Leben erleichtert.

Wir lernen daraus, dass Not und Verunsicherung keineswegs die besten Quellen für die Veränderungsbereitschaft sind, sondern das Beschreiten neuer Wege leichter fällt, wenn man Erfolge erlebt. Da nun aber vielfach Veränderungsprozesse gerade dann eingeleitet werden, wenn Verunsicherung herrscht, vergangene Wege nicht mehr zum Ziele führen, in den Unternehmen die Gefährdung von Arbeitsplätzen oder gar des Unternehmens insgesamt diskutiert werden, kann man nicht damit rechnen, dass die Betroffenen voller Begeisterung und mit hohem Engagement „auf den Zug der Veränderung" springen. Es ist zwar verständlich, wird aber der Natur des Menschen nicht gerecht, wenn Politiker, Journalisten oder auch Vorstände oder Geschäftsführer großer Unternehmen die mangelnde Veränderungs- und Risikobereitschaft sowie die unzureichende Selbstverantwortlichkeit der Deutschen anprangern und einen Einstellungswandel fordern. Dieser erwächst nicht aus Appellen, auch nicht aus der Angst, sondern der Aufbau von Veränderungsbereitschaft ist eine Managementaufgabe, die darin besteht, Zuversicht zu wecken. Dies ist schwer, denn die Widerstände gegen den Wandel sind meist – vermutlich aus den genannten Gründen – erheblich. Dies ist lange bekannt. Bereits Machiavelli (1469-1527) hat es in seinen Ratschlägen für den „Fürsten" wie folgt formuliert:

„Dabei ist zu bedenken, dass (...) nichts so schwierig zu betreiben, so unsicher in Hinblick auf den Erfolg und so gefährlich in der Durchführung ist als die Vornahme von Neuerungen. Er (der Fürst) hat hierbei all die zu Feinden, für welche die alte Ordnung vorteilhaft ist, und findet nur laue Verteidiger an denen, welchen die neue Vorteile bringen könnte. Diese Lauheit erklärt sich teils aus der Furcht vor den Gegnern... teils aus dem Misstrauen der Menschen, die an das Neue nur glauben, wenn es eine lange Erfahrung für sich hat."

3.1.1.3 Der Mensch als „Opfer" und als „Täter"

Wir haben darauf verwiesen: Der Mensch ist wie kein anderes Lebewesen in der Lage, durch Denken die Welt zu analysieren, Folgen seines Handelns, seiner möglichen Handlungsalternativen in der Vorstellung durchzuspielen, dann begründet zu entscheiden und Weltausschnitte zu gestalten. Dabei ist er einerseits Handelnder, „Täter", andererseits Betroffener, „Opfer", wobei meist eine gerechte Verteilung der Täter- und der Opferrolle nicht gegeben ist. Nun ist es offensichtlich, in der Psychologie vielfach untersucht und bedarf keiner weiteren Begründung: Menschen streben danach, ihre

Situation kontrollieren und das Geschehen voraussehen zu können. Gerade der erwachsene gereifte Mensch ist dadurch gekennzeichnet, dass er, wie Argyris[121] zusammenfassend feststellt, Folgendes anstrebt:

- ■ größere Unabhängigkeit,
- ■ mehr Aktivität,
- ■ einen ausgeprägteren Grad der Kontrolle über die eigene Situation und
- ■ eine längerfristige Zeitperspektive.

Einfach ausgedrückt: Nahezu jeder ist lieber Täter als Opfer.

Bilder vom Menschen, Bilder von der Organisation

Was soeben über den erwachsenen Menschen gesagt wurde leuchtet selbst dem Laien ein und ist für Sozialwissenschaftler selbstverständliches Wissen. Jene Menschen allerdings, die Wandel in Organisationen planen, gehen meist von anderen Vorstellungen aus. Dies verwundert nicht, sind doch die meisten Vorgesetzten in Deutschland Ingenieure, Techniker oder Naturwissenschaftler. Sie haben in der Regel eine kaum reflektierte vorwissenschaftliche Sicht des Menschen und der Organisation „im Hinterkopf", die weitgehend unreflektiert für ihr Handeln ausschlaggebend ist. Derartige Vorstellungen werden häufig als Bilder – Bilder der Organisation[122] bzw. Menschenbilder – oder als Metaphern[123] bezeichnet. Für den technisch oder naturwissenschaftlich vorgeprägten Entscheider ist daher der Mensch häufig ein rationales Wesen, das im Sinne eines „homo oeconomicus" nach der Maximierung seines ökonomischen Nutzens strebt und ansonsten wie eine komplexe Maschine – „homme machine" – zu deuten ist. Er ist gewissermaßen ein „Rädchen im Getriebe", und das Zahnrad muss man ja bekanntlich nicht fragen, wenn es versetzt werden soll. Entsprechend ist – etwas überspitzt formuliert – auch die Organisationsmetapher bei derartigen Entscheidungen häufig die Maschine. Drehen die großen Zahnräder sich langsam, so müssen die kleinen sich notwendigerweise rasch bewegen; ist eines abgenutzt, so muss es repariert oder ausgetauscht werden, und wenn die Gesamtmaschine veraltet ist, so ist eine gänzliche Neukonstruktion erforderlich. Der Ausdruck „Business Reengineering" für derartige Gestaltungsprozesse ist verräterisch.

Die Metapher kann dabei auch zur Erklärung der Strategie einer Änderung dienen. Hält man die Organisation für eine Maschine, so wird man anders an sie herangehen, als wenn man darin z. B. eine Familie, eine politische Arena, ein soziales Netz oder eine Kultur sieht[124]. Kennzeichnend für Veränderungsstrategien, die von den soeben be-

---

121 vgl. Argyris (1975)
122 vgl. Weinert (1995)
123 vgl. Morgan (1997)
124 vgl. Neuberger (1989)

schriebenen Bildern oder Metaphern getragen werden, ist die so genannte „Strategie des Bombenwurfs"[125].

Die Strategie des Bombenwurfs

Die Wortwahl ist aussagestark. Nahezu jeder wird sich vorstellen, wie ein Veränderungsprozess, den man umgangssprachlich als „Bombenwurf" bezeichnen könnte, abläuft. Die Vorgehensweise sieht häufig wie folgt aus:

- Mitglieder des Topmanagements und externe Berater erarbeiten eine vereinfachte Analyse der laufenden Schwierigkeiten mit der gegenwärtigen Aufbau- und Ablauforganisation.
- Es wird im Geheimen ein Grobplan erstellt, der beinhaltet, wie Strukturen und Prozesse künftig aussehen sollen.
- Dieser Plan wird sodann verkündet und ohne weitere Diskussion mit den Betroffenen in Kraft gesetzt.
- Die Umsetzung und Durchsetzung des Planes durch die Betroffenen erfolgt nur halbherzig; Widerstände zeigen sich.
- Das Topmanagement sucht mit dem Einsatz harter Mittel, den Plan durchzusetzen.
- Die Betroffenen suchen sich daraufhin notgedrungen, an die vorgegebenen Strukturen und Prozesse anzupassen.
- Dabei zeigt es sich, dass Detailprobleme auftauchen und der Grobplan sich in vielen Bereichen in der geplanten Form nicht umsetzen lässt.
- Fachspezialisten und Betroffene müssen sich nun aktiv engagieren, um den Grobplan weiterzuentwickeln, um ihn schließlich bei aktivem Engagement der Geschäftsleitung teilweise umzusetzen.

Bei jedem dieser Schritte kann es zum Scheitern oder zum Versanden kommen. Widerstände verzögern die Umsetzung oder verhindern sie sogar ganz, wobei diese Widerstände in höchst unterschiedlicher Gestalt und sehr verschieden motiviert auftauchen können. Sie richten sich zum Teil gegen den Veränderungsinhalt, sind häufig aufgrund der mangelnden Transparenz entstanden oder ergeben sich aus der fehlenden Einsicht in die Veränderungsnotwendigkeit. Vielfach besteht auch Angst davor, aus einem gewohnten sozialen Gefüge herausgelöst zu werden, einen mühsam erworbenen Besitzstand zu verlieren oder neuen Aufgaben und Anforderungen nicht gewachsen zu sein. Nicht selten wird aber auch in der Veränderung eine implizite Kritik an dem gesehen, was man lange mit hohem Engagement betrieben und mitgestaltet hat. Der Widerstand richtet sich aber auch gegen die externen Berater, weil man mit diesen schon oft negative Erfahrungen machen musste.

---

125 vgl. Kirsch, Esser & Gabele (1979)

Es gibt nun vielfältige Wege, um mit derartigen Widerständen konstruktiv umzugehen, sie zu mildern oder gar aufzulösen[126]. Aus psychologischer Sicht ist es besonders wichtig, die Betroffenen so früh wie möglich zu informieren, dabei ihre Argumente und Fragen ernst zu nehmen, d. h. sich der Diskussion zu stellen und offene Fragen zu klären, die Betroffenen sodann zu überzeugen, d. h., ihre Akzeptanz zu sichern und sie sodann soweit als möglich in die Entscheidungs- und Gestaltungsprozesse einzubeziehen. D. h., aus den potenziellen Opfern Täter zu machen. Bei einem derartigen Vorgehen nähert sich der Veränderungsprozess der so genannten Organisationsentwicklung.

Organisationsentwicklung

Unter der Organisationsentwicklung versteht man einen geplanten und zielbezogenen Veränderungsprozess, bei dem weitest möglich die Betroffenen beteiligt werden und damit – gewissermaßen in Umkehrung – die Beteiligten auch betroffen gemacht werden. Hier ist also das Zentrale des Veränderungsprozesses die Partizipation. Vielfach nachgewiesene positive Partizipationseffekte bestehen darin, dass zum einen die Betroffenen die Details vor Ort weit besser kennen als Entscheider, die den Sachverhalt lediglich aus der Ferne – gewissermaßen aus der Vogelperspektive – kennen. Entsprechend wird vielfach die Entscheidungsqualität dadurch gesteigert, dass man die Argumente der Betroffenen hört und rechtzeitig berücksichtigt. Zum anderen ergeben sich aus der Partizipation positive motivationale Wirkungen. Wer beteiligt war, wird das Ergebnis des gemeinsamen Planungs-, Entscheidungs- und Gestaltungsprozesses als „sein Kind" ansehen und entsprechend das Veränderungsprojekt trotz denkbarer Widerstände zum Erfolg zu führen suchen.

Organisationsentwicklung war zunächst von der nachträglich als naiv zu kennzeichnenden Haltung ausgegangen, dass allein die Einwirkung auf die betroffenen Personen in der Lage ist, die Organisation flexibler, leistungsfähiger und bedürfnisgerechter zu gestalten[127]. Insbesondere bemühte man sich durch spezifische Personalentwicklungsmaßnahmen, insbesondere durch gruppendynamische Trainings[128], die Organisationsentwicklung voranzutreiben.

Dieser Ansatz ist letztlich gescheitert. Es gilt ein systemisches Vorgehen zu wählen. Die einzelne Person ist ja in der Organisation nicht isoliert, sondern in ein Gefüge informeller Norm eingebunden, die das soziale Sollen und Dürfen bestimmen. Entsprechend gilt es nicht nur die einzelne Person, sondern die ganze „Organisationsfamilie" in die geplanten Maßnahmen einzubeziehen. Diese Menschen aber sind in ihrem Verhalten wesentlich bestimmt durch die Aufgaben, die sie bewältigen sollen, durch die Strukturen und die Technologien, die ihnen bei ihrer Arbeit zur Verfügung stehen. Entsprechend setzen

---

126 vgl. Comelli & v. Rosenstiel (im Druck)
127 vgl. French & Bell (1977)
128 vgl. Gebert (1972)

aktuelle Organisationsentwicklungskonzepte systemisch an. Dabei werden vielfach drei Ebenen unterschieden: jene des Individuums, der sozialen Beziehungen und der Strukturen, wie es Tabelle 1 verdeutlicht.

Tabelle 1: Ebenen der OE-Interventionen

Bezugsebene, Intervention, Ziel und Grundannahme verschiedener OE-Ansätze

Bezugsebene	Typische Intervention	Angestrebtes Ergebnis	Annahmen über Gründe des Verhaltens
Individuen	LAB-Training, Gruppendynamik	Soziale Geschicklichkeit, psychische Belastbarkeit	Eigenschaften der Person
Soziale Beziehungen	Prozessberatung, Konfrontations-Meeting, Survey-Feedback	Vertrauen und Offenheit	Beziehungen der Menschen untereinander
Struktur/Technologie	Gemeinsame Änderung von Strukturen und Technologien	Schaffen dauerhafter Bedingungen, die erwünschtes Verhalten stabilisieren	Organisatorische Rahmenbedingungen

Das Herz der meisten Organisationsentwicklungsprozesse besteht im „survey feedback"-Ansatz, der darin zu sehen ist, dass zunächst durch geeignete Methoden – Interviews, Befragungen, team- und organisationsdiagnostische Vorgehensweisen etc. – der Istzustand festgestellt, angemessen visualisiert und an die betroffenen Personen zurückgemeldet wird. Diese setzen sich damit auseinander, suchen wertend, Stärken und Schwächen der eigenen Arbeitseinheit zu bestimmen und sodann – meist unterstützt durch kundige Moderatoren – Maßnahmen zu implementieren, die der Verbesserung dienen. Die Moderatoren wirken dabei nicht nur als Diskussionsleiter in der Sache, sondern sie sind zugleich Prozessberater, die Rückmeldung über den von ihnen beobachteten Arbeits- und Diskussionsprozess geben, so auch Beziehungen und Stimmungen deutlich machen und sich bemühen, zur Konfliktbearbeitungen beizutragen.

Der Erfolg von Organisationsentwicklungmaßnahmen hängt selbstverständlich von vielerlei Bedingungen ab. So ist die Maßnahme fraglos kulturell gebunden. In Gesellschaften, innerhalb derer ausschließlich den hierarchisch Hochstehenden Entscheidungsrechte zugebilligt werden und Partizipation insgesamt tradierten gesellschaftlichen Normen widerspricht, ist der Ansatz nicht zu empfehlen. Aber auch dort, wo die Kultur ein gemeinsames Entscheiden im Sinne demokratischer Selbstverständlichkeiten nahe legt, sind bestimmte Voraussetzungen erforderlich, die der Organisationsentwicklung zum Erfolg verhelfen:

- Die Organisation befindet sich in keiner Existenzkrise,
- Ein starkes Topmanagement unterstützt den Entwicklungsprozess,
- Die Beziehung zwischen Management und Belegschaft bzw. dem Betriebs- oder Personalrat sind nicht tief greifend gestört,
- Organisations- und Personalfraktion kooperieren eng miteinander,
- Die einzelnen zu entwickelnden Organisationseinheiten sind relativ autonom,
- Ein Problembewusstsein bei den Betroffenen hat sich bereits entwickelt,
- Es besteht die Bereitschaft zum Experimentieren und dazu, gescheiterte Experimente nicht den Initiatoren anzulasten,
- Die Organisationsmitglieder sind bereit, sich auf längerfristige Prozesse einzulassen; sie stehen nicht unter dem Erwartungsdruck, sofort sichtbare Sachlösungen erbringen zu müssen,
- Es besteht die Bereitschaft, externe und/oder interne Moderatoren in der Rolle von „change agents" einzusetzen.

3.1.1.4 Die Rolle des Führenden beim Veränderungsprozess

Ob nun als Weg der Veränderung die Organisationsentwicklung in ihrer eben geschilderten fast klassischen Form gewählt wird oder man andere Methoden präferiert. in jedem Fall spielt der Führende für die Qualität des Prozesses und für die Wertigkeit des Ergebnisses eine ganz zentrale Rolle. Wer führt, hat das Ansehen, heißt es allgemein. Dies lässt sich durchaus im wörtlichen Sinne interpretieren. Interaktionsstudien bei sozial lebenden Tieren – z. B. Pavianen –, aber auch bei Menschen zeigen, dass jenes Individuum, das an der hierarchischen Spitze steht, von den anderen deutlich länger und häufiger angesehen wird. Das Verhalten des Spitzenindividuums wird gesehen und beeinflusst dabei wesentlich die Aktionen der Geführten. Auch in der Beziehung zwischen Eltern und Kindern lässt sich das gut beobachten. Man denke sich eine Situation der Verunsicherung, wie das der Wandel ja auch ist, in der Kinder leicht verängstigt reagieren können. Beispielsweise herrscht ein heftiges Gewitter; Blitz und Donner fallen zeitlich fast zusammen. Die Kinder schauen verängstigt den Vater an. Bleibt dieser ruhig, verweist er auf den Sicherheit gebenden Blitzableiter und die Ungefährlichkeit des noch so grollenden Donners, so wird es ihm meist gelingen, die Kinder zu beruhigen. Zeigt er Unruhe oder gar Panik, so werden auch die Kinder völlig verängstigt reagieren.

In Situationen des Wandels wird also transformationale Führung[129] ganz besonders wichtig, eine Führung, die durch charismatisches Verhalten Sicherheit verleiht, die den Mitarbeiter dazu bringt, vertraute Abläufe unter neuer Perspektive zu sehen und entsprechend intellektuell stimuliert, die durch Inspiration motiviert, etwa durch eine Mut und Zuversicht gebende Zukunftsvision, und die schließlich durch individuelle Wertschätzung dem Mitarbeiter verdeutlicht, dass er geschätzt, geachtet, gefördert und unterstützt wird.

Daraus lassen sich Empfehlungen ableiten, die der Führende im Prozess des Wandels beachten sollte:

- Entwickle eine tragfähige Vision!
- Kommuniziere sie mit Hilfe von Bildern, symbolischen Handlungen, knappen sprachlichen Formen!
- Informiere rechtzeitig, umfassend und glaubhaft!
- Überzeuge im Dialog!
- Ziehe die Geführten in Entscheidungs- und Umsetzungsprozesse ein, um aus Opfern (Mit-)Täter zu machen!
- Qualifiziere rechtzeitig für veränderte künftige Herausforderungen!
- Betone die Stabilität im Wandel!
- Gehe sichtbar menschlich und fair mit den Verlierern des Veränderungsprozesses um!
- Zeige Sicherheit und lebe selbst Veränderungsbereitschaft vor!
- Feiere gemeinsam mit den Geführten die Erfolge!

All dies muss nicht auf eine aufgeregte extrovertierte Weise erfolgen, sondern es sollte authentisch geschehen. Was hier empfohlen wurde, kann auch in einer durchaus überzeugenden Weise ein introvertierter Leiter einer Forschungsabteilung realisieren, indem er in der ihm eigenen stillen, aber für die Geführten glaubhaften Weise das vermittelt, was die Ratschläge enthalten.

Vermeiden sollte man allerdings als Führender gravierende Fehler, die nicht nur darin bestehen, das soeben Angesprochene schlicht zu unterlassen. Schwerer wiegen wohl solche Fehlverhaltensweisen, die Kotter[130] exemplarisch besonders ins Licht der Aufmerksamkeit gerückt hat:

- Kein ausreichendes Gespür für die Dringlichkeit
- Fehlen einer mächtigen Koalition der Erneuerer
- Versäumnis, eine Vision zu entwerfen
- Unzulängliche Vermittlung der Vision
- Entgegenstehende Hürden werden nicht weggeräumt

---

129 vgl. Bass & Avolio (1990)
130 vgl. Kotter (1982)

- Kurzfristige Erfolge werden nicht systematisch vorbereitet
- Zu frühes Ansetzen von Siegesfeiern
- Keine Verankerung des Neuen in der Unternehmenskultur

3.1.2   Ein Beispiel: Führen auf Distanz

Ein Veränderungsprozess, der sich zurzeit in vielen Unternehmen beobachten lässt, besteht darin, dass aufgrund der Entwicklung der Telekommunikation[131] Führung auf Distanz immer häufiger wird. Der Führende ist dabei nicht Tag für Tag mit seinen Mitarbeitern zusammen, sondern hat nur noch gelegentlich die Möglichkeit der Face-to-face-Kommunikation und nutzt ansonsten für die Interaktion elektronische Medien. Dies kann, muss aber nicht zu jenen extremen Formen der Telearbeit führen, die noch vor wenigen Jahren[132] als eine den Arbeitnehmer aller sozialen Schutzrechte beraubende und ihn isolierende neue Heimarbeit gegeißelt wurde. Sie kann schlicht jene Form annehmen, dass der Mitarbeiter relativ häufig seinen Laptop zu Hause, auf der Reise oder beim Kunden aktiviert und so lediglich elektronisch an seinen Arbeitsplatz bzw. an den Chef gebunden ist. Dies nun stellt die Person des Führenden, aber auch die Gruppe der Geführten vor neue – zunächst unvertraute – Herausforderungen. Anpassungs- und Gestaltungsprozesse sind für beide Seiten erforderlich. Um dies zu konkretisieren, soll zunächst knapp auf das Phänomen der Führung insgesamt eingegangen werden. Im Anschluss daran sollen Besonderheiten der Führung auf Distanz thematisiert werden und zum Abschluss – im Sinne einer Aktivierung des Lesers – eine Kurzaufgabe formuliert werden, die zum Nachdenken – sei es allein oder in einer Gruppe – anregen soll.

3.1.2.1 Zum Verständnis von Führung

Führung ist kein Phänomen, das gegen den Willen von Betroffenen einer Gruppe, die gemeinsame Ziele verfolgt, aufgezwungen wird. Kritisiert kann zwar häufig die Qualität der Führung werden, Führung selbst dagegen liegt in der Natur der Sache. Ein Beispiel soll dies anschaulich machen. Man stelle sich eine der klassischen gruppendynamischen Übungen, den so genannten „Turmbau", vor. Hier erhalten mehrere kleine Gruppen von jeweils weniger als zehn Mitgliedern die Aufgabe, aus beliebig vielen Pappstreifen, mit Hilfe von knappem Material – einer Schere, einer Rolle Klebstreifen, einer Tube Klebstoff – nach den Kriterien so hoch, so stabil und formal so originell wie möglich einen Turm zu bauen. Jeder Gruppe stehen für diese Aufgabe 30 Minuten zur Verfügung. Die Gruppen stehen in Konkurrenz zueinander und sollen in ihrem Arbeitsergebnis durch eine neutrale Jury nach den genannten Kriterien bewertet werden.

---

131 vgl. Pribilla, Reichwald & Göcke (1995); Reichwald (2002)
132 vgl. Huber (1984)

Zeichnet man nun die halbstündige Gruppenarbeit auf, so bemerkt man zunächst allgemeines Chaos. Jeder hat Ideen, wie man den Turm gestalten könnte, alle reden durcheinander, keiner hört dem Anderen zu. Bleibt dies lange so, vergeht die knappe Zeit, ohne dass mit der eigentlichen Arbeit begonnen wird. Schließlich erfolgt die Einigung auf einen Gestaltungsvorschlag und sodann spontan die Arbeitsteilung. Die einen fertigen in „Fließbandarbeit" Bauteile an, andere montieren sie, und ein Dritter koordiniert das arbeitsteilige Handeln und verwaltet die knappen Güter. Gelegentlich bilden sich auch noch weitere Rollen (z. B. des Clowns, der für gute Stimmung sorgt, des Spions, der in die anderen Gruppenräume schaut, des Mikropolitikers, der die Jury zu bestechen sucht etc.) heraus. Wesentlich aber ist für unseren Zusammenhang die spontane Entstehung einer Organisation, die ja unter anderem durch die Merkmale Arbeitsteilung und Koordination des arbeitsteiligen Tuns durch eine Hierarchie der Verantwortung[133] gekennzeichnet ist. Strittig ist häufig nur, wer die Führungsrolle dabei übernimmt, nicht aber, dass Führung ausgeübt wird. Sie ergibt sich spontan. Dabei lässt sich Führung als eine bewusste und zielbezogene Verhaltensbeeinflussung der Mitglieder definieren[134].

3.1.2.2 Führung in Organisationen

Die Rolle des Führenden in Organisationen ist zentral. Sie wird häufig als ein Schlüsselfaktor des Erfolgs bezeichnet. Entsprechend gab und gibt es auch vielfältige wissenschaftliche Auseinandersetzungen mit diesem Phänomen. Bekannt ist der Versuch, gewissermaßen „am Schreibtisch" Managementfunktionen zu benennen. Dabei wird wiederum von einem sehr einseitigen Menschenbild ausgegangen, einer rational-funktionalen Konzeption. Derartige Managementmodelle fordern meist, der Führende solle planen, seine Pläne in angemessener Weise umsetzen und sodann diese Umsetzung kontrollieren, wobei diese Grundfunktionen wiederum vielfach differenziert werden können. Überprüft man nun, ob dieses Soll-Modell auch nur ansatzweise mit dem übereinstimmt, was sich empirisch beobachten lässt, so kommt man zu einem ernüchternden Ergebnis[135]. Mit verschiedenen Methoden – etwa der Beobachtung von Führungskräften, ihrer standardisierten Befragung oder mit Hilfe der Analyse von Tagebüchern, welche die Führenden regelmäßig über ihren Arbeitstag führten – ließ sich feststellen, dass das Alltagshandeln der Führenden deutlich von den Vorgaben der Managementkonzeptionen abweicht. Die wichtigsten Befunde lassen sich wie folgt zusammenfassen:

■ Führungskräfte verwenden den Großteil ihrer Arbeitszeit für Kommunikation, wobei allerdings die Kommunikation mit den unmittelbar Unterstellten nur einen kleinen Prozentsatz dieser Kommunikationszeit ausmacht. Stärker ins Gewicht fallen viel-

---

133 vgl. Gebert (1978)
134 vgl. v. Rosenstiel (2000); Neuberger (2002)
135 vgl. Mintzberg (1973); Neuberger (2002)

fach die Kommunikation mit dem Vorgesetzten, mit Kollegen, mit mächtigen anderen Personen in der Organisation (Netzwerkbildung), mit der Öffentlichkeit und mit Kunden.

- Die Handlungsepisoden von Vorgesetzten sind extrem fragmentiert und werden ungeplant ausgeübt. Im oberen Management sind es ca. 50 verschiedene Handlungen, in unteren Führungsebenen zum Teil mehr als 200, die dann jeweils durch eine Störung von außen (Telefon, Besuch etc.) unterbrochen werden.

- Die Ziele der jeweils ausgeübten Tätigkeiten sind nicht geplant, sondern vielfach ein „Ad-hoc-Reagieren" auf unerwartete Ereignisse oder Informationen. Dabei fehlt meist die Zeit für Reflexion; es wird spontan reagiert.

- Grundlage für Entscheidungen und Handlungen sind häufig nicht die offiziellen Verlautbarungen, die der Führende auf dem Dienstweg erhält, sondern es sind informelle durchgesickerte Mitteilungen, Gerüchte etc., die höhere Beachtung finden.

- Das Handeln der Führenden ist nicht funktional auf das Unternehmensziel ausgerichtet, sondern verfolgt vielfach individuelle Planungen, mikropolitische Ziele und ist damit häufig konfliktär.

In unserem Zusammenhang allerdings verdient insbesondere jener Ausschnitt des Verhaltens von Führenden besondere Beachtung, der sich auf den Geführten richtet, also Führung im engeren Sinne ist.

Die bewusste und zielbezogene Beeinflussung von Mitarbeitern im Unternehmen erfolgt in zweierlei Arten, zum einen durch Strukturen, etwa durch Papier und Technik. Hier hat sich der Führungswille von der führenden Person abgelöst und ist Struktur geworden. Stellenbeschreibungen, Organigramme, Softwareprogramme oder die Gestaltung von Technik – etwa des Fließbands – „sagen" dem Mitarbeiter, was er in welcher Weise zu tun und zu lassen hat. Dies wird besonders anschaulich im so genannten Modell der bürokratischen Organisation, wie es der Vater der Soziologie, Max Weber[136], geschildert hat. Allerdings zeigt nun wiederum die empirische Forschung, dass eine derartige apersonale Führung, die häufig auch als „Führung durch Führungssubstitute"[137] beschrieben wird, als alleiniges Führungsmittel nicht ausreicht. Sie würde zu einem „Dienst nach Vorschrift" führen, was zur Folge hätte, dass jede größere Organisation nach kurzer Zeit im wahrsten Sinne des Wortes am Ende wäre. Es kommt also auch auf die Menschen an, auf ihre Eigeninitiative, Selbstverantwortung, ihre personale Besonderheit. So betrachtet ist Führung von Menschen durch Menschen das zentrale Feld der empirisch ausgerichteten Führungsforschung. Diese lässt sich als eine bewusste zielbezogene Beeinflussung der Geführten mit Hilfe der Kommunikationsmittel umschreiben.

---

136 vgl. Weber (1921)
137 vgl. Türk (1995)

Eine einfache Überlegung soll hier sensibilisieren. Man stelle sich vor, eine Führungskraft des mittleren Managements arbeitet durchschnittlich 50 Stunden in der Woche.
Dies ist zwar – verglichen mit dem Ergebnis der empirischen Führungsforschung – eine
leichte Untertreibung, aber es lässt sich so leichter rechnen. Eine Stunde sind dann zwei
Prozent der Arbeitszeit. Nun betrachte man Abbildung 1.

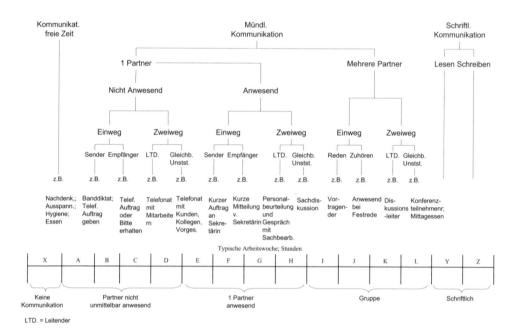

Abbildung 1: Klassifikationsraster unterschiedlicher Formen der Kommunikation

Man erkennt eine Klassifikation denkbarer kommunikativer Aktivitäten. Füllen nun
Vorgesetzte dieses Blatt aus, erstellen sie also ein Profil ihrer Zeitverwendung, so gibt es
beachtliche Unterschiede im Detail, jedoch in einem Punkt kaum. X, die kommunikati-
onsfreie Zeit, liegt meist unter zehn Prozent. Führungskräfte kommunizieren „bestän-
dig", obwohl sie – abgesehen von dem, was sie im Elternhaus und in der Grundschule
lernen – darauf unter dem Aspekt des „Wie" nicht systematisch vorbereitet wurden. Das
„Was" ist in der Regel nicht das Problem. Als Ingenieure, Naturwissenschaftler, Betriebswirte, Juristen oder in der Praxis erfahrene Fachleute sind sie im Sachlichen fit,
aber die Frage des „Wie", des Herüberbringens an den Vorgesetzten, an den Kunden,
den Kollegen oder – hier besonders wichtig – an den Mitarbeiter ist ihnen nicht beigebracht worden. Wie präsentiere ich die Arbeitsergebnisse einer Projektgruppe der Be-

reichsleitung? Wie berate ich einen Mitarbeiter, der schwere persönliche Sorgen hat? Wie führe ich ein Kritikgespräch so, dass der Andere danach nicht beleidigt und frustriert ist? All dies wurde innerhalb des Bildungssystems nicht vermittelt und muss daher häufig im Rahmen der Fort- und Weiterbildung im Unternehmen durch entsprechende Schulungen „nachgelernt" werden. Dabei sind die kommunikativen Prozesse dem Mitarbeiter gegenüber das Herz der Führung. Es gilt Bewerbungs- und Auswahlgespräche zu führen, die Ergebnisse der Probezeit dem Mitarbeiter nahe zu bringen, später die Einstufung in der systematischen Personalbeurteilung dem Beurteilten in angemessener Form verständlich zu machen, alltäglich zu informieren, zu motivieren, Anerkennung und Kritik auszusprechen sowie in schwierigen Phasen soziale Unterstützung zu geben und den Mitarbeiter zu coachen. Längerfristig gilt es als wichtig, dem Mitarbeiter zu helfen, seine Potenziale zu entwickeln, ihn bei Laufbahnentscheidungen zu beraten und nachhaltig zu fördern. Dies alles macht schließlich das aus, was man als „Führungsverhalten" beschreiben kann. Aber gerade diese kommunikativen Bestandteile personaler Führung werden bei den unterschiedlichsten Formen der Telearbeit, bei der Führung auf Distanz, erschwert.

Dies gilt umso mehr, als Kommunikation ja nicht nur Übermittlung von Sachinformation ist, sich also nicht auf eine Tatsachenebene beschränkt. Angeregt durch die bahnbrechenden sprachpsychologischen Studien von Bühler[138] werden heute meist vier Ebenen der unmittelbaren Kommunikation unterschieden, die Neuberger[139] im Sinne einer „Eselsbrücke" als TALK-Modell bezeichnet. Jeder der vier Buchstaben von TALK steht für jeweils eine Ebene, wie in Tabelle 2 veranschaulicht wird.

Tabelle 2: TALK-Modell nach Neuberger (1992)

T = Tatsachen = es ist
A = Ausdruck = ich bin
L = Lenkung = du sollst
K = Kontakt = wir sind

---

138 vgl. Bühler (1965)
139 vgl. Neuberger (1992)

Wer als Sender kommuniziert, wird meist auf allen vier Ebenen dem Empfänger etwas vermitteln, wobei offen ist, ob dieser dies angemessen interpretiert oder missversteht.

Sagt z. B. der Führende einem häufig unpünktlichen Mitarbeiter: „Ich gratuliere Ihnen, heute sind Sie ja pünktlich!", so meint er möglicherweise:

T: Heute sind Sie ausnahmsweise pünktlich!

A: Ich bin verärgert über Ihre häufige Unpünktlichkeit!

L: Seien Sie bitte künftig pünktlich!

K: Unsere Beziehung ist gestört, bis Ihr Verhalten sich nachhaltig verbessert hat!

Der Empfänger wird eine derartig diffizile Botschaft wohl nur angemessen verstehen können, wenn er auch das Nonverbale, den Klang der Stimme, die Mimik und Gestik, kurz, alle Elemente der Körpersprache in ihrer Interaktion mit der verbalen Äußerung verbindet. Auch dies macht Personalführung aus. Sie ist erschwert, wenn sie sich auf das Internet oder das Telefon beschränkt. Das aber wirft die Frage nach der Wirkung von Führung auf.

3.1.2.3 Ein Modell der Führungswirkung

Führung ist kein Selbstzweck. Sie soll zum Erfolg führen, wobei dieser Erfolg in höchst unterschiedlicher Weise bestimmt werden kann. Hier ist nicht die Wissenschaft gefragt, sondern die (Unternehmens-)Politik. Was ist uns im Unternehmen wichtig? Nur der Gewinn? Nur die Steigerung des Unternehmenswertes? Denken wir nur an die Anteilseigner oder auch langfristig an die Kunden, die Mitarbeiter, die Umwelt, die noch nicht geborenen Generationen? Dies gilt es in Unternehmensleitungen zu fixieren und politisch zu entscheiden. Wovon aber hängt dieser – meist kaskadenartig aus dem Unternehmensziel abgeleitete – Führungserfolg bei der einzelnen Führungskraft ab? Abbildung 2 verdeutlicht dies.

Man erkennt, dass zunächst selbstverständlich die Person des Führenden mit all ihren Eigenschaften, ihrem Wissen und ihren Erfahrungen wesentlich ist. Diese Persönlichkeitsmerkmale bestimmen das Verhalten und selbstverständlich auch das Führungsverhalten, das in unterschiedlicher Weise benannt, gemessen und theoretisch gefasst werden kann. Dieses Führungsverhalten aber ist nicht allein von der Person abhängig, sondern auch von der Situation, in welcher der Führende mit seinem Team steht. Dabei ist die Situation weit zu interpretieren. Sie reicht von der Kultur des Landes, des Unternehmens über dessen Branchenzugehörigkeit, die innere Struktur, die Größe der Gruppe, der gestellten Aufgabe bis hin zu den Persönlichkeitstypen der geführten Mitarbeiter. Das Führungsverhalten nun ist wesentlich für den – wie auch immer – definierten Führungserfolg, aber nicht allein. Auch hier wirkt der Einfluss der jeweiligen Führungssituation.

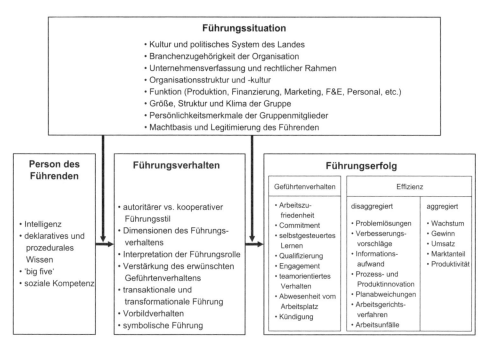

Abbildung 2:   Ein Modell der Wirkung personaler Führung

Konkret heißt dies, dass es nicht die „ideale Führungspersönlichkeit", nicht das „optimale Führungsverhalten" gibt. Was von der Person an Eignungsmerkmalen zu fordern ist, hängt von der Situation und auch von der Art und Qualität des Führungserfolges ab. Es gibt aber auch nicht das generell zu fordernde optimale Führungsverhalten. Auch hier gilt, dass es mit der Situation korrespondieren muss und spezifisch zu entwickeln ist, damit die Erfolgskriterien in ihrer besonderen Ausprägung erreicht werden können. So ist es unmittelbar einleuchtend, dass Führung in einem ostasiatischen Industriestaat anders zu handhaben ist als in einem Entwicklungsland Schwarzafrikas oder in einer europäischen Industrienation. Es ist auch offensichtlich, dass Führungsverhalten sich in anderer Weise zeigen könnte, wenn ein zentrales Kriterium des Führungserfolgs die Qualifikation und Kompetenzentwicklung der geführten Mitarbeiter ist oder wenn es ausschließlich darum geht, kurzfristig den Marktanteil für bestimmte Produkte zu steigern. Eine Führungspersönlichkeit kann in der einen Situation durchaus erfolgreich sein und in der anderen scheitern. Ein ganz bestimmtes Führungsverhalten kann in der einen Situation zum Erfolg, in der anderen zum Misserfolg beitragen.

Was heißt dies nun für die Praxis?

■   Künftige Führungskräfte anforderungsgerecht auswählen!

■ Die Führungssituation sorgfältig diagnostizieren und bewusst gestalten!

■ Das Führungsverhalten anforderungs- und zielgerecht entwickeln!

■ Die Kriterien des Führungserfolgs klar bestimmen und eindeutig kommunizieren!

Wenn nun zunehmend mehr Mitarbeiter ihre Arbeit zu Hause, auf Reisen oder beim Kunden erledigen und die Führung mehr und mehr auf Distanz erfolgen muss, so ist dies fraglos eine gravierende Veränderung der Situation. Dies gilt umso mehr, wenn man vor Augen hat, dass die Kommunikation in ihren verschiedenen Ebenen dadurch anders gehandhabt werden muss. Dem wollen wir uns nun zuwenden.

3.1.3 Führung bei Telearbeit

Bei Telearbeit werden kommunikations- und informationstechnische Einrichtungen räumlich entfernt vom Auftraggeber genutzt. Dies bedeutet, dass eine räumliche Distanz zwischen Arbeits- und Verwendungsort gegeben ist, die mit Hilfe elektronischer Kommunikationsmittel überbrückt wird[140]. Damit wird Telearbeit zum Bestandteil einer sich rasch verbreitenden Telekooperation.

Telearbeit kann nach verschiedenen Kriterien klassifiziert werden. Häufig findet man die Unterscheidung in Teleheimarbeit – es wird vorwiegend zu Hause gearbeitet – und alternierende Telearbeit, bei der zum Teil am festen Arbeitsplatz im Unternehmen und an anderen Orten im Wechsel gearbeitet wird, von mobiler Telearbeit, bei der die Tätigkeit weitgehend ortsungebunden (z. B. auf Reisen, beim Kunden) ausgeführt wird und schließlich kollektiver Telearbeit, bei der die Tätigkeit fern von der Zentrale in Gemeinschafts-, Satelliten- oder Nachbarschaftsbüros stattfindet.

Wegen dieser unterschiedlichen Formen der Telearbeit sind auch die Schätzungen über deren Verbreitung höchst unterschiedlich. Da wird einerseits – insbesondere mit Blick auf die Teleheimarbeit – von höchstens 10.000 Telearbeitsplätzen in Deutschland gesprochen[141], während aktuelle Schätzungen, die auch die mobile und kollektive Telearbeit einbeziehen, in Deutschland bis zu einer Million reichen und das Potenzial in der EU auf 10 Millionen Telearbeitsplätze für die absehbare Zukunft geschätzt wird[142]. Damit ist klar, dass man bei der Frage nach der Telearbeit nicht vor einem Entweder-Oder steht, da zunehmend mehr Menschen ganz selbstverständlich – wenn auch mit unterschiedlichem Gewicht – beides tun und somit die Führung vor immer häufiger werdende neue Herausforderungen stellen.

Nun ist über Bedingungen, Begleitumstände und Folgen der Telearbeit aus der Perspektive der Gesamtgesellschaft, der Unternehmen, der betroffenen Mitarbeiter und ihren

---

140 vgl. Büssing (1999)
141 vgl. Reichwald, Möslein, Sachenbacher, Englberger & Oldenburg (1998)
142 vgl. European Commission (1994)

Familien in jüngerer Zeit viel geschrieben und einiges empirisch untersucht worden[143]. Dabei wird immer wieder – so auch in einer aktuellen Studie der Wirtschaftsuniversität Wien – darauf hingewiesen, dass aus der Sicht des betroffenen Arbeitnehmers als wichtige Vorteile der Telearbeit Zeitersparnis, Kostenersparnis, eine bessere Vereinbarung zwischen Beruf und Familie (insbesondere bei Müttern), die Flexibilisierung der Arbeitszeit und des Arbeitsortes, der Erhalt des Arbeitsplatzes, eine vielfach erhöhte Zufriedenheit und sich verbessernde Berufschancen bei behinderten Personen genannt werden. Als Nachteile gelten gesundheitliche Gefahren durch unkontrollierte Überforderung, Störungen der Arbeit durch private Verpflichtungen, Verschlechterung der arbeitsrechtlichen Stellung im Unternehmen, eine Isolation des Arbeitnehmers und seine Herauslösung aus den sozialen Netzwerken im Unternehmen sowie – damit einhergehend – verminderte Karrierechancen. Aus der Sicht des Arbeitgebers werden dagegen als vielfach registrierte Vorteile genannt: Kostenersparnis, verbesserte Dienstleistungs- und Servicequalität, höhere Produktivität durch konzentriertes Handeln der Arbeitnehmer und ihre gesteigerte Zufriedenheit, ihre Unabhängigkeit vom Verkehrssystem, geringerer Krankenstand, mehr Flexibilität, Erhalt wertvoller Mitarbeiter (z. B. qualifizierter Frauen nach der Geburt eines Kindes) und leichterer Zukauf von Dienstleistungen, woraus sich insgesamt durch die Telearbeit eine gesteigerte Wettbewerbsfähigkeit ergibt. Als Nachteile werden von den Unternehmen häufig ins Feld geführt: Widerstände innerhalb des Betriebes und dies keineswegs nur von Seiten der Betroffenen, erschwerte Kontrolle der Arbeit der Mitarbeiter, Motivationsverlust – zum Teil bedingt durch ein sich stark reduzierendes Wir-Gefühl in den Arbeitsgruppen und durch geringeren Informationsaustausch – aber auch erheblicher organisatorischer Aufwand sowie Probleme beim Datenschutz und beim Gewähren von Datensicherheit. Diese Listen ließen sich fortsetzen. Hier allerdings soll eine Fokussierung auf Führung und Zusammenarbeit erfolgen, insbesondere dann, wenn es um Change-Prozesse, um die Einführung entsprechender Arbeitsverhältnisse im Unternehmen, geht.

Falls das Unternehmen im Sinne einer Flexibilisierungsstrategie das Angebot unterbreitet, dass Mitarbeiter einen Teil ihrer Arbeitszeit zuhause oder auf Reisen mit einschlägigen Tätigkeiten ausfüllen können, wird Widerstand kaum zu erwarten sein. Dennoch sollte auch diese Vergrößerung des Freiraums gut überlegt werden, denn nicht alle Mitarbeiter sind gleichermaßen für die Telearbeit geeignet. Es müssen darüber hinaus an jenem Ort, an dem künftig zeitweise die Arbeit geleistet werden soll, entsprechende Bedingungen geschaffen werden. Der betroffene Arbeitnehmer muss im privaten Umfeld – z. B. mit der Familie – Spielregeln erarbeiten, damit er bzw. sie am Rechner als Berufstätiger respektiert und nicht ständig durch die berühmten „Kannst du eben mal schnell..."-Forderungen bei der Arbeit unterbrochen wird. Aber auch im Team und für die Kooperation mit dem Vorgesetzten müssen Spielregeln im Vorfeld definiert werden, damit es nicht zu vermeidbaren Spannungen und Konflikten kommt und insbesondere

---

143 vgl. Büssing (1997); Reichwald, Möslein, Sachenbacher, Englberger & Odenburg (1998); Stanek & Mokhtarian (1998); Reichwald (2002)

auch in der Arbeitsgruppe selbst die Kooperationsbasis nicht zerstört wird, was sich nicht selten beobachten lässt – z. B. dann, wenn jene, welche die Möglichkeiten der Telearbeit nicht nutzen können oder wollen, davon ausgehen, dass die „anderen" sich die Arbeit leicht machen und entsprechend die Belastung ungerecht verteilt ist, und wenn andererseits jene, die nicht täglich in die Zentrale kommen, unterstellen, wichtige Kommunikationen, Förderungsmöglichkeiten, Einbindung in Netzwerke und auch Karrierechancen gingen ihnen verloren, sie seien „Mitarbeiter zweiter Klasse".

Vorgesetzten und Mitarbeitern sollte klar sein, dass nicht jeder – geprägt durch eine häufig jahrelange Erfahrung an einem zentralen Arbeitsplatz – gleich gut für Telearbeit geeignet ist, insbesondere, wenn es um die Bewältigung komplexer Aufgaben und nicht bloß um Schriftguterstellung geht. Unter diesem Aspekt sollten Mitarbeiter ausgewählt oder auf die neue Tätigkeit hin entwickelt werden, um diese sodann erfolgreich meistern zu können. Dabei sollte gelten:

- Der Mitarbeiter sollte lernen, die eigene Kernkompetenz den Erfordernissen des Marktes (d. h. des Kunden) entsprechend selbstverantwortlich zu entwickeln.
- Er sollte in der Lage sein zur Integration fragmentierter Arbeitsinhalte und externer Personen durch eine verbindende Sinnstiftung, was insbesondere auch für den Führenden gilt.
- Das unternehmerische Handeln – autonom, initiativ und selbstverantwortlich – muss am Ort der Wertschöpfung zum Tragen kommen. Dazu gehört dann die kreative Nutzung technischer Innovationen sowie die Fähigkeit, soziale Kontakte über den Bildschirm und das Netz aufrecht zu erhalten oder gar auszubauen.

Bevor die (teilweise zu realisierende) Telearbeit implementiert wird, sollte nach den klassischen Regeln der Teambildung ein „Teleteam" entwickelt werden. Dabei sind die nachfolgenden Schritte zu beachten:

1. Gemeinsame Face-to-face-Besprechung aller, also unter Einbeziehung derer, die die Möglichkeit zur Telearbeit nicht wahrnehmen wollen!
2. Projekt- und individuelle Arbeitsziele gemeinsam möglichst präzise vereinbaren!
3. Ausführliche Diskussion von Bedenken aller Beteiligten. Da gelegentlich eine Hemmung besteht, Vorbehalte offen zu äußern, empfiehlt es sich, hier möglicherweise eine geeignete Moderationsmethode, Pinnwände oder vernetzte PCs zu nutzen!
4. Regeln für die faire und gerechte Verteilung von Arbeit sind auszuhandeln!
5. Es muss für jeden bekannt und entsprechend dokumentiert sein, wann er oder sie wo auf welche Weise erreichbar ist!
6. Mindestens ein Tag in der Woche sollte für alle als Präsenzzeit vorgesehen sein, um hier Face-to-face-Besprechungen zu planen und das Wir-Gefühl des Teams zu sichern!

Wenn weder der Vorgesetzte noch die Mitarbeiter Erfahrung mit der Telearbeit haben, sollte Wissen in der Organisation bzw. beim Vorgesetzten vorgehalten werden, weil man möglicherweise in der Implementierungsphase einen kundigen Berater benötigt, der auch in die Teamentwicklungsmeetings einbezogen werden kann. Wichtige Probleme bzw. offene Fragen, die sachgerecht beantwortet werden müssen, zeigt Abbildung 3.

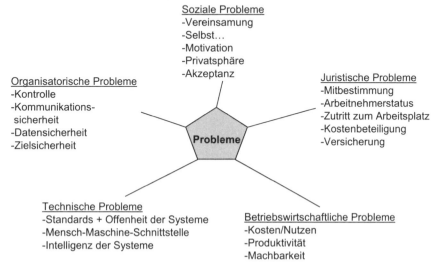

Abbildung 3: Problemfelder der Telearbeit

Man erkennt, dass es eine Reihe von Problemen bzw. offenen Fragen gibt, die mit der Telearbeit zusammenhängen und gelöst werden müssen. Für manche gibt es klar ausgearbeitetes Expertenwissen, das der fachkundige Berater einbringen kann. Man darf die entsprechenden Probleme nicht vergessen. Allerdings müssen einige durch die Betroffenen selbst bearbeitet und geregelt werden, damit die notwendige Akzeptanz gegeben ist und die situations- und mitarbeitergerechte Lösung gefunden werden kann. Dies gilt insbesondere für die in der Abbildung 3 angedeuteten sozialen Probleme, während das Expertenwissen für die organisatorischen, die technischen, die juristischen und die betriebswirtschaftlichen Themen von außen eingebracht werden kann.

Für die Bewältigung der sozialen Probleme und für die Planung des Präsenztages bzw. der Präsenztage soll sich der Vorgesetzte darüber im Klaren sein, dass nach bestimmten Kriterien wie Komplexität, Vertraulichkeit, Genauigkeit, Schnelligkeit/Bequemlichkeit sich unterschiedliche Kommunikationsformen anbieten, die in Anlehnung an Reichwald und Goecke[144] Abbildung 4 zeigt.

---

144 vgl. Reichwald & Goecke (1995)

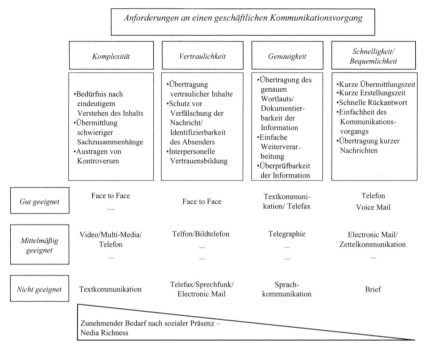

Anforderungen an einen geschäftlichen Kommunikationsvorgang			
Komplexität	*Vertraulichkeit*	*Genauigkeit*	*Schnelligkeit/ Bequemlichkeit*
•Bedürfnis nach eindeutigem Verstehen des Inhalts •Übermittlung schwieriger Sachzusammenhänge •Austragen von Kontroversen	•Übertragung vertraulicher Inhalte •Schutz vor Verfälschung der Nachricht/ Identifizierbarkeit des Absenders •Interpersonelle Vertrauensbildung	•Übertragung des genauen Wortlauts/ Dokumentier-barkeit der Information •Einfache Weiterverar-beitung •Überprüfbarkeit der Information	•Kurze Übermittlungszeit •Kurze Erstellungszeit •Schnelle Rückantwort •Einfachheit des Kommunikations-vorgangs •Übertragung kurzer Nachrichten

	Komplexität	*Vertraulichkeit*	*Genauigkeit*	*Schnelligkeit/ Bequemlichkeit*
Gut geeignet	Face to Face	Face to Face	Textkommuni-kation/ Telefax	Telefon Voice Mail
Mittelmäßig geeignet	Video/Multi-Media/ Telefon ...	Telfon/Bildtelefon ...	Telegraphie ...	Electronic Mail/ Zettelkommunikation ...
Nicht geeignet	Textkommunikation	Telefax/Sprechfunk/ Electronic Mail	Sprach-kommunikation	Brief

Zunehmender Bedarf nach sozialer Präsenz – Nedia Richness

Abbildung 4:   *Kommunikationsanforderungen und Kommunikationsformen nach Kieser, Reber und Wunderer[145]*

Aber auch an seinen eigenen Einstellungen und Verhaltensweisen sollte der Führende arbeiten, wenn es darum geht, Telearbeit im eigenen Verantwortungsbereich zu imple-mentieren[146]. Dazu gehören ganz zentral:

■ Ziele festlegen und Ergebnisse überprüfen, nicht dagegen die Wege zum Ziel kon-trollieren. Bei der Telearbeit ist Management by Objectives (MbO) die Führungsme-thode der Wahl.

■ Mit dieser Führung verbunden ist die Forderung nach konsequenter Delegation. Dem Mitarbeiter ist die jeweilige Aufgabe mit allen Rechten und Pflichten übertra-gen. Ein plötzliches: „Könnten Sie mir bitte schnell mal..." als Unterbrechung der weitgehend autonomen Arbeit sollte – soweit es geht – ausgeschlossen sein und als „Sünde wider den Geist" gebrandmarkt werden.

■ All dies setzt in hohem Maße Vertrauen voraus. Der Vorgesetzte, der die positive Erfahrung machen darf, dass die vereinbarten Ziele realisiert werden, sollte den

---

145 vgl. Kieser, Reber & Wunderer (1995)
146 vgl. Gillies (2000)

Wunsch in sich unterdrücken, das Handeln des Mitarbeiters selbst im Detail zu kontrollieren. Dies schließt die Offenheit dafür ein, es dem Mitarbeiter zu überlassen, wann, wo, und wie er seine Aufgaben erledigt. Es ist bekannt, dass viele Vorgesetzte den heimlichen und manchmal artikulierten Wunsch verspüren, eine Überwachungskamera in den häuslichen Arbeitsräumen des Mitarbeiters zu installieren. Gerüchte behaupten, dass dies auch schon vorgekommen sei. Entsprechende motivationale Regungen des Chefs widersprechen dem Prinzip des Vertrauens grundlegend.

- Es gilt entsprechend Arbeit sorgfältiger zu planen als bisher. Ein reiner „Adhocismus" – ein „Durchwursteln" – widerspricht den Prinzipien der Delegation und der Führung durch Zielvereinbarungen.

- Dies wiederum bedeutet, bei der Planung und der Arbeitsverteilung hohe Transparenz für alle zu sichern, also im gleichen Maße für die, die häufig die Möglichkeit der Telearbeit nutzen, als auch für diejenigen, die in aller Regel an ihrem Arbeitsplatz in den Räumen des Unternehmens ihre Aufgaben erledigen. Dadurch können wechselseitige Unterstellungen und Gefühle, ungerecht behandelt zu werden, weitgehend relativiert werden.

- Der Vereinsamung ist entgegenzuwirken, was am ehesten dann gewährleistet wird, wenn pro Woche mindestens ein – besser zwei – Tag(e) als Präsenztag(e) eingerichtet und dann tatsächlich für gemeinsame Besprechungen und das Erleben gemeinsamer Nähe genutzt wird/werden. Darüber hinaus sollte durch Gestaltung der Kultur und der technischen Möglichkeiten auch dafür gesorgt werden, dass das Wir-Gefühl erhalten bleibt und das informelle Gespräch, der kleine Plausch über das Intranet, zu jenem Beziehungsöl gehören kann, das dafür sorgt, dass die Arbeit im Sachlichen reibungslos erfolgt.

Sehr viel massiver dürften Akzeptanzprobleme bei der Telearbeit sein, wenn sie gewissermaßen als „Bombenwurf" von der Unternehmensleitung verordnet wird und nicht jedem Mitarbeiter mehr in den Räumen des Unternehmens ein eigener Arbeitsplatz zur Verfügung gestellt wird. Es gilt – insbesondere in der Anfangsphase – mit erheblichen Widerständen zu rechnen. Es ist sorgfältig zu berücksichtigen, was zuvor über die Prinzipien der Organisationsentwicklung gesagt wurde. Zumindest in unserer Kultur ist nach wie vor Partizipation, weitgehende Mitwirkung, der beste Weg dafür, die Qualität der Maßnahmen zu steigern und zugleich deren Akzeptanz zu sichern.

3.1.4   Ein kleiner Fall zur Sensibilisierung

Damit sich der Leser in die soeben angesprochenen Probleme konkreter eindenken kann und zugleich das soeben Gelesene – zumindest in Ausschnitten – auf die Praxis übertragen kann, sei ihm die Bearbeitung des folgenden Kurzfalles empfohlen:

Kurzfall: Regel für die Einführung und die Realisierung von „Führung auf Distanz"

In einem größeren mittelständischen Unternehmen, das technische Produkte an Geschäftskunden (meist Händler) in der EU liefert, stand eine Änderung an. Die Abteilung „Kundenbeziehungen und Verkauf", in der fünf Männer und neun Frauen, die Kontakte zu den Kunden unterhielten und pflegten, Bestellungen und Sonderwünsche bearbeiteten, Reklamationen beantworteten etc., hatte mehrfach qualifizierte und erfahrene MitarbeiterInnen verloren, weil sie nach der Geburt eines Kindes Beruf und Familie nicht mehr in einer angemessenen Weise vereinbaren konnten. Da in der Unternehmenszentrale ohnehin räumliche Enge herrschte, beschloss die Geschäftsleitung, den MitarbeiterInnen der Abteilung „Kundenbeziehung und Verkauf" die Telearbeit als Option anzubieten. Einer der Männer und sechs der Frauen entschieden sich dafür, diese Möglichkeit zumindest teilweise zu nutzen.

Der Abteilungsleiter hat bisher keine Erfahrung mit dieser Form der Arbeitsorganisation. Aufgabenstellung:

1. Bitte erarbeiten Sie einen Plan zur Einführung dieser neuen Form der Arbeitsorganisation, durch die sowohl die Qualität der Abläufe als auch die Akzeptanz für die sieben künftigen Telearbeiter, aber auch für die acht Personen, die bei der herkömmlichen Arbeitsform bleiben wollen, gesichert wird!
2. Formulieren Sie im Sinne von Führungsgrundsätzen sieben Regeln der Führung, auf die der Abteilungsleiter künftig besonders achten sollte!
3. Sie haben für die Bearbeitung dieser beiden Fragen eine halbe Stunde Zeit.

Wenn es Ihnen möglich ist, bitten Sie Kolleginnen und Kollegen darum, die gleiche Aufgabe zu bearbeiten, und diskutieren Sie dann im Sinne von Lernpartnerschaften Ihre Lösungswege, in die Sie möglichst bereits bestehende Erfahrungen mit einfließen lassen sollten.

3.2 Kompetenzentwicklung bei der DB Reise & Touristik AG

Claudia S. Hahn & Frank E. P. Dievernich

3.2.1 Einleitung

Unternehmen agieren in sich verändernden Märkten, und Märkte bestehen aus sich verändernden Kunden. Folglich setzen sich auf solchen Märkten nur diejenigen Unternehmen durch, die über eine „innere Struktur" verfügen, die es ihnen ermöglicht, so nah wie möglich am Kunden, an seinen Gewohnheiten, Wünschen und Veränderungsvorstellungen zu sein. Eine solche Beschreibung gilt in zugespitztem Maße für Dienstleistungsunternehmen, die ihre Angebote im Zuge des Verbrauches, des aktuellen Kundenerlebnisses derart positiv gestalten müssen, dass der Kunde gewillt ist, sich ein zweites Mal von eben diesem Unternehmen die gewünschte Dienstleistung anbieten zu lassen und dann auch zu konsumieren.

Natürlich ist verständlich, dass auch der Produktionsprozess einer Dienstleistung nach im Vorfeld festgelegten Produktionsschritten erfolgt, die nicht ad hoc umzustellen sind oder die zumindest einige Zeit in Anspruch nehmen würden, so dass nicht jeder Kundenwunsch einfach erfüllt werden kann. Auch aus diesem Grund haben sich die Unternehmen dem Servicecharakter verschrieben, der ein weiteres, ein zur genuinen Dienstleistung (Kernproduktion) ergänzendes Feld darstellt, auf dem das Dienstleistungsunternehmen in Kontakt zu dem Kunden treten kann. Zu dieser Servicefunktion gehört, dem Kunden in irgendeiner Form einen Kommunikationskanal zur Verfügung zu stellen, in den er Wünsche, Beschwerden und sogar Lob einspeisen kann. Um den Kunden zu binden, ist es wichtig, ihm das Gefühl zu geben, dass man ihm zuhört, dass man auf ihn eingeht, dass es jemanden in der Organisation des Dienstleisters gibt, der für ihn da ist, der im Stande ist, authentisch zu kommunizieren. Diese Erweiterung der Dienstleistung um die Service–, respektive die Kommunikationskompetenz zwingt das Dienstleistungsunternehmen, eine solche Kompetenz innerhalb des Unternehmens herauszubilden und dort, wo sie bereits vorhanden ist, zu stärken. Denn als guter Dienstleister gilt beim Kunden nur der Anbieter, der auch bewiesen hat, über eine solche Kompetenz zu verfügen. Erst dann nimmt man seinen Hochglanzbroschüren ab, dass die Kundenorientierung tatsächlich zu einer der, wenn nicht gar zur wichtigsten Säule der Unternehmenskultur gehört.

Das zuvor Beschriebene gilt auch für die Deutsche Bahn AG, die überall dort in Berührung mit dem Kunden kommt, wo Vertriebsleistungen, vor allem aber das Personal innerhalb der Züge (Borddienste), einen wichtigen Aspekt der Dienstleistungsqualität ausmachen. An ihnen liegt es primär, ob der Kunde bemerkt, dass der ehemalige Staatsbetrieb nun tatsächlich den Kunden entdeckt hat – oder, wie das noch vor Zeiten der Bahnreform von 1994 hieß – nach wie vor vom Beförderungsfall ausgeht. Die Bahn hat gewaltige Anstrengungen unternommen und einen Transformationsprozess begonnen, der bis dato nicht beendet ist und der in der deutschen Industriegeschichte seinesgleichen sucht. Dabei geht es weniger darum, Mitarbeiter freizusetzen und durch neue, „dienstleistungserprobtere" Mitarbeiter zu ersetzen, als eine innere Organisationsstruktur zu schaffen, quasi eine Prämisse, welche die Organisation aus sich heraus befähigt, die angestrebte Dienstleistungsqualität zu erreichen.

Zu einem Dienstleister kann ein Unternehmen nur werden, wenn es die strukturellen Rahmenbedingungen schafft, damit die Mitarbeiter auch eine solche Dienstleistungsmentalität ausüben dürfen bzw. erkennen, dass es honoriert wird, sich auf den Kunden einzustellen. Durch die Einführung des Kunden in die Organisation entstehen für die Mitarbeiter völlig neue Perspektiven, die vor allem die eigene Entwicklung angehen.

Kern dieses Beitrags wird es sein aufzuzeigen, wie die Deutsche Bahn AG es geschafft hat, durch die Einführung von Kompetenzmodellen[147] im Bereich der Borddienste diese Strukturänderung, als Voraussetzung für die Verankerung der Kundenorientierung in die Unternehmenskultur zu schaffen. Wir wollen aufzeigen, dass die Errichtung und Implementierung des Kompetenzmodells als Variable einer Kontextsteuerung anzusehen ist, mit der nachhaltig die Unternehmenskultur veränderbar ist.

3.2.2   Einführung von Kompetenzmanagement in den Borddiensten der DB Fernverkehr AG

3.2.2.1 Ausgangssituation: Angebotsorientierte Qualifizierung

Zugbetreuer des Borddienstebereiches spielen für das Gesamtsystem der Bahn eine entscheidende Rolle. Sie begleiten täglich Millionen von Menschen an ihr Reiseziel. Um hierbei optimale Dienstleistungen an Bord der Züge der Bahn erbringen zu können, stehen die Zugbetreuer einer herausfordernden Aufgabenvielfalt und zahlreichen Kundenansprüchen gegenüber. Damit die Zugbetreuer flexibel auf diese Anforderungen reagieren können, gab es in der Vergangenheit zahlreiche Qualifizierungsinitiativen. Die

---

147 Wenn im Folgenden von einem Kompetenzmodell die Rede ist, dann ist immer ein Modell gemeint, das die Gesamtheit an Kompetenzen abbildet, die zur Erfüllung einer bestimmten Funktion heute und in Zukunft erforderlich sind. Analog zur Begrifflichkeit Kompetenzmodell kann auch der Begriff Kompetenzprofil verwendet werden.

vielfältigen Maßnahmen waren allerdings weniger auf die individuellen Erfordernisse der Mitarbeiter abgestimmt und enthielten dadurch folgende Schwächen:

- Qualifizierung wurde als Pflichtveranstaltung begriffen: Es gab jährlich verbindliche Stunden für die Weiterbildung der Zugbetreuer ohne Berücksichtigung der individuellen Bedarfe.
- In der Weiterbildung der verschiedenen Zielgruppen innerhalb des Borddienstebereiches gab es nur geringfügige Unterschiede.
- Die Belegung der Qualifizierungsmaßnahmen erfolgte zum Teil ohne Abstimmung mit dem Mitarbeiter.
- Führungskräfte waren nur wenig in den Qualifizierungsprozess eingebunden.
- Uneinheitliche Konzepte zu Trainingsmodulen und deren Durchführung existierten.

Darüber hinaus erschwerte das Fehlen eines standardisierten Auswahlverfahrens die Sicherstellung einer durchgängig hohen Servicequalität.

3.2.2.2 Zielsetzung von Kompetenzmanagement

Dieses „Gießkannenprinzip" im Rahmen der Weiterbildung der Zugbetreuer machte die Neugestaltung des Qualifizierungsprozesses erforderlich. Um eine gezieltere Weiterentwicklung der Zugbetreuer realisieren zu können, sollte ein systematisches Kompetenzmanagement in den Borddiensten der DB Reise & Touristik AG[148] eingeführt werden.[149] Ziel des Kompetenzmanagements war es, auf der Basis der zukünftigen Anforderungen im Borddienstebereich mitarbeiterspezifische Maßnahmen zur strategischen Kompetenzentwicklung abzuleiten. Den Schwerpunkt hierbei sollte eine klare Stärkung der Serviceorientierung der Mitarbeiter bilden. Für die Zugbetreuer sollten deshalb zunächst Kompetenzprofile erstellt werden, welche detailliert die für die hochwertige Servicequalität erforderlichen Kompetenzen abbilden. Insbesondere sollten in den Kompetenzprofilen die Dienstleistungskompetenzen betont werden. Denn gerade die sozialen Kompetenzen der Zugbetreuer sind ein entscheidendes strategisches Kapital der Bahn, um flexibel auf die sich ständig ändernden Marktanforderungen reagieren zu können. Ausgehend von dieser einheitlichen, systematischen Abbildung der in den Borddiensten relevanten Kompetenzen sollte dann die Basis für eine bedarfsorientierte Qualifizierung der Mitarbeiter im direkten Kundenkontakt geschaffen werden. Das bisherige Vorgehen im Rahmen der Qualifizierung der Zugbetreuer sollte durch individuell ausgerichtete Entwicklungsmaßnahmen ersetzt werden, in deren Mittelpunkt die

---

148 Als Tochtergesellschaft der Deutsche Bahn AG ist die DB Fernverkehr AG verantwortlich für den Personen**fern**verkehr. Zusammen mit der DB Regio AG, zuständig für den Personen**nah**verkehr, gehört sie zum Unternehmensbereich Personenverkehr, der mit rund 73.000 Mitarbeitern und einem Umsatz von über 11 Milliarden Euro der größte Unternehmensbereich im DB-Konzern ist.

149 Die Inhalte des Beitrages basieren auf dem bei der DB Fernverkehr AG durchgeführten Projekt zur Einführung von Kompetenzmanagement im Borddienstebereich, das in Zusammenarbeit mit Cap Gemini Ernst & Young durchgeführt wurde.

Stärkung und der Ausbau der Dienstleistungskompetenzen des Zugbegleitpersonals stehen sollten. Ansätze der Veränderung für das zukünftige Qualifizierungskonzept waren:

■ Förderung der Eigenverantwortung der Mitarbeiter: Weiterbildung sollte als Chance und nicht als Pflichtprogramm begriffen werden.

■ Führungskraft als Coach: Die Planung der individuellen Qualifizierung sollte gemeinsam mit der Führungskraft erfolgen; Mitarbeiter sollten regelmäßig durch die Begleitung am Arbeitsplatz gecoacht werden.

■ Bedarfsorientierte Qualifizierung: Qualifizierungsmodule sollten bedarfsorientiert durch die Teilnehmer belegt werden und zielgruppengerecht durch ein frühzeitiges Veranstaltungsmanagement planbar sein.

■ Standardisierte Qualifizierung: Paten für einzelne Themengebiete sollten für eine regelmäßige Erstellung und Aktualisierung von Trainingsunterlagen sorgen. Die Gestaltung der Trainingsunterlagen sollte nach einem festen, zentral vorgegebenem Corporate Design erfolgen. Die verbindlichen Layoutvorlagen sollten auf einer gemeinsamen EDV–Basis zur Verfügung gestellt werden.

3.2.3   Kompetenzmodellarchitektur und Kompetenzprofile

Dreh– und Angelpunkt für die Einführung von Kompetenzmanagement im Borddienstebereich war die Erstellung von Kompetenzprofilen für das Zugbegleitpersonal.[150] Die Entwicklung der Kompetenzprofile sollte einem strukturierten Prozess folgen. Im Rahmen von Projektvorgesprächen wurden die (kritischen) Kernarbeitsprozesse und die zukünftigen, an den Strategien orientierten Arbeitsanforderungen an die Zugbetreuer definiert. Die hierbei identifizierten Prozesse und Anforderungen wurden in Workshops mit Führungskräften und Praktikern validiert. Anschließend wurden die innerhalb der einzelnen Prozesse vorhandenen Hauptaufgaben herausgearbeitet. In einem nächsten Schritt wurden die Kompetenzen abgeleitet, die zur Erfüllung der identifizierten Hauptaufgaben erforderlich waren. Diese Kompetenzen wurden dann einzelnen Kompetenzfeldern zugeordnet, wobei sich die Kompetenzfelder an den Kategorien des Mitarbeitergespräches wie Dienstleistungsverhalten, Zusammenarbeit/Kommunikation, Arbeitseffizienz etc. orientierten. Dadurch konnte eine enge Verzahnung der beiden Instrumentarien Kompetenzprofil und Mitarbeitergespräch sichergestellt werden. Zusätzlich wurden die im Rahmen des Mitarbeitergesprächs nicht berücksichtigten Kategorien Fach- und Führungskompetenz in das Profil aufgenommen. Große Sorgfalt wurde danach darauf verwendet, dass jede Kompetenz anhand von mehreren stichwortartigen, konkret be-

---

150 Bei der Erstellung der Kompetenzprofile wurden folgende Begrifflichkeiten verwendet: *Kompetenzen* sind definiert als eine inhaltlich zusammenhängende Gruppe von beobachtbaren Verhaltensweisen, die eine Leistung in einer konkreten Position oder Funktion beschreiben und für den Erfolg an einem Arbeitsplatz benötigt werden. Kompetenzen basieren auf Wissen, Einstellungen und Fähigkeiten.

obachtbaren Verhaltensbeispielen aus dem Arbeitsalltag (Indikatoren) beschrieben wurden.

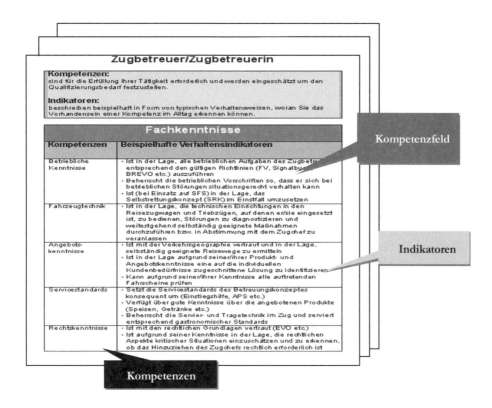

Abbildung 1:   Kompetenzprofil am Beispiel Zugbetreuer (Quelle: Kompetenz-
management Borddienste DB Fernverkehr AG)

Das Kompetenzmodell für den Zugbetreuer umfasste in seiner Endfassung sieben Kategorien mit insgesamt ca. 45 Kompetenzen. Ein beispielhafter Ausschnitt aus dem Kompetenzprofil des Zugbetreuers ist in Abbildung 1 dargestellt.

Im Rahmen des gesamten Prozesses zur Entwicklung der Kompetenzprofile wurden in einer Reihe von Workshops neben der Personalentwicklung und dem verantwortlichen Fachbereich auch Führungskräfte und Praktiker aus den Borddiensten involviert. Sie haben die Kompetenzprofile inhaltlich mitentwickelt und validiert. Auf diese Weise sollte die Akzeptanz des neuen Instrumentariums im Unternehmen gewährleistet werden.

Insgesamt wurden neben dem Kompetenzprofil des Zugbetreuers für die wichtigsten Funktionen im Borddienstebereich Kompetenzprofile erstellt. Zum Herausarbeiten der Unterschiede zwischen den Kompetenzprofilen der einzelnen Funktionen wurden die Ausprägungen der einzelnen Kompetenzen miteinander verglichen und zueinander in Beziehung gesetzt.

3.2.4 Ist-Kompetenzanalysen zur Ermittlung des Qualifizierungsbedarfes

Von großer Bedeutung im Rahmen eines Kompetenzmanagements ist neben der Entwicklung von Kompetenzprofilen natürlich auch die gezielte Einschätzung der Kompetenzen des Mitarbeiters.

3.2.4.1 Kompetenzeinschätzung mit Hilfe des Erhebungsbogens

Um die Beurteilung der Kompetenzen der Zugbetreuer zu ermöglichen, wurde ein Erhebungsbogen entwickelt, der zur Beschreibung der jeweiligen Kompetenzausprägung eine vierstufige Skala mit der folgenden Einteilung verwendete:

1= Basis: hat Basis– oder Grundlagenwissen

2= Fortgeschritten: hat Überblickswissen

3= Könner: hat Detailwissen

4= Übertrifft Erwartungen: hat Entwicklungspotenzial

Im Rahmen der vierstufigen Skala bildete die Kompetenzausprägung 3 (Könner) die Sollausprägung für die jeweilige Kompetenz ab.

3.2.4.2 Ist-Kompetenzerhebung

Die detaillierte Beschreibung der Kompetenzen in den Kompetenzprofilen inklusive ihrer Ausprägung stellte die Grundlage für die Ermittlung des Qualifizierungsbedarfes der Zugbetreuer dar. Zunächst sollte der grundsätzliche Qualifizierungsbedarf (Themen/Mengengerüste) der Zugbetreuer zur Erarbeitung des zukünftigen Qualifizierungskonzeptes für den Borddienstebereich durch Aufnahme einer Stichprobe ermittelt werden. Hierzu fanden mit ca. 660 Zugbetreuern Kompetenzgespräche statt.

In diesen Gesprächen verglich die Führungskraft den Zugbetreuer mit dem (Soll-)Kompetenzprofil für seine Funktion, das durch die Skalenstufe „Könner" definiert war. Eine Einschätzung auf den Stufen „Fortgeschritten" und „Basis" signalisierte geringen bzw. hohen Qualifizierungsbedarf. Die Einschätzung auf der Stufe „Übertrifft Erwartungen" zeigte an, dass die Qualifikation des Mitarbeiters deutlich über das für die

Funktion erforderliche Maß hinaus ausgeprägt ist. Die geführten Kompetenzgespräche machten somit deutlich, bei welchen Kompetenzen die Zugbetreuer noch Verbesserungs– bzw. Weiterbildungsbedarf hatten.

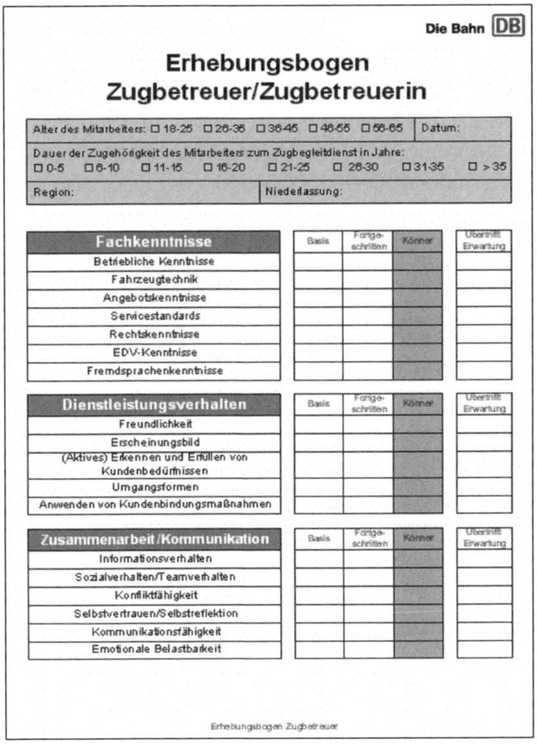

Die Bahn DB

Erhebungsbogen Zugbetreuer/Zugbetreuerin

Alter des Mitarbeiters: ☐ 18-25 ☐ 26-35 ☐ 36-45 ☐ 46-55 ☐ 56-65	Datum:
Dauer der Zugehörigkeit des Mitarbeiters zum Zugbegleitdienst in Jahre: ☐ 0-5 ☐ 6-10 ☐ 11-15 ☐ 16-20 ☐ 21-25 ☐ 26-30 ☐ 31-35 ☐ > 35	
Region:	Niederlassung:

Fachkenntnisse	Basis	Fortgeschritten	Könner	Übertrifft Erwartung
Betriebliche Kenntnisse				
Fahrzeugtechnik				
Angebotskenntnisse				
Servicestandards				
Rechtskenntnisse				
EDV-Kenntnisse				
Fremdsprachenkenntnisse				

Dienstleistungsverhalten	Basis	Fortgeschritten	Könner	Übertrifft Erwartung
Freundlichkeit				
Erscheinungsbild				
(Aktives) Erkennen und Erfüllen von Kundenbedürfnissen				
Umgangsformen				
Anwenden von Kundenbindungsmaßnahmen				

Zusammenarbeit/Kommunikation	Basis	Fortgeschritten	Könner	Übertrifft Erwartung
Informationsverhalten				
Sozialverhalten/Teamverhalten				
Konfliktfähigkeit				
Selbstvertrauen/Selbstreflektion				
Kommunikationsfähigkeit				
Emotionale Belastbarkeit				

Erhebungsbogen Zugbetreuer

Abbildung 2: Erhebungsbogen Zugbetreuer (Quelle: Kompetenzmanagement Borddienste DB Fernverkehr AG)

Sowohl das Urteil der Führungskraft als auch die Selbsteinschätzung des jeweiligen Mitarbeiters waren im Rahmen des Kompetenzgespräches ausschlaggebend, so dass ein Abgleich zwischen Selbst- und Fremdbild zu den im Profil definierten Kompetenzen erfolgte. Durch das Kompetenzgespräch wurde der Führungskraft stärker als bisher die Verantwortung für den Mitarbeiter und seine Qualifizierung übertragen. Die Führungskraft machte sich ein Bild über die Kompetenzen des Mitarbeiters und war verantwortlich für die Qualität der Weiterbildung des Einzelnen. Ein weiteres Ergebnis des Kompetenzgespräches war die Förderung der individuellen Selbsteinschätzung, denn der jewei-

lige Zugbetreuer gewann im Kompetenzgespräch mit der Führungskraft einen bewertba-
ren Eindruck seiner eigenen Qualifikation.

Die Ergebnisse der Kompetenzgespräche wurden über eine Eingabemaske von der Führungskraft in eine Datenbank, deren Struktur dem Erhebungsbogen entsprach, anonymi-
siert eingegeben und dort aggregiert. Auf dieser Basis konnte der für die Gruppe der
Zugbetreuer ermittelte Qualifizierungsbedarf problemlos ausgewertet und ein bedarfs-
orientiertes Qualifizierungsangebot zusammengestellt werden. An dieses Angebot wurde
die gezielte Anmeldung von Zugbetreuern zu den für sie individuell sinnvollen Trainingsmaßnahmen gekoppelt. Zudem wurden Paten für die einzelnen Maßnahmen er-
nannt, die regionsübergreifend für die Erstellung und Aktualisierung der Trainingsmodu-
le verantwortlich waren und verbindliche Layoutvorlagen hierfür bereitgestellt.

Abbildung 3: Ist-Kompetenzerhebung (Quelle: Kompetenzmanagement Borddienste
DB Fernverkehr AG)

Zukünftig sollen die Kompetenzgespräche in jährlichem Rhythmus zusätzlich zum Mitarbeitergespräch geführt werden, um durch die personenbezogene Vollerhebung den
individuellen Qualifizierungsbedarf und darauf aufbauende individuelle Personalentwicklungsmaßnahmen ableiten zu können. Durch das Abrücken vom Prinzip „Gießkanne"
erhält so jeder einzelne Mitarbeiter individuelle Schulungen, die speziell auf seine
Bedürfnisse zugeschnitten sind. Der Mitarbeiter wird punktgenau an den Stellen gefördert, wo seine Schwächen liegen. Diese Vorgehensweise fördert, neben den bereits
genannten Faktoren, schließlich auch die Eigenmotivation des Einzelnen.

Auf die Ist-Kompetenzerhebung (vgl. Abbildung 3) wurden die Mitarbeiter durch
ausführliche, schriftliche Informationsunterlagen vorbereitet (Informationsbroschüre,
Einladungsschreiben zum Kompetenzgespräch, Soll-Kompetenzprofil und Erhebungs-

bogen). Im Gegensatz dazu durchliefen die Führungskräfte spezielle Workshops, in denen sie auf die Durchführung der Kompetenzgespräche vorbereitet wurden. Zusätzlich koordinierten so genannte Regieteams vor Ort die Umsetzung der Kompetenzgespräche und sicherten auf diese Weise die Qualität des Prozesses.

3.2.4.3 Neugestaltung des Qualifizierungsprogramms

Aufgrund der Erhebungsergebnisse aus der Ist-Kompetenzanalyse wurden die Qualifizierungsinhalte im Borddienstebereich auf Vollständigkeit und Bedarfsorientierung hin geprüft, neu strukturiert und konzipiert. Schließlich wurden 48 neue Qualifizierungsmodule in den vier Schwerpunktthemen Fach-, Führungs-, Verhaltenstrainings und Trainings für wirtschaftliches und effizientes Arbeiten in das Qualifizierungsangebot für die Zugbetreuer aufgenommen. Beispielsweise zeigte sich im Rahmen der Ist-Kompetenzerhebung ein hoher Bedarf der Zugbetreuer an Trainings im Bereich rechtliche Sicherheit und Sprachen – Themen, die im bisherigen Qualifizierungsangebot nicht oder kaum enthalten waren. Ergebnis der Kompetenzanalyse war ebenfalls eine umfassende Trainingsoffensive, in der Zugbetreuer verhaltensorientierte Trainingsangebote zur Weiterentwicklung ihrer Servicekompetenz erhielten.

Die Erfahrungen aus der Ist-Kompetenzerhebung verdeutlichten auch, dass im Rahmen der Durchführung der Kompetenzgespräche bei den Führungskräften Unsicherheiten bezüglich der Bewertung der Soft Skills und des Dienstleistungsverhaltens der Zugbetreuer bestanden. Dieser Umstand führte schließlich dazu, dass ein umfangreiches Qualifizierungsprogramm speziell für die Führungskräfte entwickelt wurde, dessen Schwerpunkte auf der Beurteilung von Soft Skills und dem Dienstleistungsverhalten lagen. Ebenso wurde in das Programm eine generelle Stärkung der Führungsrolle aufgenommen.

3.2.5 Kompetenzmodelle als Orientierungsrahmen für weitere HR-Instrumente

Der beschriebene, strukturierte Kompetenzmanagement-Ansatz liefert – über die genannten Ansätze einer direkten Veränderung des Qualifizierungsprozesses hinaus – weitere Möglichkeiten im Rahmen einer ganzheitlichen Personalentwicklung. Kompetenzmanagement kann beispielsweise auch als Basis für die Gestaltung von Auswahlverfahren genutzt werden.

So wurden im Borddienstebereich die üblichen Auswahlinterviews für Zugbegleitpersonal um eine standardisierte, kompetenzbasierte Eignungsdiagnostik ergänzt, in die Elemente zur Erfassung der Service- und Sozialkompetenz der Zugbetreuer aufgenommen wurden. Eine ganze Reihe weiterer möglicher Anwendungsfelder von Kompetenzmanagement stehen zur Verfügung, die jedoch den Rahmen dieses Beitrags sprengen würden. Stattdessen ist ein Überblick hierzu in der nachfolgenden Abbildung aufgeführt.

Abbildung 4:   Kompetenzmanagement als Basis für eine ganzheitliche Personal- und Organisationsentwicklung

3.2.6   Chancen und Risiken von Kompetenzmanagement

Der theoretische Ansatz und die aufgezeigten praktischen Erfahrungen bei der Umsetzung von Kompetenzmanagement bergen vielfältige Chancen innerhalb einer zielgerichteten Personalentwicklung. Das Chancenpotenzial lässt sich in folgende Bereiche zusammenfassen:

- Ganzheitlicher Personalentwicklungsansatz
- Fokussierung auf die strategisch wichtigen Kompetenzen und Schaffung einer diesbezüglichen, einheitlichen Sprache

- Professionelle, zielgerichtete Mitarbeiterentwicklung durch Soll-Ist-Kompetenzanalysen
- Bewertbarkeit des Qualifizierungserfolges
- Führungskraft als Coach des Mitarbeiters
- Transparenz über Entwicklungschancen
- Erhöhte Zufriedenheit und Motivation der Mitarbeiter durch kompetenzbasierte Stellenbesetzung.

Neben den positiven Potenzialen birgt Kompetenzmanagement jedoch auch Risiken. Im Rahmen einer ganzheitlichen Betrachtung sollen auch diese genannt sein:

- Kompetenzmanagement ist nur bei Funktionsgruppen mit großen Volumina wirtschaftlich und sinnvoll
- Die Funktionen, für die Kompetenzprofile erstellt werden, sollten überwiegend standardisierte Arbeitsprozesse enthalten
- Eine häufige Veränderung der Funktionen, für die Kompetenzprofile existieren, bringt einen hohen Aktualisierungs- und Pflegeaufwand mit sich

Dennoch soll abschließend betont werden, dass die insgesamt positiven Effekte und der große Erfolg der bisherigen Maßnahmen im Borddienstebereich bestätigen, dass die Einführung von Kompetenzmanagement richtungsweisend im Bereich qualitäts- und bedarfsorientierter Qualifizierung bei der Bahn ist. Vor diesem Hintergrund wird die Umsetzung von Kompetenzmanagement derzeit in weiteren Schlüsselbereichen des Unternehmens umgesetzt (z. B. im Bereich Triebfahrzeugführer).

3.2.7 Kompetenzmodelle als Instrument zur Gestaltung der Führungskultur

Der hier vorgestellte Ansatz eines Kompetenzmanagements macht deutlich, dass es neben der gezielten Personalentwicklung zwangsläufig auch zu einer Weiterentwicklung der Organisation und somit zu einer Beeinflussung ihrer Kultur in Richtung kundenorientierte Mitarbeiterentwicklung kommt. Dieser Zusammenhang wird nachfolgend genauer skizziert. Dabei nehmen wir einen anderen Standpunkt als die Betriebswirtschaftslehre ein. Diese besagt nämlich, dass zuerst die Unternehmenskulturen geplant und verändert werden müssen, bevor es zu einer wirtschaftlichen Performance kommen kann. Man denke hier nur an die Arbeiten von Tom Peters und Robert Waterman Anfang der Achtzigerjahre.

Wir halten uns stattdessen an die Position der Ethnologie und Soziologie. Sie brachte die kritische Diskussion zur Plan- und Steuerbarkeit von Kultur ins Laufen. Kulturen können weder geplant noch gesteuert werden, da es sich bei der Kultur um kein Objekt handelt, sondern um eine vom jeweiligen Beobachter abhängig konstruierte Differenz. Und auch

Unternehmenskulturforscher, wie der Amerikaner Edgar Schein, die Kultur nicht primär als Konstruktionsleistung beschreiben, sondern als fest verankerte, nicht hinterfragbare Grundannahme einer bestimmten Population von Menschen, machen mit Gesagtem deutlich, dass an Kultur nur schwer heranzukommen ist, weil sie aus dem Kulturkreis heraus nur schwerlich hinterfragt, also reflektiert werden kann. Steuerung im Sinne einer Kausalkalkulation ist nicht möglich. Wer an Kultur arbeitet, arbeitet immer mit einer Unbekannten, die im sozialen Phänomen liegt. Und dennoch ist Kultur natürlich veränderbar. Jedoch ist dies eher als evolutionärer und selbstgesteuerter Prozess vorstellbar. Aufgrund dieser Beschreibung können sich die „Macher" einer Kulturveränderung lediglich auf die Gestaltung von Kontextvariablen konzentrieren, sodass sich eine Wechselwirkung einstellt, die wiederum eine Kulturveränderung nach sich zieht. Ob das aber in genau der Art und Weise geschieht, wie erhofft, das muss sich erst zeigen.

Eine weitere Vorstellung, die wir bezüglich der Kultur hegen, ist, dass sie als Kommunikationsprozess verstanden werden muss. Kultur ist immer die Kommunikation von Kultur. Wer versucht aufzuzeigen, was seine Kultur ist, manifestiert und verändert sie durch die Kommunikation darüber. Und auch geschlossene, d. h., von der Umwelt abgeschlossene Gesellschaften, wie beispielsweise einige Stammesvölker, rekonstruieren ihre Kultur durch bestimmte, immer wieder ausgeführte Regeln der Kommunikation untereinander. Wer also seine Kultur ändern will, vermag dies ausschließlich über die Kommunikation zu leisten. Wer einen „cultural change" erreichen will, muss an der Kommunikation und an den Kommunikationsstrukturen arbeiten, die nur ganz bestimmte Kommunikationen zulassen und andere verhindern. Von der Objektvorstellung einer Kultur ist demzufolge ganz abzusehen. Wie die Bahn anhand des Kompetenzmodells an ihrer Voraussetzung für zunehmende Kundensensibilität und damit Kundenkommunikation arbeitet, haben wir zuvor aufgezeigt. Das Kompetenzmanagement der Bahn stellt die bearbeitungsfähige Kontextvariable einer Kulturgestaltung dar.

An dieser Stelle wollen wir aber noch eine weitere Einschränkung der Kulturgestaltung platzieren. Obwohl wir von unserer oben eher skeptischen Kulturgestaltungsmöglichkeit nicht absehen wollen, so sehen wir doch die Gewichtung bezüglich der Einflussnahme auf Unternehmenskultur in der Gruppe der Führungskräfte verankert. Führungskräften wird dabei eine besondere Bedeutung zugeschrieben. Was von ihnen aus kommuniziert wird, erhält vermehrte Aufmerksamkeit. Dabei spielt es dann keine Rolle, ob das, was sie kommunizieren, auch von den Mitarbeitern geteilt wird. Der Fokus der Beobachtungen innerhalb von Organisationen liegt auf den Führungskräften. Man könnte auch davon sprechen, dass nicht Führungskräfte den Grundstein für die Hierarchie legen, sondern die hierarchisierte Beobachtungslogik, die dazu führt, dass Führungskräften diese Bedeutung zugeschrieben wird. Diese Struktur der gegenseitigen Erwartungen, dass Mitarbeiter erwarten, dass Führungskräfte Entscheidungen treffen und dass Führungskräfte wissen, dass Mitarbeiter dies erwarten, stabilisiert diese prädestinierte Position.

Diese Zusammenhänge sollen deutlich machen, dass Führungskräfte die stärksten Faktoren darstellen, um den Anstoß für eine Unternehmenskulturveränderung zu geben. Und wenn wir unsere vorherigen Ausführung zur Kultur heranziehen, nämlich dass Kultur vornehmlich als Kommunikation von Kultur zu verstehen ist, dann verstärkt sich daraus unsere Annahme, dass es gerade die Führungskräfte sind, die den Wandel einer Kultur anstoßen können, da ihre Kommunikationen auch wahrgenommen werden.

Kompetenzmodelle, wie wir aufgezeigt haben, setzen gleichsam an der Kommunikationsstruktur und –kultur und damit an der Führungskultur an. Über diesen Weg ist es dann auch möglich, dass die Unternehmenskultur (hier: im Falle der Deutschen Bahn AG) das Attribut „kundenorientiert" herausbilden kann. Um eine Unternehmenskultur zu verändern – so unsere Empfehlung – sollte an der Führungskultur, respektive an der Kommunikationskultur der Führungskräfte angesetzt werden.

Kompetenzmodelle, wie wir dargestellt haben, verändern und verstärken die Führungskultur in Richtung Dialog, Partizipation sowie Mitarbeiterentwicklung. Führungskräfte werden durch die Anwendung der Kompetenzmodelle verpflichtet, selbst eine neue Interpretation ihrer Führungsrolle zu leisten. Sie müssen verstehen lernen, dass Führung zuallererst Kommunikation bedeuten muss. D. h., durch die Einführung von Kompetenzmodellen in das Unternehmen müssen sich die Führungskräfte in erster Linie selbst entwickeln. Das neue Verständnis der Führungskraft beinhaltet den Coach, den Partner des Mitarbeiters, den Personalentwickler, den Motivator zur Selbstmotivation sowie den „Feedbackgeber" als Reflexionsinstanz.

Bei der Deutschen Bahn wird diese Einführung der Kompetenzmodelle daher ebenfalls von zahlreichen Qualifizierungsprogrammen für Führungskräfte begleitet, die ebenfalls auf die beschriebenen Attribute verweisen. Es ist also für die Einführung eines solchen Modells wichtig, dass sie keine Einzelmaßnahme darstellt, sondern durch weitere Maßnahmen flankiert wird, die alle in die gleiche Richtung zielen. Damit verringert die Organisation die Möglichkeit, dass kulturelle Nischen entstehen können, in denen Führungskräfte und Mitarbeiter das alte, eher hierarchieorientierte Führungsverständnis weiter leben und manifestieren können. Dieses beruht auf Richtlinien, Anweisungen und Kontrolle und ist mit den Erfordernissen des Marktes nicht mehr kompatibel. Darüber hinaus wird die Anschlussfähigkeit von Kompetenzmodellen an die Praxis der Organisation über die Kommunikation betriebswirtschaftlicher Probleme (unzufriedene Kunden, abnehmende Umsatzzahlen) und nicht über die vage und abstrakte Formulierung von Kulturproblemen sichergestellt. An diesen „harten" Zahlen müssen sich die Führungskräfte messen lassen. Es sind also die Gegebenheiten und Erfordernisse der Organisation und des Marktes, die den Führungskräften nahe legen, ihr eigenes Verhalten nachhaltig umzustellen, wollen sie erfolgreich führen. Das färbt dann natürlich auf die Führungskultur ab.

Wer im hochkomplexen System Bahn im Sinne des Erfolges des gesamten Unternehmens führen will, der muss die Vorstellungsideale der Anordnung, der detailgetreuen

Ausführung sowie der Kontrolle aufgeben. Stattdessen bedarf es des Mitarbeiters, der vor Ort im Stande ist, situationsadäquate Entscheidungen zu treffen, für die er auch bemächtigt ist, ohne sich vorher im Sinne von bestehenden Richtlinien bei seiner Führungskraft zu versichern. Der Markt und vor allem die Kunden erwarten schnelle Reaktionen und Zuwendungen. Die Mitarbeiter müssen in der Lage sein, sich selbst führen zu können. Der Umkehrschluss hierzu lautet, dass die Führungskraft ihre Mitarbeiter in die Lage versetzt haben muss, dies auch leisten zu können. Letztendlich ist eine Führungskraft in turbulenten Umfeldern nämlich darauf angewiesen, dass ihr Team schnell und selbständig reagieren kann, nur so kann sie sich an anderer Stelle anderen Aufgaben widmen. Es ist offensichtlich, dass das in besonderem Maße die Mitarbeiter im Bereich der Borddienste leisten müssen; verstärkt, wenn Unvorhersehbares auftritt. Und nur so kann auch der Kunde tatsächlich mitbekommen, dass aus dem vormaligen Staatsbetrieb ein flexibles Unternehmen geworden ist.

Wenn Führungs- und darauf aufbauend Unternehmenskultur primär als flexibler und stets fortlaufender Kommunikationsprozess verstanden wird, so ist verständlich, dass das Instrument des Kompetenzmodells ebenfalls den Anforderungen der Anpassungsfähigkeit nachkommen muss. Ein erster Schritt ist, wie beschrieben, die Berücksichtigung zukünftiger Erfordernisse, die bezüglich bestimmter Tätigkeiten erwartet werden. Vor allem aber muss das Kompetenzmodell als Kommunikationsinstrument verstanden werden, das eine Feedbackschlaufe integriert hat, auf die es fortwährend Bezug nimmt. Nur ein ausgereifter und konsequent verfolgter Kommunikationsprozess zwischen Führungskraft und Mitarbeiter gewährleistet, dass das Instrument den tatsächlichen Bedürfnissen des Marktes angepasst ist. Das Kompetenz- sowie Mitarbeitergespräch bietet Einsicht in die Bedürfnisse der Mitarbeiter, sich in ganz bestimmten Kompetenzen fortzubilden. Ebenfalls liefert es Informationen darüber, welche neuartigen Anforderungen der Kunde zunehmend stellt und auf die hin reagiert und fortgebildet werden muss (Bottom–up–Prozess). Führung bedeutet in einem solchen Kontext dann kommunikatives Nachsteuern des eingesetzten Instruments inklusive der dazugehörigen Mitarbeiterausbildung in bestimmten Kompetenzen.

Der hier beschriebene und erwartete Führungsstil ist aus Perspektive der Unternehmensleitung auch relativ einfach zu kontrollieren. Dort, wo eine höhere Zufriedenheit des Bordpersonals infolge von eröffneten Perspektiven und Kompetenzerweiterungen stattfindet, die Absätze für sekundäre Dienstleistungen, wie Getränkeservice am Platz oder Verkaufszahlen von Übergangstickets in die ersten Klasse, steigen, der Krankenstand der Mitarbeiter und die Fluktuation sinken und letztendlich dort, wo auf Anfrage bei den Kunden die Zufriedenheit steigt, ist offensichtlich, dass das Kompetenzmodell einen positiven Einfluss auf den unternehmerischen Erfolg vor Ort ausgeübt hat.

Vor allem aber wird offenkundig, dass die dort agierenden Führungskräfte das Modell nicht nur angewendet, sondern kommunikativ richtig eingesetzt haben. Diese Führungskräfte sind auszumachen und als Vorbilder für eine Unternehmenskulturänderung in Richtung Kundenorientierung als Multiplikatoren einzusetzen. Vor allem aber können ihre Erfolge als Vorbilder der neuen Führungskultur in die Organisation eingespielt werden – und natürlich geschieht das kommunikativ. Und weil solche Kommunikationen, wie weiter oben bereits beschrieben, primär beobachtet werden, haben sie auch eine Chance, sich irgendwann einmal als nicht hinterfragbare Grundprämissen in die Kultur einzunisten.

3.3   Webbasierte Kompetenzanalyse am Beispiel BMW Bank GmbH

Claudia Konietzko & Michael Schuh

Zur weiteren Steigerung ihres Geschäftserfolgs durch Finanzierung und Leasing von Fahrzeugen aus der BMW Group hat sich die BMW Bank GmbH zum Ziel gesetzt, die Weiterbildung ihrer Mitarbeiter durch ein durchdachtes, zukunftsorientiertes Bildungssystem zu intensivieren. Zur Umsetzung dieses Ziels wurde im Rahmen eines Pilotprojektes die Financial Services Academy (FS Academy) gegründet. Hinter dem Motto: *„Perspektiven erkennen. Chancen nutzen"* verbirgt sich der Anspruch, eine „effiziente, auf die eigene Tätigkeit ausgerichtete Weiterbildung der persönlichen Fähigkeiten"[151] für alle Mitarbeiter der BMW Bank GmbH umzusetzen.

Als ein zentrales Thema kristallisierte sich bereits zu Projektbeginn die Notwendigkeit heraus, in einem strukturierten Prozess den Entwicklungsbedarf jedes Mitarbeiters orientiert an seiner augenblicklichen Aufgabenstellung zu erfassen. Dieser Prozess sollte im Rahmen des bestehenden Mitarbeitergesprächs eingeführt werden und seine Bedeutung damit stärken. Die Summe der erhobenen Entwicklungsbedarfe sollte die Basis für das Produktportfolio der FS-Academy bilden. Zur Realisierung einer modernen, effizienten Bildungsbedarfsanalyse entschloss sich die BMW Bank GmbH mit Unterstützung durch die Siemens AG, eine webbasierte Systematik einzuführen.

3.3.1   Bildungsbedarfsanalyse zur Umsetzung des Kompetenzmanagementprozesses

In Workshops mit Führungskräften aus den operativen Bereichen und aus der Personalorganisation wurde ein Kompetenzkatalog erarbeitet, der alle für das Geschäft der BMW

---

151 BMW Financial Services Insight 2 (2002)

Bank GmbH relevanten Kompetenzen sowie jeweils eine genaue Kompetenzdefinition umfasst. Dieser Katalog beinhaltet:

- Soziale und methodische Kompetenzen, wie z. B. das Kompetenzfeld Kommunikationsfähigkeit, das weiter unterteilt wurde in einzelne Kompetenzen wie Präsentations-, Verhandlungs- und Moderationsfähigkeit.
- Financial Services spezifische fachliche Kompetenzen, wie z. B. Kenntnisse in Leasing und Finanzierung, rechtliche Kenntnisse, die ebenfalls zur genauen Definition weiter unterteilt wurden.
- Allgemeine fachliche Kompetenzen, wie z. B. Standard-IT-Kenntnisse in MS Office.

Ebenfalls in Workshops wurden auf Basis dieses Kompetenzkatalogs sowie der bereits bestehenden Stellenbeschreibungen Kompetenzprofile je Funktion entwickelt. Für jede in einem Profil als relevant für die erfolgreiche Aufgabenerfüllung hinterlegte Kompetenz wurde die notwendige Soll-Ausprägung auf einer Ordinalskala von 0 bis 4 festgelegt. Die Skalenwerte haben dabei folgende Bedeutung:

0 = Kompetenz nicht relevant

1 = Basiskenntnisse

2 = Erweiterte Kenntnisse

3 = Umfassende Kenntnisse

4 = Expertenkenntnisse

In der Web-Lösung wurden die Kompetenzprofile mit ihren Soll-Ausprägungen je Kompetenz sowie die Definitionen der Kompetenzen hinterlegt.

In einem zweiten Schritt wurde durch die Personalorganisation in Abstimmung mit der jeweiligen Führungskraft jeder Mitarbeiter einem Kompetenzprofil zugeordnet. Diese Information wurde, angereichert durch weitere Mitarbeiterdaten, wie E-Mail-Adresse, Organisationskennzeichen sowie Name und E-Mail-Adresse der Führungskraft, ebenfalls im IT-Tool hinterlegt und jeweils mit dem entsprechenden Kompetenzprofil verknüpft.

3.3.2 Selbst-, Fremd- und Konsenseinschätzung – der Workflow des Kompetenzabgleichs

Mitarbeiter und Führungskraft erhalten Zugriff zum webbasierten Kompetenzabgleich durch eine Kombination aus Informationen über Zugangsdaten durch E-Mail sowie einem Intra-/Internetzugriff. Hierfür werden in der Web-Lösung zu einem definierten Anfangsdatum so genannte „Läufe" angestoßen. Ein Lauf umfasst dabei einen Mitarbeiter, sein ihm zugeordnetes Kompetenzprofil sowie seine Führungskraft.

Die erste E-Mail an Mitarbeiter und Führungskraft der BMW Bank GmbH informiert über den Ablauf der Bildungsbedarfsanalyse und übermittelt die Zugangsdaten zum Tool, bestehend aus einem Link (URL), einem Login und einem persönlichen Kennwort (vgl. Abbildung 1).

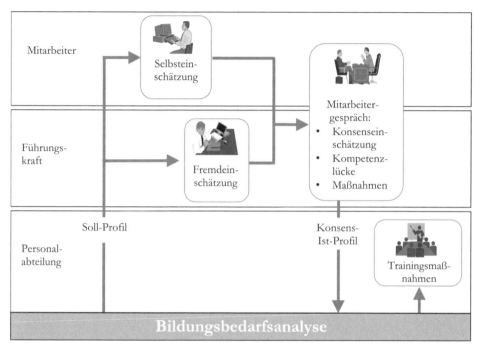

Abbildung 1: Ablauf der Bildungsbedarfsanalyse

Der Mitarbeiter führt zunächst online eine auf seine Aufgaben bezogene Selbsteinschätzung durch. Das Tool listet ihm hierzu die Kompetenzen auf, die in seinem Kompetenzprofil als für eine erfolgreiche Ausübung seiner Funktion relevant definiert wurden. Auf der Skala von 0 bis 4 schätzt er das Niveau seiner Kenntnisse und Fähigkeiten ein (vgl. Abbildung 2).

Mit dem Abschluss der Selbsteinschätzung durch den Mitarbeiter wird automatisch eine E-Mail an die Führungskraft generiert. Die Führungskraft wird darüber informiert, dass ihr Mitarbeiter seine Selbsteinschätzung abgeschlossen hat und sie nun ihre Einschätzung vornehmen kann.

Die Führungskraft durchläuft online die gleichen Kompetenzeinschätzungen zum Profil des Mitarbeiters. Sie kennt zu diesem Zeitpunkt nicht die vom Mitarbeiter eingegebenen

Werte. Diese Vorgehensweise verlangt von der Führungskraft, sich ein eigenständiges Bild davon zu machen, wie sie den Mitarbeiter erlebt. Ein ebenso denkbarer Ablauf wäre, dass die Ergebnisse der Selbsteinschätzung an die Führungskraft geleitet werden und diese nur ihre abweichenden Einschätzungen ergänzt. Dies würde einerseits den Aufwand der Führungskraft reduzieren, andererseits wäre die Führungskraft aber beeinflusst.

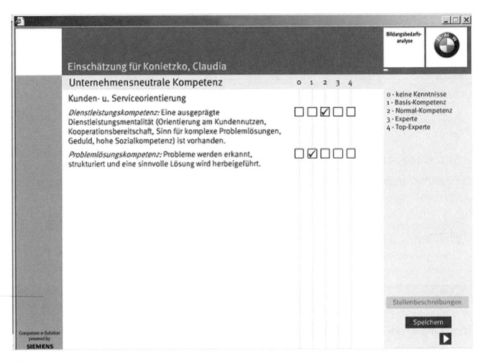

Abbildung 2: Webbasierte Selbsteinschätzung

Nach Abschluss der Fremdeinschätzung erhält die Führungskraft Zugriff auf einen Zwischenreport, in dem die Ergebnisse von Selbst- und Fremdeinschätzung sowie das Soll-Profil einander gegenübergestellt werden. Dieser Report dient ihr als Vorbereitung auf den Aspekt Kompetenzentwicklung im Rahmen des Mitarbeitergesprächs. Abhängig von der Unternehmenskultur ist es ebenso denkbar, dass auch der Mitarbeiter den Zwischenreport als Vorbereitung auf das Gespräch automatisch durch das System erhält.

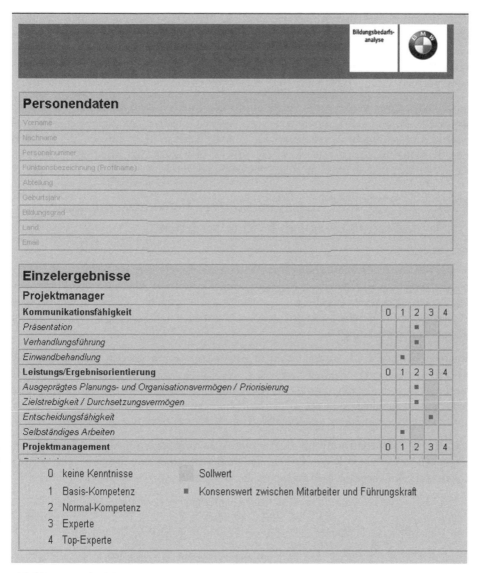

Abbildung 3: Abschlussreport

Im Rahmen des sich anschließenden Jahresgesprächs haben Mitarbeiter und Führungskraft Gelegenheit, sich diejenigen Kompetenzen näher anzusehen, in denen ihre Einschätzungen voneinander abweichen. Eine zielführende Diskussion wird durch Bezug-
nahme auf Verhaltensbeispiele ermöglicht, denn nur beobachtbares Verhalten sagt etwas

über die Ausprägung einer Kompetenz aus. Ziel dieses Gesprächs ist es, über eine Konsenseinschätzung je Kompetenz zu einem gemeinsamen Ist-Profil zu gelangen. Dieses wird von Mitarbeiter und Führungskraft gemeinsam in der Web-Lösung hinterlegt. Im Abschlussreport werden die Werte des Ist-Profils den Soll-Werten gegenübergestellt (vgl. Abbildung 3).

Durch den so gestalteten Ablauf der Bildungsbedarfsanalyse wird das Jahresgespräch bei der BMW Bank GmbH durch den vorgelagerten Prozess der Kompetenzabgleichs gestärkt. Ebenso nimmt dieser Ansatz die Führungskraft in ihrer Aufgabe, die Entwicklung des Mitarbeiters zu fördern, in die Pflicht, aber auch den Mitarbeiter selbst als Hauptverantwortlichen für seine eigene Entwicklung.

3.3.3 Vorteile und Aussagekraft der IT-gestützten Ergebnisdarstellung – auf individueller Ebene

So wie der Zwischenreport grafisch anschaulich die Ergebnisse aus Selbst- und Fremdeinschätzung dem Kompetenzprofil gegenüberstellt, stellt der Abschlussreport übersichtlich das entstandene Ist-Profil dem Kompetenzprofil gegenüber. Dieser Abschlussreport ist Grundlage für Vereinbarungen zwischen Mitarbeiter und Führungskraft zum Thema „Kompetenzentwicklung".

Stimmen Ist- und Soll-Ausprägungen in den Kompetenzen überein, verfügt der Mitarbeiter mit Blick auf Kompetenzen über alle Voraussetzungen für eine erfolgreiche Ausübung seiner aktuellen Aufgabe. Sollte seine Leistung dennoch nicht den Anforderungen entsprechen, sind die aktuellen Rahmenbedingungen zu betrachten, die ggf. seinen Handlungsspielraum und seine Motivation negativ beeinflussen.

Fordert das Kompetenzprofil für eine erfolgreiche Aufgabenerfüllung höhere Soll-Ausprägungen in einzelnen Kompetenzen, als sie der Mitarbeiter vorweisen kann, werden Entwicklungsmaßnahmen notwendig, um die bestehende Kompetenzlücke zu füllen.

Liegen Ist-Ausprägungen über den Soll-Ausprägungen, hat der Mitarbeiter in den entsprechenden Kompetenzen eine Stärke. Er zeigt in den betroffenen Kompetenzen im Vergleich mit anderen Mitarbeitern gleicher Funktion „Best-Practice-Verhalten".

Betrachtet man den Level der Ist-Kompetenzen nicht nur mit Blick auf die augenblickliche Aufgabenstellung des Mitarbeiters, sondern richtet seine Überlegungen auch auf die Zukunft, liefern die Ergebnisse des Kompetenzabgleichs wertvolle Informationen für eine strategische Personalentwicklung.

Liegen die Ist-Ausprägungen des Mitarbeiters insgesamt deutlich über den Soll-Ausprägungen, verfügt der Mitarbeiter über Potenzial für weiterführende Aufgaben. Je nach den Kompetenzstärken kann dies in Richtung Übernahme von mehr Verantwortung im gleichen Aufgabengebiet oder Entwicklung in eine spezielle Richtung zeigen, in der

Kompetenzstärken liegen. Aber auch im umgekehrten Fall, wenn die Ist-Werte durchgängig unter den Soll-Ausprägungen liegen, sollten eingehende Überlegungen angestellt werden. Hier sollte z. B. über ein neues Zuschneiden der Aufgabenstellung mit Blick auf Aufgabenbreite und/oder Aufgabentiefe gesprochen werden.

3.3.4 Vorteile und Aussagekraft der IT-gestützten Ergebnisdarstellung – organisationsübergreifend

Eine Stärke dieses IT-Tools liegt in den organisationsübergreifenden Aggregationsmöglichkeiten der Ergebnisse. Für das FS-Academy-Projekt der BMW Bank GmbH ist es essenziell, möglichst schnell und einfach einen genauen Überblick über die Ist-Level und Entwicklungsbedarfe der Mitarbeiter zu gewinnen. Auf dieser Basis müssen dann die Trainingsmaßnahmen in der entsprechenden Anzahl und auf dem notwendigen Level geplant werden.

Aus diesem Grund wird in der BMW Bank GmbH die Personalorganisation Zugriffsrechte für organisationsübergreifende Auswertungen in der Web-Lösung erhalten. Durch das Festlegen von Filterbedingungen lässt sich für ein bestimmtes Kompetenzprofil (z. B. Kundenbetreuer) in einer definierten Organisationseinheit (z. B. Bereich Händlerservice) eine Auswertung erstellen. Diese Auswertung zeigt als Ergebnis je Kompetenz die Abweichung der Ist-Ausprägung von der Soll-Ausprägung aller Mitarbeiter, die – in dem angenommenen Beispiel – Kundenbetreuer im Bereich Händlerservice sind. Dargestellt wird die Anzahl der Mitarbeiter (absolut und in Prozent) mit Ist=Soll, Ist>Soll und Ist>Soll je Kompetenz. Mit dieser quantitativen Aussage ist die Financial Services Academy in der Lage, ihre Trainingsangebote, die spezifisch auf einzelne Funktionen zugeschnitten sind, entsprechend zu planen (vgl. Abbildung 4).

Denkbar ist in einer Ausbauphase der Bildungsbedarfsanalyse die Ausweitung der organisationsübergreifenden Auswertungsfunktionalitäten auf eine Auswertung je Kompetenz quer über alle Profile hinweg bzw. die Auswertung einer Kompetenz für eine definierte Organisationseinheit. Diese würde erweiterte Planungen von Trainings für spezifische Kompetenzen ermöglichen.

3.3.5 Schneidern eines individuellen Plans zur Kompetenzentwicklung

Je nach Ergebnis der Konsenseinschätzung (Ist-Profil) und Abgleich mit dem Kompetenzprofil werden Mitarbeiter und Führungskraft ein individuelles Maßnahmenbündel zur Kompetenzentwicklung zusammenstellen. Je nach Zahl und Umfang der (weiter) zu entwickelnden Kompetenzen, des zur Verfügung stehenden Zeitraums und Weiterbildungsbudgets, wird unter Umständen eine Priorisierung der Entwicklungsmaßnahmen notwendig. Kriterien sollten dabei das Ausmaß der Abweichung zum Soll-Wert sowie die Relevanz der Kompetenz in den augenblicklichen und künftig geplanten Aufgabenschwerpunkten sein.

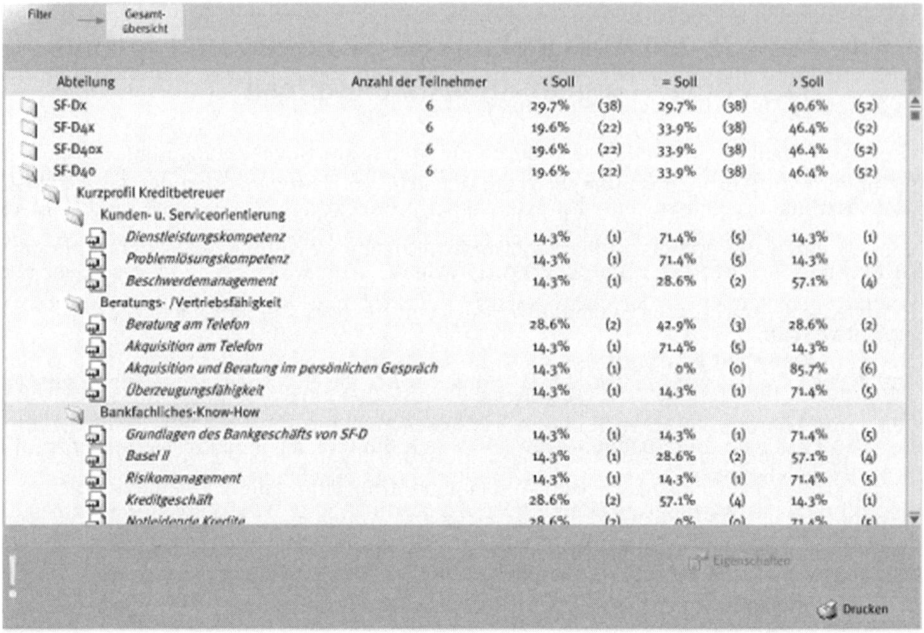

Abteilung	Anzahl der Teilnehmer	< Soll		= Soll		> Soll	
SF-Dx	6	29.7%	(38)	29.7%	(38)	40.6%	(52)
SF-D4x	6	19.6%	(22)	33.9%	(38)	46.4%	(52)
SF-D40x	6	19.6%	(22)	33.9%	(38)	46.4%	(52)
SF-D40	6	19.6%	(22)	33.9%	(38)	46.4%	(52)
Kurzprofil Kreditbetreuer							
Kunden- u. Serviceorientierung							
Dienstleistungskompetenz		14.3%	(1)	71.4%	(5)	14.3%	(1)
Problemlösungskompetenz		14.3%	(1)	71.4%	(5)	14.3%	(1)
Beschwerdemanagement		14.3%	(1)	28.6%	(2)	57.1%	(4)
Beratungs- /Vertriebsfähigkeit							
Beratung am Telefon		28.6%	(2)	42.9%	(3)	28.6%	(2)
Akquisition am Telefon		14.3%	(1)	71.4%	(5)	14.3%	(1)
Akquisition und Beratung im persönlichen Gespräch		14.3%	(1)	0%	(0)	85.7%	(6)
Überzeugungsfähigkeit		14.3%	(1)	14.3%	(1)	71.4%	(5)
Bankfachliches-Know-How							
Grundlagen des Bankgeschäfts von SF-D		14.3%	(1)	14.3%	(1)	71.4%	(5)
Basel II		14.3%	(1)	28.6%	(2)	57.1%	(4)
Risikomanagement		14.3%	(1)	14.3%	(1)	71.4%	(5)
Kreditgeschäft		28.6%	(2)	57.1%	(4)	14.3%	(1)
Notleidende Kredite		28.6%	(2)	0%	(0)	71.4%	(5)

Abbildung 4: Gruppenauswertung

Die BMW Bank hat im Rahmen des FS-Academy-Projektes bereits ein umfangreiches Curriculum an Trainingsmaßnahmen konzipiert. Die Maßnahmen sind modular aufgebaut, sodass der Inhalt einer Maßnahme in einer Kompetenz genau dem entsprechenden Soll-Level im Profil entspricht. Der Mitarbeiter findet im Intranet das passende Off-the-Job-Angebot zu seinem Entwicklungsbedarf, das aus Seminaren, Selbststudium, Workshops und Webbased Learning mit BMW-Bank-spezifischen Inhalten besteht.

Für eine Entwicklung sehr praxisorientierter Kompetenzen können (zusätzlich) auch Entwicklungsmaßnahmen On-the-Job wie Coaching, Projektarbeit, Job-Rotation etc., sinnvoll sein. Diese erfordern allerdings einen höheren Koordinationsaufwand, da sie sich nicht als Standard definieren lassen, sondern auch abhängig vom Lerntyp individuell je Mitarbeiter zusammengestellt werden sollten.

3.3.6   Erfolgsfaktoren und Fallstricke bei der Einführung eines webbasierten Kompetenzmanagementprozesses

Die Einführung eines Kompetenzmanagementprozesses bedeutet für eine Organisation auch gleichzeitig die Umsetzung eines Veränderungsprozesses. Damit Führungskräfte und Mitarbeiter diese Veränderung positiv annehmen und mittragen, sind eine frühzeitige Kommunikation und Beteiligung notwendig.

Die BMW Bank GmbH hat bereits durch die organisatorische Verankerung des Projektes in der Vertriebsorganisation der Bank die späteren Hauptnutzer zu den verantwortlichen Entscheidern gemacht und damit höchstes Engagement sichergestellt. Ebenso wurden durch die interdisziplinäre Zusammensetzung des Projektteams aus Führungskräften und Fachexperten der operativen Vertriebseinheiten, Personalorganisation und Betriebsrat die wichtigsten Stakeholder und damit Interessen berücksichtigt.

Bei Einführung mit Unterstützung eines IT-Tools ist tendenziell der anfängliche Widerstand gegen die Veränderung größer, da die Informationstechnologie für viele Mitarbeiter und Führungskräfte noch immer Verunsicherung mit Blick auf eine „komplizierte" Anwendung und Vorbehalte in Richtung „gläserner" Mitarbeiter hervorruft. Gerade hier ist es erfolgsentscheidend, diesem Widerstand frühzeitig durch Kommunikation und Beteiligung zu begegnen bzw. ihn gar nicht erst entstehen zu lassen. Die BMW Bank GmbH hat dies durch folgende Maßnahmen erreicht:

- In Workshops wurden zahlreiche Führungskräfte und Experten bereits bei der Erstellung des Kompetenzkataloges sowie bei der Entwicklung der Kompetenzprofile aktiv eingebunden.
- In regelmäßigen Abständen wurden Führungskräfte auf Informationsveranstaltungen über den Stand und die Aktivitäten des Gesamtprojekts informiert, Fragen geklärt sowie Anregungen und Bedenken aufgenommen.
- Die Mitarbeiter wurden im Rahmen einer Mitarbeiterversammlung, durch Informationen per E-Mail, die Mitarbeiterzeitschrift und der FS-Academy-Flyer regelmäßig über das Projektvorhaben und den Zeitplan informiert.
- Der Betriebsrat war von Anfang an als Projektmitglied eingebunden. Gerade mit Blick auf die Speicherung und Auswertung personenbezogener Daten wurden hier frühzeitig Rahmenbedingungen vereinbart.
- Zu den geplanten Bildungsmaßnahmen wurden Darstellungen im Intranet sowie in Katalogform konzipiert und umgesetzt.
- Für eine problemlose erstmalige Anwendung des IT-Tools wurden alle Führungskräfte in Informationsveranstaltungen mit der Handhabung des Tools, der Verflechtung mit dem Jahresgespräch und der Aussagekraft der Reports vertraut gemacht. Als Multiplikatoren haben sie diese Informationen an ihre Mitarbeiter weiterge-

geben. Zusätzlich wurde der webbasierte Ablauf der Bildungsbedarfsanalyse für alle Mitarbeiter im Intranet in animierter Form hinterlegt.

Es gibt aber auch Fallstricke, die gerade bei einem Einsatz eines IT-Tools dazu führen können, dass das Tool mehr als Belastung statt als Entlastung empfunden wird:

■ Der Erfolg einer IT-Lösung hängt vor allem auch von der Qualität der Basisdaten ab. Werden Mitarbeiterdaten nicht konsequent aktualisiert, werden Mitarbeiter und Führungskraft im Rahmen der Bildungsbedarfsanalyse zur Einschätzung auf Basis eines falschen Profils aufgefordert. Hier muss die Personalorganisation einen einfachen aber verlässlichen Mechanismus für eine lückenlose Aktualisierung der Daten finden.

■ Von den Führungskräften wird – entsprechend ihrer Führungsaufgabe zu Recht – verlangt, die Kompetenzen ihrer Mitarbeiter zu beurteilen. Gerade bei einer großen Führungsspanne bzw. angesichts zahlreicher Umstrukturierungen und damit häufig wechselnden Zuordnung zwischen Mitarbeitern und Führungskräften, kann dies die Führungskraft allerdings vor große Herausforderungen stellen. Der Umfang der Kompetenzprofile entscheidet hier über die Umsetzbarkeit. Empfehlenswert ist, sich bereits bei der Profilerstellung auf wenige, erfolgskritische Kompetenzen zu beschränken.

Bei der BMW Bank GmbH werden Bedenken aufgenommen und mögliche Fallstricke offen diskutiert. Mit Führungskräften und Mitarbeitern wurde vereinbart, mit dem bestehenden Konzept in die erste Runde der Bildungsbedarfsanalyse zu gehen, Erfahrungen zu sammeln und später ggf. Nachbesserungen vorzunehmen.

Das Pilotprojekt der FS-Academy und die webbasierte Bildungsbedarfsanalyse sollen zum Erfolgsmodell auch für die BMW-Financial-Services-Gesellschaften auf internationaler Ebene sowie für die BMW Group selbst werden.

3.4   Kompetenzorientierte Potenzialanalyse am Beispiel DP ITSolutions GmbH

Beatrice Bowe & Anja Peitz

In diesem Beitrag wird der Einsatz des Development Center als Instrument zur kompetenzbasierten Personalentwicklung beschrieben. Als Beispiel dient ein Development Center, welches im Rahmen einer Ist-Analyse bezogen auf zukunftsgerichtete Kompetenzprofile einer gerade ausgegründeten Tochterfirma der Deutschen Post AG entwickelt und durchgeführt wurde. Die Siemens AG wurde im Rahmen dieses Projektes als Dienstleister und Partner mit der Realisierung betraut.

3.4.1 Ausgangssituation

Im Jahr 2002 wurde die Deutsche Post ITSolutions GmbH als selbstständiger IT-Dienstleister gegründet. Sie ist heute der IT-Lösungsanbieter im Deutsche Post World Net Konzern und dessen Verbundunternehmen. Als leistungsfähiger IT-Dienstleister mit konsequenter Kundenausrichtung deckt das Unternehmen das gesamte Anforderungsspektrum ab: von der Beratung und Konzeption über die Entwicklung maßgeschneiderter IT-Anwendungen bis zu deren Implementierung.

Die Ausgründung und Neuorganisation des ehemaligen Bereichs IT-Entwicklung schaffte neue Rahmenbedingungen für Effizienz, Qualität und Leistung. Die Konzipierung einer spezifischen Personalentwicklung war ein Fokus zur Erhaltung und Ausweitung der mit der Ausgründung verbundenen Kompetenzen.

Ziel der Personalentwicklung der DP ITSolutions ist seit der Ausgründung eine bedarfsgerechte, personen- und fähigkeitsorientierte Qualifizierung aller Mitarbeiter. Dazu zählt neben einer zukunftsorientierten Berufsausbildung vor allem ein anforderungsgerechter Einsatz on-the-job, eine anforderungsgerechte Weiterbildung off-the-job sowie eine strategisch und operativ ausgerichtete Führungsentwicklung. Basis aller zu entwickelnden Instrumente ist das Laufbahnmodell, welches eine große Transparenz für Entwicklungsmöglichkeiten der Beschäftigten bietet.

Für die strategische Ausrichtung der Personalentwicklung wurde ein breit angelegter Pilot konzipiert. Da sich das Kerngeschäft im Projektmanagement abspielt, wurden als Zielgruppe die Projektmanager benannt. Dieser Pilot umfasste neben der Entwicklung eines für die DP ITSolutions einheitlichen Kompetenzmodells die Erstellung spezifischer Kompetenzprofile für Projektmanager sowie die Durchführung von Development Centern. Ziel der Development Center sollten zum einen eine persönliche Standortbestimmung sowie bedarfsgerechte Qualifizierungsmaßnahmen sein. Zum anderen sollten sie den Veränderungsprozess von einer konzerninternen Abteilung zu einem externen Dienstleister als Tochterfirma unterstützen.

3.4.2 Theoretische Grundlagen

3.4.2.1 Development Center als Potenzialanalyseinstrument

Das Development Center ist ein psychologisches Analyseverfahren, welches auf der behavioristischen Annahme aufbaut, dass gezeigtes Verhalten bzw. Verhaltensmuster der beste Prädiktor für zukünftiges Verhalten ist. In diesem Sinne werden in einem Development Center verschiedene Verfahren eingesetzt, Verhalten zu erzeugen. Diese Verfahren setzen sich in der Regel aus situativen Übungen, wie Präsentation, Gruppendiskussionen oder Rollenspielen, Interviewsequenzen und individuell zu bearbeitende Übungen, wie Testverfahren oder Postkorbübungen, zusammen. Ziel dieser Übungen ist es, eine zum Unternehmensalltag vergleichbare Situation zu schaffen, das Verhalten der Kandidaten zu beobachten und anschließend in Bezug auf die vom Unternehmen gesetzten Standards zu bewerten. Diese Trennung von Beobachtung und Bewertung ist eine Voraussetzung zur Objektivierung des Verfahrens.

Die Abgrenzung des Development Center vom Assessment Center liegt primär in der Intention des Verfahrens und in der anschließenden Verwertung der Ergebnisse für die weitere Berufstätigkeit. An einem Development Center nehmen Kandidaten teil, die sich im Alltag bereits positiv bewährt haben. Ziel ist es, dieses Bild mit einem zukunftsgerichteten Sollprofil abzugleichen und dem Mitarbeiter ein komprimiertes Stärken-/Schwächenprofil zurückzumelden, welches ihm seine weitere Entwicklung und ggf. die Auswahl zukünftiger Funktionen gemäß seiner Kompetenzen erleichtert. Im Gegensatz zum Assessment Center gibt es keinen Vergleich und kein Ranking der Kandidaten untereinander. Maßstab ist das Sollprofil, bezüglich dessen jeder Kandidat bewertet wird. Im Development Center steht zudem keine zu besetzende Funktion im Vordergrund, sondern der langfristige Personalentwicklungsgedanke.

Das Development Center gliedert sich in folgende Abschnitte:[152]

- Einbindung des Development Center in die Personalentwicklung
- Konzeption des Development Center
- Durchführung der Beobachterschulung
- Auswertung und Transfer der Ergebnisse

3.4.2.2 Einbindung des Development Center in die Personalentwicklung

Development Center werden in einem Unternehmen in der Regel funktionsbezogen mit dem Ziel der Nachwuchsförderung durchgeführt. Eine gängige Zielgruppe ist die Führungskräftelaufbahn, welche abgestufte Development Center für verschiedene Hierarchieebenen anbietet, aber auch Fachlaufbahnen, wie Projektmanagement, Vertrieb oder Consulting, sind gängige Zielgruppen.

Um Development Center sinnvoll in die bestehenden Personalentwicklungs-Landschaft einzubinden, muss für die betrachtete Funktion, z. B. Führungskraft, ein Funktionsprofil vorliegen. Dieses unterscheidet sich vor allem durch einen geringeren Detaillierungsgrad von den individuellen Stellenprofilen einer Position. Das Funktionsprofil beschreibt

---

152 vgl. Obermann (2002); Bäcker & Etzel (2002)

positionsübergreifend die Voraussetzungen der heutigen Funktion, wohingegen das Kompetenzprofil ein an der Strategie des Unternehmens ausgerichtetes zukunftsorientiertes Soll-Profil definiert. Beide fokussieren auf Erfahrungen (Berufserfahrung, Führungserfahrung, interkulturelle Erfahrung etc.) und Fähigkeiten, die ggf. aus einem Kompetenzmodell abgeleitet werden. Fachwissen wird weniger berücksichtigt und im Development Center in der Regel nicht bewertet. Angelehnt an diese Funktions-/Kompetenzprofile werden idealerweise auch die Personalentwicklungsinstrumente on-the-job, wie Mitarbeitergespräche, Job-Rotation oder Job-Enlargement, durchgeführt, sodass die positive Bewährung im Unternehmen eine gesicherte Vorauswahl der Kandidaten anhand vergleichbarer Kriterien für das Development Center darstellt. Zudem ist die Weiterentwicklung der Mitarbeiter über die Ergebnisse des Development Center für die jeweilige Führungskraft einfacher, wenn ein gemeinsames Verständnis über die Kernkompetenzen vorliegt.

3.4.2.3 Konzeption des Development Center

Das Development Center wird auf Basis des Kompetenzprofils und unter Berücksichtigung der Firmenkultur konzipiert. Hier gilt es, Werte und Strategien in die Ausrichtung der Übungen zu implizieren. Das Development Center bewertet Kriterien, die überfachliche Fähigkeiten darstellen, z. B. Kommunikationsfähigkeit, Kundenorientierung oder Führungsfähigkeit.

Kompetenzen sind berufs-/tätigkeitsrelevante, verhaltensnahe und messbare Charakteristika einer Person. Die Kompetenzen für eine Funktion und damit auch die Kriterien für ein Development Center werden mit folgender Fragestellung festgelegt: „Welche Kompetenzen sind erfolgskritisch für die zukünftige Bewältigung der Aufgaben in der Funktion X?" Die Konzentration auf die erfolgsrelevanten Kompetenzen ist notwendig, da innerhalb eines Development Center nur fünf bis maximal acht Kompetenzen sinnvoll erhoben werden können. Dabei ist die Mehrfachmessung der Kompetenzen in unterschiedlichen Übungen eine notwendige Basis für die Validität der Ergebnisse.

Der Rückschluss auf die erfolgskritische Kompetenz erfolgt über die Benennung von Critical Incidents (kritischen Ereignissen) und den darin (un-)erwünschten Reaktionsweisen. Hieraus wiederum ergibt sich die Basis für die Konzeption des Development Center, insbesondere der situativen Übungen, und die Definition der Verhaltensanker. Diese ausführliche Beschreibung ist notwendig, um der unterschiedlichen Belegung der Fähigkeitsbegriffe im Alltag entgegenzuwirken[153]. Ein Beispiel hierfür ist „teamfähig", wofür je nach persönlicher Erfahrung ein sehr breites Verhaltensmuster steht. Zudem ist die konkrete Beschreibung der Verhaltensausprägung die Basis für das grundlegende Prinzip der Trennung von Beobachtung und Bewertung. Liegt im Unternehmen ein vollständig ausformuliertes Kompetenzmodell vor, welches die Kompetenzen und

---

153 vgl. Lomminger et al. (2000): Beispiel für ein sehr ausführlich definiertes Kompetenzmodell.

Fähigkeiten definiert und eine Auswahl von Verhaltensbeispielen für die Kompetenzen vorgibt, so kann auf ein gemeinsames Unternehmensverständnis aufgebaut werden.

In der Zusammensetzung der Übungen muss zum einen die Zuordnung der Kriterien zu den einzelnen Übungen, die methodische Varianz in den Übungen (z. B. Einzel- versus Gruppenübung) sowie der zeitliche Ablaufplan für Teilnehmer und Beobachter berücksichtigt werden. Die Übungen werden entweder in ein übergeordnetes Szenario eingebettet oder unabhängig voneinander durchgeführt.

Je nach Firmenkultur wird die Beobachtung und Bewertung von internen Beobachtern, in der Regel Führungskräfte höherer Hierarchieebenen, und/oder externen Beobachtern durchgeführt. Für den Einsatz interner Beobachter spricht die tiefere Kenntnis der Firmenkultur sowie Relevanz und Angemessenheit der gezeigten Verhaltensweisen im Unternehmensalltag. Vor allem aber trägt es der Grundhaltung Rechnung, dass Personalentwicklung in der Verantwortung der Führungskräfte liegt und sie diese Verantwortung durch die aktive Rolle im Development Center wahrnehmen. Der Vorteil bei externen Beobachtern liegt in der Unabhängigkeit in der Beobachtung und Bewertung und der höheren Unvoreingenommenheit gegenüber den Kandidaten, denen sie nur im Rahmen des Development Center begegnen. Zudem sind sie in der kriterienbezogenen Beobachtung und Bewertung versierter. Die Einhaltung der Bewertungsmaßstäbe und die Neutralität wird bei interner Beobachtung durch die Begleitung der Moderatoren (Psychologen) sichergestellt.

Ein „klassisches" Development Center dauert ein bis zwei Tage, an denen die Übungen unter Beobachtung durchgeführt werden. Anschließend finden eine Auswertungskonferenz mit allen beteiligten Beobachtern und daraus resultierende Feedback-Gespräche mit den Teilnehmern statt. Im Nachgang des Development Center findet idealerweise noch ein Gespräch mit der Führungskraft des Teilnehmers statt, in dem dieser die Ergebnisse für die langfristige Personalentwicklung und den Transfer in den Alltag zurückgemeldet werden. Hierfür wird ggf. noch ein Gutachten erstellt, in dem die Ergebnisse erläutert werden.

3.4.2.4 Durchführung des Development Center

Das klassische Development Center findet mit vier bis 12 Kandidaten statt. Im Schnitt kommt auf zwei Kandidaten ein Beobachter, wobei die Mindestzahl für Beobachter vier beträgt, um eine angemessene Beobachtervarianz zu gewährleisten. Bei einem Einsatz von externen Beobachtern wird häufig der Moderator eine Doppelfunktion ausüben, d. h., sowohl beobachten und bewerten als auch die Organisations- und Durchführungsfunktion wahrnehmen. Diese besteht in der Teilnehmer- und Beobachtereinführung, dem Anleiten der Übungen und ggf. Testverfahren, dem Leiten der Auswertesequenzen sowie der Erstellung der Ergebnisdokumentation.

Voraussetzung für die Mitwirkung an dem Development Center als Beobachter ist die Teilnahme an der Beobachterschulung, welche entweder unmittelbar vor dem Development Center stattfindet oder für einen konstanten Beobachterkreis separat vor dem ersten Development Center und dann in regelmäßigen Abständen zur Erweiterung des Beobachterpools stattfindet. Die Beobachterschulung beinhaltet die Vorstellung des Verfahrens mit seinen Übungen und Testinhalten, eine Erklärung der zu erhebenden Kriterien (Kompetenzen), um ein gemeinsames Verständnis zu sichern und einen gemeinsamen Maßstab zu entwickeln, Hinweise und Erklärungen zu Wahrnehmungsverzerrungen und Beobachterfehlern (z. B. erster Eindruck, Ähnlichkeitseffekte), sowie eine Übungssequenz, in der die Beobachtung auf Verhaltensniveau und deren Dokumentation geübt werden.

Zu Beginn des Verfahrens werden die Teilnehmer in das Development Center eingewiesen. Hierbei werden ihnen die Zielsetzung, der Ablauf, der Rotationsplan, die Kriterien, die Weiterverwendung der Ergebnisse im Unternehmen und die Rollen der Beobachter und Moderatoren erläutert. Vorrangiges Ziel ist, Unsicherheit über das Verfahren und resultierende Konsequenzen zu reduzieren. Da die internen Beobachter anschließend häufig als Mentoren angesprochen werden können (sollen), schließt sich an die Einführung auch eine ausführliche Vorstellungsrunde der Teilnehmer, Beobachter und Moderatoren an.

Während des Development Center verfolgt jeder Teilnehmer, und häufig auch jeder Beobachter, seinen individuellen Zeitplan mit Übungen, Testverfahren und Interviews. Es gilt der Grundsatz, dass nur während der situativen Übungen im Zeitlimit getätigte Beobachtungen in die Bewertung einfließen. Im Anschluss an jede situative Übung wird eine Beobachterkonferenz durchgeführt und die jeweilige Übung für vier bis sechs Teilnehmer individuell bewertet und dokumentiert. Einzelne Übungen werden auf Video aufgenommen und während des Peer-Feedback, welches während der Gesamtkonferenz stattfindet, und am Entwicklungstag (siehe 2.6.2.5) als zusätzliche Feedbackquelle eingesetzt. Durch die gezielte Erweiterung des Feed-back von Moderatoren und Beobachtern auf andere Teilnehmer (Peers) und Video erfolgt eine umfassende Standortbestimmung für den einzelnen Teilnehmer, welche die Sicht aus verschiedenen Rollen ermöglicht.

3.4.2.5 Auswertung und Transfer der Ergebnisse

Die Ergebnisse der einzelnen Übungen sowie der Testverfahren werden pro Kandidat in der Gesamtkonferenz betrachtet und darauf aufbauend ein Gesamtergebnis zurückgemeldet, welches die Stärken und Schwächen des Teilnehmers in Relation zum festgelegten Kompetenzprofil benennt und Perspektiven für die individuelle Entwicklung on- und off-the-job aufzeigt. Wiederum gilt: Jeder Kandidat wird in Bezug auf das gesetzte Kompetenzprofil bewertet. Ein Vergleich oder ein Ranking zwischen den Kandidaten wird nicht vorgenommen.

Der Teilnehmer erhält im direkten Anschluss an das Verfahren von einem Beobachter – ggf. mit einem Moderator – individuelles Feedback anhand der qualitativen und quantitativen Bewertungen. Hier wird auch das Gesamtergebnis kommuniziert und erste Anregungen für einen Transfer der Ergebnisse in den Alltag gegeben. Idealerweise findet auf den Beobachtungsteil aufbauend noch ein Entwicklungstag statt, an dem die Kandidaten zusammen mit den Moderatoren weitere Videofeedbacks auswerten, hier das Gesamtergebnis reflektieren können und dann einen detaillierten Transferplan ihres Feedbacks in die Praxis entwickeln. Dieses Vorgehen unterstützt die Nachhaltigkeit und die Akzeptanz der Ergebnisse für den Teilnehmer.

Innerhalb des folgenden Monats findet ein Sechs-Augen-Gespräch zwischen einem Beobachter, der Führungskraft des Teilnehmers und dem Teilnehmer statt, in dem die Führungskraft die Ergebnisse des Development Center erfährt und verbindliche Maßnahmen on-the-job für den Alltag sowie Qualifizierungsmaßnahmen abgeleitet werden können.

3.4.3 Development Center für den Bereich Projektmanagement der Deutsche Post-ITSolutions GmbH

Aus der oben beschriebenen Situation der Deutschen Post ITSolutions GmbH heraus ergab sich die Anforderung, zum einen innerhalb kurzer Zeit eine Standortbestimmung für alle ca. 55 Mitarbeiter dieses Bereiches durchzuführen, zum anderen ein Verfahren zu entwickeln, welches die Realitäten des Alltags im Projektmanagement abbildet und dadurch die Akzeptanz des Verfahrens und der Ergebnisse für den Auftraggeber und die Teilnehmer unterstützt. Der Bereich Projektmanagement ist dabei der Pilot für die Standortbestimmungen innerhalb des Laufbahnmodells der DP ITSolutions.

Aufgrund der engen Zusammenarbeit mit sowohl der Personalentwicklung der DP ITSolutions als auch den Führungskräften des Pilotbereiches entstand schnell Einigkeit über das Grundkonzept des Development Center, welches eine hohe methodische Varianz aufweisen sollte. Die einzelnen situativen Übungen des Development Center basierten auf einem Szenario und enthielten Gruppen- und Einzelaufgaben. Zusätzlich wurden Testverfahren eingesetzt, die aufgrund des IT-Umfeldes der Teilnehmer weitestgehend elektronisch waren, und ein teilstrukturiertes Interview durchgeführt. Basis für die Entwicklung der situativen Übungen und des Leitfadens für das Interview waren die erfolgskritischen Beispiele, die in dem Workshop zur Erstellung des Kompetenzprofils für Projektmanager erarbeitet wurden. Da sich das Kompetenzprofil für Senior-Projektmanager zwar in den Ausprägungen der Kompetenzen unterscheidet, aber nur eine zusätzliche Kernkompetenz enthält, wurde diese im Development Center ebenfalls bewertet, um so eine weitere Potenzialerhebung vornehmen zu können. Vorgabe für die Konzeption war, einen realistischen Arbeitstag abzubilden, sowohl hinsichtlich der inhaltlichen Aufgaben, als auch in Bezug auf die zeitliche Beanspruchung der Teilnehmer, sodass bei diesen kein übermäßiger Leerlauf entsteht.

Aus diesen Grundinformationen heraus wurde ein Development Center entwickelt, welches die Präsentation eines Projektes, ein Kundengespräch, ein Mitarbeitergespräch mit einem fachlich unterstellten Projektmitarbeiter und zwei Gruppendiskussionen umfasste. Parallel zu den situativen Übungen konnten die Testverfahren am PC durchgeführt werden, womit diese auch den Charakter eines Büroalltages mit E-Mail etc. abbildeten. Um die einzelnen Übungen miteinander zu verbinden, bauten außer der Präsentation alle Übungen auf dem Szenario einer fiktiven IT-Firma auf. Über dieses Szenario ist es auch gelungen, die aktuelle Thematik des Umbruchs und des Wandels aber auch die Schnelligkeit des IT-Geschäftes in den Übungen zu simulieren.

3.4.4   Interne Kommunikation zur Einführung des Development Center

Die interne Kommunikation war ein wesentlicher Aspekt für die Akzeptanz des Verfahrens in der DP ITSolutions GmbH. Ziel war es, das Vertrauen in diese Form der Eignungsdiagnostik durch eine größtmögliche Transparenz zu gewinnen und zu stärken. So waren bereits in der Phase der Profilerstellung Führungskräfte, Projektmanager, Vertreter der Personal- und Organisationsentwicklung sowie der Betriebsrat eingebunden. Die Kommunikationsstrategie zur Einführung der Development Center war vor allem auf eine eindeutige Kommunikation der getesteten Kompetenzen, der verwendeten Verfahren sowie der Datenverwendung ausgerichtet. Über verschiedene Kommunikationskanäle hatten alle Teilnehmer die Möglichkeit, Fragen zu stellen und Unsicherheiten abzubauen.

3.4.5   Pilot, Beobachterschulung und Teilnehmereinführung

Die DP ITSolutions hat sich entschieden, dass alle Führungskräfte, die als Beobachter an dem Verfahren teilnehmen sollen, zunächst den Piloten des Development Center als Teilnehmer durchlaufen. Sie haben dies mit zweifachem Fokus getan. Zum einen ging es um die Überprüfung der Aufgaben hinsichtlich Relevanz für den beruflichen Alltag der Zielgruppe, zum anderen um einen Check der Ergebnisqualität für die späteren Nutzung der Daten. Zudem haben sich aus dem Feedback der Pilotgruppe noch geringfügige Änderungen im Prozess ergeben, die den reibungslosen Ablauf des engen Zeitplanes sinnvoll unterstützt haben.

Die Vorteile dieser Vorgehensweise waren, dass die Beobachter mit den Inhalten der Übungen sehr gut vertraut waren und sich untereinander besser kennen lernen konnten, was in der spätere Zusammenarbeit die Einheitlichkeit der Bewertung positiv unterstützt hat. Der methodischer Nachteil, dass bei Übungen, die aus der eigenen Erfahrung einfach oder schwer waren, in der Tendenz nachsichtiger bzw. strenger bewertet wird, wurde in der Beobachterschulung gesondert hervorgehoben. Die Zusammensetzung der

Beobachter war je zwei interne Beobachter und zwei externe Beobachter, die zugleich die Moderationsrolle übernahmen. Die internen Beobachter waren Führungskräfte der DP ITSolutions.

Die Beobachterschulung fand im direkten Anschluss an den Piloten statt. Da die Inhalte und der Ablauf des Verfahrens bereits bekannt waren, wurden Beobachtung mit ihren Beobachtungsfehlern und Wahrnehmungsverzerrungen und das Führen von verhaltensorientierten Interviews als Schwerpunkte behandelt und praktisch geübt. Besonders das Probebeobachten und anschließendes Auswerten erhöht die Eichwerte für eine gemeinsame Bewertung in den realen Verfahren.

Wie bereits im Abschnitt 3.4.4 angedeutet, waren die Teilnehmer gegenüber dem Development Center bezüglich der Konsequenzen der Ergebnisse für ihre weitere Entwicklung, als auch durch die derzeitigen Rahmenbedingungen und durch frühere Erfahrungen recht kritisch eingestellt. Daher war ein großes Anliegen sowohl von der Auftraggeberseite, als auch seitens der durchführenden Moderatoren, in der Teilnehmereinführung eine größtmögliche Transparenz und dadurch Vertrauen zu schaffen. Zu diesem Zweck wurde die Teilnehmereinführung bereits am Vorabend des eigentlichen Development Center durchgeführt und dort von einer Führungskraft nochmals die Zielsetzung erläutert und dann das Verfahren und der Ablauf mit den Teilnehmern durchgesprochen. Zudem wurden ihnen die Vorgehensweise, die Kriterien und die Auswertesystematik ausführlich erläutert sowie die Rollenverteilung von Beobachtern und Moderatoren verdeutlicht. Am nächsten Morgen wurde ihnen nochmals die Möglichkeit gegeben, zusammen mit den externen Moderatoren offene Fragen zu klären.

Durch diese Vorgehensweise ist es gelungen, die Nervosität der Teilnehmer auf ein für Development Center übliches Maß zu reduzieren. Dies zeigt sich auch darin, dass das Verfahren in den Feedbackbögen von den Teilnehmern mit hohen Werten für Transparenz und Fairness sowie Relevanz für den Alltag bewertet wurde.

3.4.6   Durchführung der neun Development Center in fünf Wochen

Da die primäre Zielsetzung für die Durchführung der Development Center eine Standortbestimmung für den Gesamtbereich Projektmanagement war, aus der Qualifizierungsmaßnahmen und eine ergänzende Personalbedarfsplanung für das kommende Geschäftsjahr abgeleitet werden sollten und zudem alle Mitarbeiter des Bereiches an dem Development Center teilnahmen, war eine zügige Durchführung gewünscht. Daher wurden pro Woche zwei unmittelbar aufeinander folgende Development Center durchgeführt. Auf diese Weise konnten in fünf Wochen neun Development Center realisiert werden. An jedem Development Center nahmen sieben bis acht Mitarbeiter und vier Beobachter teil.

Bei der Zusammenstellung der Teilnehmer wurde darauf geachtet, dass keine direkten Mitarbeiter der beobachtenden Führungskräfte teilnahmen. Da die Moderatoren in der Durchführung der situativen Übungen und den anschließenden Auswertungen mit den internen Beobachtern stark eingebunden waren, war eine weitere Fachkraft als Teilnehmerbetreuung anwesend, die als Ansprechpartner für die Teilnehmer fungierte, die Ausgabe der Instruktionen koordinierte und die Testverfahren anleitete und auswertete. Um eine konstante Qualität zu gewährleisten und eine Rollenkonfusion zu vermeiden, wurden die Rollenspiele von einem professionellen Schauspieler durchgeführt. Am zweiten Tag nutzten die Teilnehmer nach den Übungen die Zeit, mit der Teilnehmerbetreuung einen Teil der Übungen, die auf Video aufgezeichnet wurden, als Peer-Feedback zu reflektieren. In dieser Zeit fand mit den Beobachtern und Moderatoren die Gesamtkonferenz statt, in der die für jeden Kandidaten individuelle Förderempfehlung erstellt wurde. Diese wurde im Anschluss den Kandidaten von je einem internen und externen Beobachter zurückgemeldet, sodass die Teilnehmer ein unmittelbares Feedback erhielten.

3.4.7   Auswertung und Umsetzung in Qualifizierungsangebote

Die Ergebnisse aller neun Development Center wurden quantitativ und qualitativ ausgewertet. Auf der quantitativen Seite entstanden so Durchschnittswerte pro beobachteter Kompetenz, aus denen zum einen eine Verteilung der Kompetenzen unter den Mitarbeiten, aber auch die Kompetenzen relativ zueinander betrachtet werden konnten. Zudem war der Abstand zum definierten Soll ein weiterer Anhaltspunkt für zukünftige Qualifizierungsmaßnahmen.

Qualitativ wurden aus den Förderempfehlungen Themenclusterungen vorgenommen und Seminargerüste entwickelt, die in ihren Inhalten dem Bedarf dieser Gruppe entsprechen. Zudem wurde eine Qualifizierungsmatrix erstellt, in der die Kompetenzen den einzelnen Seminarmaßnahmen zugeordnet wurden, sodass auch für die Führungskräfte und Mitarbeiter eine Orientierung dahingehend besteht, welche Seminare ihren persönlichen Bedarf optimal unterstützen. Auf Basis dieser Qualifizierungsergebnisse wurden sechs Tage Bereichstraining konzipiert, an welchem wiederum alle Mitarbeiter teilnehmen werden. Darüber hinaus wird es individuelle Qualifizierungsmaßnahmen off-, vor allem aber auch on-the-job geben. Diese Maßnahmen werden im Sechs-Augen-Gespräch – Teilnehmer, Führungskraft, Beobachter – festgelegt und der dort beschlossene Entwicklungsplan in der Personalakte dokumentiert. Die Ergebnisse der Development Center werden nicht der Personalakte beigelegt, sondern in der strategischen Personalentwicklung gesondert aufbewahrt.

3.4.8 Perspektive

Die Durchführung kompetenzbasierter Development Center wurde von den Teilnehmern und den internen Beobachtern als sehr transparent und erfolgreich aufgefasst. Die Ergebnisse, verknüpft mit den verbindlich vereinbarten Entwicklungsmaßnahmen aus den Sechs-Augen-Gesprächen, sind eine hinreichende Grundlage für individuelle Personalentwicklung vor Ort sowie für strategische Planungen in anderen Bereichen (z. B. High Potential, Führungsnachwuchs).

Auf Basis der positiven Ergebnisse wurden die Instrumente „Kompetenzprofile" und „Development Center" in die Personalentwicklungsstrategie der Deutsche Post ITSolutions GmbH integriert und werden auch für weitere Laufbahnen durchgeführt.

3.5 Kompetenzstrategie am Beispiel „Promoting Diversity"

Dagmar Schwickerath

Im Sommer 2001 hat die Siemens AG Leitsätze für „Promoting and Managing Diversity" entwickelt. Dort heißt es:

- „Diversity ist eine unschätzbare Quelle für Talent, Kreativität und Erfahrung. Sie umfasst die Vielfalt der unterschiedlichen Kulturen, Religionen, Nationalitäten, Hautfarben, ethnischen und gesellschaftlichen Gruppen, der beiden Geschlechter und der Altersgruppen – also alles, was jeden von uns einzigartig und unverwechselbar macht.
- Diversity erweitert das Potenzial für Ideen und Innovation und verbessert damit die Wettbewerbsfähigkeit. Vielfältig zusammengesetzte Teams, die Probleme aus unterschiedlichen Perspektiven angehen, erreichen eine höhere Produktivität und bessere Lösungen. Das Potenzial von Diversity bringt uns nicht nur im globalen Zusammenhang voran, sondern auch in den einzelnen Ländern, Betrieben und Teams und zwar auf allen Ebenen.
- Diversity ist geschäftlich geboten und zugleich Teil gesellschaftlicher Verantwortung. Sie muss ein selbstständiger Bestandteil unserer weltweiten Unternehmens-

kultur werden und Siemens damit global als bevorzugten Arbeitgeber positionieren."[154]

Die Siemens AG ist in über 190 Ländern der Welt vertreten. Diese Leitsätze müssen deshalb genügend Spielraum für landesspezifische Anpassungen eröffnen. Das deutsche Projekt „ProDi Deutschland" legt den Fokus auf das Thema Frauen, was die übrigen Diversity-Ziele aber nicht außer Kraft setzt. Auch andere Faktoren, beispielsweise die interkulturelle Zusammensetzung von Teams, sind für das Unternehmen von hoher Bedeutung.

Warum Konzentration auf das Thema Frauen? Durch die Globalisierung hat sich nicht nur der Wettbewerb zwischen den Unternehmen verschärft, sondern auch zwischen Regionen und Nationen. Niveau, Umfang und Bedarfsorientierung der Ausbildung, Flexibilität, Innovationskraft sowie maximale Aktivierung der Talente und Potenziale der Menschen – das sind die Erfolgsfaktoren von heute. Viele westliche Länder sind hierauf besser vorbereitet als Deutschland, weil das Potenzial der Frauen dort wesentlich breiter zum Einsatz kommt. Der Frauenanteil ist in anderen Ländern sowohl bei den technischen Fachrichtungen an den Universitäten[155] als auch bei den Fach- und Führungsfunktionen in der Wirtschaft deutlich höher[156]. Nach den Ergebnissen des vom DIW Berlin durchgeführten Sozio-ökonomischen Panels (SOEP) waren im Jahre 2000 57 Prozent der Angestellten und Beamten in Deutschland Frauen. Sie nahmen aber nur etwa ein Viertel der höheren Positionen und Führungsaufgaben ein. In den zukunftsträchtigen Hochtechnologiebereichen waren Frauen an der Spitze noch seltener anzutreffen als in traditionellen Bereichen.[157] Das Rollenverständnis in der Gesellschaft hat sich offenbar in anderen Ländern früher und rascher verändert.

Im Sommer 2000 war der Frauenanteil an Führungspositionen bei der Siemens AG ca. fünf Prozent. Dies ist vergleichbar mit anderen deutschen Großunternehmen.[158] Ausschlaggebend für die Initiative „ProDi Deutschland" waren aber nicht statistische Werte, sondern die Tatsache, dass die Siemens AG als globales Top-Unternehmen die Besten brauche und es sich deshalb nicht leisten könne, auf 50 Prozent der „Brainpower" zu verzichten, so Prof. Peter Pribilla, ehemaliger Personalvorstand der Siemens AG. Langfristig zeichne sich ein kritischer Nachwuchsmangel bei Fach- und Führungsfunktionen ab. Diese allgemeine Tendenz werde durch die demographische Entwicklung noch verstärkt. Zum einen gefährde laut Prof. Pribilla die geringe Präsenz von Frauen im Unternehmen auf Dauer das Image des Unternehmens, zum anderen führe die Tatsache, dass die im Unternehmen vorhandenen Kompetenzen nur unzureichend genutzt würden,

---

154 Siemens AG (2001b)
155 vgl. OECD (2001)
156 vgl. Deutsches Studentenwerk (2001)
157 vgl. DIW Berlin (2000). Sozio-ökonomischer Panel. In: Wochenbericht des DIW (2002), S. 839 ff.; Bundesrepublik Deutschland (2000), S. 65
158 vgl. Bundesrepublik Deutschland (2001), S. 86

zu Wettbewerbsnachteilen. Dem gelte es mit ProDi Deutschland entgegenzuwirken.[159] Dieses deutsche Projekt ist im Folgenden Gegenstand der Betrachtung.

Die erste Aufgabe des Projektteams ProDi Deutschland (sieben Vertreter/innen sowohl aus operativen Bereichen als auch aus Zentralabteilungen) bestand darin, Ansatzpunkte zu identifizieren, die auf jeden Fall weiter verfolgt werden müssen, um den Anteil qualifizierter Frauen in Führungspositionen zu erhöhen. Herauskristallisiert wurden die Themen: Kennzahlen-Controlling, Recruitment, Personalentwicklung, Qualifizierung, Work-Life-Balance, Kommunikation. Der vorliegende Beitrag konzentriert sich auf das Stichwort Personalentwicklung und hier insbesondere auf den Aspekt Qualifizierung im Rahmen eines Kompetenzmanagements.

Der Erfolg einer Organisation ist letztlich das Ergebnis von individuellen Kompetenzen und deren systematischer Vernetzung. Die Vielfalt der im Unternehmen vorhandenen Kompetenzen setzt Kreativität frei und gibt Impulse für Innovationen. Ziel muss es somit sein, durch gezieltes Kompetenzmanagement alle Mitarbeiterinnen und Mitarbeiter für die Herausforderungen auf hohem Niveau fit zu halten. Kompetenzmanagement hat grundsätzlich die Aufgabe, Unternehmensziele und Personalmanagement zu synchronisieren. Das Ziel des Projektes „Promoting Diversity" muss demzufolge mit den Personalentwicklungsplänen in Einklang gebracht werden. Mitarbeiterkompetenzen sind ein Schlüsselfaktor zur Verwirklichung von Unternehmenszielen. Das gilt auch für die Fähigkeit, Stärken von Frauen im Unternehmen zu erkennen, sie gezielt zu fördern und optimal im Arbeitsprozess einzusetzen. Das bedeutet ebenso, sich Vorurteilen und traditionellem Rollenverständnis zu stellen, sie ggf. abzulegen und im Sinne von Promoting Diversity zu handeln.[160]

3.5.1   Kompetenzstrategie am Beispiel ProDi Deutschland

Die Kompetenzstrategie des Siemensprojektes ProDi Deutschland orientiert sich an den Prozessschritten Analyze, Design, Build, Operate und Maintain, welche in der Regel den Qualifizierungsdienstleistungen zugrunde liegen (vgl. Abbildung 1).

3.5.2   Analyze

Die Analysephase, die systematische Durchleuchtung des Sachverhaltes, gliedert sich analog allgemein üblicher Projektmanagementphasen in fünf Teilschritte. Häufig wird diese Phase unterbewertet und ihr zu wenig Zeit eingeräumt. Versäumnisse an dieser Stelle ziehen oft schwerwiegende Folgen nach sich.[161]

---

159 vgl. Siemens AG (2000)
160 vgl. The Catalyst and the Conference Board (2002)
161 vgl. Litke (1995)

Erster Schritt: Zieldefinition – Was soll erreicht werden?

Aus dem vom Zentralvorstand beschloßenen Ziel „Mehr Frauen in Führungspositionen!"
hat das ProDi-Projektteam vier Maßnahmenpakete abgeleitet: Erstens gezielte Personalentwicklung für Frauen im Unternehmen sicherzustellen, zweitens mehr hochqualifizierte Frauen für die Siemens AG zu gewinnen, drittens mehr junge Frauen für ein
Technikstudium zu begeistern und viertens Vereinbarkeit von Beruf und Familie zu
gewährleisten. Für die Kompetenzstrategie bedeutet das: Unterstützung bei der Etablierung einer von Vielfalt und Chancengleichheit geprägten Unternehmenskultur.

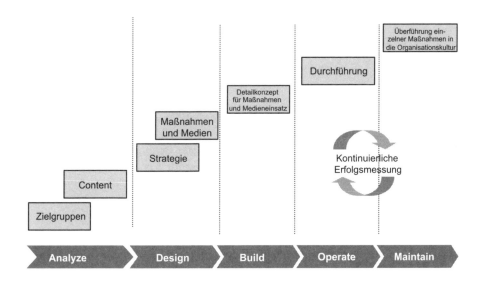

Abbildung 1:   Erstellung von Qualifizierungsleistungen

*Zweiter Schritt: Zielgruppenidentifikation – Wer soll bei der Erreichung der Ziele aktiv
helfen?*

Das Projektteam hat fünf Zielgruppen identifiziert: Erstens Führungskräfte (Entschei-
der/innen), zweitens Nachwuchsführungskräfte, drittens Frauen mit eindeutiger Potenzialaussage zur Übernahme von Leitungsaufgaben, viertens Recruiter/innen und fünftens
Verantwortungsträger/innen in den Personalorganisationen.

Dritter Schritt: Festlegung der Kompetenzen je Zielgruppe – Wie sollen sich die Personen dieser Zielgruppen in Zukunft verhalten und handeln?

Es wird erwartet, dass die Personen der oben genannten Zielgruppen entsprechend ihrer Funktion dafür sensibilisiert sind, Diversity als Wettbewerbsvorteil zu sehen und sich aktiv dafür einsetzen. Es wird gefordert, dass entsprechend dem Siemens Leitbildsatz „Spitzenleistung erreichen wir durch exzellente Führung" nachgewiesen wird, dass Frauen und Männern im Unternehmen von ihren Führungskräften grundsätzlich gleiche Karrierechancen geboten werden, dass Bereitschaft vorhanden ist, Potenzial bei Frauen zu erkennen, dass Offenheit gegenüber dem Thema Vereinbarkeit von Familie und Erwerbstätigkeit gezeigt wird, dass vorurteilsfrei Aufgabenpakete/Projekte vergeben werden und dass Synergieeffekte, die sich aufgrund unterschiedlicher Problemlösungsansätze von Frauen und Männern ergeben, bewusst genutzt werden.[162]

Vierter Schritt: Identifikation von Widerständen.

Wie bei jedem Projekt ist die Definition von Risikofeldern auch Teil der Kompetenzstrategie für ProDi Deutschland. Mögliche negative Einflussfaktoren müssen identifiziert und einzeln bewertet werden. Wenn die Ziele des Projektes ProDi Deutschland bei der Siemens AG erreicht sind, bedeutet das, es hat ein Kulturwandel stattgefunden. Der Weg dorthin ist nicht einfach. Aus der Erfahrung mit anderen Veränderungsprojekten ist bekannt, dass hier das größte Risikopotenzial liegt. Denn wenn gewohnte Strukturen und Verhaltensweisen aufgebrochen werden und der Weg für Veränderungen bereitet wird, trifft dies häufig auf Widerstände. Diese sind zumeist nicht rational, sondern emotional motiviert. Mitarbeiterinnen und Mitarbeiter müssen für die Ziele begeistert werden. Sie müssen die Veränderungen gefühlsmäßig akzeptieren, wenn man nicht Gefahr laufen will, das Projekt scheitern zu lassen.

In der Regel „verselbstständigen" sich einzelne Themen des Gesamtprojektes. Das übergeordnete Ziel, Detailziele sowie die dahinter liegenden Begründungen werden nicht oder verfälscht wahrgenommen. So kann z. B. das Ziel: „Wir wollen mehr Frauen in Führungspositionen" bei männlichen Kollegen Ängste hervorrufen. Allzu schnell wird es gleichgesetzt mit „Bei der nächsten Beförderung gehen Männer leer aus." Das gleiche Ziel erzeugt bei weiblichen Kollegen häufig den so genannten „Stutenbiss". Solange eine Frau im Führungskreis mit sechs Männern diskutiert, ist sie die Powerfrau, die Frau, die es geschafft hat und deshalb bewundert wird. Es ist verständlich, dass sie ihre exponierte Stellung auch gegen andere qualifizierte Frauen verteidigen möchte. In dem Moment, wo Frauen im Führungskreis zur Normalität werden, ist sie eine unter vielen. Auch speziell für Frauen angebotene Seminare, die nicht genügend in den Gesamtkontext eingebunden sind, stellen einen Risikofaktor dar. Sie werden von Frauen häufig als

---

162 Siemens AG (2001a)

„Nachhilfeunterricht" angesehen und deshalb von vornherein abgelehnt. Nicht zu unterschätzen ist dabei auch die Wahl des Titels, der unter Umständen schon ausreicht, um die in der Regel männlichen Führungskräfte davon abzuhalten, die Anmeldung für ihre Mitarbeiterin zu unterschreiben.

Jede Neuentwicklung impliziert Spannungen und Widerstände. Zu wissen, dass in großem Maße mentale Barrieren für das Scheitern von Veränderungsprozessen verantwortlich sind, hilft, mit der Entwicklung umzugehen und kreativ und offen zu reagieren. Hat man es versäumt, sich mit möglichen Reaktionen vorab auseinander zu setzen und rechtzeitig gegenzusteuern, müssen negative Auswirkungen gegen Ende des Projektes mühsam ausgeräumt werden.[163] Das Identifizieren von Widerständen muss situationsabhängig auch zu späteren Zeitpunkten immer wieder erfolgen. Stichprobenhafte Einzelinterviews bei den Zielgruppen und bei den Trainer/innen sowie das Einholen von Erfahrungswerten anderer Unternehmen haben sich dabei bewährt.

Fünfter Schritt: Identifikation und Einbindung von unterstützenden Partnern.

Jede Person oder Organisation, die das Projekt inhaltlich unterstützt, ist ein wertvoller Partner bei der Erreichung der Ziele. Wichtigster Treiber im Projekt ProDi Deutschland ist der Zentralvorstand. Signale, die von oberster Stelle ausgehen, können nicht durch noch so viele und gut gemeinte Aktivitäten von anderen an dem Prozess Beteiligten ersetzt werden. Das Engagement des Top-Managements entscheidet über Erfolg und Misserfolg. Als Partner ist ein durchsetzungsstarker und engagierter Lenkungsausschuss (Steering Committee) Voraussetzung. Ebenso kommt man ohne einen erfahrenen und kompetenten Dienstleister nicht aus. Hier werden wichtige Weichen für die Kompetenzstrategie gestellt und durch speziell definierte Maßnahmen umgesetzt.

3.5.3 Design

Die Designphase ist geprägt von der grundsätzlichen Entscheidung, ob vollkommen neue Qualifizierungsmaßnahmen konzipiert werden oder ob man sich auf ein bereits vorhandenes Angebot stützt. Im Projekt ProDi Deutschland wurde aus folgenden Gründen zugunsten der zweiten Alternative entschieden:

- Für Qualifizierungsmaßnahmen kann grundsätzlich nur ein bestimmtes Kontingent an Zeit und Budget zur Verfügung gestellt werden. Eine Ausweitung des Angebotes ist unrealistisch.
- Für alle in der Analysephase definierten Zielgruppen bestanden bereits Angebote von grundsätzlich geeigneten Qualifizierungsmaßnahmen.

---

163 vgl. Litke (1995, S. 242 ff.); Doppler & Lauterberg (2002)

Entsprechend der in der Analysephase definierten Zielgruppen wurden acht zertifizierte Trainings identifiziert, die um das Thema „Promoting Diversity" ergänzt werden sollten. Das sind:

- Führungsfähigkeit erfahren und erkennen
- Grundlagen der Personalführung
- Führung, Grundsätze und Praxis
- Bewerberauswahltraining – Interviewtechnik
- Mitarbeitergespräche führen
- Effektive Teamarbeit
- Gesellschaftspolitisches Seminar
- Persönliche Entwicklungsplanung

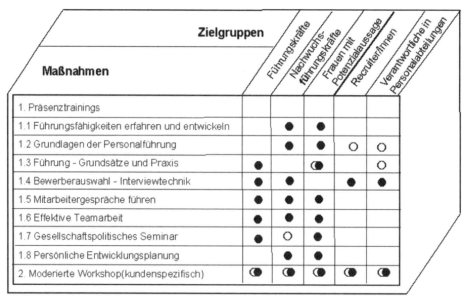

Abbildung 2:   ProDi Deutschland: Zielgruppen – Maßnahmen

Bei diesen Maßnahmen handelt es sich um gemischtgeschlechtliche Präsenztrainings, in denen die Teilnehmer/innen unter Einsatz verschiedener Methoden wie Lehrgespräch, Übungen, Rollenspiele, Gruppen- und Einzelarbeit Informationen erhalten, aktiv trainieren und zeitnah ein individuelles Feedback erhalten. Um potenziellen Teilnehmer/innen die Entscheidung für spezielle Trainings zu erleichtern, wurde eine unterstützende Matrix erstellt (vgl Abbildung 2).

Diese steht auch der Personalorganisation zur Verfügung, um die Qualifizierungs-beratung der MitarbeiterInnen zu erleichtern. Unterstützt wird die Arbeit der Personal-organisationen zusätzlich durch ein für Frauen mit Potenzialaussage konzipiertes modu-lar aufgebautes Qualifizierungsprogamm.

Voraussetzung für die Einarbeitung des Themas „Promoting Diversity" in bestehende Trainings war, dass der bestehende zeitliche Rahmen beibehalten werden musste. Dies hatte natürlich Auswirkung auf die Vorgehensweise. Umgesetzt wurden im Einzelnen:

- Grundsätzliche Überarbeitung aller Rollenspiele bzw. Neuentwicklung, da diese in den meisten Fällen nach der traditionellen Rollenverteilung aufgebaut waren. Zu-künftig ist nicht automatisch Frau Müller die Teamassistenz und Herr Schneider die Führungskraft. Gleiches gilt auch für akademische Grade. Die Abänderungen bei den Rollenspielen mag im ersten Augenblick banal klingen, ist es aber keinesfalls. Hierdurch wird unterschwellig mit traditionellen Vorurteilen gebrochen.
- Ergänzung oder Austausch von Themen spezieller Übungen in Trainings. In Übun-gen, die beispielsweise dem Erlernen von Argumentationsketten dienen, werden zu-künftig ganz bewusst Themen wie „Teilzeitarbeit für Führungskräfte"; „Wiederein-gliederung nach der Elternzeit" oder „Mehr Frauen in Führungsetagen" vorgegeben.
- Vermehrter Einsatz weiblicher Studenten als Trainingspartnerinnen in Interview-trainings.
- Verstärkter Einsatz von weiblichen Beobachtern in Assessment-Center/Develop-ment-Center (AC/DC). Zurzeit sind in der Regel 95 Prozent der Teilnehmer in unse-ren ACs/DCs männlich. 100 Prozent der Beobachter waren ebenfalls männlich. Die-se Situation prägt unbewusst das Bild der zukünftigen (männlichen) Führungskraft. Mit dem Einsatz weiblicher Vorbilder wird gegengesteuert.
- Neukonzeption einer CD-Rom als Informationsmedium zur Trainingsvorbereitung.
- Konzeption von ergänzenden Teilnehmerunterlagen bzw. Präsentationsfolien.
- Konzeption eines speziellen Seminars für Frauen, die eine eindeutige Potenzial-aussage für die Übernahme einer Führungsaufgabe haben. Die Diskussion über die Notwendigkeit eines speziellen Seminars für Frauen lief innerhalb des Unterneh-mens genauso kontrovers wie die öffentliche Diskussion. Es gab Befürworter/in-nen[164], und es gab Gegner/innen.[165] Die Entscheidung viel zugunsten einer Neukon-zeption aus. Das Seminar „Frauen und ihr Weg im Unternehmen" wurde konzipiert und wird seit Mai 2001 angeboten. Für die Siemens AG ist selbstverständlich, dass Frauen und Männer für die Gestaltung einer Führungsaufgabe dieselben Qualifika-

---

164 vgl. Assig (2000)
165 vgl. Topf (2002), S. 12 ff.

tionen brauchen. Unsere Erfahrung und eine Reihe von Studien haben aber gezeigt, dass Frauen in der Praxis oft vor ganz anderen Schwierigkeiten stehen und deshalb Strategien und Fähigkeiten entwickeln (müssen), um diesen kompetent entgegenzutreten.[166] Schwerpunktmäßig werden in dem Training „Frauen – und ihr Platz im Unternehmen" drei Themenfelder behandelt: „Frauen und Männer im Führungsalltag – echte und gemachte Unterschiede", „Erfolgsgeheimnisse von dauerhaft erfolgreichen Menschen" und „Erfolgreich sein unter spezifischen Rahmenbedingungen". Zum Einsatz kommt neben Einzelarbeit, Gruppenarbeit und Lehrgespräch auch die Methode des systemdynamischen Organisationsstellen.[167] Diese Methode, ursprünglich von Bert Hellinger für die Familientherapie entwickelt,[168] dient dazu, das Beziehungsgeflecht in der Organisation für jede Trainingsteilnehmerin individuell transparent zu machen. Oftmals sind auftretende Schwierigkeiten nicht fachlich begründet, sondern resultieren aus menschlichen Verstrickungen und aus Missverständnissen, die durch das System hervorgerufen werden. Das Training „Frauen – und ihr Weg im Unternehmen" bietet den Teilnehmerinnen neben Wissensaufbau und Trainingsplattform zusätzlich die Möglichkeit des Erfahrungsaustausches und der Netzwerkbildung. Die Chance, dass sich Frauen im Management bei Meetings, auf dem Flur oder gar in Führungskräftetrainings begegnen, ist in einem männerdominierten elektrotechnischen Unternehmen leider bisher noch relativ gering. Um Missverständnisse zu vermeiden, sei an dieser Stelle ganz klar darauf hingewiesen: Das „Frauenseminar" kann die Teilnahme an gemischten Seminaren nur ergänzen, keinesfalls ersetzen.

Da effektives Lernen und gezielte Wissensanwendung vor allem eine Frage der Methodik sind, basieren die für den Kompetenzaufbau ProDi Deutschland ausgewählten Qualifizierungsmaßnahmen alle auf dem Grundsatz eines hohen Praxisbezuges. Nur so kann ein reibungsloser Transfer in die täglichen Arbeitsaufgaben und -inhalte gewährleistet werden.

3.5.4 Build

Die Build-Phase ist definiert als „die geschäftsorientierte Vorbereitung des Leistungserbringungsprozesses". Mit anderen Worten: Zu diesem Zeitpunkt des Prozesses müssen neben der Erledigung rein administrativer Aufgaben vor allem eindeutige Antworten auf folgende Fragen gegeben werden:

■ Welche/r Trainer/in ist für die Zielgruppe die/der gewinnbringendste?

---

166 vgl. „Karrierehindernisse und Aufstiegsstrategien – das Kreuz mit den Vorurteilen". In: The Catalyst and the Conference Bord (2002); Frenzel, Sottong & Müller (2001)
167 vgl. Ruppert (2001); Grochowiak & Castella (2001); Holitzka & Remmert (2000); Erb (2001); Horn/Brick (2001)
168 vgl. Ulsamer (2001)

- Welcher Veranstaltungsort ist für die Zielgruppe der geeignetste?
- Welcher Termin ist für die Zielgruppe der sinnvollste?
- Welche Trainingsunterlagen sind bis wann und wie zu erstellen?
- Welche Teilnehmerunterlagen sind bis wann und wie zu erstellen?

Die Ergebnisse müssen zügig umgesetzt werden, damit in die Operate-Phase übergegangen werden kann.

3.5.5   Operate

Unter der Operate-Phase wird „die geschäftsorientierte Durchführung des Leistungserbringungsprozesses" verstanden. Ich möchte sie an einem konkreten Beispiel verständlich machen.

Im Mai 2001 wurde erstmals im internationalen Führungszentrum der Siemens AG in Feldafing das Training „Frauen und ihr Weg im Unternehmen" durchgeführt. Zehn Frauen aus unterschiedlichen Siemens-Bereichen haben daran teilgenommen. (Anoymisierte) Zitate einiger Teilnehmerinnen gewähren einen sehr guten Einblick in die konkrete Umsetzung des Trainings:

- R. G.: „Besonders wichtig und nützlich war die Auseinandersetzung mit der persönlichen Situation: Mit dem, was Frau will, wie sie das unter Work-life-Balance-Gesichtspunkten verwirklichen kann und mit dem Erstellen eines Entwicklungsplans, um dies konsequent anzugehen. Durch die Konstellation ‚nur Frauen' konnte gerade der Austausch von Erfahrungen sehr offen erfolgen …"
- N. L.: „… Der Name des Trainings ist gut gewählt. Man geht nicht mit einer fertigen Strategie nach Hause, wie man in die Chefetage aufsteigt, sondern es geht vielmehr darum, den Platz zu erkennen, den man im Unternehmen erreichen will und das Selbstbewusstsein so zu stärken, dass man diesen Platz auch einnehmen kann …"
- F. K.: „… Viele Themen im Seminar sind mit sehr starkem persönlichen Bezug behandelt worden. Dies ist eine herausragende Stärke des Seminars. Es wäre klasse, wenn wir es schaffen würden, in Zukunft mit diesem Seminar auch ein tragendes Netzwerk aufzubauen".
- C. A.: „Ich bin gerade in Elternzeit und arbeite Teilzeit … Ich habe wichtige Anregungen bekommen … Damit stelle ich heute schon Weichen für die Phase nach meiner Elternzeit …"
- R. B.: „… Wir haben Strategien kennen gelernt, wie wir mit von uns selbst erlebten so genannten typisch männlichen Verhaltensweisen besser umgehen – und zwar so, dass die Männer dabei nicht auf der Strecke bleiben, sondern auch profitieren. Den Vorteil eines reinen Frauenseminars sehe ich darin, dass ein besonders ungezwungenes Arbeiten möglich war. Manche Äußerungen wären in einem gemischten Kurs vermutlich nicht offen getroffen worden. Allerdings hätten sich durch die Teilnahme von Männern bestimmt auch interessante Aspekte ergeben".

■ M. P.: „… Während der Diskussionen und Rollenspiele wurde sehr deutlich, wie stark der Kommunikationsstil und hiermit die berufliche Zusammenarbeit von Männern und Frauen von bestimmten traditionellen Verhaltensmustern geprägt ist …"

Die Feedbacks der Teilnehmerinnen haben gezeigt, dass die Entscheidung für ein reines Frauenseminar richtig war und dass das Design, eine Mischung aus Information und Übungen an realen Situationen, ausgewogen ist, um Frauen dabei zu unterstützen, ihre Fähigkeiten noch besser einzusetzen. Der eingesetzten Methode des systemdynamischen Organisationsstellen stehen anfangs immer wieder einige Teilnehmerinnen etwas skeptisch gegenüber. Um diese Frauen nach drei Tagen nicht mit einem Beklemmungsgefühl nach Hause zu entlassen, sondern die Organisationsaufstellung für alle Teilnehmerinnen zu einem wirklichen Mehrwert werden zu lassen, müssen hohe Ansprüche an eine professionelle Durchführung gestellt werden.

3.5.6 Maintain

Ein Training ist dann erfolgreich, wenn die Teilnehmer/innen das, was im Training erarbeitet wurde, in ihrem Arbeitsumfeld umsetzen. Die Verantwortung für die Umsetzung liegt zwar ganz klar bei den Teilnehmer/innen selbst, doch ist eine Unterstützung dabei sehr hilfreich. Hier kann der/die Trainer/in einiges dazu tun. Der Transfergedanke ist deshalb fester Bestandteil in allen Qualifizierungsmaßnahmen. Die Fragestellung: „Was kann ich wie umsetzen?" sollte permanent präsent sein. Selten wird alles, was in einem Training vermittelt wurde, umgesetzt werden können. Der/die Teilnehmer/in wird für sich relevante Vorgehensweisen und Anregungen herausfiltern und dem persönlichen Arbeitsumfeld anpassen müssen.[169]

3.5.7 Zusammenfassung

Aus dem vom Zentralvorstand der Siemens AG beschlossenen Ziel „Mehr Frauen in Führungspositionen!" hat das ProDi-Projektteam vier Maßnahmenpakete abgeleitet: erstens eine gezielte Personalentwicklung für Frauen im Unternehmen sicherzustellen, zweitens mehr hochqualifizierte Frauen für die Siemens AG zu gewinnen, drittens mehr junge Frauen für ein Technikstudium zu begeistern und viertens die Vereinbarkeit von Beruf und Familie zu gewährleisten.

Hinter jedem dieser Maßnahmenbündel steht eine Reihe von Einzelmaßnahmen. Ein klar definiertes Kompetenzmanagement gehört dazu. ProDi-Deutschland konzentriert sich zwar auf das Thema Frauen, ist aber nicht gleichzusetzen mit Frauenförderung. ProDi steht für Promoting Diversity, die Förderung und Nutzung aller vorhandenen Kompe-

---

[169] vgl. Besser (2002)

tenzen und das konsequente Ausschöpfen aller Synergiemöglichkeiten. ProDi wird an Dynamik gewinnen, wenn der Nutzen anhand vieler positiver Beispiele deutlich wird. Geeignete Plattformen gibt es in einem Unternehmen genug.

3.6   Aufbau interkultureller Geschäftskompetenz

Robert Gibson & Zailiang Tang

3.6.1   Einleitung

Mit fortschreitender Globalisierung der Wirtschaft steigt der Bedarf an Mitarbeitern und Führungskräften, die erfolgreich mit anderen Kulturen umgehen können. Dass die Siemens AG mit ihrer ins 19. Jahrhundert zurückreichenden internationalen Erfahrung eine herausragende Kompetenz im Bereich interkultureller Zusammenarbeit besitzt, kann daher nicht überraschen.[170] Der Konzern war einer der ersten in Deutschland, der sich mit diesem Thema ernsthaft beschäftigt hat und seit über 20 Jahren interkulturelle Beratung und Trainings in verschiedenen Formen realisiert.[171]

Ziel dieses Beitrags ist es, dieses für viele Geschäftsleute etwas diffuse und vielleicht sogar verdächtige Thema durch konkrete Beispiele aus der Praxis greifbar und schmackhaft zu machen. Interkulturelle Geschäftskompetenz wird hier nicht als akademische Kulturromantik oder ‚nice to have'-Luxus, sondern als Voraussetzung für den internationalen geschäftlichen Erfolg sowie als eine potenzielle Quelle von Mehrwert („Return on Culture") betrachtet. Sie wird nicht losgelöst von anderen Kompetenzen, sondern als Bestandteil eines Kompetenzmodells behandelt. Aus diversen Ansätzen zur Vermittlung der erforderlichen Kompetenzen werden die für die Wirtschaft relevanten Methoden herauskristallisiert und anhand des Beispiels der interkulturellen Vorbereitung für deutsche Fach- und Geschäftsleute für China illustriert und kommentiert. Der abschließende Ausblick führt mögliche Perspektiven für die zukünftige Entwicklung auf.

3.6.2   Bedeutung interkultureller Geschäftskompetenz

Auf verschiedenen Ebenen und in unterschiedlichen Formen und Funktionen ist internationale Geschäftskompetenz für eine zunehmende Zahl von Mitarbeitern relevant, z. B.:

---

170 vgl. Decurtins (2002, S. 240)
171 siehe z. B. Clackworthy (1992, 1994, 1996); Arndt & Slate (1997); Reisach, Tauber & Yuan (2003); Hammerschmidt (1997, 2001); Tang (1995); Gibson (1999, 2002)

- Mitarbeiter, die in Deutschland bleiben und mit Kollegen und Partnern zu tun haben, die aus verschiedenen Kulturen stammen
- Führungskräfte in Deutschland, die ausländische Mitarbeiter integrierten wollen
- Auslandsentsandte, die Geschäftsverantwortung im Ausland übernehmen
- Technische Spezialisten, die zu Einsätzen ins Ausland reisen
- Projektmanager, die internationale Projekte in verschiedenen Ländern leiten
- Fachkräfte, die real oder virtuell in multinationalen Teams arbeiten
- Einkäufer, die weltweit einkaufen
- Marketing- und Sales Manager, die internationale Marketing- und Vertriebskonzepte entwickeln und implementieren
- Führungskräfte in leitenden Funktionen, die globale Geschäftsstrategien definieren

In Anbetracht dieser langen Liste von Betroffenen wird erstaunlich wenig in interkulturelle Kompetenzentwicklung investiert. Dies hat verschiedene Gründe. Oft verwechseln erfahrene Manager gute Sprachkenntnisse und häufige Auslandsaufenthalte mit interkultureller Geschäftskompetenz. Der Begriff ‚interkulturell' ist für viele zu weich – solche Kompetenzen gehören für sie zu den ‚Soft Skills'. Andere sehen die Notwendigkeit für Kompetenzaufbau, meinen aber, dass sie keine Zeit haben, die Kompetenzen zu entwickeln. Eine letzte Gruppe sieht nur die Kosten von Qualifizierungsmaßnahmen und nicht den greifbaren Nutzen.

Es gibt genügend Beispiele für Kosten, die verursacht werden, wenn kulturelle Faktoren nicht ausreichend berücksichtigt werden. Internationale Fusionen und Akquisitionen scheitern allzu oft an mangelndem Verständnis beider Seiten füreinander. Delegationen enden vorzeitig wegen Anpassungsproblemen der Mitarbeiter oder deren Familien, mit hohen Folgekosten und negativen Auswirkungen auf Motivation und Kundenbeziehungen. Projekte, die zu Hause schwierig genug sind, sind im internationalen Kontext mit größeren Risiken und knappen Ressourcen noch schwieriger zum Erfolg zu bringen.

Statt sich auf die zahlreichen und teilweise übertriebenen Horrormeldungen zu konzentrieren, die allzu oft die Rolle von kulturellen Faktoren übertreiben, lohnt es sich aber, auf den Nutzen erfolgreicher internationaler Zusammenarbeit zu fokussieren. Viele Unternehmen verankern jetzt den Glauben an die Synergieeffekte internationaler Tätigkeiten in ihren Strategien und ihrer Firmenphilosophie. Internationale Zusammenarbeit erfordert Energie und Investitionen, aber wenn dieses Thema richtig angegangen wird, kann ein erheblicher „Return on Culture" erzielt werden. Bei der Siemens AG findet man das beispielsweise in dem Leitbild sowie in den Leitsätzen zum Thema „Promoting Diversity".

3.6.3   Beschreibung interkultureller Geschäftskompetenz

Interkulturelle Geschäftskompetenz ist die Kompetenz, in geschäftsrelevanten Situationen im internationalen Umfeld effektiv zu handeln.

Es ist immer wichtig, Kultur in Zusammenhang mit dem Individuum und der besonderen Situation zu betrachten (vgl. Abbildung 1). Kultur ist nicht nur als nationale Kultur zu verstehen. Je nach Situation können auch andere gemeinsame Werte, Einstellungen und Verhaltensformen von Bedeutung sein, z. B.:

- regionale Kultur (Nord/Süd; Ost/West)
- religiöse Kultur
- Kultur der Klassen oder Schichten in einer Gesellschaft
- berufliche Kultur (beispielsweise die Kulturen der Anwälte oder Ärzte)
- Corporate Culture
- Kultur der Geschlechter
- Kultur des Alters

Person

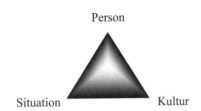

Situation   Kultur

Abbildung 1: Person, Kultur und Situation

Eine Beschreibung interkultureller Geschäftskompetenz in Anlehnung an das Siemens-Kompetenzmodell sieht wie folgt aus:

Mitarbeiter, die im internationalen Geschäft interkulturelle Kompetenz zeigen, können kulturelle Barrieren überwinden und konstruktive Beziehungen zu Geschäftspartnern aus unterschiedlichen Kulturen zum gegenseitigen Nutzen aufbauen. Sie sind in der Lage, aus der Verschiedenartigkeit Wertschöpfung zu gewinnen.

Solche Mitarbeiter:

- sind neugierig auf andere Kulturen, schätzen interkulturelle Begegnungen und lernen gerne Fremdsprachen,
- kommunizieren effektiv und in kulturell angemessener Weise im internationalen Umfeld,
- haben ein für das internationale Geschäft relevantes Wissen über andere Kulturen,
- sind sich ihrer eigenen kulturbestimmten Einstellungen, Überzeugungen und Verhaltensmuster bewusst und können diese selbstkritisch reflektieren,
- verstehen das kulturbedingte Verhalten von Kollegen und Geschäftspartnern aus anderen Kulturen und können ihr eigenes Verhalten darauf einstellen,
- zeigen Respekt und Einfühlsamkeit für Kollegen und Partner aus anderen Kulturen,
- sind in der Lage, mit Vielschichtigkeit und Komplexität in internationalen Geschäftssituationen umzugehen, ohne dabei ihre eigene Position aus den Augen zu verlieren,
- erkennen und nutzen das interkulturelle Potenzial ihrer Teams und machen daraus einen Wettbewerbsvorteil und
- haben Strategien zur Verfügung, um mit Konflikten und Problemen in internationalen Geschäftssituationen umzugehen.

3.6.4   Vermittlung interkultureller Geschäftskompetenz

Die wichtigsten seit dem Ende des Zweiten Weltkrieges entwickelten Ansätze für interkulturelles Training werden in Tabelle 1 zusammengefasst und kommentiert.

Geeignete Methoden für interkulturelle Trainings sind u. a.:

- Vorträge
- Präsentationen
- Diskussionen
- Bearbeitung von „Critical incidents" (kritischen Ereignissen)
- Analyse von Fallstudien
- Rollenspiele
- Simulationen
- Interkulturelle Interaktionsanalyse
- Computer- und Webbased-Trainings

Die Anforderung an den interkulturellen Trainer sind hoch. Folgende Kompetenzen sind erforderlich:

- Interkulturelle Kompetenz und Erfahrung
- Geschäftserfahrung
- Didaktische Kompetenzen
- Sprachliche Kompetenzen
- Professionalität

Tabelle 1: Ansätze interkultureller Trainings

Ansatz	Merkmale
Cultural Briefings	• Fokus auf Wissen über fremde Kulturen durch Vorträge von Experten und „Informants" und „Dos and Don'ts" • Vorteile: Geringer Zeitbedarf, große Teilnehmergruppe möglich • Nachteile: Schwache Verhaltensorientierung
Cultural Assimilator Training	• Bearbeitung von kritischen Ereignissen („Critical Incidents") • Vorteile: Für Selbststudium und Webbased training (WBT) geeignet • Nachteile: Schwache Verhaltensorientierung, wenig Einbettung in Kontext
Cultural Dimension Training	• Deduktive Darstellung von empirischen Daten (vgl. Hofstede 1993) • Vorteil: Systematischer Ansatz basiert auf quantitativer Forschung • Nachteile: Schwache Verhaltensorientierung, individuelle Varianz und Situation nicht berücksichtigt
Culture Contrast Training	• Vergleich unterschiedlicher Verhaltensmuster auf Basis eines kulturell angepassten Orientierungssystems • Vorteil: Starke Verhaltensorientierung • Nachteil: Aussagen teilweise starr und veraltet
Intercultural Business Competence Training	• Aufbau der Handlungskompetenz in interkulturellen Geschäftssituationen durch Fallstudien und Rollenspiele • Vorteile: Starke Verhaltensorientierung, handlungsbezogen und geschäftsrelevant • Nachteile: Große Teilnehmergruppen nicht möglich, hohe Anforderungen an Trainer

Abbildung 2: Aufbau interkultureller Geschäftskompetenzen

Um den verschiedenen Anforderungen der Mitarbeiter gerecht zu werden, hat man bei der Siemens AG ein differenziertes Portfolio von interkulturellen Trainingsmaßnahmen entwickelt (vgl. Abbildung 2):[172]

- Seminare zur interkulturellen Sozialkompetenz vermitteln die Tools, um fremde Wahrnehmungs- und Denkweisen zu verstehen und sich darauf einstellen zu können. Beispiele werden aus verschiedenen Kulturkreisen entnommen und nicht auf eine spezielle Kultur abgestimmt.
- Seminare zur internationalen Zusammenarbeit mit einem bestimmten Land vermitteln kulturspezifisches Know-how für die Zusammenarbeit mit Geschäftspartnern aus dieser Region, z. B. Interkulturelle Zusammenarbeit – USA.
- Trainings zur interkulturellen Teamarbeit helfen bi-nationalen oder internationalen Teams, ihre Zusammenarbeit zu verstehen und zu verbessern.

---

172 Hammerschmidt (2002, S. 19)

- Seminare zum Thema internationale Geschäftskompetenzen fokussieren auf bestimmte Kompetenzen, z. B. Verhandeln mit China oder Präsentation in den USA.
- Maßgeschneiderte Coachings für Führungskräfte bereiten diese auf neue Führungsaufgaben im In- und Ausland vor.
- Berufsspezifische Seminare (z. B. Interkulturelles Basiswissen für Fachassistenz) bereiten auf das typische Aufgabenspektrum im internationalen Rahmen vor.

Die Unterstützung der international tätigen Mitarbeiter sollte nicht als einmalige Handlung verstanden werden, sondern als Begleitung eines Gesamtprozesses. Um zum Beispiel den Erfolg einer Auslandsentsendung sicherzustellen, ist es entscheidend, dass man den ganzen Prozess von der Auswahl bis zur Rückkehr unterstützt (vgl. Abbildung 3).

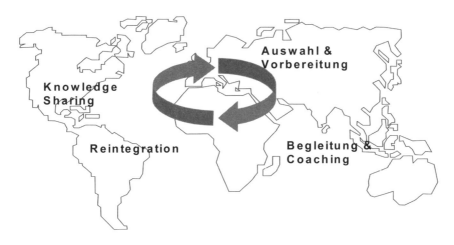

Abbildung 3: Unterstützung für den internationalen Mitarbeitereinsatz

Bei der Auswahl der Entsandten (Delegates) ist es wichtig, nicht nur technische oder kaufmännische Kompetenzen zu berücksichtigen, sondern auch ihre interkulturellen Geschäftskompetenzen. Ein deutliches Warnsignal wäre es beispielsweise, wenn Kandidaten zum Auswahlgespräch mit vielen Detailfragen kommen, die sie genau beantwortet haben wollen. Es ist entscheidend, dass ein Delegate mit mangelnden Informationen,

Ambiguität und Komplexität umgehen kann. Eine entsprechende Auswahl findet mittels Fragebogen und persönlichen Interviews statt.

Vorbereitung in Form von Training oder Coaching sollte rechtzeitig eingeplant sein und wenn möglich die Partner und Kinder der Entsandten einbeziehen. Um effektiv zu sein, muss diese Vorbereitung nicht nur Information vermitteln, sondern auch verhaltensorientiert sein.

Oft werden sich Delegates erst nach Anfang des Einsatzes im Ausland der Probleme bewusst, und deshalb ist es zweckmäßig, die Möglichkeit eines Post-Arrival-Trainings oder Coaching im Programm einzubauen. Dies kann beispielsweise nach ca. sechs Wochen stattfinden und den Entsandten und ihren Familien die Chance geben, ihre ersten Eindrücke zu verarbeiten.

Während der gesamten Entsendung sollte man versuchen, mit den entsandten Mitarbeitern in Kontakt zu bleiben. Obwohl Hotlines und E-Foren dazu beitragen können, sollte man persönliche Kontakte nicht vernachlässigen.

Besonders am Ende einer langen Entsendung ist es sinnvoll, die Mitarbeiter bei der Rückkehr ins Heimatland zu unterstützen. Wichtig ist es auch, sicherzustellen, dass das neu erworbene Wissen und die Erfahrungen der Mitarbeiter festgehalten und weitergegeben werden. Dafür brauchen die Mitarbeiter Strategien, die es ihnen ermöglichen, das erworbene Wissen und Können in den Arbeitsalltag einzubringen und für nachfolgende Delegates nutzbar zu machen.

3.6.4.1 Beispiel 1: Aufbau interkultureller Geschäftskompetenz für deutsche Expatriates in China

Zielgruppe

Durch das breite Spektrum des China-Geschäfts, vor allem bei Großunternehmen wie der Siemens AG, sind die Zielgruppen der künftigen Auslandsentsandten (Expatriates) sehr heterogen. Sie sind unterschiedlich ausgebildet (z. B. als Ingenieure, Betriebswirte, Juristen) und verfügen über unterschiedliche China-Erfahrungen: Manche fahren seit fünf Jahren sechs bis acht mal pro Jahr nach China und haben die Entwicklung Chinas in den letzten Jahren sehr intensiv erlebt. Andere waren noch nie in China. Naturgemäß kommen sie aus sehr unterschiedlichen Funktionen und übernehmen auch in China wiederum unterschiedliche Aufgaben. Hierzu sollen einige Beispiele angeführt werden:

- Generalmanager planen und steuern Joint Ventures und hundertprozentige Tochterunternehmen in China.
- Einkäufer kaufen in China ein.
- Marketing- und Vertriebsmanager entwickeln Marketing- und Vertriebskonzepte für China und implementieren sie.

- Mitarbeiter aus dem Bereich Forschung und Entwicklung bringen die Innovationen des Unternehmens in China voran.
- Controller übernehmen kaufmännische Aufgaben in China.
- Personalmanager entwickeln und implementieren Personalkonzepte in China.

Zukünftige Expatriates besitzen in der Regel ausreichende allgemeine Sensibilität bezüglich einer fremden Kultur und sind gewohnt, in komplexen Strukturen und Prozessen zu denken. Trotzdem verlangt die Heterogenität der Zielgruppen eine didaktische Aufbereitung der Trainingsinhalte, die sowohl dieser Heterogenität als auch der Komplexität Rechnung trägt.

Inhalte

Die künftigen Expatriates der Siemens AG werden vor ihrer Entsendung in einem viertägigen Seminar „Internationale Zusammenarbeit China" vorbereitet. Grundsätzlich werden alle Trainings von einem deutsch-chinesischen Trainerteam durchgeführt. Um die Aktualität des Trainings zu gewährleisten, werden auch chinesische Trainer des Siemens Management Institutes in Beijing regelmäßig eingesetzt.

Themenschwerpunkte des Seminars sind:

- Einführung in interkulturelles Management
- Überblick über China und die chinesische Kultur
- Kommunikation in China
- Führungsstil und Personalmanagement in China
- Delegation und Motivation in China
- Qualitätsmanagement in China
- Verhandlungsführung und Entscheidungsfindung
- Problemlösung und Konfliktmanagement
- Alltagsleben in China

Damit bilden inhaltliche Schwerpunkte des Trainings das Aufgabenspektrum der künftigen Expatriates in China ab. Über dieses Training hinaus haben alle Expatriates die Möglichkeit, ihren Kompetenzaufbau durch zwei zusätzliche Angebote zu fördern.

Expatriates, die viele Verhandlungen übernehmen werden, bekommen das Angebot, an dem Training „Verhandlungsführung in China" teilzunehmen. Dieses Seminar hat einen besonders starken Geschäftsbezug, weil es sich auf verschiedene Verhandlungssituationen konzentriert. Teilnehmer werden sowohl im Analysieren komplexer Verhandlungssituationen, als auch im Entwickeln und Einsetzen von Verhandlungstechniken intensiv trainiert. Auch dieses Seminar wird von einem deutsch-chinesischen Trainerteam durchgeführt. Alle Expatriates, die Bedarf für themenspezifischen Kompetenzaufbau feststellen, können außerdem individuelle Coachings vereinbaren.

Eine Besonderheit des Seminars „Internationale Zusammenarbeit China" besteht darin, dass auch Mitarbeiter, die nicht nach China entsandt werden, aber von Deutschland aus China-Projekte steuern, als Teilnehmer zugelassen werden. Grund für diese Entscheidung ist die Beobachtung, dass eine gut funktionierende Schnittstelle zwischen den Zentralen und den Tochterunternehmen in China einen der wichtigsten Erfolgsfaktoren darstellt. Das Seminar bietet eine gute Plattform für beide Gruppen, die künftigen Expatriates und die „Projektbetreuer". Hier tauschen sie sich aus, lernen die Standpunkte der anderen Partei kennen und finden häufig Lösungen im Vorfeld der Entsendung.

Ziele

Ein interkulturelles Chinatraining für künftige Expatriates soll unter dem Generalziel des Aufbaus von interkultureller Kompetenz eine Bündelung von Zielen erreichen:

- Es soll den Teilnehmern ein Bewusstsein für ihre eigene Kulturprägung vermitteln. Mitglieder einer Kultur sind sich selten ihrer eigenen Kulturprägung bewusst. Für sie ist die eigene Kultur etwas Selbstverständliches. Man lernt die eigene kulturelle Prägung erst in Auseinandersetzung mit einer anderen Kultur kennen. Die Bewusstwerdung über die eigene Kultur ist aber gleichzeitig die Voraussetzung, andere Kulturen zu verstehen.
- Auf der Basis der Reflexion über die eigene Kultur lernen die Teilnehmer, die kulturbedingten Verhaltensweisen der chinesischen Kollegen/Geschäftspartner richtig zu verstehen und zu analysieren.
- Dabei ist es wichtig, dass die Teilnehmer lernen, die kulturbedingten Verhaltensweisen der chinesischen Kollegen/Geschäftspartner in Verbindung mit komplexen Situationen im chinesischen Geschäftsumfeld richtig zu erfassen und zu interpretieren. Sie sollen lernen, zwischen verschiedenen Motivationen für Verhaltensweisen, bedingt durch Kultur, Struktur und Interessenslage, zu differenzieren und deren Zusammenspiel zu verstehen. Es kommt hierbei besonders darauf an, die Kulturkomponente richtig zu positionieren und die gesamte Situation in ihrer Komplexität zu erfassen.
- Nur wenn die Teilnehmer das Zusammenspiel unterschiedlicher Motivatoren verstehen, können sie ihr eigenes Verhalten auf die veränderte Situation hin überprüfen und ggf. umgestalten. Ziel eines interkulturellen Trainings ist nicht, Teilnehmern punktuelle, statische, vermeintlich interkulturell adäquate Verhaltensanweisungen zu vermitteln. Vielmehr sollen die Teilnehmer lernen, die Wirkungen ihres Verhaltens in einer interkulturellen Situation abzuschätzen und Handlungsalternativen zu entwickeln.
- Nur wenn das Wechselspiel zwischen Abschätzung der eigenen Verhaltensweise und Entwicklung von Handlungsalternativen ausreichend zuverlässig funktioniert, erhöht sich bei den künftigen Expatriates die eigene Sicherheit.

■ Erst jetzt kann eine umfassende Handlungskompetenz im interkulturellen Geschäftsumfeld aufgebaut werden.

Anforderungen

Die Vermittlung interkultureller Kompetenz für China ist eine komplexe, sensible und
sehr anspruchsvolle Aufgabe. Für welchen Anbieter ein Interessierter sich auch entscheiden mag, er sollte einige grundlegende Kriterien beachten, um seine Entscheidung zu
überprüfen:

Aktualität: Die chinesische Gesellschaft unterliegt derzeit einem besonders rasanten
Wandel. Das hohe wirtschaftliche Wachstumstempo macht ja gerade die Attraktivität
dieses Landes aus. Nach dem Beitritt Chinas zur Welthandelnsorganisation (WTO)
wurde der amerikanische Mobilfunkstandard CDMA in China eingeführt. Der Sprung
von drei auf vier Millionen CDMA-Usern hat danach gerade einmal 20 Tage gedauert.
Dieses Wachstumstempo reduziert die Halbwertszeit der Gültigkeit von Informationen.
Aussagen, die im letzten Jahr noch gültig waren, sind in diesem Jahr nicht mehr aktuell.
Neben dem materiellen Leben einer Gesellschaft verändert sich auch das Bewusstsein
der Menschen in solchen Kulturen rapide. Dieser Tatsache muss jede Vermittlung
interkultureller Kompetenz besondere Aufmerksamkeit schenken. Die vage Erklärung,
dass die Bewusstseinsveränderung immer der gesellschaftlichen Realität hinterherhinkt,
genügt nicht.

Vermeidung von falscher Toleranz: Der Appell an Toleranz und Integration gehört inzwischen zur Selbstverständlichkeit in der internationalen Zusammenarbeit. Zweifellos
ist er politisch korrekt und als Grundsatz für eine Zusammenarbeit unabdingbar. Aber
gerade weil dieser Grundsatz so wichtig ist, muss unbedingt der falsche Umgang damit
vermieden werden. In einigen interkulturellen Trainings für China wird lang referiert,
wie anders die chinesische Kultur sei: Die Menschen arbeiten langsamer, sie kommunizieren indirekt, sie gehen Konflikten aus dem Weg. Anschließend folgt der pauschale
Appell, dass die Teilnehmer dafür bitte Toleranz aufbringen mögen. Solche Ratschläge
sind gut gemeint und die Formulierungen sorgfältig neutral gewählt. Nicht selten findet
aber unter der Oberfläche eine unbewusste und dennoch verletzende Abwertung statt:
Das Wünschenswerte wird der eigenen Kultur, das Defizitäre subtil der anderen Kultur
zugesprochen. Anschließend wird appelliert, Verständnis für die Defizite der anderen zu
haben.

Dieser Mechanismus ist deswegen so gefährlich, weil er die Mitglieder der anderen
Kultur auf einer tiefen emotionalen Ebene trifft und aufgrund der formalen „politischen
Korrektheit" nur sehr schwer ansprechbar und behandelbar ist. Aus diesem Grund ist es
bei der interkulturellen Zusammenarbeit unabdingbar, dass diese falsch verstandene
Toleranz vermieden wird. Dies setzt voraus, dass die Beschreibungen anderer Kulturen
präzise und wertneutral zu sein haben. Ein einfaches Instrument, dies zu prüfen, kann
darin bestehen, solche Beschreibungen Mitgliedern aus den betroffenen Kulturen ver-

bunden mit der Frage vorzulegen, ob sie sich darin wiederfinden. Eine derartige Spiegelung bedarf eines gewissen Aufwands, leistet aber einen großen Betrag zum Erfolg des Trainings.

Komplexität: Es gibt interkulturelle Trainings, in denen Referenten zwei Stunden lang über das Kennenlern-Ritual zwischen deutschen und chinesischen Geschäftspartnern philosophieren. Ein Geschäft scheitert nicht daran, dass die Protagonisten das Kennenlernen falsch gestaltet haben. Entscheidend für geschäftliche Erfolge ist vielmehr die richtige Handhabung sehr komplexer Situationen, wie Mitarbeiterführungsgespräche und Verhandlungsführung in Konfliktsituationen.

Praxisnähe und Geschäftsbezug: Bei einer interkulturellen Vorbereitung auf China für Industriemanager, die in Metropolen wie Beijing oder Shanghai gehen, sind Informationen über das ländliche Leben in der Inneren Mongolei in der Regel irrelevant. Was die Teilnehmer brauchen, sind Informationen, die in unmittelbarem Zusammenhang zu ihrer Arbeitssituation stehen. Beispiel: Ein ausländisches Unternehmen unterhält aus strategischen Gründen zwei Unternehmen in Shanghai: ein Joint-Venture-Unternehmen mit einem chinesischen Partner und ein hundertprozentiges Tochterunternehmen. Beide Unternehmen beziehen Komponenten aus Deutschland, müssen jedoch unterschiedliche Preise zahlen. Dass die chinesischen Partner aus dem Joint-Venture-Unternehmen mit dem höheren Bezugspreis nicht zufrieden sind und lautstark Nachverhandlung fordern, ist nicht nur eine interkulturelle Konfliktsituation. Die Lösung muss auf der Strukturebene gesucht werden. Dieses Beispiel zeigt, dass gerade, weil das Thema hochkomplex ist, hier gezielt und fokussiert auf den Geschäftsbezug der Teilnehmer eingegangen werden muss.

Verhaltensorientierung: Durch Lektüre Wissen über eine andere Kultur erworben zu haben, bedeutet noch lange nicht, interkulturell kompetent zu sein. Auch das kognitive Ausarbeiten einer richtigen Strategie für eine interkulturelle Situation ist nicht mit wirklicher interkultureller Kompetenz gleichzusetzen.

Ökonomie der Vermittlung: Gerade bei Teilnehmern, die kurz vor der Ausreise stehen, ist der Zeitdruck ein Faktum und der Wunsch nach „kompakter" Vermittlung nachvollziehbar. Dies bedeutet, dass die Ökonomie des Vermittlungsprozesses zu den Gütekriterien gehören muss. So schädlich eine undifferenzierte „Schnellschuss-Lösung" ist, so fatal ist eine Trainingsmaßnahme, die mangels Zielorientierung und Fokussierung mehr Zeit als unbedingt nötig von Teilnehmern in Anspruch nimmt. Wenn unter dem Deckmantel der Differenzierung nur irrelevante Information oder Information, die zwar richtig, aber anderweitig zeitsparender beschaffbar ist – z. B. durch Lesen eines Reiseführers – vermittelt wird, dann darf sich anschließend niemand darüber wundern, dass der Ruf nach einem „kurzen Leitfaden" laut wird.

3.6.4.2 Beispiel 2: Aufbau interkultureller Geschäftskompetenzen für die Audi AG

Ein zweites Beispiel aus der Praxis zeigt, wie wichtig differenzierte geschäftsbezogene interkulturelle Qualifizierungsmaßnahmen für den erfolgreichen Ablauf eines Projektes sein können. Ziel der Audi AG war 1999 die Produktion des Audi A6 als erste Oberklassen-Limousine in China. Der Prozess wurde von interkulturellen Spezialisten der Siemens AG unterstützt.

Das Joint-Venture-Unternehmen sah sich verschiedenen Herausforderungen gegenüber:

- Changchun als schwieriger Standort
- Mangelnde Erfahrung der chinesischen Mitarbeiter mit dem Bau von modernen Autos
- Hoher Konkurrenzdruck
- Hoher politischer Druck für „local content" und „local development"
- Hoher Termindruck
- Komplexe Aufgabenfelder im Bereich Veränderungs- und Qualitätsmanagement

Die Audi AG entschied sich für Know-how-Transfer mit hohem Personaleinsatz. 60 chinesische Mitarbeiter wurden für je drei bis sechs Monate zur Ausbildung nach Deutschland geschickt, um mit deutschen Kollegen zusammenzuarbeiten. Die beteiligten deutschen Mitarbeiter wurden nach China entsandt, um dort ihrerseits mit Chinesen zusammenzuarbeiten. Eine große Anzahl von Planern, Werkzeugtechnikern, Logistikern und Qualitätsmanagern wurde nach China entsandt.

Die Trainingsmaßnahmen in der ersten Phase (November 1998 – Februar 1999) wurden in vier verschiedene Aufgabenfelder mit unterschiedlichen Inhalten unterteilt:

- Zusammenarbeit zwischen deutschen und chinesischen Mitarbeitern beim Rohbau und in der Montage. Themen: Kennenlernen, Aufbau von Beziehungen, Arbeitsverhalten, Kommunikation, Informationsvermittlung, Qualitätsmanagement, Konfliktlösung
- Training für Ausbilder. Themen: Ausbildungsverlauf und typischer Werdegang der chinesischen Mitarbeiter, Know-how Transfer, Wissensvermittlung, Informations- und Kommunikationsverhalten, Aufbau von Beziehungen, Dienstreisen nach China
- Training für Manager. Themen: Struktur und Merkmale der chinesischen Automobilindustrie, Geschichte und Entscheidungsfindung des chinesischen Joint-Venture-Partners, Verhandlungsführung in China, Lizenzproblematik, Konfliktmanagement, Qualitätsmanagement

In der zweiten Phase (Februar 1999 – Juni 1999) fanden die Auslandsvorbereitungsseminare für die deutschen Qualitätsmanager, Werkzeugmacher und Facharbeiter statt.

Das Teilnehmerfeedback war positiv. 95 Prozent der 200 Teilnehmern sagten, dass die jeweiligen Trainings, sowohl für die Zusammenarbeit als auch für die Befragten selbst, wichtig waren und dass sie diese Trainings weiterempfehlen würden. Am 6. September 1999 erfolgte die Montage des ersten Audi A6 in China, 150 Fahrzeuge waren für die Fünfzigjahrfeier der Volksrepublik China im Oktober 1999 fertig, die offizielle Markteinführung des A6 in Hainan fand einen Monat später statt.

3.6.5   Ausblick

In den letzten 20 Jahren ist das Angebot an interkulturellen Trainings und Beratung schnell gewachsen. Heute geht es nicht mehr darum, überhaupt einen Anbieter zu finden, sondern sich unter den vielen Anbietern für den Richtigen zu entscheiden. Dafür braucht die neue Branche klare Qualitätskriterien, um Fehlinvestitionen zu vermeiden. Genauso wichtig scheint es, zuverlässige Tools zu entwickeln, die interkulturelle Kompetenzen messen können, um die Wirkung der Aufbaumaßnahmen zu beweisen. Der Aufbau interkultureller Geschäftskompetenzen muss nicht nur für firmeninterne Weiterbildungsanbieter als dringende Aufgabe gelten, sondern als „life long learning" für das gesamte Bildungssystem verstanden werden.

Literatur

Arbeitsgemeinschaft Betriebliche Weiterbildungsforschung e.V. (Hrsg.) (1998 bis 2002): Kompetenzentwicklung 1998 bis 2002. Münster: Waxmann.

Argyris, C. (1975): Das Individuum und die Organisation. In: Türk, K. (Hrsg.), Organisationstheorie (S. 215-233). Hamburg: Hoffmann & Campe.

Arndt, T. & Slate, E. (1997): Interkulturelle Qualifizierung der Siemens-Mitarbeiter. In: Clermont, A. & Schmeisser, W. (Hrsg.): Internationales Personalmanagement. München: Vahlen.

Assig, Dorothea (2000): Frauen lernen besser allein. In: Süddeutsche Zeitung 11.12.2000.

Assig, Dorothea (2001): Frauen in Führungspositionen. München: dtv.

Bäcker, R. & Etzel, S. (Hrsg.) (2002): Einzel-Assessment. Neue Verfahren zur Auswahl und Entwicklung von Führungskräften. Stuttgart: Symposium Publishing.

Bass, B. & Avolio, B. (1990): Transformational Leadership Development: Manual for the Multifactor Leadership Questionaire. Palo Alto: Consultig Psychologist Press.

Bergius, R. (1976): Sozialpsychologie. Hamburg: Hoffmann und Campe.

Besser, Ralf (2002): Transfer: Damit Seminare Früchte tragen. Weinheim: Beltz.

Bischof, N. & Preuschoft, H. (Hrsg.). (1980): Geschlechtsunterschiede. Entstehung und Entwicklung. München: Beck.

Bischof, N. (1997): Das Rätsel Ödipus. Die biologischen Wurzeln des Urkonflikts von Intimität und Autonomie. München: Piper.

Borstel, G. (1982): Experimentelle Überprüfung einiger Annahmen zur Verwertbarkeit der Methode des lauten Denkens. Unveröffentlichte Diplomarbeit. Fachbereich Psychologie. Universität Hamburg.

Boyatzis, R. (1980): The competence manager. New York: Wiley.

Brockmeyer, R. (2002): Bundesrepublik Deutschland: Schule für die Wissensgesellschaft. In: Bund-Länder-Kommission für Bildungsplanung und Forschungsförderung: Lernen in der Wissensgesellschaft. Beiträge des OECD/CERI-Regionalseminars für deutschsprachige Länder in Esslingen vom 8.-12. Oktober 2001. München: Studien Verlag.

Brüch, A. (2003): Personalentwicklung und Coaching für Projektmanager bei Siemens Business Services Deutschland. To Be Published; siehe: http://www.cip-medien.com/coachSymposium.htm.

Bühl, A. & Zöfel, P. (2000): SPSS Version 10. Einführung in die moderne Datenanalyse unter Windows. (7. Aufl.). München: Addison Wesley.

Bühler, K. (1965) (Erstauflage 1934): Sprachtheorie. Stuttgart: Fischer.

Bullinger, H.-J.; Wörner, K. & Prieto, J. (1998): Wissensmanagement-Modelle und Strategien für die Praxis. In: Bürgel, H. D. (Hrsg.): Wissensmanagement. Schritte zum intelligenten Unternehmen. Berlin: Springer.

Bundesrepublik Deutschland (2001): Nationaler Beschäftigungspolitischer Aktionsplan. Berlin, S. 65 ff.

Büssing, A. (1999): Telearbeit. In: Frey, D. & Hoyos, C. Graf (Hrsg.), Lehrbuch der Arbeits- und Organisationspsychologie (S. 225-236). Weinheim: Beltz.

Büssing, A. (Hrsg.). (1997). Telearbeit und Telekooperation – interdisziplinäre Perspektiven. Themenheft der Zeitschrift für Arbeitswissenschaft, 51.

Büssing, A. (Hrsg.). (1997). Telearbeit und Telekooperation – interdisziplinäre Perspektiven. Themenheft der Zeitschrift für Arbeitswissenschaft, 51.

Cell Consulting (2002): Die Zukunft der HighTec Industries: Status – Szenarien – Empfehlungen.

Clackworthy, D. (1992): Training von Stammhausfach- und -führungskräften für den Auslandseinsatz. In: Kumar, B. N. & Hausmann, H. (Hrsg.): Handbuch der Internationalen Unternehmertätigkeit. München: Beck.

Clackworthy, D. (1994): A Road Map to Cultural Competency. In: Siemens Review 2, S. 11-15.

Clackworthy, D. (1996): Training Germans and Americans in Conflict Management. In: M. Berger (ed.): Cross-Cultural Team Building – Guidelines for more effective communication and negotiation. Maidenhead: McGraw Hill.

Dahrendorf, R. (1959): Homo soziologicus: Ein Versuch zur Geschichte, Bedeutung und Kritik der Kategorie der sozialen Rolle. Köln: Kiepenheuer und Witsch.

Davenport, T. H. & Prusak, L. (1998): Wenn Ihr Unternehmen wüsste, was es alles weiß…: Das Praxisbuch zum Wissensmanagement. Landsberg/Lech: Moderne Industrie.

Decurtins, D. (2002): Siemens – Anatomie eines Unternehmens. Frankfurt/Wien: Ueberreuter.

Deffner, G. (1981): „Lautes Denken" als Forschungsinstrument. In: Wolff, P. & Tücke, M. (Hrsg.). Bericht über die 4. Osnabrücker Arbeitstagung Psychologie. (Psychologische Forschungsberichte aus dem Fachbereich 8 der Universität Osnabrück, 8). Osnabrück.

Deluga, R. J. (1998): Leader-member exchange quality and effectiveness ratings. Group and Organization Management, 23 (2), pp. 189-216.

Deutsches Studentenwerk (2001): 16. Sozialerhebung, 07/2001.

Doppler, K. & Lauterberg, C. (2002): Change Management – Den Unternehmenswandel gestalten. Frankfurt: Campus.

Erb, K. (2001): Die Ordnungen des Erfolgs. Einführung in die Organisationsaufstellung. München: Kösel.

Erickson, K. A. & Simon, H. A. (1978): Retrospective verbal reports as data. (C. I. P. Working Paper No 3888). Carnegie-Mellon University.

Erpenbeck, J. & Heyse, V. (1999): Die Kompetenzbiographie. Strategien der Kompetenzentwicklung durch selbstorganisiertes Lernen und multimediale Kommunikation (Bd. 10). Münster: Waxmann.

Erpenbeck, J. & Rosenstiel, L. v. (Hrsg.). (2003): Handbuch der Kompetenzmessung. Stuttgart: Schäffer-Poeschel.

Erpenbeck, J. & Sauer, J. (2000): Das Forschungs- und Entwicklungsprogramm „Lernkultur und Kompetenzentwicklung". In: Arbeitsgemeinschaft Qualifikations-Entwicklungs-Management (Hrsg.): Kompetenzentwicklung 2000 (S. 289-337). Münster: Waxmann.

Europoean Commision (1994): Telework stimulation. Brüssel

Fink, A. & Siebe, A. (2002): Szenario-Management: Die Zukunft von Ländern, Regionen und Kommunen gestalten. In: Blaschke, P., Karrlein, W. & Zypries, B. (Hrsg.): E-Public. Berlin: Springer.

Fink, A., Schlake, O. & Siebe, A. (2001): Erfolg durch Szenario Management. Frankfurt: Campus.

Fischer, F. (1998): Mappingverfahren als kognitive Werkzeuge für problemorientiertes Lernen. Frankfurt/M.: Lang.

Franke, G. (2001): Komplexität und Kompetenz: ausgewählte Fragen der Kompetenzforschung. Bundesinstitut für Berufsbildung BIBB. Bielefeld: Bertelsmann.

French, W. & Bell, C. (1977): Organization development. Englewood Cliffs, N. J.: Prentice-Hall.

Frenzel, K., Sottong, H. & Müller, M. (2001): Bleibt Dornröschen ungeküsst – Storytelling-Studie Frauen und Führung. München.

Freud, S. (1911): Formulierungen über zwei Prinzipien des psychischen Geschehens. In: Gesammelte Werke, Bd. 8, Werke aus den Jahren 1909-1913 (4. Aufl., S. 230-238). Frankfurt/M.: Fischer.

Frey, D. (2000): Kommunikations- und Kooperationskultur aus sozialpsychologischer Sicht. In: **Mandl, H. & Reinmann-Rothmeier, G.** (Hrsg.): Wissensmanagement. Informationszuwachs – Wissensschwund? Die strategische Bedeutung des Wissensmanagements. München: Oldenbourg.

Frieling, E. (2000): Kompetenzentwicklung – ein urwüchsiger Prozess? In: Frieling, E., Kauffeld, S. Grote, S. & Bernard, H. (Hrsg.): Flexibilität und Kompetenz: Schaffen flexible Unternehmen kompetente und flexible Mitarbeiter? Münster: Waxmann.

Frischmuth, J. & Karrlein, W. (2001): Strategien und Geschäftsmodelle im E-Business. In: **Frischmuth, J., Karrlein, W. & Knop, J.** (Hrsg.): Strategien und Prozesse für neue Geschäftsmodelle. Berlin: Springer.

Gaugler, E. (1987): Zur Vermittlung von Schlüsselqualifikationen. In: Gaugler, E. (Hrgs.): Betriebliche Weiterbildung als Führungsaufgabe. S. 69-84. Wiesbaden: Gabler.

Gausemeier, J. & Fink, A. (1999): Führung im Wandel. München: Hanser.

Gausemeier, J., Ebbesmeyer, P. & Kallmeyer, F. (2001): Produktinnovation – Strategische Planung und Entwicklung der Produkte von morgen. München: Carl Hanser.

Gausemeier, J., Fink, A. & Schlake, O. (1996): Szenario Management. München: Hanser.

Gebert, D. (1972): Die Gruppendynamik in der betrieblichen Führungsschulung. Berlin: Duncker & Humblot.

Gebert, D. (1978): Organisation und Umwelt. Stuttgart: Kohlhammer.

Geiger, U. & Karrlein, W. (2001): Change Management bei der Einführung von E-Business. In: Frischmuth, J., Karrlein, W. & Knop, J. (Hrsg.): Strategien und Prozesse für neue Geschäftsmodelle. Berlin: Springer.

Gerstenmaier, J. & Mandl, H. (1999): Konstruktivistische Ansätze in der Erwachsenen- und Weiterbildung. In: Tippelt, R. (Hrsg.): Handbuch Erwachsenenbildung/Weiterbildung. Opladen: Leske und Budrich.

Gibson, R. (2002): Intercultural Business Communication. Oxford: Oxford University Press

Gibson, R. (1999): International Business Communication – Problems and Solutions. In: Kutschker, M. (Hrsg.): Perspektiven der internationalen Wirtschaft. Wiebaden: Gabler.

Gillies, C. (2000): Führen auf Distanz. Manager Seminare, 42, 30-36.

Graen, G. & Scandura, T. (1987): Theorie der Führungsdyaden. In: Kieser, A.; Reber, G. & Wunderer, R. (Hrsg.): Handwörterbuch der Führung (S. 377-389). Stuttgart: Schäffer-Poeschel.

Graen, G. B. & Uhl-Bien, M. (1995): Führungstheorien – von Dyaden zu Teams. In: Kieser, A.; Reber, G. & Wunderer, R. (Hrsg.): Handwörterbuch der Führung (2. Aufl., S. 1045-1085). Stuttgart: Schäffer-Poeschel.

Graen, G. B. & Uhl-Bien, M. (1995): Relationship-based approach to leadership: development of leader-member.exchange (LMX) theory of leadership over 25 years: Applying a mulitlevel multi-domain approach. Leadership Quarterly, 6, pp. 219-247.

Graen, G. B. (1969): Instrumentality theory of work motivation: Some experimental results and suggested modifications. Journal of Applied Psychology, 53, pp. 1-21.

Gräsel, C. (1997): Problemorientiertes Lernen. Göttingen: Hogrefe.

Greenspan, S. I. & Gransfield, J. M. (1992): Reconsidering the Construct of Mental Retardation: Implications of a Model of Social Competence. American Journal on Mental Retardation, 96, pp. 442-553.

Grochowiak, K. & Castella, J. (2001) Systemische Organisationsberatung. Heidelberg: Carl-Auer-Systeme.

Grootings, P. (1990): Von Qualifikation zu Kompetenz: Wovon reden wir eigentlich? Kompetenz: Begriff und Fakten. Europäische Zeitschrift für Berufsbildung, 1, 5 ff.

Gruber, H. (2000): Erfahrung als Grundlage kompetenten Handelns. Göttingen: Hans Huber.

Gruber, H.; Mandl, H. & Renkl, A. (2000): Was lernen wir in Schule und Hochschule: Träges Wissen? In: Mandl, H. & Gerstenmaier, J. (Hrsg.): Die Kluft zwischen Wissen und Handeln: Empirische und theoretische Lösungsansätze. Göttingen: Hogrefe.

Häcker, H. & Stapf, K. H. (Hrsg.) (1998): Psychologisches Wörterbuch. (13. Aufl.). Bern: Hans Huber.

Hamel, G. & Prahalad, C. K. (1995): Wettlauf um die Zukunft. Wien: Wirtschaftsverlag Ueberreuther.

Hamel, G. (2001): Das revolutionäre Unternehmen. Düsseldorf: Econ.

Hammerschmidt, A. (1997): Fremdverstehen – Interkulturelle Hermeneutik zwischen Eigenem und Fremdem. München: Iudicium.

Hammerschmidt, A. (2001): Herausforderung „Lernende Organisation" im Kontext der Internationalisierung. In: Reineke, R. D. & Fussinger, C. (Hrsg.): Interkulturelles Management. Wiesbaden: Gabler.

Hammerschmidt, A. (2002): Die Kunst des Verstehens. In: Siemens Qualifizierung und Training. März, S. 18 f.

Heidenreich, M. (2002): Merkmale der Wissensgesellschaft. In: Bund-Länder-Kommission für Bildungsplanung und Forschungsförderung. Lernen in der Wissensgesellschaft. Beiträge des OECD/CERI-Regionalseminars für deutschsprachige Länder in Esslingen vom 8.-12. Oktober 2001. München: Studien Verlag.

Henzler, H. & Späth, L. (1995): Countdown für Deutschland? Start in eine neue Zukunft. Berlin: Siedler.

Hofstede, G. (1993): Interkulturelle Zusammenarbeit. Wiesbaden: Gabler.

Hofstede, G. (1997): Lokales Denken, globales Handeln. München: Beck.

Höhler, G. (2000): Wölfin unter Wölfen. München: Econ.

Holitzka, M. & Remmert, E. (2000): Systemische Organisationsaufstellungen. Für Konfliktlösungen in Unternehmen und Beruf. Darmstadt: Schirner.

Hollman, H. (1991): Validität in der Eignungsdiagnostik. Göttingen: Hogrefe.

Horn, K.-P. & Brick, R. (2001): Das verborgene Netzwerk der Macht. Systemische Aufstellung in Unternehmen und Organisationen. Offenbach: Gabal.

Hornstein, E. v. & Rosenstiel, L. v. (Hrsg.) (2000): Ziele vereinbaren Leistung bewerten. München: Langen Müller.

House, R., J.; Hanges, P.; Ruiz-Quintanilla, S. A.; Dorfman, P., W.; Javidan, M.; Dickson, M. & Gupta, V. (1999): Cultural influences on leadership and organizations. Projekt Globe. Advances in Global Leadership, 1, pp. 171-233.

Huber, M. (1984): Schöne neue Welt der elektronischen Heimarbeit? Psychologie heute, 11 (5), 60-67.

Hungenberg, H. (2001): Strategisches Management in Unternehmen. (2. Aufl.) Wiesbaden: Gabler.

Jochmann, W. (1984): Der implizite diagnostische Prozeß in der Personalberatung und seine aussagenlogische Formalisierung. Psychologie und Praxis. Zeitschrift für Arbeits- und Organisationspsychologie, 28, S. 119-129.

Kahn, R. L. (1977): Organisationsentwicklung: Einige Probleme und Vorschläge. In: Sievers, B. (Hrsg.): Organisationsentwicklung als Problem (S. 281-301). Stuttgart: Klett.

Kahn, R. L.; Wolfe, D. M.; Quinn, P. R.; Smoek, J. D. & Rosenthal R. A. (1964): Organizational stress. Studies in role conflict and ambiguitiy. New York: Wiley.

Kakabadse, A. P. (1984): The politics of management. Aldershot: Harts.

Karrlein, W. (2001): Wertemanagement schafft höhere Kundenzufriedenheit im E-Business. In: **Geffroy, E. K.** (Hrsg.): Zukunft Kunde.com. Landsberg/Lech: Moderne Industrie,

Karrlein, W. (2002): Strategiegrundlagen. In: Berres, A. & Bullinger, H.-J. (Hrsg.): E-Business Handbuch für Entscheider. Berlin: Springer.

Katz, D. (1964): The motivational basis of organizational behavior. Behavior Science, 9, pp. 131-146.

Kauffeld, S. & Grote, S. (2000): Gruppenarbeit macht kompetent – oder? In: Frieling, E., Kauffeld, S., Grote, S. & Bernard, H. (Hrsg.): Flexibilität und Kompetenz: Schaffen flexible Unternehmen kompetente und flexible Mitarbeiter? Münster: Waxmann.

Kieser, A. & Kubicek, H. (1983): Organisation (2. Aufl.). Berlin: de Gruyter.

Kieser, A., Reber G. & Wunderer, R. (Hrsg.). (1995): Handwörterbuch der Führung. (Enzyklopädie der Betriebswirtschaftslehre X. Stuttgart: Schäffer-Poeschel.

Kieser, A.; Reber, G. & Wunderer, R. (Hrsg.) (1995): Handwörterbuch der Führung (Enzyklopädie der Betriebswirtschaftslehre (Bd. 10). Stuttgart: Schäffer-Poeschel.

Kirsch, W., Esser, W. M. & Gabele, E. (1979): Das Management des geplanten Wandels von Organisationen. Stuttgart: Poeschel.

Klaus, P. & Krieger, W. (1998): Gabler Lexikon Logistik: Management logistischer Netzwerke und Flüsse. Wiesbaden: Gabler.

Kluge, J. (2003): Schluss mit der Bildungsmisere – Ein Sanierungskonzept. Frankfurt: Campus.

Koch, S. & Mandl, H. (1999): Wissensmanagement – Anwendungsfelder und Instrumente für die Praxis (Forschungsbericht Nr. 103). Ludwig-Maximilians-Universität, Lehrstuhl für Empirische Pädagogik und Pädagogische Psychologie, München.

Kohler, B. (1998): Problemorientierte Gestaltung von Lernumgebungen. Weinheim: Beltz.

Konrath, M. & Karrlein, W. (2002): Change Management erfordert persönlichen Einsatz. In: **Porter, M. E.** (1996): What's Strategy? In: Harvard Business Review, Vol. 74, No 6.

Kopcsa, A. & Schiebel, E. (1998): Ein bibliometrisches F&E-Monitoringsystem für Unternehmen. Endbericht zum Projekt S. 61.3833 im Auftrag des Bundesministeriums für Wissenschaft und Verkehr GZ. 49.965/2-II/4/96.

Kotter, J. P. (1982): The general managers. New York: Free Press.

Krogh, G. v., Ichijo, K. & Nonaka, I. (2000): Enabling Knowledge Creation. How to unlock the mystery of tacit knowledge and release the power of Innovation. New York: Oxford University Press.

Künzel, R. & Wottawa, H. (1985): Hinreichend, notwendig oder korrelativ? – Bedingungen für das Zustandekommen von Leidensdruck und Therapiemotivation. Zeitschrift für Differentielle und Pädagogische Psychologie, 6 (3), S. 175-184.

Lang, R. W. (2000): Schlüsselqualifikationen: Handlungs- und Methodenkompetenz, personale und soziale Kompetenz. München: dtv.

Letzing, M. & Wottawa, H. (2002): Das Angebot des Finanzberaters: seine Persönlichkeit. In: **Carl, R. & Letzing, M.** (Hrsg.). Finanzberatung – Persönlichkeit und Know-how für die umfassende Kundenbetreuung. (S. 77-91). Stuttgart: Schäffer-Poeschel.

Lewin, K.; Lippitt, R. & White, R. K. (1939): Patterns of aggressive behavior in experimentally created social climates. Journal of Social Psychology, 10, pp. 271-299.

Linton, R. (1936): The study of man. New York: Appleton.

Litke, H.-D. (1995): Projektmanagement – Methoden, Techniken, Verhaltensweisen. Wien: Hanser.

Lomminger et al. (2000): Leadership Architects (3rd Ed.). FYI For Your Improvement

Lord, R. G.; Maher, K. J. (1991): Leadership and Information Processing: Linking Perceptions and Performance. London: Routledge

Lumpkin, G., Droege, S. & Dess, G. (2002): E-Commerce Strategies. In: Organizational Dynamics. 20. Jg., pp. 325 ff. Porter, M. (1980): Competitive Dynamics. New York: Simon & Schuster.

Maccoby, M. (1981): The leader. New York: Wiley

Malik, F. (1996): Strategie des Managements komplexer Systeme. Bern: Paul Haupt.

Mandl, H. & Gerstenmaier, J. (2000) (Hrsg.): Die Kluft zwischen Wissen und Handeln. Empirische und theoretische Lösungsansätze. Göttingen: Hogrefe.

Mandl, H. & Krause, U.-M. (2002): Lernkompetenz für die Wissensgesellschaft. In: Bund-Länder-Kommission für Bildungsplanung und Forschungsförderung. Lernen in der Wissensgesellschaft. Beiträge des OECD/CERI-Regionalseminars für deutschsprachige Länder in Esslingen vom 8.-12. Oktober 2001. München: Studien Verlag.

Mandl, H. & Schnurer, K. (2001): Medienkompetenz. In: Hanft, A. (Hrsg). Grundbegriffe des Hochschulmanagements. Neuwied: Luchterhand.

McClelland, D. C. (1973): Testing for competence rather than for intelligence. American Psychologist, 28, pp. 1-14.

McCracken, D.M.(3/2001): Wie Firmen weibliche Spitzenkräfte an sich binden. In: Harvard Business Manager, S. 18 ff.

McGregor, D. (1960): The human side of enterprise. New York: McGraw-Hill.

Mertens, D. (1974) Schlüsselqualifikation – Thesen zur Schulung für eine moderne Gesellschaft. MitAB. 1, S. 36-43.

Mintzberg, H. (1973): The nature of managerial work. New York: Wiley.

Mirow, M. (1997): Entwicklung internationaler Führungsstrukturen. In: Macharzina, K. & Oesterle, M.-J. (Hrsg.), Handbuch Internationales Management. Wiesbaden: Gabler, S. 641-661.

Mirow, M. (1999): Von der Kybernetik zur Autopoiese. Systemtheoretisch abgeleitete Thesen zur Konzernentwicklung. In: Zeitschrift für Betriebswirtschaft, 69 (1999), S. 13-27.

Mirow, M. (2000): Das strategische Planungs- und Kontrollsystem der Siemens AG. In: Welge, M., Al-Laham & A., Kajüter, P. (Hrsg.): Praxis des strategischen Managements. Wiesbaden: Gabler, S. 347-361.

Mirow, M., Aschenbach, M. & Liebig, O. (1996): Governance Structures im Konzern. Ein systemtheoretischer Beitrag zu Fragen der Konzernentwicklung. In: Zeitschrift für Betriebswirtschaft, Ergänzungsheft 3/96, S. 125-144.

Morgan, G. (1997): Bilder der Organisation. Stuttgart: Klett-Cotta.

Nachreiner, F. (1978): Die Messung des Führungsverhaltens. Bern: Huber.

Neuberger, O. (1989): Organisationstheorien. In: Roth, E. (Hrsg.), Organisationspsychologie (Enzyklopädie der Psychologie; Bd. 3, Bd. 3, S. 205-250). Göttingen: Hogrefe.

Neuberger, O. (1992): Miteinander arbeiten – miteinander reden! München: Bayerisches Staatsministerium für Arbeit und Sozialordnung.

Neuberger, O. (1995): Führungstheorien – Rollentheorie. In: Kieser, A.; Reber, G. & Wunderer, R. (Hrsg.): Handwörterbuch der Führung (S. 979-993): Stuttgart: Schäffer-Poeschel.

Neuberger, O. (1995): Mikropolitik. Stuttgart: Enke.

Neuberger, O. (2000): Das 360°-Feedback. München/Mehring: Rainer Hampp.

Neuberger, O. (2002): Führen und führen lassen. Stuttgart: Lucius.

Nisbett, R. E. & Wilson, T. D. (1977): Telling more than we can know: Verbal reports on mental processes. Psychological Review, 84, 3, pp. 231-259.

Obermann, C. (2002): Assessment Center. Entwicklung, Durchführung, Trends. Göttingen: Gabler.

OECD (2001): Bildungsbericht. Paris

Organ, D. W. (1990): The motivational basis of organizational citizenship behavior. Research in Organizational Behavior, 12, pp.43-72.

Pawlowsky, P. (1998): Wissensmanagement. Erfahrungen und Perspektiven. Wiesbaden: Gabler.

Pieler, D. & Schuh, M. (2003): Mit Skill Management die richtige Aufstellung für die Zukunft realisieren. Wie Unternehmen benötigte Kompetenzen erkennen und gezielt Kompetenzlücken schließen. In: Wissensmanagement. Das Magazin für Führungskräfte. Heft 2/2003. S. 20-22

Pieler, D. (2003): Neue Wege zur lernenden Organisation. (2. Aufl.). Wiesbaden: Gabler.

Porter, M. E. (1985): Competitive Advantage. New York

Porter, M. E. (2001): Strategy and the Internet. In: Harvard Business Review, Vol. 79, No 3.

Pribilla, N., Reichwald, R. & Goecke, R. (1996): Telekommunikation im Management. Stuttgart: Schäffer.

Probst, G. J. B. & Raub, S. P. (1998): Kompetenzorientiertes Wissensmanagement. In: Zeitschrift Führung + Organisation, 3, S. 132-138.

Probst, G. J. B., Deussen, A., Eppler, M.J. & Raub, S.P. (2000): Kompetenzmanagement. Wie Individuen und Organisationen Kompetenz entwickeln. Wiesbaden: Gabler.

Probst, G. J. B., Raub, S. P. & Romhardt, K. (1999): Wissen managen. Wie Unternehmen ihre wertvollste Ressource optimal nutzen. Wiesbaden: Gabler.

Raffée, H. & Wiedmann, K. (1989): Strategisches Marketing. (2. Aufl.). Stuttgart: Schäffer Poeschel.

Reichwald, R. & Goecke, R. (1995): Bürokommunikationstechnik und Führung. In A. Kieser, G. Reber & R. Wunderer (Hrsg.), Handwörterbuch der Führung (S. 164-182). Stuttgart: Poeschel.

Reichwald, R. (Hrsg.). (2002). Mobile Kommunikation – Wertschöpfung, Technologie, Neue Dienste. Wiesbaden: Gabler.

Reichwald, R., Möslein, K., Sachenbacher, H. Englberger, H. & Oldenburg, S. (1998). Telekooperation. Berlin: Springer.

Reinmann-Rothmeier, G. & Mandl, H. (2001a): Unterrichten und Lernumgebungen gestalten. In: Weidenmann, B. & Krapp, A. (Hrsg.): Pädagogische Psychologie. Neuwied: Luchterhand.

Reinmann-Rothmeier, G. & Mandl, H. (2001b): Individuelles Wissensmanagement. Strategien für den persönlichen Umgang mit Information und Wissen am Arbeitsplatz. Göttingen: Hans Huber.

Reinmann-Rothmeier, G. & Vohle, F. (2001): Wissensgesellschaft – welche Herausforderungen kommen auf uns zu? Die Rolle der Bildung in der Wissensgesellschaft. In: Baacke, E., Frech, S. & Ruprecht, G. (Hrsg.): Multimediale Lernwelten. Herausforderungen für die politische Bildung. Landeszentrale Politische Bildung Baden-Württemberg.

Reinmann-Rothmeier, G. (2001): Wissen managen: Das Münchener Modell (Forschungsbericht Nr. 131). Ludwig-Maximilians-Universität, Lehrstuhl für Empirische Pädagogik und Pädagogische Psychologie, München.

Reinmann-Rothmeier, G., Mandl, H. & Erlach, C. (1999): Wissensmanagement in der Weiterbildung. In: Tippelt, R. (Hrsg.): Handbuch der Erwachsenenbildung/Weiterbildung. Opladen: Leske und Budrich.

Reisach, U., Tauber, T. & Yuan, X. (2003): China – Wirtschaftspartner zwischen Wunsch und Wirklichkeit. Frankfurt/Wien: Ueberreuter.

Roethlisberger, F. J. & Dickson, W. J. (1939): Management and the worker. Cambridge (Mass.): Harvard University Press.

Rohracher, H. (1988): Einführung in die Psychologie. München: Psychologie Verlags Union.

Rosenstiel, L. v. (1995): Kommunikation und Führung in Arbeitsgruppen. In: Schuler, H. (Hrsg.): Lehrbuch Organisationspsychologie (2. Aufl., S. 321-351). Bern: Huber.

Rosenstiel, L. v. (2000): Grundlagen der Organisationspsychologie: Basiswissen und Anwendungshinweise (4. Aufl.). Stuttgart: Poeschel.

Rosenstiel, L. v. (2001): Führung. In: Schuler, H. (Hrsg.): Lehrbuch der Personalpsychologie (S. 317-347). Göttingen: Hogrefe.

Ruppert, Franz (2001): Berufliche Beziehungswelten. Das Aufstellen von Arbeitsbeziehungen in Theorie und Praxis. Heidelberg: Carl-Auer-Systeme.

Sarges, W. (2000): Diagnose von Managementpotenzial für eine sich immer schneller und unvorhersehbarer ändernde Wirtschaftswelt. In: von Rosenstiel, L. & Lang-von Wins, T. (Hrsg.): Perspektiven der Potentialbeurteilung (S. 107-128). Göttingen: Verlag für Angewandte Psychologie.

Scheele, B. & Groeben, N. (1988): Dialog-Konsens-Methoden zur Rekonstruktion subjektiver Theorien: die Heidelberger Struktur-Lege-Technik (SLT), konsensuale Ziel-Mittel-Argumentation und kommunikative Flussdiagramm-Beschreibung von Handlungen. Tübingen: Francke.

Schmiel, M. (1998). Schlüsselqualifikationen als Lernziele in der beruflichen Aus- und Weiterbildung. In: Rosa, S.; Schart, D. & Sommer, K. H. (Hrsg.): Fachübergreifende Qualifikationen und betriebliche Aus- und Weiterbildung. Stuttgarter Beiträge zur Berufs- und Wirtschaftspädagogik. (Bd. 5, S. 51-80). Esslingen: Deugro.

Schnurer, K., Winkler, K. & Mandl, H. (2003): Wissensmanagement. Erscheint in: Auhagen, A. E., Bierhoff, H.-W. (Hrsg.): Angewandte Sozialpsychologie. Ein Praxishandbuch. Weinheim: Beltz.

Schnurer, K. (in Druck): Asynchrone virtuelle Kooperation in Hochschulseminaren. Prozess- und Produktanalysen auf der Basis von Felddaten. Erscheint als: Unveröffentlichte Dissertationsschrift. Ludwig-Maximilians-Universität, München.

Schüppel, J. (1996): Wissensmanagement. Organisatorisches Lernen im Spannungsfeld von Wissens- und Lernbarrieren. Wiesbaden: Gabler.

Siemens AG (2000): Mitteilung der Zentrale Personal, 25.07.2000. München

Siemens AG (2001): Leitsätze für Promoting und Managing Diversity. München

Siemens AG (2001a): Siemens Leadership Framework. München

Siemens AG (2001b): Leitsätze für Promoting and Managing Diversity. München

Siemens AG (2002): Frauen zeigen Profil. München

Stanek, D. M. & Mokhtarian, P. L. (1998): Developing models of performance for home-based and center-based telecommuting: findings and forecasts. Technological Forecasting and Social Change, 56, pp. 53-74.

Stark, R., Schnurer, K. & Mandl, H. (2002): Innovatives Lehren und Lernen in der beruflichen Weiterbildung. In: Grundlagen der Weiterbildung, Praxishilfen, 46, S. 1-19.

Staudt, E. & Kriegesmann, B. (1999): Weiterbildung. Ein Mythos zerbricht. In: Arbeitsgemeinschaft Qualifikations-Entwicklungs-Management (Hrsg.): Kompetenzentwicklung 1999 (S. 17-60). Münster: Waxmann.

Steger, U. (Hrsg.). (1996): Globalisierung der Wirtschaft: Konsequenzen für Arbeit, Technik und Umwelt. Berlin: Springer.

Steger, U. (Hsgg.). (1998): Wirkmuster der Globalisierung. In: Gottlieb Daimler- und Karl Benz-Stiftung (Hrsg.), Bericht des Ladenburger Kollegs "Globalisierung verstehen und gestalten". Ladenburg: Gottlieb Daimler- und Karl Benz Stiftung.

Stewart, T. A. (1998): Der vierte Produktionsfaktor. Wachstums- und Wettbewerbsvorteile durch Wissensmanagement. München: Hanser.

Streich, R. (1994): Managerleben. München: Beck.

Strobusch, F. (2003): Das Projekt Atom beim Expert Coaching. To Be Published, siehe: http://www.cip-medien.com/coachSymposium.htm.

Tang, Z. & Reisch, B. (1995): Erfolg im China-Geschäft – Von Personalauswahl bis Kundenmanagement. Frankfurt: Campus.

The Catalyst and the Conference Board (2002): Women in Leadership – A European Business Imperative.

Tinbergen, N. (1969): Instinktlehre. Berlin: Parey.

Topf, C. (2002): Weibliche Perspektive. In: management & training, 9/2002. S. 12 ff.

Triandis, H. C. (1993): The contingency model in cross-cultural perspective. In: Chemers, M. M.; Ayman, R. (Hrsg.): Leadership theory and research: Perspectives and directions (S. 167-188). San Diego: Academic Press.

Tuckman, B. W. (1965): Development sequence small companies. Group and Organizational Studies, 2, 419-427.

Türk, K. (1995): Entpersonalisierte Führung. In: A. Kieser, G. Reber, R. Wunderer (Hrsg.), Handwörterbuch der Führung (2. Aufl., S. 328-340). Stuttgart: Poeschel.

Türk, K. (1995): Entpersonalisierte Führung. In: Kieser, A.; Reber, G. & Wunderer, R. (Hrsg.): Handwörterbuch der Führung (2. Aufl., S. 328-340). Stuttgart: Schäffer-Poeschel.

Ulsamer, B. (2001): Das Handwerk des Familienstellens. Eine Einführung in die Praxis der systemischen Hellinger-Therapie. München: Goldmann.

Weber, M. (1921) (2. Aufl. 1924): Wirtschaft und Gesellschaft. Grundriß der verstehenden Soziologie. Köln: Kiepenheuer und Witsch.

Weber, M. (1921) (2. Auflage 1924): Wirtschaft und Gesellschaft. Grundriß der verstehenden Soziologie. Köln: Kiepenheuer und Witsch.

Weinert, A. (1995): Menschenbilder und Führung. In: Kieser, A.; Reber, G. & Wunderer, R. (Hrsg.); Handwörterbuch der Führung (S. 1495-1510). Stuttgart: Schäffer-Poeschel.

Weinert, F. E. (1999): Concepts of Competence. Contribution within the OECD project Definition and Selection of Competencies: Theoretical and Conceptual Foundations (DeSeCo).

Weinert, P. (2002): Organisation. München: Vahlen.

Willke, H. (1998): Systemisches Wissensmanagement. Stuttgart: Lucius und Lucius.

Winkler, K., Schnurer, K. & Mandl, H. (2003): Die Rolle der Pädagogischen Psychologie für Wissensmanagement. Erscheint in: Zeitschrift für Wirtschaftspsychologie

Wirtz, B. (2001): Electronic Business. (2. Aufl.). Wiesbaden: Gabler.

Wochenbericht des DIW (2002), 48/2002. Berlin, S. 839 ff.

Wottawa, H. & Echterhoff, K. (1982): Formalisierung der diagnostischen Urteilsfindung: ein Vergleich von linearen und auf Psychologenaussagen gestützte konfigurale Ansätze. In: Zeitschrift für Differentielle und Diagnostische Psychologie, 3 (4), S. 301-309.

Wottawa, H. & Oenning, S. (2002): Von der Anforderungsanalyse zur Eignungsbeurteilung: Wie praktikabel ist die neue DIN 33430 bei der Bewerberauswahl? Wirtschaftspsychologie, 3, S. 43-56.

Wottawa, H. & Thierau, H. (1998): Lehrbuch Evaluation. Göttingen: Hans Huber.

Wottawa, H. (1987): Hypotheses Agglunation (HYPAG): A Method for Configuration-based Analysis of Multivariate Date. Methodica, 1, pp. 68-92

Wottawa, H.; Krumpholz, D. & Mooshage, B. (1982): Explizite Erfassung der Entscheidungsregeln als Grundlage der Verbesserung diagnostischer Urteilsfindung. Diagnostica, 28 (2), S. 185-194.

Wunderer, R.; Grunwald, W. (1980): Führungslehre. Berlin: de Gruyter.

Zucker, B. (2002): Tango tanzen immer zwei. In: management & training, 9/2002. S. 16 ff .

Autoren

Siegfried Augustin, Prof. Dr., Jg. 1946, Professor für Logistik und Informationswirtschaft an der Montanuniversität Leoben, Österreich, und an der TU Karlsruhe. Studium der montanistischen Wissenschaften in Leoben, 1973 Promotion, 1973 - 2000 Siemens AG München, Projektleiter in der Zentralen Produktion und Logistik. 1991 Habilitation. Schwerpunkte: Logistik und Prozessmanagement, Supply Chain Management. E-Mail: profaugustin@aol.com

Beatrice Bowe studierte Arbeits-, Betriebs- und Organisationspsychologie an der Universität Bonn. Seit 2002 als Expertin für die strategische Personalentwicklung und Weiterbildung der Deutschen Post ITSolutions zuständig.

Frank E. P. Dievernich, Dr., Jg. 1970, Studium der Betriebswirtschaftslehre und Soziologie. Mitglied am Lehrstuhl von Ulrich Beck (München). 1996-2001 wissenschaftlicher Assistent Universität Witten/Herdecke. Forschungsschwerpunkte: Organisations-, System- und Kommunikationstheorie sowie Management. Beratungsprojekte in Industrie und Kommune. Journalistisch für Zeitungen und Zeitschriften in den Bereichen Kultur, Wirtschaft, Management tätig. 2001 – 2003 Aufbau der Organisationsentwicklung innerhalb des Unternehmensbereiches Personenverkehr der Deutschen Bahn AG (Frankfurt/Main). Seit 2004 Leiter Mitarbeiterentwicklung und Grundsatzfragen der DB Personenverkehr GmbH, Berlin.

Jürgen Gausemeier, Prof. Dr., seit 1990 Professor für Rechnerintegrierte Produktion am Heinz Nixdorf Institut der Universität Paderborn. 1977 Promotion an der TU Berlin. Zwölfjährige Tätigkeit als Entwicklungschef für CAD/CAM-Systeme, zuletzt Leiter des Produktbereiches Prozessleitsysteme bei einem namhaften Schweizer Unternehmen. Mitglied des Vorstands und Geschäftsführer des Berliner Kreis – Wissenschaftliches Forum für Produktentwicklung e.V. Initiator und Aufsichtsratvorsitzender der Unity AG. Seit 2003 Mitglied im „Konvent für Technikwissenschaften der Union der deutschen Akademien der Wissenschaften e.V. (acatech)". Forschungsschwerpunkte sind Strategische Produkt- und Technologieplanung, Entwicklungsmethodik und Virtual Reality/Augmented Reality. E-Mail: sabine.illigen@hni.upb.de.

Robert Gibson studierte Germanistik, Geschichte und Pädagogik an den Universitäten Oxford und Exeter in Großbritannien und arbeitet seit 1985 in Deutschland, wo er an den Universitäten München und Eichstätt/Ingolstadt als Dozent und am Staatsinstitut für Schulpädagogik und Bildungsforschung in München als Referent für Berufliche Schulen tätig war. Er ist aktives Mitglied von Society for Intercultural Education, Training and Research (er war Gründungsmitglied von SIETAR Deutschland und Vice President von

SIETAR Europa). Zurzeit ist er bei der Organisationseinheit Learning Campus der Siemens AG für das Themengebiet Intercultural Cooperation verantwortlich.

Peter J. Glas, Jg. 1972, ist bei der Organisationseinheit Learning Campus der Siemens AG verantwortlich für die Entwicklung und Umsetzung von Qualifizierungsmaßnahmen für High Potentials und Führungskräfte. Studium der Psychologie und Betriebswirtschaftslehre an der Katholischen Universität Eichstätt. Beratende Tätigkeiten bei zahlreichen Unternehmen der Informationstechnologie. Publikationen zur integrierten Personalauswahl und -weiterentwicklung sowie zum Einsatz von E-Learning in der Managementqualifizierung.

Claudia Sigrid Hahn, Jg. 1969, Ausbildung und Berufstätigkeit als Bankkauffrau, Studium der Wirtschaftspädagogik an der LMU München, Aufbaustudium „Personalentwicklung im Lernenden Unternehmen", Universität Kaiserslautern. Seit 1999 Referentin Personal- und Organisationsentwicklung, Deutsche Bahn AG, Unternehmensbereich Personenverkehr in Frankfurt am Main. Schwerpunkte: Organisationsentwicklung, Projektarbeit (Kompetenzmanagement, Fach- und Projektkarrieren), Führungskräfteentwicklung.

Harald Hungenberg, Prof. Dr., Jg. 1961, ist Inhaber des Lehrstuhls für Unternehmensführung an der Friedrich-Alexander-Universität Erlangen-Nürnberg. Zuvor war er vier Jahre an der Handelshochschule Leipzig (HHL) tätig, wo er den Lehrstuhl für Strategisches Management und Organisation innehatte. Professor Hungenberg arbeitete außerdem mehrere Jahre als Unternehmensberater für McKinsey & Company, Inc. Er hat Betriebswirtschaftslehre am Massachusetts Institute of Technology – M.I.T. (USA) und der Universität Gießen studiert, wo er auch promovierte und habilitierte.

Wolfgang Karrlein, Dr., Jg. 1961, ist Leiter des Strategischen Marketings und Kommunikation der Siemens Business Services Deutschland. Zuvor verschiedene Funktionen im Bereich Business Development, Marketing und Strategischer Planung bei Siemens Nixdorf Informationsgesellschaft und Siemens Business Services. Studium der Chemie, Betriebs- und Volkswirtschaft in München, Würzburg und Hagen. 1990 Promotion in Würzburg in Theoretischer Chemie.

Claudia Konietzko, Jg. 1967, studierte nach einer Ausbildung zur Bankkauffrau bei der Deutschen Bank Betriebswirtschaftslehre an der Fachhochschule Ludwigshafen. Nach einem internationalen Traineeprogramm war sie als Projektmanager im osteuropäischen Marketing bei der Quelle Schickedanz AG & Co in Fürth tätig. Seit 1996 war sie Projektmanager für Konferenzen und Workshops bei der MCF Management Circle GmbH in Frankfurt am Main, später dann Manager Internationale Entwicklungsprogramme bei der DaimlerChrysler Services Academy in Berlin. Seit 2002 begleitet Claudia Konietzko als Senior Consultant – zurzeit bei der Organisationseinheit Learning Campus der Siemens AG – Projekte zum Thema Kompetenzmanagement.

Heinz Mandl, Prof. Dr., Professor für Empirische Pädagogik und Pädagogische Psychologie an der Ludwig-Maximilians-Universität München. Dekan der Fakultät für Psychologie und Pädagogik (1995-2000). President of the European Association for Research on Learning and Instruction (1989-1991). Fellow of the American Psychological Association Forschungsschwerpunkte: Wissensmanagement, Wissenstransfer, Netzbasierte Wissenskommunikation, Selbstgesteuertes und kooperatives Lernen, Blended Learning sowie Gestaltung virtueller Lernumgebungen. Kooperationsprojekte mit Siemens AG, Andersen Consulting, BMW, Telekom, Altana. E-Mail: mandl@edupsy.uni-muenchen.de

Michael Mirow, Prof. Dr., Jg. 1938, ist Unternehmensberater und Coach, Honorarprofessor Strategisches Management an der TU Berlin und Gastprofessor an der Universität Innsbruck. Er ist Aufsichtsrat und Beirat insbesondere von jungen Technologieunternehmen und war bis Ende 2001 als Senior Vice President bei der Siemens AG verantwortlich für den Bereich Unternehmensstrategien. 1968 Promotion zum Dr. rer. pol. an der Johann Wolfgang Goethe Universität Frankfurt/Main. Studium des Wirtschaftsingenieurwesens an der TH Darmstadt. Schwerpunkte der Veröffentlichungen: Organisation und Führungssysteme, Unternehmensstrategie, Vernetzte Unternehmenswelten, Innovation. E-Mail: michael_mirow@t-online.de; www.michaelmirow.de.

Anja Peitz, Studium Arbeits-, Betriebs- und Organisationspsychologie an der RWTH Aachen. Seit April 2003 Personalberaterin bei der Siemens AG. Zuvor war sie seit 1999 als Produktmanagerin bei Siemens Qualification and Training für die Themengebiete Integration neuer Mitarbeiter, internationales Recruiting und Development verantwortlich und übernahm die SQT-seitige Projektleitung in dem beschriebenen Projekt. Davor arbeitete sie als Personalreferentin bei der Motorola GmbH.

Dirk Pieler, Dr., Jg. 1969, Diplom-Wirtschaftsingenieur, ist Vice President der Organisationseinheit Learning Campus der Siemens AG und unter anderem verantwortlich für Beratung und Kompetenzentwicklung in den Themengebieten Führung, Kommunikation und Personalmanagement des Konzerns. Studium der Ökonomie und der Elektrotechnik an der Universität Paderborn. Unternehmensberatung in Koblenz und Paderborn. Lehraufträge für Bilanzpolitik, Bilanzanalyse sowie Rechnungswesen und Controlling. 2000 Promotion in Paderborn. Forschungsschwerpunkte sind Themen der Personal- und Organisationsentwicklung.

Lutz von Rosenstiel, Prof. Dr. Dr. h.c., Jg. 1938, ist Leiter des Institutsbereichs und Professor für Organisations- und Wirtschaftspsychologie an der Ludwig-Maximilians-Universität München. Studium der Psychologie, Betriebswirtschaftslehre und Philosophie in Freiburg/Breisgau und München. 1968 Promotion in München. 1974 Habilitation an der Wirtschafts- und Sozialwissenschaftlichen Fakultät der Universität Augsburg. Forschungsschwerpunkte sind Themen der Organisations- und Marktpsychologie sowie der Psychologischen Diagnostik. E-Mail: boegel@psy.uni-muenchen.de

Christoph Sanne leitet die Abteilung Führung, Personalentwicklung und Zusammenarbeit der Siemens AG für die Region Deutschland. Weitere Stationen seines beruflichen Werdegangs lagen im Führungskräftetraining sowie im strategischen wie operativen Personalmanagement.

Katharina Schnurer, M.A., Studium der Pädagogik, Psychologie und Musikpädagogik an der Ludwig-Maximilians-Universität München. Seit August 2000 wissenschaftliche Assistentin am Lehrstuhl für Empirische Pädagogik und Pädagogische Psychologie. Forschungsschwerpunkte sind problemorientiertes Lernen, Lernen mit Neuen Medien, Erwachsenenbildung sowie Wissensmanagement. Verantwortlich für die Moderation und Durchführung eines studentischen virtuellen Seminars zum Thema „Wissensmanagement" und das Weiterbildungsprogramm „Knowledge Master". Derzeit Dissertation mit dem Arbeitstitel „Einsatz von Kooperationsskripts in virtuellen Seminaren" in Arbeit.

Michael Schuh, Jg. 1967, studierte Arbeits- und Organisationspsychologie an der Universität Konstanz und erwarb den Master of Business Administration an der Wake Forest University in North Carolina, USA. Ab 1996 Berater bei Gemini Consulting mit den Themenschwerpunkten Personalmanagement und Organisationsentwicklung. Zurzeit leitet Michael Schuh die Abteilung Personnel Processes innerhalb der Organisationseinheit Learning Campus der Siemens AG.

Dagmar Schwickerath, Dr., Jg. 1956, leitet die Abteilung Communication Capabilities bei der Organisationseinheit Learning Campus der Siemens AG. Lehramtsstudium und Studium der Erziehungswissenschaften an der Friedrich-Wilhelm-Universität Bonn. 1983 Promotion in Bonn. Leitende Funktionen in verschiedenen Landes- und Bundesministerien.

Zailiang Tang, Studium Journalistik, Germanistik und Kommunikationswissenschaft in Beijing, Shanghai und Berlin. Danach freiberuflicher Berater und interkultureller Trainer im Rahmen der Auslandsvorbereitung deutscher Fach- und Führungskräfte tätig. Es folgte das Programmmanagement beim Institut für Interkulturelles Management IFIM. Seit 1988 zuständig für interkulturelle Trainings und Beratung für Asien bei Siemens AG.

Heinrich Wottawa, Prof. Dr., Jg. 1948, Studium der Psychologie in Verbindung mit Mathematik an der Universität Wien, Promotion 1971 in Wien, Habilitation (Psychologie) in Heidelberg 1974. 1975 Wissenschaftlicher Rat und Professor an der Universität Heidelberg, seit 1977 ordentlicher Professor an der Ruhr-Universität Bochum, Lehrstuhl für Psychologische Methodenlehre, Diagnostik und Evaluation. Arbeitsschwerpunkte: Diagnostik und Intervention (Personalentwicklung) insbesondere im Bereich der Wirtschaft sowie dazu gehörende Evaluationsmaßnahmen.